U0685182

诗意与远方共舞

——上海市光明中学教师论文选编

穆晓炯 主编

广西师范大学出版社

·桂林·

图书在版编目(CIP)数据

诗意与远方共舞：上海市光明中学教师论文选编／穆晓炯主编.—桂林：广西师范大学出版社，2017.9
ISBN 978－7－5598－0151－7

Ⅰ.①诗… Ⅱ.①穆… Ⅲ.①中学－教学研究－文集
Ⅳ.①G632.0－53

中国版本图书馆 CIP 数据核字(2017)第 199196 号

出 品 人：刘广汉
责任编辑：刘孝霞
助理编辑：熊 慧
封面设计：李婷婷

广西师范大学出版社出版发行

（广西桂林市中华路 22 号　　　邮政编码：541001）
（网址：http://www.bbtpress.com）

出版人：张艺兵
全国新华书店经销
销售热线：021－31260822－882/883
山东鸿君杰文化发展有限公司印刷
（山东省淄博市桓台县寿济路 13188 号　邮政编码：256401）
开本：690mm×960mm　　1/16
印张：33.5　　　　　字数：458 千字
2017 年 9 月第 1 版　　2017 年 9 月第 1 次印刷
定价：79.00 元

如发现印装质量问题，影响阅读，请与印刷单位联系调换。

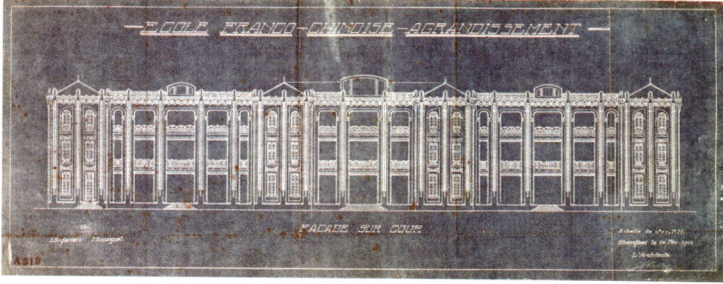

原中法学堂教学楼设计图纸

早期校舍全图

现在校园全貌

原国务院总理朱镕基接见我校校长

上海市市长应勇参观我校学生非遗课堂

我校进行"互联网+"为主题的校本培训

全体党员教师参观中共一大会址

我校法语班学生在法国驻华大使馆举办的中国法文课程班研讨会上发言

法国教育部委派法籍教师来我校为法语班学生上数学课

NBA功勋教练兰尼·威尔肯斯来我校指导篮球活动

NBA名人堂成员艾伦·艾佛森指导我校篮球队的学生

新西兰总理约翰·基的儿子来我校与师生进行篮球比赛

光明的艺术特色——管乐

光明的艺术特色——舞蹈

光明的艺术特色——京剧

升旗仪式

社会实践——军训

社会实践——学农

文明单位
Model Unit
上海市人民政府颁发
Issued by
Shanghai Municipality

上海市教师专业发展学校
暨见习教师规范化培训基地学校
上海市教育委员会

上海市中小学行为规范
示范校
上海市教育委员会
上海市精神文明建设委员会办公室
二〇一三年二月

上海市科技教育
特色示范学校
（二〇〇八年度）
上海市科普工作联席会议颁发
二〇〇九年五月

上海市艺术教育特色学校
上海市教育委员会
二〇一〇年十二月

上海市高中体育专项化教学改革
篮球项目中心组
上海市教育委员会

安全促进项目示范点
全国安全社区
黄浦区安全生产监督管理局

荣誉证书
光明中学
被评为"2008－2009年度
上海市安全文明校园"

编号：(沪食)第00061号
餐饮服务食品安全示范单位
上海市餐饮业行业协会
二〇一一年十二月

红十字工作达标学校
上海市教育委员会
上海市红十字会
二〇〇七年

MOE
全国中小学校优秀网站评选
优秀网站
教育部教育管理信息中心
全国教育管理信息化专业委员会
二〇一一年八月

上海市星级青少年体育俱乐部
上海市青少年训练管理中心
2010-2016年度

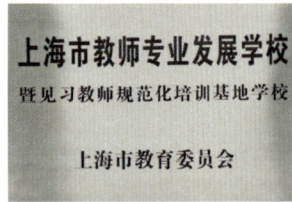

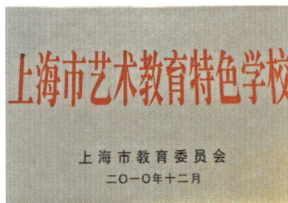

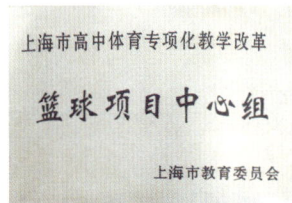

各类获奖证书

序　言

这是一本沉甸甸的教师论文集。

说它沉甸甸，是因为它集结了全体光明人的思考与智慧。这种思考与智慧，不是来自"象牙之塔"的苦思冥想，而是来自近十年来活生生的教育教学实践，富有活力、富有生命的律动，它潜藏着一所百年名校的深厚底蕴。

历史上光明中学有一大批名师，这是这所百年名校的根基。著名教育家梅贻琦说过："所谓大学者，非谓有大楼之谓也，有大师之谓也。"说的是大学，其实中学也是这样。一所学校，没有高质量的师资队伍，想在社会上立下根基，恐怕是很难的。光明中学秉承了一贯的传统，"和谐发展，人文见长"，这本论文集可以反映出学校近十年来，努力打造了一批既脚踏实地又仰望星空的高质量的教师队伍，可喜可贺！

这本论文集有以下几个特点：

一、实践性。老师的论文来自第一线的教学实践，来自充满生命活力的课堂。有的是在教学实践过程中产生智慧的吉光片羽，课后经过总结与反思，形成论文。这是最宝贵的东西。中学老师最主要的任务还是课堂教学实践，课堂教学可以预设，但最主要的是生成，在与学生的对话和碰撞中产生智慧的火花。这一火花转瞬即逝，如果放过就放过了，难能可贵的是，光明中学的老师并没有"放过"，而是及时捕捉住了这一"火花"，经过酝酿、构思，结出累累果实。有的形成案例，有的记录课堂生成的过程，有的提出新的反思。我们有些老师很怕教科研,误认为教科研与教学两张皮,认为一个老师只要教得好就行了,科研是无关紧要的,是专门从事教学研究的人员做的。其实并不是这样。每一个教师都有教科研的需求,也不要认为它有多神秘,有多难,对你有多大负担,教科研就在你的教学过程中,你只要抓住教学中产生的智慧不放过,就会去发现探究很多值得研究的问题和课题。光明中学每年都定一个主题,让教师撰写科研小论文,举行教学论坛,其实就是智慧分享,是教师教学心得的分享。

二、理论性。有一句流行的话是:"生活不仅是眼前的苟且,还有诗和远方。"在中学从事教育的老师因为应试的现实压力,免不了有些"苟且",但不少有情怀的老师怀着"诗和远方",在追寻着教育的梦想。这本论文集反映出不少老师是自觉地学习教育教学理论的,如共振理论、学习迁移理论、二语习得理论、多元智能理论等,并将这些理论自觉运用于教学实践,反哺教学实践,在实践中使自己的理论水平进一步提升。从论文集反映出的,还有光明中学教师的课题意识很强,并且形成强大的课题研究团队,从管理到德育,从办学特色到课堂教学,从集体到个人,课题从实践中来,又反过来指导实践。经过理论指导,又反过来完善和丰富理论的教师论文,有不少是在专业杂志上发表过的,有的发表于核心刊物,有的在全国及上海市教学论文比赛中获奖,具有相当的质量。

三、前瞻性。我们的课程改革始终在有条不紊地进行,上海的"二期课改"也走过了十多年的艰辛历程,新的教育改革即将迎来它繁花似锦的春天。新课改关注学生发展的"核心素养",关注学生的终身发展,其中学科核心素养应是每一个教师关注的重点课题。这本论文集同样反映出老师们的前瞻意识,几乎每一篇论文,都从自身学科出发,有的探讨提升学生思维水平的有效路径,有的探讨在高考新政背景下的课堂教学,为即将迎来的新课程改革做好准备。

光明中学曾经是上海市教科研先进学校,历届领导都非常重视教学科研。现任校长穆晓炯在营造学校良好的科研氛围过程中,自己带头搞科研,他在《兼顾教育理想与社会评价的教育质量保障》一文中有着自己的独特见解与思考,还牵头了《CASIO 图形计算器支撑下高中数学的建模研究》《见习教师培训基地的实践与研究》《凝心聚力汇人才　肝胆相照谋发展——上海市光明中学党派队伍建设的思考与实践》三项课题的研究。老校长柳泽泉在《爱语文,才能教好语文》一文中回顾了他四十年的教育教学历程,其中教科研占了相当大的比重。相信有领导带头,教师深入研究,教科研之花在光明一定会越开越美丽。

　　是为序。

黄浦区教育局局长,上海市特级教师、特级校长

2017 年 8 月

目　录

教学研究

课堂探微

评价研究

教育观念

兼顾教育理想与社会评价的教育质量保障

穆晓炯

做任何事情都会涉及质量或者效益,我们常说的事半功倍或者事倍功半也就是对于质量或效益的一种考量。无论办企业还是办教育,都会关注质量与效益。

查阅相关资料发现,无论是出版的书籍还是网上的文章,对于基础教育领域的质量保障研究似乎比较少,大多是关于高等教育或者职业教育的质量保障研究,包括关于国外的相关内容也以高等教育为主。是否基础教育不需要关注质量保障呢? 还是我们的基础教育的质量保障已经很完备了呢?

且不说高质量、优质量是没有尽头的,俗话说,"没有最好,只有更好!"对于教育质量的追求不仅是教育行政部门的目标,也是老百姓的关注热点和急切期盼,更是教育工作者的理想。基础教育尽管在不断深化改革,但离目标、期盼、理想还有很长的距离。片面追求升学率的应试教育模式不但没有减弱,反而愈演愈烈。这里既有教育内部的问题,也有社会价值取向的问题。我们既不能为了社会现实而放弃教育理想,一味迎合片面的"应试教育";又不能为了教育理想而不顾学生与家长对于升学率的期盼。身为一名基础教育的工作者,又是一个基层学校的管理者,有时确实很为难、很困惑,不得不游走在教育理想与社会现实之间,正所谓"夹缝之中求生存"。

一、几个概念

从 1985 年《中共中央关于教育体制改革的决定》颁布开始,不断提高教育质量和效益,成为我国教育改革和发展政策的两个核心目标。

但"教育质量"这个概念却有各种说法,来自不同的角色和角度。教育专家、教育行政部门、校长和教师、家长和学生,甚至所谓的"路人甲"都会有各自的说法。曾经一度在社会上很流行"谁都可以对教育说三道四"。

《教育大辞典》对于"教育质量"的解释是,"教育质量是对教育水平高低和效果优劣的评价""最终体现在培养对象的质量上""衡量标准是教育目的和各级各类学校的培养目标。前者规定受培养者的一般质量要求,亦是教育的根本质量要求,后者规定受培养者的具体质量要求,衡量人才是否合格的质量规格"。

对于这样一个概念,似乎不难理解。但对于其中所说的"教育目的"和"培养目标"的设定以及是否达成,就牵涉到评价问题,还牵涉到"谁说了算"。到底是教育行政部门进行评定质量是否达到,还是由家长和学生来评定?照理应该由权威部门进行督导、评审、验收,但根据"最终体现在培养对象的质量上"这一说法,那么作为培养对象的学生及其监护人家长也应该有发言权,且他们对学校质量的认可度至关重要。

当前,不仅教育家关注教育质量,普通民众可能更关注。独生子女、就业难等问题使得社会对教育的关注度日益高涨,对教育质量的期望值也越来越高。而社会上普遍关注的教育质量追求,与教育行政部门或教育专家所关注的教育质量要求,可能不完全一致,甚至是很不一致。那应该怎么办?

我的观点是兼顾教育理想和社会评价。

何谓"教育理想"?这里借用全国政协常委、民进中央副主席、苏州大学教授朱永新博士写的《我的教育理想》一书中的观点,书中描述了他理想中的学校、校长、学生、父母以及德智体美诸方面的教育，实质上就是把教育专家或教育行政部门所设定的、为绝大多数教育工作者所认可的、切实符合我国国情的"教育目标"和"教育质量评价"看作"教育理想"。这种"教育理想"一般来说比较关注长远的教育目标和质量，是比较全面的教育质量观。

而社会上其他的一些对于教育质量的普遍认识，包括学生和家长对于教育质量的期望，都看作"社会评价"。这些"社会评价"往往"公说公有理，婆说婆有理"，不一定很全面，通常比较关注短期的教育目标或者直接关注考试结果，甚至只根据考试分数对学校进行评价或排序。

二、几种做法

教育评价是至关重要的，科学合理的评价体系有利于加强教育管理的统筹协调，激发学校和教师队伍的生机活力，促进教育质量的提升。

当前，教育评价不科学的问题还比较突出。比如，一考定终身的惯性还很强，分数论英雄的现象比较普遍。针对这种状况，2010 年颁布实施的《国家中长期教育改革和发展规划纲要（2010—2020 年）》提出，要建立科学的教育体系。2012 年，国务院首次公布《教育督导条例》，教育部先后出台《关于全面提高高等教育质量的若干意见》《关于积极推进中小学评价与考试制度改革的通知》和《关于推进中小学教育质量综合评价改革的意见》，对建立评价体系、提升教育质量做出具体部署。

《关于推进中小学教育质量综合评价改革的意见》中，首先就阐述了要"充分认识推进评价改革的重要性和紧迫性"，指出"教育质量评价具有重要的导向作用，是教育综合改革的关键环节"。"由于教育内外部多方面的原因，单纯以学生学业考试成绩和学校升学率评价中小学教育质量的倾向还没有得到根本扭转，突出表现为：在评价内容上重考试分数忽视学生综合素质和个性发展，在评价方式上重最终结果忽视学校进步和努力程度，在评价结果使用上重甄别证明忽视诊断和改进。这些问题严重影响了学生的全面发展、健康成长，制约了学生社会责任感、创新精神和实践能力的培养。""要解决这些突出问题，适应经济社会和教育事业发展的新形势新要求，必须大力推进中小学教育质量综合评价改革。"

对于学生的评价，要改变"只看分数"的现状，把品德发展、学业发展、身心发展、兴趣特长和学业负担纳入评价内容，进行综合考察。上海作为改革试点地区，率先推出中小学教育质量"绿色评价"体系，既考核学生的学业表现，又考核学生的实践能力、创新能力；既注重学生发展的横向比较，又考虑纵向比较，关注学生自身的进步。

对于学校和教师的评价，要改变"唯升学率"或"按分数评价教学优劣"的现状，要按照全方位、多元化的原则，融入教师绩效评价制度，全面评估教师的德、识、能、绩、廉等方面，建立有利于推进素质教育的评价体系，尊重学校的差异，鼓励学校办出特色，从而提高办学水平。

同时，我们要研究如何落实"教育质量综合评价"，也就是按照评价的导向，切实做好教育质量保障。针对两者兼顾的原则，学校的工作就要从三个方面展开。

第一方面，设计制订办学方略、课程的校本化实施计划，特别是对于学生学业的过程性评价方案。课程计划就需要兼顾两者，既要符合国家的规定，开足开全基础型课程，又要符合本校学生的学情，合理安排拓展型课程。在我国，评价方法很重要，一定意义上就会成为"指挥棒"。高考、会考是统一组织的，已经具有了"指挥棒"的作用，而学校对于学籍的常规性管理，对于学习的过程性评价，也可以成为"指挥棒"，所以学校就应该在评价上做足文章，利用这样一个"指挥棒"的作用传递正能量，引导教师、家长朝着关注学生全面发展的方向去努力。比如，高三学生都会面临各个知名高校的自主招生，而自主招生或者推荐表格的获得，其标准就由各个高中确定。我校就规定高一、高二六门学科的会考成绩必须都在 B 以上（全市前50% 可以获得 B 级），然后再看高三的模拟考试成绩以及高中阶段担任志愿者、参加集体活动的情况来进行选择。这对学生的全面发展、不偏科等确实起到了一定的导向作用,否则仅仅看模拟考试成绩可能与高考成绩的相关度会更高一点,但对于学生的培养导向是不利的。

第二方面,要抓好师资队伍建设。提高教育质量关键要靠教师,教育质量观是教师从事教育教学的价值取向和指导思想,决定着教师的教育教学行为。科学的教育质量观应该是以素质教育为价值取向,以提升学习能力为主要方向。教育质量的核心是全体学生全面素质的发展,而每一位学生的基础是不一样的,但都要合格,都要发展,都要提高。

通过师资培训,让广大教师首先树立正确的教育质量观,其次要明确教育质量应当以课堂为主阵地。学生在校最多的时间是在课堂上,课堂效率低,课外加班补,是一种本末倒置的做法。同样的教育效果,所花的时间少,负担轻,就是高效率、高质量。不少教师最初都抱着所谓"认真负责"的精神,认为"要抓教育质量,就必须课后补课",大多数教师都是放弃休息义务补课,其精神固然可嘉,但效率低下,占用了学生大量的时间。所以我们学校规定中午必须让学生休息,不准进教室加课;下午放学后,学生开展社团活动,教师不得进行全班性的补课,只能就个别学生进行答疑。各教研组、备课组集体讨论,研究进度、难度、效度,抓好"教学五环节",切实减轻学生的学业负担。

现在的师训工作中,也采用了一半学时由学校进行安排的方式,尤其强调进行教学实践研究。我校各个教研组都进行了基础型课程(即国家规定的课程)校本化实施的研究,注重贴近学生实际水平,贴近课程标准,贴近考试大纲。

我们鼓励教师开设各种拓展型课程,包括文学类、外语类、科技类、艺体类,供学生选择。比如,在体育课上实施专项化课程,一个学生选择一至二门自己感兴趣的课程,三年一以贯之,使其成为该生的特长,改变以往人人都"跑、跳、踢",但大部分学生对此没兴趣、不愿参与的状况。

第三方面,引导学生和家长不唯分数,注重全面发展,接受多元评价。高一新生进校时,我们就召开学生家长欢迎会,告知我校的办学理念、课程特色、评价方式,指导学生制订高中三年规划。要求学生每年至少参与一次志愿者服务活动,参加一次社会实践活动;三年内要选择一至二项体育、艺术或者科技的专项活动,参加一个社团活动。每个班级都对应一个省份,开展"中国风·民族魂"德育主题活动。将来评选"三好学生"、优秀学生干部,以及毕业时的高校自主招生推荐等,都要把这些要求纳入考核条件,再参照学习成绩予以综合评定。事先公布方案和量表,事后进行名单公示,最终再正式确定。

多年来,这些做法得到了学生和家长的肯定。不仅各项活动得以顺利开展,即便大家非常关注的"三好学生"评选和高校自主招生推荐,几乎没有一个入围的学生引起过非议,也没有接到过家长的投诉。而且不少毕业的学生回校看望老师,还经常提及学校开展的各项活动对他们的磨炼。学校的各项活动情况都会及时地在校园网站上发布,家长也会经常关注网站,了解信息。学校的各种举措,能得到家长的支持是相当重要的。只有家、校形成合力,才能使得教育质量得到保障和认可。

三、几项思考

《国家中长期教育改革和发展规划纲要(2010—2020 年)》的颁布,标志着我国教育改革正走进一个根本性转变的关键时期。大家关注得比较多的可能是教学模式、评价方式,但我认为学制和课程的设置可能更重要,所谓"树从根脚起,水从源处流"。我国基础教育的学制与课程还有进一步改进的余地,也可以向境外的教育模式学习和借鉴。

思考一,优质教育质量的取得是否需要一定的时间周期?

就学制而言,上海在上世纪八十年代末,由于人口高峰,小学的规模容纳不了适龄学生人数,就把小学六年级放到中学,名称为初中预备班,产生了一直延续至今的"小学五年、初中四年"的上海模式。

随着人口高峰从小学移到高中,在 2000 年左右,所有办学成绩比较良好的重点中学全部初高中脱钩(原先都是初中、高中在一起的完中),成为一批纯高中,以扩大高中规模。同时,小学至初中为九年义务教育,要实现均衡化,不分重点与非重点,并且大力兴办九年一贯制的学校。目前,上海的学校类型除个别的为十二年之外,大致是纯小学(五年)、纯初中(四年)、小学初中一贯制(九年)、普通完中(七年)、纯高中(三年)。

这种模式存在很大的局限性,一方面学生的学习负担没有减轻,另一方面学校的发展也受到制约。

第一,小学生的学习负担没有减轻反而加重。从理论上讲,小学五年级毕业后按照就近对口原则,不需要参加考试就可以升入对应的公办初中,免去了升学考试看似减轻了负担,但实际上大量的小学生毕业后都会选择民办初中(最早的一批民办初中都是和原先的重点中学相关联)。原本小学升初中有统一的考试,学校统一进度统一复习,现在要应对不同的民办初中的筛选,也没有考纲没有范围,只能一拥而上拼奥数,所以小学生的学习负担没有减轻反而加重。而且学校不考试了,负担就转嫁到家庭,课外补习铺天盖地,为了能考一个好的民办初中,大家都不愿意到就近的公办初中就读。这样,直接导致了公办初中办学声誉的滑坡。好的生源都去了民办初中,有的公办初中生源极少,自然质量下降,于是进入恶性循环。

第二,初中学生的学习负担也没有减轻,反而加重。原先的重点中学是初高中一体的,一般来说,半数以上的初中部学生都把目标锁定在直升或者考进自己学校的高中部,所以学习压力不是特别大,重点中学相互之间基本不存在中考的竞争,很多学校都把办学目标直接设置为六年或者七年。而初高中脱钩之后,对于初中生来说,每个人都放眼全市,从分数线最高的高中开始依次往下排队,哪怕考进一所分数线高一分的学校,都比考进低一分的学校来得自豪!试想,这样的学习压力怎么会不重呢?难怪家长说,中考比高考更难!

重点中学都变为纯高中之后,也必然引起生源大战。所有学校都只能挤在以中考分数为标准的一条数轴上,使得原先各个学校各有特色,现在成为按照成绩依次排队。尽管教育主管部门知道怎样综合地评价一所学校,但是社会、家长、学生,乃至教师本身,都会自觉不自觉地用中考入学分数线将高中学校分为三六九等。

第三,七年制的普通完中成为鸡肋,这些学校的高中部是进分线较低的公办高中,这些学校的初中部的学生并不想升入自己学校的高中,而极力想考到那些纯高中。于是完中就等于两所学校,初中生与高中生大多不能对接。即使学校想设定六年或七年的连贯性办学目标,都会因为初高中生源的极大不同而无法真正实施。同样,九年一贯制学校也会遭遇类似问题,但由于小学升初中不需要考试,除了一部分小学生选择民办初中之外,可能有一大部分学生是可以九年连续的。不像普通完中那样,因为有中考分数线的限制,初高中生源可能会"大换血"。

在这种情形之下,各类学校都很艰难,只能行走在素质教育与应试教育的边缘上。有人形容校长是"带着镣铐在跳舞"! 既要顾及教育方针、课程改革,又要顾及应试教育对学校排名、生源的影响,还要顾及作为一个教育工作者所必须具有的教育理想。

思考二,如何向境外的教育模式学习和借鉴?

我的建议是学制和课程应该有所变化,应该跳出我们原有的框架。我们的考试和升学的评价体系不同于西方国家,所以学美国、学俄罗斯都是不实际的。而新加坡的教育模式或者我国台湾地区的经验,还是值得学习和借鉴的,毕竟文化比较接近,有很多共通之处。

首先,建议恢复小学六年制,恢复小学升初中的统一考试,并按照考试初步确认学生的大致方向。由于小学生的可塑性比较强,即使六年级考得不理想,以后还有机会赶上来,尤其是男生,发育和成熟都稍晚于同龄女生。

其次,建议把实验性示范性高中恢复为初高中一体的完中,类似新加坡的直通车学校。这样可以有六年的培养周期,使得一部分小学毕业考得并不太理想的学生被培养成优秀的学生。而情形比较特别的"四校"仍然可以是纯高中,可以成为精英类型的学校。

再次,建议把普通完中脱钩,不再设初中,而改为综合高中,即含有高中部和职校部,成为普通高中与职业高中一体的学校。对于初中毕业考得不太理想的学生,可以使其进入这样的学校。普通高中与职业高中之间可以有双通道,一年之后可以相互转换,给学生更多的选择机会。

现在的职业高中是独立的,很多学生不愿进入,即使中考考得不理想,进不了普通高中,也不愿进入职业高中,因为一旦进了职业高中,就再也没有机会进入普通高中了。其实对于有些学生,走职业高中之路,将来升入高等职业技术学校还是很不错的选择。在这个方面,台湾地区的做法就很成功。我校在台湾地区有一所姐妹学校叫基隆二信高中,就是一所私立的综合高中,其每年都有高中部的高考状元,也有职校部的高考状元。

在学制上划分清楚了,在课程上再作进一步的改进,就有了基础。要使得家长和学生能够接受、能够配合,学校和教师才有发挥的余地,才有改革的效果,最终朝着减轻学业负担、培养综合素养的道路迈进。

【参考文献】

[1] 沈玉顺.走向优质教育[M].上海:华东师范大学出版社,2006.

[2] 陈玉琨.发展性教育质量保障的理论与操作[M].北京:商务印书馆,2006.

[3] 赵中建.学校管理体系与ISO9000标准[M].上海:华东师范大学出版社,2003.

[4] 朱永新.我的教育理想[M].桂林:漓江出版社,2009.

[5] 教育部文件.关于推进中小学教育质量综合评价改革的意见[Z].北京:教育部,2013.

【作者简介】

穆晓炯,担任光明中学校长,上海市数学特级教师,中国数学奥林匹克高级教练员,教龄26年,教育管理硕士。

现任黄浦区政协常委、黄浦区理科学会理事长、黄浦区教育学会数学专业委员会主任。曾获"上海市新长征突击手""上海市园丁奖""黄浦十佳青年"等荣誉称号,连续两次获得"黄浦区专业技术拔尖人才"称号。曾连续两次获得上海市中青年教师教学评比一等奖,并获得上海中学数学教研论文一等奖、上海市青年教师教学研究课题二等奖。被法国政府授予"金棕榈教育骑士勋章"。

　　本文写于 2015 年 4 月,发表于《文汇报》(2015 年 6 月 5 日)。

爱语文,才能教好语文

柳泽泉

1968 年秋天,我走出上海师院的大门,踏上了中学语文教学的讲台,如流水一般,不经意间四十年过去了。这四十年,在人类历史上只是一刹那,但却是我人生中最重要、最难忘的时段。四十年间,有跋涉的艰辛,有前行的烦恼,有思考的领悟,有成功的喜悦,可谓甜酸苦辣,百感交集。

当了四十年的语文老师,与学生一道在语文世界里体味文学之美,感受沧桑人世,点亮生命征途,肯定有很多话要说,也有不少经验教训可说。但我今天只想谈一点,即你只有爱语文,才能教好语文。

著名作家叶辛有一次在一所重点中学作"人生与文学"的讲座,他说:"很多同学问我怎么才能成为一个作家? 我说很简单,一个字'爱',你要从心里真正地爱文学。"同样,你要想成为一名出色的、为学生所喜欢的语文教师,你首先要从心里真正地爱语文。这一点我是深有体会的。

为什么说语文是值得我们每位语文老师从心里爱的一门学科呢?

首先,语文是一门母语教育课程,而母语则是我们的精神家园。

在这个诗意的家园里,语文是美丽的,学习语文是美妙的。语文教育具有传承和认同民族文化的天然优势。"在民族语言照亮而透彻的深处,不仅反映着祖国的自然,而且反映着民族精神生活的全部历史。人们一代跟着一代传下去,但是每一代生活的成果都保留在语言里,成为传给后一代的遗产。"(乌申斯基语)我们的语文主本,正是这份遗产中的精华部分,堪称民族文化的瑰宝。

　　不唯如此,语文还能为我们打开通向世界的窗户。北京大学钱理群教授曾对语文课作过一种诗性化的描述:"这门课程打破时空的界限,克服个人生命的有限范围,把学生引入民族与世界、古代与现代思想文化的宝库,与百年之远、万仞之遥的大师巨匠,与中外古今的小说家、剧作家、诗人、散文家……进行心灵的交流,精神的对话。透过美的语言你窥见的是美的心灵、美的世界,你将在同哭同笑同焦虑同挣扎的过程中,不知不觉地发现自己变了,变得更复杂更单纯,更聪明也更天真,你内在的智慧,思考力,审美力,批判力,创造力……被开发出来了,你的精神自由而开阔了,你的心灵变得更美好了。"

　　这样的语文课不值得你从心底里去爱吗?

　　语文学科有着其他学科所没有的文化特性与情致。我们在语文课上读一个个文本,都会感受到生命的涌动,情感的激流。

　　因为语文,"窈窕淑女,君子好逑"的诗句深深打动了千百年来少男少女的心;"水光潋滟晴方好,山色空蒙雨亦奇",多少诗人对大自然的歌咏引起了历代读者的情感共鸣。

　　因为语文,人们看到了两千五百多年前,一群学生侍坐在循循善诱、亲切和蔼的孔子身边平等地对话;因为语文,我们听到了鲁迅在黑色铁屋中发出的"呐喊",又闻到了《朝花夕拾》中至情的馨香。

　　因为语文,我们听屈原吟《橘颂》,观陶渊明"采菊东篱下",与李白共饮放歌《蜀道难》,叹杜甫独自登高悲心凉。

　　因为语文,人们一次次走进《红楼梦》这个森林,去领略它枝繁叶茂的无限风光。

　　因为语文,我们拜访了世间最美的坟墓——这里躺着不朽的托尔斯泰;我们又收藏了欧·亨利的最后一片树叶;结识了海明威笔下的那个老渔夫;感叹于莫泊桑的《项链》如何闪烁着人性的光辉。

　　世界文学长空中的一颗颗巨星——莎士比亚、雨果、巴尔扎克、狄更斯、泰戈尔、塞万提斯、普希金、歌德、安徒生、高尔基、契诃夫……因为语文,我们不仅仰望着这一颗颗光芒璀璨的巨星,而且一步步走近了他们,倾听着巨人们的心灵话语,并在自己的心中播下了智慧的种子。

这样的语文学科,我们能不爱吗?

我们简直可以说,缺乏语文的生活是单调的,缺乏语文的人生是贫瘠的。

其次,语文学习和教学能给我们语文老师带来幸福的生活和诗意的人生。

语文老师的教学生活与教其他学科是不同的。教数学、物理、化学的老师,往往与数字打交道,要不断地做题目、做实验,这当然也很有乐趣。它可以培养人的思维的逻辑性、严密性,使人变得聪明起来。而语文老师是与语言文字打交道的,"语文的世界不仅仅是语言符号,它还是鲜活的生活画面,跃动的思想与情感、生命与灵魂"。语文老师天天在与中外古今的哲人智者进行对话交流,常常会在语言文字构筑起来的王国里咀嚼、领悟,体验悲欢情感,涵养美好心灵,常常会滋生"每有会意,便欣然忘食"的悠然之乐。

语文教师的幸福还在于钻研、探究与教学的过程中。有一位语文老师深情地谈自己的幸福:"深钻教材,解读文本,是一种幸福;运用自己所有的知识和智慧将一篇篇课文反复琢磨,是一种幸福;和同事激烈探讨直至深夜,是一种幸福;借助一切工具查找资料,是一种幸福……用一生的积累、用自己的整个生命去备课,那更是一种莫大的幸福!"我想在座的老师们也一定会有同样的感受。

但我感到,语文老师的幸福生活更在于我们把人生最要紧的一种本领教给学生,用语文点亮学生的生命。

有人问:语文,对人的一生,究竟有多少重要?

著名教育家于漪回答说:"一个人无论将来做什么工作,总离不开语文,离不开母语。""语言这个交际工具不仅是文化载体,而且还是意识、思维、心灵、人格的组成部分。"一句话,语文学习能促进学生生命的总体生成,学好语文便是拥有了人生最要紧的一种本领。正如大科学家爱因斯坦说的,文学教师唤醒了他对德国古典作品的兴趣。他一直认为自己被这位文学教师所唤起的兴趣是不可忽略的。因为如果缺乏语言文学的功底,就不容易读懂哲学;如果不了解辩证法,他就不可能研究相对论。

我曾经多次说过:"作为一个中国人,我感到幸福,因为,我是在用一种世界上最美丽的、表现力最丰富的文字学习、写作;作为一名语文老师,我感到很充实,因为,我是在用生命教我的学生能拥有同样的幸福。"

上海有一位具有博士学位的语文老师,她的大名叫郑桂华,钟启泉教授曾经赞赏她说:"做你的学生一定是很幸福的。"为什么钟教授这么说呢?因为郑桂华老师不断地读书,提升自己,广泛地拜师,丰富自己,同时在语文教学的实践中不停地摸索,经过了从"适应课堂"到"驾驭课堂"再到"享受课堂"的转变,在课堂上时刻注意调动学生,让自己和学生都感觉生命的气息流淌在每一节课上,使语文课成为自己与学生共同成长的生命体。做这样的语文老师的学生能不感到幸福吗?

让学生通过学语文有"所得",并能幸福地成长,这不正是我们语文老师追求的吗?

宋代大词人辛弃疾《贺新郎》词中有云:"我见青山多妩媚,料青山见我亦如是。"语文老师能入心入骨地爱语文,能与这门满蕴人文气息、闪烁思想光芒的学科相知相守,才能品语文之味,发现语文之美,才能肩负起人类文明传承的神圣使命,才能真正教好语文;相反,你如果对语文薄情寡义,仅仅把教语文看成是吃饭的职业,那么,你肯定是教得呆板又难受,学生学得乏味又痛苦。

最后,因为爱语文、爱学生使我不断地对语文学科教学进行探索。

我从小喜欢语文。从小学念到大学,有幸碰到过许多学养深厚的语文老师。我的小学是浦东的一所百年名校二中心小学,我的语文老师王祖荫、章锦、吴仁畲、高波琴等都是我难忘的启蒙老师;小学三年级老师就指导我写独幕剧,小学五年级我任少先队大队长,并获得学校作文比赛第一名。文学的种子撒播到了我稚嫩的心田里。中学阶段,我的语文老师有刘宇、郑文雄、顾德瑞、邱文昇等,他们启发我读了大量的中外文学作品。我是学生会干部兼班长,又任学校文学社社长,我的作文获《青年报》全市中学生作文大赛最优秀奖之一。我是这所中学唯一戴着耳环的知名学生。到了大学,我的老师有著名学者马茂元、邵伯周、刘叔成、何伟渔等教授,他们教会我怎么做学问,我也开始在报刊上发表文章。

自从走出大学校门,踏上中学语文教学的讲台后,我对语文学科的情愫更是随着教龄一年年地叠加而越来越深厚。

因为我爱语文、爱学生,所以我会一遍又一遍钻研课文,每堂课前我都要问自己:"这节课教什么,怎么教,为什么要这么教,学生会得到什么?"然后自信地、有激情地走上讲台。我刚教书时是上世纪六十年代后期,还在"文革"期间,"读书无用论"甚嚣尘上。我很大胆,除了带学生读毛泽东、读鲁迅的作品外,还私下补充了不少"封资修"(即中外名著)的东西和读写知识。学生想不到,语文的天地竟然这么宽广、这么有味。我先教 73 届学生,教了一年,领导让我当 74 届(2)班的班主任。我在给 73 届某班上最后一堂语文课时,班上许多学生哭了。

因为我爱语文、爱学生,所以我会想方设法拓宽语文学习的天地,积极进行语文教学改革。《语文学习》杂志的封面上印有一句话:"语文学习的外延与生活的外延相等。"学语文不能仅局限在课堂里,而要引导学生关注生活,关注社会,关注大自然。上世纪八十年代中叶,我在浦明师范倡导、组织了旅游考察教育活动。我们选择了杭州、绍兴作为考察点,因为这两处是历史名城,可谓人杰地灵、在在形胜。我们编写了旅游考察教育教材和详尽的计划,每年组织二年级的学生到杭、绍做一周的旅游考察。学生们重温了鲁迅、茅盾、白居易、陆游、苏东坡、秋瑾等名家诗文,饱览了杭、绍两地独特的湖光山色和人文景观,目睹了两地城乡面貌的巨大变化,采访了社会各界人士,既激发了内心的爱国热情,又产生了强烈的写作冲动。同学们写出了大量情文并茂的好文章,不少文章或在报刊上发表,或在各类作文竞赛中获奖。"浦明"的旅游考察教育在学生心中留下了难以磨灭的印象。我和鲍老师写的《旅游考察与作文教学》的长篇文章发表在《中学语文教学》杂志上,并收入当年全国的作文年鉴。上世纪九十年代初,我和几位同行又发起了"浦东之春"中学生作文竞赛活动。这一活动得到了浦东新区管委会领导赵启正、胡炜，于漪、钱梦龙、陈钟梁等著名特级教师，叶辛、陆星儿等著名作家的热情支持和高度评价，吸引了几十所学校的数以万计的中学生踊跃参赛，广大学生用自己的视角和手中的笔，写出了一批讴歌上海、讴歌浦东巨变的有血有肉的优秀作文。我们在学林出版社支持下正式出版了三本优秀作文选（每年出一本），在社会上引起了广泛的影响。我是这项活动的主要策划和组织者。"浦东之春"活动为培养大批语文爱好者、为铺设语文教改（特别是作文教学改革）的新路做了有益的探索和积极的贡献。我在格致中学任教期间，更是从调查学生学习语文状况入手，在激发兴趣、夯实基础、扩大阅读、用心写作、开放课堂、注重运用等方面进行整体改革，起到了很好的效果。我在格致中学办了第一份《格致语文报》，第一个班级图书馆，第一个学生语文学习研究会，第一份班级作文刊物《爬山虎》。就说《爬山虎》吧，它是我接高一（9）班仅一个学期就诞生的刊物，学生从不大喜欢写作文，到这本有相当质量的铅印的作文刊物问世，甭说有多高兴了。他们说："尽管我们的文笔是稚嫩的、不成熟的，但那却是最自然的、最清新的，是从我们这群当代中学生的心里流出来的声音。"学生家长看到自己孩子的作文一下子像样了，也非常高兴，几乎每个家长都写了寄语，有的说："非常高兴看到格致中学高一（9）班的同学们能在柳老师的悉心指导下办出这样一本多彩的刊物。与其说是一篇篇习作，毋宁说是一首首少年心曲，唱出人生最美好年华洁白无瑕的心声。"有的说："《爬山虎》——大家看到的是它那质朴无华的身姿，普通的名字，但更能体现其内涵的却是它那坚忍不拔、奋勇向上的精神。今天仅见一缕枝条，明天将呈现的是一片翠绿。当我们赞赏它的时候，不要忘记，支撑它苗壮成长的坚实、宽厚的臂膀。"作为语文老师的我，看到"爬山虎"们正在努力攀登，当然也很高兴，不过我的高兴放在心里。

因为我爱语文、爱学生，所以我会不断思索怎么样才能教得更好、更生动、更有效，并把这种思索用文字写下来，写成一篇篇文章、一本本书发表和出版，与同行们分享。我从教的开头十年，"文革"还没收场，知识分子地位低下,除了小心翼翼教书外,不会去搞什么教学研究的。直到1976年10月6日粉碎"四人帮"之后,1978年3月和4月,中共中央和国务院先后召开了全国科学大会和全国教育工作会议;当年12月,我党召开了十一届三中全会,改革开放的大幕拉开了,中国由此重新迎来了尊重知识、尊重人才的春天,我们广大老师如释重负,理直气壮地教书育人,放开手脚搞教学改革。我顿时感到浑身是劲,一边读书,一边教书,一边写书,全身心地沉浸在语文世界里。有一年夏天,上海教育出版社嘱我和刘明恒两人编一本《现代哲理散文精选(中国卷)》。当时我家没有空调,房间很小,没有像样的书桌,我只能把大量的书和稿纸摊在地板上,我不敢开电扇,生怕吹散了书稿。我直写得汗流浃背,但我不觉得苦。后来书出版了,很受青年学生欢迎,我心满意足了。九十年代初,我还在浦明师范担任常务副校长。上海少儿出版社要编一套指导小学生写作的书,分给我的任务是编写《学会写一段话》这本书,必须结合小学语文教材和小学生认知水平来写。写给高中生看的书我在行,写给小学生看的书不好写。我在短短一个寒假里,看完了小学十二册语文教材,然后写完了这本小册子,出版后连印了几次,小学老师说很管用。因为我从1984年开始担任学校校级行政工作,白天上班无法写作,只能靠假日,特别是寒暑假的整段时间。这样日积月累,也编写了三十几本书,发表了不少文章,主持参与了不少课题研究。

因为我爱语文、爱学生,所以我会在心中树起一座山,这座"山"就是我要学习的楷模,就是我的人生追求,从而促使自己在教育教学实践中成长,在成长中走向成熟。台湾作家刘墉有一段话对我很有启发,他说:"一个人可以一辈子不登山,但他的心中一定要有座山。它可以使你总有一个奋斗的方向,它使你任何一刻抬起头,都能看到自己的希望。"一个教师心中有座"山",也就有了奋斗的方向,这样他就会不断地努力攀登这座"山",矢志不渝,刻苦踏实,不怕困难,不计荣辱,让希望之火一直在燃烧。

最后,我想引用学者于丹的话作为本文的结语:"这一生中总有几个人,像钉子一样守候在命运的岔路口,一瞬间就决定了生命的方向。于流光中迤逦引远的时候,他们的音容寂然,镌刻在了我心底不能惊动的地方。

站在最远处的这个人，就是我的语文老师。"愿在座的青年老师们都能成为学生心底不能忘却的语文老师。

【作者简介】

　　柳泽泉，上海市中学语文特级教师，教龄 42 年。

　　曾任光明中学校长、上海市语文学会副会长、黄浦区教育学会语文专业委员会主任、黄浦区柳泽泉语文教学研究工作室导师等职。曾荣获上海市园丁奖、上海教育十大年度人物。发表语文教学和学校管理的文章近二百篇，出版的专著和主编或参与编著的书有三十余种。主持和撰写的教科研成果曾多次获得上海市师范系统和黄浦区教育系统论文比赛一等奖。

　　本文发表于《现代教学》2009 年第 4 期《名师启示录》栏目。

做一个有情有爱的德育工作者

——浅谈德育工作者所需具备的基本情感素养

赵程斌

著名的教育家夏丏尊先生曾经说过:"教育上的水是什么? 是情,是爱。教育如果没有了情与爱,就成了无水的池塘,任你四方形也罢、圆形也罢,总逃不出一个空虚。"

九十年前,夏先生针对当时的教育现状,提出要把办教育比作挖池塘。他说,办教育不能在制度上变来变去,就好比挖水池,有人挖成方的,有人掘成圆的。然而有一个关键的问题反而没有人注意,那就是,水池之所以称之为水池,那就必须要有水。办好教育的关键就是必须要有感情,要有爱心;一个没有感情与爱心的学校,就成了没有水的池塘,任凭是方的还是圆的,总免不了空虚之感。

时过境迁,岁月蹉跎。如今的中国教育比起九十年前,无论在治校理念,还是在办学条件上,都有着翻天覆地的变化。然而,夏先生的"教育池塘说",在每一个教育者心里,尤其是对德育工作者而言,仍然具有十分重要的现实意义! 正所谓"百育德为先",作为一名德育工作者,我们自然应该拥有广博的爱心与真挚的情感,这就如同那片流淌在班级之池中的水,时时滋润着学生们的心田。然而,在面对纷繁复杂的机遇与挑战之时,我们是否依然永存着那份"爱生、爱班、爱校"的情结? 在面对沉重的竞争压力与升学困境之时,我们是否依然永藏着那份"坚守信念,开拓创新"的情操？在面对等身著作与辉煌荣誉之时，我们是否依然永葆着那份"不忘初心"的情怀呢？其实，四方形也罢，圆形也罢，关键要有感情与爱心，而一个拥有感情与爱心的学校，就一定要有一批怀揣着情结、情操、情怀的德育工作者。

一、做一个有情结的德育工作者

何为"情结"，即一份深藏在心底的情感。遥想当年，远离甘如醇醴的经纬天地，却执着选择淡若清泉的三尺讲台，这不就是对于教育事业的一份情结吗？学高为师，身正为范，是每一个教育工作者毕生的信念与追求；育人为本，立德为先，更是每一个德育工作者终生的理念与圭臬。只要这份情结不灭，无论工作再艰辛，压力再繁重，我们都无悔于当年的那次抉择！面对自己长期相处的学生们，自然会有师生情结；面对自己长期管理的班级，当然也会有班级情结；然而，正所谓"铁打的营盘流水的兵"，作为德育工作者，随时可能被上级派往新的班级。面对一个陌生的集体，我们又将如何保持一份情结呢？其实，每一个班级都拥有着一份自己独特的个性，都是一片值得探索的富矿与宝藏。我们必须耐心地观察其性格，然后逐渐地尊敬它、走进它、读懂它、改变它。在彼此熟悉与信任的过程中，培养起"以班为荣"的真挚情结。倘若缺失了情结，我们就将面对无休止的困扰。困扰起源于不能接受现实，过度地沉湎于原有的安逸，从而不想适应新的环境，也不愿从师生实际出发。或大刀阔斧地朝令夕改，或不温不火地以不变应万变，结果就是错失引领班级发展的良好机遇，自己则陷入一腔热血无人识的窘境。除了自身要有情结之外，德育工作者还要善于将这份情结感化到班级里每一个学生。通过每一次活动，例如参加篮球赛、辩论赛、歌咏赛，又如设计班徽、班规、班级口号，深度挖掘他们各自潜能，敏锐地把握每一次关键性教育的机会，使其集体荣誉感与班级归属感油然而生。

最近我去参加了一个学生的婚礼，她是我第一届毕业班的学生。在婚礼开始之前，照例是播放新人们的成长照片。许多来宾都惊讶于新娘拥有如此众多的高中时期的照片，故在敬酒时询问新娘。新娘无不骄傲地告诉他们，这源于班主任送给自己的毕业纪念光盘，里面记录着自己在高中三年的点点滴滴。一张小小的光盘，正是代表着德育工作者对于班级的情结。对于自己的每一届学生，我都会精心制作一份毕业视频，连同班级三年来的全部照片与文字资料，刻录成一张张毕业纪念光碟。三年里，同学们拥有着人生中最为美好的校园时光，它是珍贵的，也是稍纵即逝的。作为见证者与陪伴者的我们，理当应该把它记录下来，替同学们收藏着。或许在自己的德育历程中，会经历许多个毕业班，但是每一个班级都有属于自己的故事，都有一份特别的、专属的情结。翻看着那一张张逐渐陌生的笑脸，回想起那一次次愈发模糊的时刻，我仿佛再次感受到了做一名德育工作者的真正意义。科技在进步，时代在发展，今天的我，虽然还在带毕业班，但是已经不再需要印封面、装盒子、刻光盘了，而是把三年的回忆全部导入U盘里，封面也只需要打印在卡片式U盘的上面，既美观，又时尚。变化的是毕业礼物的外观，不变的依然是那一份情结。

情结，虽然微不足道，但却需要呵护与滋养；情结，虽然埋藏深处，但却是心底里最不朽的坚强。只要这份教育情结不变，无论在哪一个班级，面对哪一批学生，我们都将坚守于当年的那次抉择！

二、做一个有情操的德育工作者

何为"情操"，即一片不变的感情与操守。每一种职业，都有着属于自己的操守。而这份操守，不仅需要纪律来约束，更需要感情去支撑。如果说外部的监督是有效的，但也是无情与冷漠的；与其这样，不如让脉脉温情去代替，因为它是主动的，是自发的，更是长久的。在一个拥有情操的德育工作者心里，每天的太阳都是崭新的。每一次微笑与问候，都会让身边的每一个人感到温暖与真诚。相对于普通的教育者而言,德育工作者的操守与责任更重大。因为我们是班级管理工作的组织者和领导者,是学生健康成长的引路人,是联系班级与任科老师、沟通学校与家庭及社会的桥梁。因此我们必须时刻以身作则、严于律己、表率带头、身先士卒,否则无法起到正确引领的作用。

除此以外,德育工作者在具体的实践工作中,还必须处处以情动人,积极关怀每一位学生的身心健康,积极关心每一位家长的合理诉求,积极关注每一位任课老师的切实需要。想大家所想,急大家所急,忧大家所忧。勿以恶小而为之,勿以善小而不为,让德育实践中的每一个关联方,都能深切地感受到来自我们的热情,而不是被迫接受一次又一次的信任考验。只有这样,彼此之间才能相互理解,大家也会更加地支持德育工作。在德育工作者的情操里,还天然地蕴含着"开拓创新"的基因。不创新,毋宁死! 在管理方式上,如果没有善于创新的信念与激情,那么班级发展必然会走向死胡同;如果在教育理念上,没有敢于创新的魄力与勇气,那么师生团队必然死气沉沉,缺乏活力。当然,创新的前提,首先是传承,不过绝非萧规曹随,而是与时俱进。同样,治班的创新,也绝不能冒进,因为事关树人大计,而应一步一个脚印,循着教育管理的规律探索,脚踏实地地怀揣着这份情操。

作为一名德育工作者,最大的挑战就在于时刻都有机会来考量自己的情操,有时甚至于如此地突如其来。我曾经就遇到过这样的挑战。班上有个孩子,父亲在工作中心肌梗死突然去世。这样的噩耗,对于一个只有十五六岁的孩子而言,无疑是五雷轰顶,她根本无法承受这样的打击,几近奔溃。出于职业操守,我原本应该及时地劝慰学生,让她节哀,并且鼓励她化悲痛为动力,重新振作起来。可是话到嘴边,我却怎么也说不出口。倘若互换角色,将心比心,此时的任何语言,都显得苍白无力,甚至太过残忍,千言万语也换不回至亲的归来。仅仅停留在口头上的宽慰,这样只会加重伤心。出于本真,我来到这位学生的家中,面对灵台上的照片,鞠躬与敬香,真诚地探望她的家人,却没有忍心对她说上一句话。因为我知道,这样对她，更好。时间是最好的疗伤剂，等到她心情逐渐平复，绝对不会记得当时周遭人的话语，但一定会想起班级里有一个人始终默默地关心着她，期盼着她早日回来。

情操，至柔，因为它是春风化雨；情操，也至刚，因为它需要铁肩担当！

三、做一个有情怀的德育工作者

何为"情怀"，即一种高尚的感情心境。当我们刚从师范毕业，初出茅庐之时，情怀是有的，因为我们热爱教育，憧憬未来；当我们白手起家，一无所有之时，情怀也是有的，因为我们心无旁念，专心治学；待到我们著作等身，桃李满园之时，这份情怀还在吗？情怀是轻轻的，原本它就是一片初心，然而，也正因为轻如鸿毛，也让多少人无法体谅这份生命不能承受之轻。在许多人眼中，情怀是一朵白莲花，素雅而又高洁，似乎只可敬畏而不可亲近；其实，情怀更像是一片雏菊，本真而又质朴，只是普通得使人都不愿俯身亲闻，自然就不能感悟沁人心脾的幽香。一辈子坚守情怀的于漪先生就是这样一位拥有高尚境界的德育工作者。年近耄耋之年的于先生，每当与年轻班主任们聊起教育，似乎就会忘记年龄，仿佛又回到那个充满理想的青葱岁月，激情洋溢，风火慷慨。对比于先生的情怀，反观我们呢？剩下的只有相形见绌，自愧不已。反省自己在班级管理工作中，是否存在鼠目寸光、急功近利？是否存在洋洋自得、夸夸其谈？是否存在应付了事、得过且过？又是否存在只重形式，不重内涵呢？曾子曰："吾日三省吾身。"要想拾回那份情怀，我们就必须静静地反省。究竟是什么让我们渐渐失去了那份原本就属于我们的情怀呢？是烦嚣的琐事，还是繁忙的节奏？我们应该把匆匆的脚步放慢一点，及时停下来回顾自己曾经所走过的路，所犯过的错误。我们应该把更多的感情与爱心奉献给学生、老师与家人，而不是为了成绩，责骂学生；为了功绩，迁怒同事；为了业绩，远离家人。

众所周知，高三的学习是充实的，也是紧张的，每一个人都像上紧的发条,发誓决不浪费一分一秒。然而,机器可以是冷漠的,人的天性却是温暖的,无论何时何地。还记得那是一个大雪纷飞的冬日,学生们在教室里已经连上了四节复习课。对于身处南方的上海,下雪是不常见的,而下"鹅毛"之雪,更是少之又少的奇景。大家一边打着哈欠,一边出神地看着窗外。我也似乎看明白了学生的心思,便吟上一句:"此等良辰美景,大家何不出去逍遥一番?"话音刚落,大家先是一惊,因为毕竟身处紧张的高三复习课堂。不过看到我如此坚定的目光,他们便鱼贯而出,走下楼梯,来到白雪皑皑的操场之上。或奔跑,或嬉戏,这是他们进入高三以来的彻底释放。在走廊阳台上望着他们,我想,教育的目的绝不是引导学生走入死寂,而是引领学生感悟自然的美丽与人生的美好。只有敞开心扉,满载情怀,才能海阔天空,鱼跃鸟飞。最后我们在雪地里一起拍了一张合影,学生们露出了久违的微笑!

如果说不以物喜、不以己悲是一种情怀,那么不忘使命、不忘初心更是一种情怀!

情结至小、情操至柔、情怀至轻,稍纵即逝,化为凡尘。然而,情结,小而深;情操,柔则刚;情怀,轻又香,重如泰山,国之栋梁。塞缪尔·斯迈尔斯曾经说过:"在我们身边,有比快乐、艺术、财富、权势、知识、天才更宝贵的东西值得我们去追求,这极为宝贵的东西就是优秀而纯洁的感情与爱心。"与现在的以及未来的德育工作者,共勉!

【参考文献】

[1] 亚米契斯.爱的教育[M].夏丏尊,译.桂林:广西师范大学出版社,2004.

[2] 伍杰.中国百年书评[M].昆明:云南教育出版社,2002.

[3] 邹振环.影响中国近代社会的一百种译作[M].北京:中国对外翻译出版公司,1996.

[4] 龚明德.《爱的教育》在中国[J].长城,2001(5):168-176.

[5] 叶小沫.《爱的教育》九十年[J].读书,2014(1):90-93.

[6] 夏弘福.夏丐尊与爱的教育[N].中国教师报,2011-3-18.

【作者简介】

赵程斌,担任光明中学团委书记,任教政治学科,教龄 10 年,一级教师。

曾荣获上海市法制教育优秀教师、上海市"金爱心教师"、黄浦区优秀青年突击手、黄浦区优秀青年志愿者等称号;曾荣获上海市中小学中青年教师教学评比一等奖、黄浦区中小学教师教学评比一等奖、全国和上海市"一师一优课"优质课、全国青少年学生法治教育优秀多媒体课件资源征集比赛三等奖、上海市青少年法治教育优秀教案评选三等奖。

本文写于 2016 年 6 月。

以《金融服务　家庭理财》一课为例

——浅谈社会实践渗透高中政治课堂,培养学生的核心素养

孙　瑛

随着以核心素养为基本特征的新一轮课程改革的不断推进,如何在中学政治课堂通过恰当教学策略的合理安排和有效实施,更好地实现对高中生学科核心价值观的培育,已成为近期的热点话题。学科教师们如何真正做到为核心素养而教,对学生核心素养的培育真正产生实效,是目前一线教师最迫切需要解决的大问题。

上海的高中政治课程体系,每个年级均有实践体验版块设计,高三第一学期还引入"社会调查",要求学生撰写社会调查报告。这样的改革,从学科价值而言,引导社会实践渗透高中政治课堂,让政治课更加融入社会生活,让学生能理论联系实际,从而进一步提升学科的核心素养。

所谓社会实践体验活动,是指运用社会调查、社会服务、考察访问、活动教育、情景模拟等多种形式开展的带有研究性学习特点的社会实践活动。学生实践体验活动本质上是学生从实践中主动地获取知识、应用知识、解决问题、提升情感的一种学习方式。学科核心素养是指思想品德和思想政治课程的核心知识、核心能力、核心思维方式和核心价值观。核心知识主要是领悟公民道德与法律规范,理解马克思主义基本观点和哲学社会科学常识及其应用价值;核心能力主要包括观察和分析社会问题的能力、价值判断和行为选择的能力、运用学科知识和方法处理社会实际问题

的能力;核心思维方式主要是理论联系实际和辩证思维方法;核心价值观则为党的十八大提出的社会主义核心价值观。

我以《金融服务　家庭理财》一课的教学实践,谈谈依托社会实践、兴趣引导、任务驱动等方式,优化高中政治课堂教学,提升学生核心素养的一些体会。

一、方便上手、精巧设计——实践体验的重点

教师由于"课时紧、实施麻烦等多种原因",往往桎梏学生实践体验版块的教学实施。教师此次活动设计的目标之一是,任务驱动,教师省力。以《商业银行的职能》一课为例,在授新课前,教师布置了一个预习作业的"任务",即将"商业银行的职能"分割成数个任务项目,要求学生利用课余时间完成这些任务并撰写一份简短的体验成果。

为了指导学生顺利完成以上任务,教师给予学生一定的友情提示,所有内容均呈现在一张小小的任务卡中,如下图所示。在该环节中,教师任务卡的设计是实践体验活动能否取得成功的第一个重点,任务卡越清晰地指明活动方向和提示要点,学生作业的成功率越高,也越能达到教学的要求。

上海市光明中学

经济常识 第5课 金融服务与家庭理财

社会实践作业(任务卡：1人独立或2人合作完成)

班级:		姓名:		学号:	
银行:		银行服务项目(1个):			

感想:

(为什么选择这个服务项目?在实践尝试中遇到哪些困难,获得哪些收获?)

要求:

每班3-4组,每组1-2人,可合作完成,也可以独立完成,只需选择下列项目中的一个任务。

任务1: 办银行卡,存款,转账结算。

任务2: 办理代付公用事业费等业务。

任务3: 了解或尝试国债业务。

任务4: 了解或尝试理财产品。

任务5: 了解或尝试保管箱业务。

任务6: 咨询银行工作人员,了解外资银行与国内商业银行在服务上的差异。

友情提示:

1、预习课本"商业银行"的相干章节。

2、事先咨询银行的服务台,了解情况,做好充分准备后着手实施。

3、若金额较大或有些项目作为未成年人无法独立办理,可以邀请家长陪同,作为辅助。

4、本次任务重在体验,获得体验感想,而非一定要完成。

作业递交时间: 下周一(3/14)早, 交课代表。

二、兴趣引导、任务驱动——实践体验的起点

迎合学生中"稀缺的或许是最好的"这样的想法,此项作业的布置教师可以让学生自由报名,认领任务,以完成情况为平时成绩加分。学生们兴趣盎然,积极参加。而教师只需要批改几份作业,就能基本了解学生实践活动的概况,即"学情的分析",为课堂教学的渗透做准备。事实也证明,学生的实践作业完成得相当不错。有的学生选择办理银行卡,理由是方便网络购物。有的学生选择银行理财,理由是希望压岁钱升值,综合比较不同理财项目的优势和不足。还有的学生为爷爷奶奶办理了公用事业费转账,并普及此项业务的便捷……

三、鲜活经历,渗透教学——实践体验的目的

正因为教学案例来源于学生体验,所以该课的教学引发了学生的关注。教学中,教师用学生最新办理的商业银行卡实物为导入,请学生讲述办卡经历。例如为什么要办理银行卡? 如何办理银行卡? 这些问题将商业银行的基本业务和作用一一引出,同时从同学未能完成办卡的案例中分

析原因,引出银行卡的安全性和种类区别。其他同学的任务案例,也自然成了教师讲解商业银行的中间业务真实素材。甚至是如今的第三方支付,银行在此中的服务,也能有机地融入教学过程。

四、顺势而为,善用资源——实践体验的依托

这几年,上海市十分重视学生社会实践的推广,并将此计入课时。各个学校德育处或学生处均在大显神通,设计并开展各类社会实践活动。政治教师们可以依托学校资源,将之引入课堂教学。在《金融服务　家庭理财》一课中,教师利用本校与银行开展的校企合作项目,将银行员工专业人士引入学校普及金融知识,让学生拓展视野,既能进一步了解我国金融系统的结构、商业银行对于个人生活和国家建设的积极作用,也能辨别人民币真伪,了解假币对于国家金融秩序的危害等。由于学校的社会实践点的资源和活动很丰富,教师要做一个“有心人”,顺势而为,善用资源,从而为课堂教学的延伸增光添彩。

当然有些课程的活动体验,因条件限制,操作不易,我们不妨采用“情境模拟”的方式。例如在“家庭理财”这一章节,设计“模拟支票”,让一部分同学自由组合成立保险公司、商业银行、证券公司,另一部分同学成为风险投资人,每人手中拥有一定数额的支票。三家公司分别派代表陈述公司业务和增值潜力,投资人完成投资后讲述资金分配的理由。课

堂在企业争夺投资资金、投资人如何选择的热闹气氛中进行,收尾时,老师水到渠成地总结点评,归纳投资理财的原则。同学们回忆刚刚的投资过程,对此原则既能领会,也能复习商业银行、保险、证券的相应知识。

课堂活动

试试我的"财商"

- 学生自主推荐或自荐产生3位学生代表作为投资人,投资额10万人。
- 班级分成3个投资运作小组(商业银行、保险公司、证券公司),并分别产生3位投资经纪人作为小组代表。上述小组分别有各自的投资项目,例如银行负责经营储蓄、国债、基金等;保险公司经营人身、财产等保险项目;证券公司负责股票买入、转让等等。
- 小组代表投资经纪人列举投资项目的理由,以争取3位投资人的投资资金。
- 3位投资人进入小组活动,投入资金(模拟现金支票),
- 清算3个投资运作小组获得的投资总额。
- 3位投资人说明投资去向,并说明理由。
- 教师对三位投资的投资表现点评。
- 根据上述人员的表现,给予平时成绩加分。

提醒投资人:10万元是家庭一年结余金额,可以不全部用于投资理财。

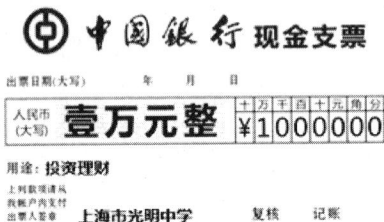

中国银行 现金支票

出票日期(大写) 年 月 日

人民币(大写) 壹万元整 ￥1000000

用途:投资理财

上列款项请从我账户内支付 出票人签章 上海市光明中学 复核 记账

五、入脑入心,优化教学——实践体验的成果

设计和实施一次实践活动,老师往往是最辛苦的,看似简单的活动,其背后渗透着老师无数的心血和细节的考量,但是带给学生们的收获则是终身受用的。

第一,有利于促进学生的健康成长。

传统的课堂,金融服务仅限于课堂内单纯的知识的灌输,为考试而学习,学生学习的兴趣寡淡,教师的教学也仅停留于表面。传统的社会实践,参观体验走过场较多,活动组织者用心良苦,学生浅尝辄止,主动性不强,素质和能力的培养只是"空中楼阁"的口号较多。

只有将社会实践引入课堂教学,学生在任务驱动和真实体验中获得的成长,才是真的成长。

该课活动后,不少学生反映"办银行卡的体验很不一样"。尽管它不是人生中的第一张银行卡(第一张是学校统一办理的学费卡),却是第一张自己亲自办理的银行卡,其过程让自己很受益,既体验到课本知识在实际生活中的应用,也感受到社会交际能力的重要性,做好一件事必须"打有准备的仗",即使办卡失败,总结经验也是一种收获。"老师把我们的经历通过课堂呈现,让我们很有成就感,也让我们更关注对本课的学习,这样的学习有趣味且有效。""听了一次银行专业人员来为高中生开设的金融知识讲座,让我增长了金融知识,这比一次单纯的参观更有意义。"我认为,让学生走进社会生活,通过亲身体验进行学习,促进学生学习方式的完善,这个过程就是鼓励学生自主探究、主动学习,"体验发现的乐趣""做社会生活的参与者"等,这个过程能让学习者的积极性、主动性和参与性有很大提高,对于学生的学科核心素养和全面素质的发展,能在潜移默化中打下坚实的基础。

第二,有利于促进教师的专业发展。

传统的教学,教师比较关注学生知识掌握的多少,考试分数的高低,教师承担的是"知识体系的拥有者、解读者、传承者",面对突如其来的教学改革,大部分教师往往是"应对"和"承压"。造成这种情况的原因之一在于课程改革是对于自己已有教学习惯和知识体系的冲击,所以教师首先要立足理念的更新,成为学业的指导者、知识的引领者、学生发现和成长的支持者。

教师要充分认识学科核心素养的本质和价值,充分认识课程结构和教学方式的全面更新对于学生成长和教学实践的意义和作用。对于学生的培养方式,要变学生的被动学习为主动探究,从关注学生的知识掌握转向关注学生的学科能力表现和核心素养培育。要变基于知识落实的"传授"课堂为基于学生学科能力表现和学科核心素养培育的"互动"课堂。让学生从"记得住"的知识学习向"忘不了"的素养培育转化。这就要求思想政治课教师放下身段,真正践行"以学生发展为本",从学生的角度去思考和发现问题,思考他们会想什么问题、有什么困惑,真正成为"路标",成为学生成长的帮手。社会实践活动渗透课堂教学就是践行这种转变的一个桥梁。通过教师对学生实践体验活动的组织、指导和管理,引领政治教师转变观念,完善教学方式,促进专业成长,让教师成为学生学习的促进者、合作者、指导者和教学改革实施者。

第三,有利于优化政治课堂教学和政治课程的改革。

课程的生命力在于课堂。由于众所周知的原因,过去的教学往往以知识教学为根本导向,能力培养往往被窄化为运用知识回答书面问题的应试技巧能力,情感态度价值观目标往往名不副实。课程改革要求学科教学变"知识导向"为"素养导向"。教师开展社会实践,渗透课堂,优化教学的过程,就是回到教育的原点,为了培养人的适应个人终身发展和社会发展需要的必备品格和关键能力,即培养人的核心素养。知识教学其实只是一种手段,一种载体,其根本目的就是为了实现其培养人的素养尤其是核心素养。在课堂教学过程中,只有真正做到以知识教学为核心素养的培育服务,"素养导向"也才算真正落到了实处。

将学生社会实践体验活动与课堂教学有机结合起来,将鲜活的社会生活和抽象的理论知识联系起来,可以拓展政治学科教学活动时空,丰富和优化政治课教学资源,激发学生对于政治课的学习兴趣,打造生活化、社会化的政治课堂,提升政治课程的吸引力和生命力。

朱永新教授的《我们需要从教育原点再出发》一文曾引用了北大钱理群教授的话语:"现在的教育问题是整个国家的教育问题,其中最根本的问题是教育的精神价值的失落……"教育是人的培养,立德树人就是我们的根本目标,而培育核心素养就是我们日常教育教学中实现立德树人目标的重要路径,社会实践渗透课堂教学则是最有力的抓手。

【参考文献】

[1] 林崇德.21世纪学生发展核心素养研究[M].北京:北京师范大学出版社,2016.

[2] 韩震.核心素养与活动型课程——从本轮思想政治课程标准修订看德育课程

的发展趋势[J].思想政治课教学,2016(3).

［3］朱明光.关于思想政治学科核心素养的思考[J].思想政治课教学,2016(1).

［4］钟启泉.核心素养的"核心"在哪里[N].中国教育报,2015－4－1(7).

［5］朱永新.回到教育的原点[M].合肥:安徽教育出版社,2009.

【作者简介】

孙瑛,担任光明中学校务办公室主任,任教政治学科,教龄19年,高级教师。

本文写于2016年9月。

在"听歌学英语"中渗透人文教育

姚静渝

现在不少中学生都钟情于流行歌曲,包括英语的流行歌曲,但其中大部分学生只是爱听那些悦耳动听的旋律,若是真的问他们歌中讲了些什么,恐怕他们都答不上来。因为他们不知道,英语歌曲的魅力不仅在于它们的曲调,更在于它们的内涵,在于它们所传递的歌者的心声。

还有许多家长也对流行歌曲有所误解,认为它们都是些靡靡之音,装扮前卫的歌手都是浮夸之士。其实不然,有大量励志、感人的作品能给人以鼓舞和安慰,而许多歌手也是以其高尚的人格魅力来感染听众的。

为了激发学生学习英语的兴趣,让学生真正领会到英语歌曲的内涵,同时提高他们运用英语的能力,配合传统的听力、词汇、语法教学,我在光明中学开设了拓展课"听歌学英语",着重培养学生的修养情操,在潜移默化中给予学生人文思想的渗透。

在"听歌学英语"中渗透人文教育,对学生进行审美素质的培养,完善他们健康的人格,我是通过以下一些途径来实现的:(1)根据自己以往对英语歌曲的了解和积累,筛选出适合学生的作品;(2)通过对词汇及语句的分析,引导学生领会歌词的内涵,感知歌词中反映的人文气息;(3)与学生一起查找相关作品和作者的背景资料,了解作品诞生的人文环境以及作品对社会人文发展起到的推动作用。

一、通过英语歌曲提高学生的语言素养

优秀的英语歌曲是优美的英语诗歌,它们具备英语句型的普遍特征,又含有排比、修辞等写作手法,学习英语歌曲的歌词可以培养学生语言上的素养。

1. 巩固对课内知识的掌握

学生们在基础课中学到的一些英语结构,如定语从句、让步状语从句、动名词做主语、不定式做状语等在英语歌词中经常出现,通过它们的复现可以加深学生对这些语言结构的印象,帮助学生掌握基础课内学到的语法知识。

比如歌曲"Green Valleys"中定语从句反复出现:Once there were valleys (where rivers used to run). We were the lovers (who strolled through green fields). Gone from the valleys (where rivers used to run). Gone with the cold wind (that swept into my heart). Gone with the lovers (who let their dreams depart). Where are the green fields (that we used to roam)? 每一句的先行词(此处用下划线表示)各不相同,定语从句(此处用圆括号表示)的引导词也各不相同,尤其是两个同样表示地点的先行词 valleys 和 fields,由于定语从句中使用不及物动词 run 和及物动词 roam,引导词发生变化,学生通过歌曲培养语感更容易记忆。

再比如歌曲"No Matter What"中让步状语从句多次出现:No matter what they tell us, what we believe is true. 因为让步状语从句中的 no matter what 相当于 whatever,所以这句歌词相当于 Whatever they tell us, what we believe is true。然而又一句歌词出现:However they attack, we'll find our own way back. 同样是让步状语从句,这里的 however 相当于 no matter how,

那么这句歌词就相当于 No matter how they attack us，we'll find our own way back。

歌词中的非谓语也频繁出现，除了巩固学生对语法知识的掌握，还能帮助同学在听写中扫除障碍，比如"Green Valleys"中 Once there were green fields kissed by the sun，学生能听到 kiss 这个单词，由于它做定语修饰 green fields，学生很容易判断 kiss 词尾还有 ed。

2. 加深对课内知识的理解

学生们在基础课中学到的虚拟、倒装等结构由于在现实生活中的局限性，使用得较少。而在英语歌曲中为了表达歌者的情感，会经常使用虚拟或是倒装，学生在歌词的语言环境中能够更好地理解这些语法知识。

虚拟语气不表示一个客观事实，而纯粹是说话人的主观看法，或是不可能实现的愿望和假设。歌曲本身就是一种表达主观思想与放飞梦想的平台。比如歌曲"Vincent"是一首纪念画家梵·高的作品，歌中唱道：But I could have told you，Vincent. This world was never meant for one as beautiful as you. (这个世界不适合如你这般美丽的人，我原本能够告诉你，但是你已离去，不能听见我的诉说。)在 no matter what 中呈现了一些不能实现但是为人类追求的美好愿望：If only tears were laughter... If only night was day... (但愿泪水化为欢笑，但愿黑夜变成白昼。)同样在"Sleeping Child"中也反映了与现实相反的虚拟：If all the people around the world had a mind like yours，we would have no fighting and no wars，and there would be lasting peace on Earth. (如果世间的人们都如你一般天真，我们将没有战争与争斗，和平将永留人间。)

英语的全部倒装与部分倒装在歌词里都有出现，比如"Wake Me Up When September Ends"中的 Here comes the rain again。这句歌词中 Here 为句首，是全部倒装句，为了描写雨季再次光临这里，把 Here 放在了句首。再比如"Rhythm of the Rain"中的 Little does she know that when she left that day, she took my heart(女孩把我的心带走,自己却浑然不知),我的伤感都在句首的 Little(几乎不)这个单词里了。当然歌词的倒装与日常生活所用的倒装又有所不同,学生们听到歌曲"Last Flight Out"中的 <u>For you</u> I would fly 和 <u>For you</u> I'll take the last flight out,这里只是为了强调歌者是"为了你",把 for you 词组提前,两句歌词分别相当于 I would fly <u>for you</u> 和 I'll take the last flight out <u>for you</u>,其中一句 <u>For you</u> I would fly 与后一句 At least I would try 押韵,所以这样的倒装是一种歌词的写作手法,而不是语法现象,因为有了歌曲的语言环境,学生们同样容易理解。

3. 学习歌词中比喻、排比等写作手法

优秀的英文歌词是像诗歌一样形象生动,充满感情和富有韵律的,所以很多歌者喜欢用一些通俗易懂的修辞来使歌曲灵动起来,富有诗意。学生们通过欣赏英语歌曲可以学习一些简单的英语修辞手法,比如比喻和排比等。

比喻就是把要加以描写刻画的事物,与另外一个具有鲜明的同一特点的事物联系起来,从而更形象、更深刻地说明事理。英语中的比喻常用以状物、写景、抒情、喻理,可以收到生动形象、简单明了、新鲜有趣的修辞效果。在英文歌词中比喻也是应用最多的修辞手法之一,比如"Shanghai Breezes"中 And your voice in my ear is like heaven to me. Like the breezes here in old shanghai,表现了作者强烈的思念之情。"你的声音在我耳边,听起来就像天籁一样。如同这古老的上海的微风。"本句将 voice 比作 heaven,形象地表现了作者所思念的人离自己很遥远。Heaven 是什么,是一个很虚幻、很遥远的事物。Breezes 是一种无形的事物,摸不着也抓不住,也有一种距离遥远的缥缈感觉。此句惟妙惟肖地表现了一种思念的语境。

排比就是把一些相同的句式重叠出现,达到强调的效果,而歌词中的排比使得句式更加工整,给人以余音绕梁、不绝于耳的感觉,比如"Seasons in the Sun"中 Goodbye, my friend. It's hard to die. Goodbye, papa. It's hard to die. Goodbye, Michelle. It's hard to die，表达作者不愿离开朋友、父亲与恋人，对自己年轻时的过失后悔不已，对自己没能把握住友情、亲情与爱情同样地自责内疚。

歌者在歌曲"Because You Loved Me"中把比喻和排比两种修辞手法糅和在了一起：You were my strength when I was weak. You were my voice when I couldn't speak. You were my eyes when I couldn't see. （你是我虚弱时的力量，你是我不能言语时的嗓音，你是我不能看见时的双眼。）学生在学了这首歌之后，尝试写了几句原创的歌词：You are a light in the dark. You are a port in the storm. You are a shoulder to cry on. You are a book to read through my whole life. （你是黑暗中的明灯，你是风雨中的港湾，你是我哭泣时依靠的臂膀，你是我一生翻阅的书本。）

二、通过英语歌曲培养学生的人文情怀

1. 介绍反映时代人文价值的歌手

现在学生中的追星热潮导致一些不切实际、一夜成名的错误观点的产生，我选择了一些我心目中的偶像，他们有的是和平的使者，有的是正义的倡导者，有的更是为独立自由而战的勇士。

学生们印象比较深刻的是来自牙买加的 Bob Marley。我让学生们欣赏了 Bob Marley 的歌，在他的"Get Up Stand Up""No Woman No Cry"等歌曲中我们听到渴望自由平等的声音。然后我们一起阅读了有关 Bob Marley 的生平介绍，他把牙买加的民族音乐 Reggae 传播到世界的每一个角落，他面对暴徒袭击，勇敢走上舞台，让牙买加总理和反对党领袖走到了一起。他获得过第三世界和平奖，却因为疾病和疲劳离开人世。在我介绍之后，学生们也举出了一些同样具有人格魅力的歌星，有与病魔做斗争的 Gloria Estefan，有热心福利事业的 Backstreet Boys，有为年轻人树立远离毒品榜样

的 N'SYNC。这样学生们对偶像和明星有了一个新的定义。当然,时势造英雄,这些偶像、明星、勇士、英雄的出现反映了不同时代的人文价值。

2. 介绍呈现时代人文环境的歌曲

现在中学生喜欢听流行歌曲的现象很普遍,但是有些歌词不适合中学生,我选择了一些内容丰富、含义深刻的英语歌曲,这些歌曲里的正能量能够给学生带来积极正面的影响。

我选择的歌曲中有些介绍了不同的节日和不同的庆祝仪式(Stevie Wonder 的"I Just Called to Say I Love You"),有些反映了当时的社会问题(Phil Collins 的"Another Day in Paradise"),有些反映了人们的生活态度(Boyzone 的"No Matter What")。

诺贝尔文学奖得主 Bob Dylan 的"Blowin'in the Wind"是一首反对环境污染的歌曲。人们要多少次地仰起头,才能看到被烟雾遮挡的天空。(How many times must a man look up, before he can see the sky?)

The Brothers Four 的"Where Have All the Flowers Gone?"是一首反对战争的歌曲。美国年轻的士兵们战死在沙场,荒冢野地上开满鲜花,吸引新一代的姑娘来采摘花朵,她们不知道花下就是坟墓。姑娘们再与她们的恋人结婚,已婚的青年又离开妻子上了战场。(Where have all the flowers gone? Young girls have picked them every one. Where have all the young girls gone? Gone to husbands every one. Where have all the husbands gone? Gone to soldiers every one. Where have all the soldiers gone? Gone to graveyards every one. Where have all the graveyards gone? Gone to flowers every one.)歌中反复问道:When will they ever learn? 循环往复的诗句是在哭诉:战争把人类推向了无底的深渊。

Michael Learns To Rock 的"Sleeping Child"是一首歌颂和平的歌曲。如果所有的人都有一颗童心,世界上将没有争斗。如果所有的领袖都能看着孩子们入睡,他们将会把世界拥入怀抱。(If all the people around the world, they had a mind like yours, we'd have no fighting and no wars, there would be lasting peace on Earth. If all the kings and all the leaders, could see you here this way, they would hold the Earth in their arms, they would learn to watch you play.)

Westlife 的"Flying Without Wings"是一首歌颂友谊的歌曲。你一直在寻找一种能使自己更为完美的东西,你在最深厚的友谊之中找到了它,这是你一生都珍视的东西,有了它,即便没有翅膀,你也能飞翔。(You find it in the deepest friendships. The kind you cherish all your life. And when you know how much that means. You've found that special thing. You're flying without wings.)

欣赏了这些歌曲,同学们很自然地联想到了他们熟悉的"We Are the World"。我们是世界,我们是儿童,所以让我们开始献出我们的所有。我们正在做出抉择,我们正在拯救我们自己的生活,我们将创造更美好的明天。(We are the world, we are the children. We are the ones who make a brighter day. So let's start giving. There's a choice we're making. We're saving our own lives. It's true we'll make a better day. Just you and me.)1985 年美国一些知名音乐人合作录制了一首名为《天下一家》的歌曲,他们用这首歌为那些饱受饥饿和疾病折磨的非洲儿童筹资和宣传。同学们说一听到这首歌就会感到关怀和振奋。

一首首歌曲把学生们带进了不同的时间、空间,就好像是遇到了不同的人,经历了不同的事,一幅幅人文画卷展现在学生面前,有欢乐,有悲伤,还有世界人民的共同奋斗。

三、听歌学英语在人文教育上的成果

1. 学生把对英语歌曲的喜爱转化为对英语学习的兴趣

通过一个学期拓展课的学习,学生们开始因为歌曲而喜欢上了英语,一些原来厌倦英语学习的学生，也愿意花时间来看英语阅读，或用自己学到的英语词汇、句型来写作。

学生们喜欢听 Backstreet Boys 的歌，其中一首"The Perfect Fan"是歌唱孩子对母亲的尊敬和热爱。（You showed me when I was young just how to grow. You showed me everything that I should know. You showed me just how to walk without your hands. Cause mom you always are the perfect fan.）我在课堂上并未介绍过这首歌，而在布置学生英语作文"My Mother"后，发现有学生自己去听写了歌词，并改写后放在作文中：母亲教会我如何走路，如何成长，如何去爱他人，如何去关心他人，她是我永远的朋友。（Mum showed me everything that I should know. She showed me how to walk without her hands. She showed me how to grow, how to love and how to care. She is my friend for life.）我在作文点评中顺水推舟介绍了另一首 Spice Girls 的"Mama"。孩子同父母之间有着代沟，但他们从内心深处爱着父母，知道父母一切都是为了自己好。（She used to be my only enemy and never let me be free, catching me in places that I know I shouldn't be. Every other day I crossed the line. I didn't mean to be so bad. I never thought you would become the friend I never had.）

2. 学生把对英语歌曲的喜爱转化为对生活的热爱

很多学生都是满怀期待地走进拓展课堂来学习"听歌学英语"这门课程，通过学习他们能从一个新的角度来判断歌星的价值，来欣赏歌曲的含义，并有选择地去听一些积极向上的好歌。我每期的拓展课中都有一项作业是让学生推荐英语歌曲，在学校每年外语周的才艺表演中都有学生选唱英语歌曲，可以看到他们挑选的歌曲中大多是积极正面的，比如"I Believe I Can Fly"（只要努力，我打篮球能像乔丹一样棒），"We Are Young"（我们年轻，什么都有可能）。学生们初步学会了用心去听歌，去领悟歌词的内涵，去感受歌词中反映的美好人生，在歌曲中寻找榜样，寻找生活的动力。

歌曲的魅力是无穷的，优秀的歌曲一直在鼓舞人们，给人以力量去战胜痛苦、悲哀和不幸。音乐给人的影响是深刻的,音乐之声反映了人们的情绪状态;而适当的歌,在适当的时间,改变人们的心态,甚至可以改变整个世界。听到一首好歌,我和学生们一起去感受歌声中传达的亲情、友情与人文关怀,和学生们一起去憧憬美好的未来。

【参考文献】

[1] 李音,戴卫平,刘瑾.每天读点英文——经典英文歌曲全集[M].北京:中国宇航出版社,2013.

[2] 李晓玲.唱歌学英文——偷心的旋律[M].大连:大连理工大学出版社,2002.

[3] John Hayden, Miguel Mckelvey.跟我说 Real American English[M].广州:暨南大学出版社,2002.

[4] 许欢,丁洁.英语"潮"我看[M].北京:中国出版集团公司,2012.

[5] 刘彦.时尚英语——美国流行文化 A To Z[M].北京:外语教育与研究出版社,2008.

[6] www.sing365.com.

[7] www.allmusic.com.

【作者简介】

姚静渝,任教英语学科,教龄 22 年,高级教师。
曾获得"黄浦好人(敬业奉献)"荣誉称号。
本文写于 2016 年 3 月。

科学素养是创新精神的基础

吴敏华

一、当前的中小学教育与创新文化脱节严重

2009 年教育进展国际评估组织对全球二十一个国家的中小学生进行了调查,其结果显示:中国中小学生是计算能力排名第一,而创造力排名倒数第五,想象力则倒数第一。这结果震惊了整个教育界。调查表明,中国的中小学生中,认为自己有好奇心和想象力的只占 4.7%,而希望培养想象力和创造力的只占 14.9%。有关调查表明,在美国几个专业学会共同评出的影响人类二十世纪生活的二十项重大发明中,没有一项由中国人发明;中国学子每年在美国拿博士学位的有两千人之多,为非美裔学生之冠,但美国专家评论说,虽然中国学子成绩突出,想象力却非常缺乏。上述例子尽管可能是几家之言,但确实反映了我们教育中存在的问题。

当今的教育在技术上已经是现代化的教育阶段,说起教育,应该涉及三方面,就是家庭、学校和社会,而系统教育的责任在学校,教育部门主管着学校。就上海而言,二期课改已经进行了十几年,虽然我们的教育部门在二期课改纲要里也提出了"以学生的发展为本,培养学生的实践能力和创新精神"的新理念,不能说我们没有创新教育,但现在狭义的创新教育目标只关注科学知识和实验技能的传授,忽视了对学生创新精神和科学素养

的培养。当下的实际情况表明，我们培养的学生距科学创新精神还相差甚远。

那我们的问题究竟出在哪里？与其说是我们的文化层面出了问题，倒不如说我们的教育出了问题。我们可以明显地看到，目前的应试教育严重束缚了学生的想象力和创造力。

二、急功近利，科学被文艺逐渐弱化

当前，人们对待事物的功利化相对严重，教育也免不了功利化。记得我们小时候，也就是六十到八十年代，虽然物质匮乏，技术也不很发达，但中小学校的各种科技活动、少科站和少年宫科技活动相当丰富。那时候，参加科技活动的老师和学生都不会刻意想到要和升学关联。不知何时开始，这一切都发生了根本的改变。现在如果有孩子要参加科技活动，那他一定要考虑是否会得奖，是否会因为参加科技活动花了很多时间而影响做作业，就是他本人不想，其家长也会想。于是，各种学科和科技竞赛就发生了异化，小学生一窝蜂参加奥数训练的结果就是异化最好的例子。竞赛得奖要与升学挂钩，于是，少科站也开起了学科应试辅导班，甚至出现了竞赛作假的腐败现象。各种学科应试的家教机构铺天盖地，图书市场教辅书泛滥，而适合青少年的科普读物和能让青少年自己实践的科技制作材料却越来越少。

作为人口大国，我们还有多少科普作家？科普教育被严重弱化，使得类似张悟本事件层出不穷。从事科学教育的老师前几年还注重和强调科学、技术和社会（下文简称"S.T.S."）教育的概念，近年来由于S.T.S.教育与高考等无关，逐渐被弱化。2005年起上海市教委推出"高中科学"学科，在高三年级试点，其课程定位的核心意在通过高中阶段物理、化学和生物的分科学习，再将这些自然科学合为一体，从而全面提升学生的科学素养。试点学校试验本使用已经十年了，但由于"高中科学"与高考无关，这门与高中生科学素养密切相关的试验学科，目前多数高中学校没有将其放在应有的地位予以重视。

作为人类文化的一部分，科学事业是与其他有一般文化价值的社会活动相关联的，这就是科学文化性的一面。与所有社会有组织的活动一样，科学也需要文化精神的参与，所以是一项精神事业。我们从诺贝尔获奖者的经历中不难发现，当今获取重大价值的科学成果往往既需要科学家之间的相互合作，也需要科学家的毕生奋斗，甚至是几代人的努力，也就是说，科学家的研究活动不能仅仅被看作是一种技术性和理论性操作活动的集合，同时还应被看作是一种献身于既定价值取向或受伦理标准约束的社会文化活动。这种特定的、合理的价值取向或伦理标准，要通过科学家们在科学研究活动中的某些高尚卓越的气质、风格、意志、态度和修养体现出来，这就是科学精神。

其实，与国外相比，我们在科学教育方面投入一点也不少，就拿科学教育的人力来说，上海在这方面不光有学校的投入，还有区县各级教育学院和教研室（发达国家是没有这些机构的）。这么多人都参与了科学教育，但大家的目标只有一个，即学生眼前的升学分数，只图眼前利益，因为学生的终身发展现在是看不见的，其结果是，使上海市教委二期课改提出的"以学生终身发展为本，培养广大学生的实践能力与创新精神"的理念被严重弱化。

再看看我们的文化宣传导向，电视的文艺片和文艺选秀节目铺天盖地，通过文艺选秀，很多人一夜成名，找到了人生成功的捷径。于是，这些文艺明星成了青少年的追梦偶像。而科学明星很少看到，当然也就没有科学明星可以追逐了。宁愿崇拜歌星，也不崇拜科学家。前一阵网上流行一个视频：中央新闻纪录电影制片厂推出一部纪录电影，是新中国历史上有记录的1956年第一个春节晚会。在这部纪录电影中，有介绍出席的各界人员画面，其中既有劳动模范、战斗英雄，也有"中国科学界的几颗宝石"华罗庚、钱学森等，还有著名的作家老舍、巴金、周立波，表演艺术家梅兰芳、新凤霞、袁雪芬、白杨、赵丹和著名工商界人士荣毅仁。他们欢聚一堂，各界人士的比例相当协调,而现在电视台像春晚这样的晚会,已很难看到这样介绍各界人士济济一堂的节目,可以设想人们心目中的偶像被艺术明星占了绝大多数,试问:这种本来应有的平衡被打破,我们民族的创新能力和科学素养培养还会正常吗?

三、科学素养是创新精神的基础,要营造氛围从中小学抓起

什么是创新精神?第一是敢于质疑,在新的经验事实面前,合理地对陈旧理论进行质疑;第二是勇于革新,力求超越前人,独立思考地提出自己的新见解;第三是思变求新,乐于研究新问题,积极地探讨新情况,乐于接受新事物和新观点。而创新能力是运用知识和理论,在科学、艺术、技术和各种实践活动领域中,不断提供具有经济价值、社会价值、生态价值的新思想、新理论、新方法和新发明的能力。我们不难发现,科学家的科学素养就是创新精神的潜质,所以,要培养广大学生的创新精神,首先就要提高科学素养,而且要从青少年抓起。

要弥合科学和文化的断层,重建创新文化的自信心,我们就要找出当前教育存在的症结。首先,教育部门要做好顶层设计,从教育制度上保证以学生终身的发展为本,逐步摆脱应试教育的严重束缚。要解放孩子的好奇心,学校应该把科技活动作为教学的主要内容之一,至少高中学校应该系统地开设创新教育课程,让广大学生的想象力和创造力得到解放,使得培养广大学生的实践能力与创新精神的教育理念落到实处。少科站要吸引更多的学生参加各种科技活动,让少科站和少年宫成为青少年学生进行创新实践和提高科学素养的乐园。在社会上,相关部门应给创新教育营造良好氛围,特别是媒体和出版界要有一种舆论的导向,鼓励更多的科普作家用丰富多彩、喜闻乐见的节目和出版物,引导广大青少年进行创新实践,培养科学素养。比如说,最近上海电视台的新闻综合频道就在每周六黄金时段播出一档大型青少年科技梦想秀“少年爱迪生”节目,这是多年来少有

的现象,这个节目一推出,就赢得了社会各界的关注,可以说,这为如何弥合科学和文化的断层开了一个好头,走出了可喜的一步。

我们在关注学生科学素养的同时,并不排斥广大学生对文化、艺术的喜爱和追求,但我们更应该引导他们在各个学科中找到自己的最佳平衡点,使得科学和文化回归应有的位置,这样我们在未来就会培养出更多的"卡梅隆",更多的"阿西莫夫",更多的"布莱森",更多的"爱迪生"!

【参考文献】

[1] 科学(高中)[M].上海:华东师范大学出版社,2006.

[2] 上海市教育委员会教学研究室.有机融合 整体提升——高中科学学科育人价值研究[M].上海:上海教育音像出版社,2013.

【作者简介】

吴敏华,任教生物学科,担任教研组长,教龄35年,高级教师。

民盟黄浦区优秀盟员,曾获得多媒体课件和作品全国二等奖、全国优秀案例(教育部中央电教馆),上海市教学设计评比三等奖(市教研室)和上海市二期课改优秀课例(市教委);被市教研室聘为上海市中小学课程教材改革第二期工程高中《科学》教材日常修改工作评价专家,曾指导学生获上海市高中生物竞赛一等奖。

本文写于2014年12月,并于当月7日发表在《文汇报》头版。

探京剧艺术多元教学，寻传统文化育人之路

沈晓燕

一、研究背景

为贯彻落实党的十八届三中全会关于完善中华优秀传统文化教育的精神，落实立德树人根本任务，进一步加强新形势下中华优秀传统文化教育，开展京剧艺术教育，是深化中国特色社会主义教育和中国梦宣传教育的重要组成部分。京剧艺术具有深厚的历史渊源和广泛的现实基础。普及京剧艺术，对于引导高中生更加全面准确地认识中华民族的历史传统、文化积淀、基本国情，认清中国特色社会主义的历史必然性，坚定走中国特色社会主义道路，实现中华民族伟大复兴中国梦的理想信念，具有重大而深远的历史意义。

近年来，我们以《上海市中学艺术课程标准》和《上海市民族精神教育实施指导纲要》为指导，以京剧的文化传承价值为依据，努力开展京剧艺术普及教育。

二、研究目的

1. 知晓京剧艺术的历史，京剧艺术在人类文化发展史上的地位和在国

际上的影响，了解京剧的行当、京剧的流派与风格、京剧表演的特征、京剧脸谱、服饰艺术，引导学生关注京剧艺术。

2. 通过赏析京剧唱词、学唱京剧选段、学习京剧身段等艺术实践活动，探寻京剧剧目背后的故事，从感受与鉴赏中体会京剧艺术的综合性，进而逐渐热爱京剧。

3. 在实践中感悟京剧艺术的精髓与魅力，传承和振兴我国优秀传统文化，增强民族意识和爱国情怀。

三、研究意义

开展京剧艺术教育，是构建中华优秀传统文化传承体系，推动文化传承创新的重要途径。博大精深的中华优秀传统文化是我们在世界文化激荡中站稳脚跟的根基，加强对高中学生的京剧艺术教育，对于培养中华优秀传统文化的继承者和弘扬者，推动文化传承创新，建设社会主义先进文化具有基础作用。

开展京剧艺术教育，是培育和践行社会主义核心价值观，落实立德树人根本任务的重要基础。高中生思想意识更加自主，价值追求更加多样，个性特点更加鲜明，社会上一些不良思想倾向和道德行为对高中生健康成长产生了不容忽视的影响。加强以京剧为代表的中华优秀传统文化教育，对于引导高中生增强民族文化自信和价值观自信，自觉践行社会主义核心价值观具有重要作用。

四、实践内容

1. 普及教育——引领学生走近京剧

我们为每届学生开设京剧普及教育课程，以京剧知识讲座和京剧主题的课堂教学为主。讲座中,教师不仅图文并茂、声像结合地向同学们展示了京剧的名家名段,更穿上厚底靴子、戴上髯口、拿起马鞭,通过亲身展示,让同学们了解了京剧中的"综合性、虚拟性、程式性"等艺术特征。在老师示范的感染下,同学们也纷纷上台一试身手,虽然同学们的动作还显羞涩稚嫩,但在这互动的过程中,他们已增强了对京剧艺术的感受,相信也会燃起对中国国粹艺术的兴趣和热情。这个师生互动模仿环节也是每次京剧讲座的亮点。

在艺术课堂教学中,教师更是充分挖掘《艺术》课本资源,开设京剧主题的艺术课。为了帮助同学们更好地理解京剧的综合表现形式"唱、念、做、打",教学中创设了形式多样的赏析与实践活动,如学念一句韵白或京白,模唱一句唱腔,模仿表演四个行当的人物造型或一个京剧小片段等;并通过学生模仿演绎"口、手、眼、身、步"京剧表演"五法"等活动,增加学生体验的乐趣;此外,还通过欣赏与分析、思考与探究等实践活动,让同学们了解并掌握京剧的基本艺术特征,分析传统京剧、现代京剧、新编历史京剧之间的异同,感悟京剧艺术的传承与创新。

在京剧主题的艺术课中,通过经典片段的对比赏析,提高了学生对国粹艺术的鉴赏能力,并在体验中提升了对国粹的关注度。通过实践体验,深化了学生对京剧艺术特征的理解,更在轻松愉悦的氛围中提高了同学们对于国粹艺术的兴趣。通过交流与探讨,并通过京剧新编剧目的拓展赏析,引发对国粹艺术的传承与创新的进一步思考。

此外,为了提高学生的学习兴趣与学习能力,我们将"基于校园网络平台的学习"全面运用到教学中。在课堂中,用校园网中的论坛工具,让学生及时互动交流与评价对京剧的感想,通过网络的即时传递功能进行学习成果分享。另外,学生还利用网络深入挖掘上海本土京剧艺术资源,研究京剧文化,并将网络平台作为学习探究的平台、展示交流的平台。同学们在"课堂教学—网络交互活动—研究性学习"的有机联动中走近京剧。

2. 校本课程——拓宽学生欣赏视野

我们已制订并实施了《弘扬国粹,走进京剧——高中艺术学科民族精神教育方案》,编撰并启用了校本教材《京昆戏曲艺术欣赏》,通过在艺术拓展课中的探索与实践,弘扬国粹京剧文化。

校本教材的内容有《昆剧与京剧的形成与发展》《京昆戏曲艺术的特点与地位》《京剧和昆剧的行当》《京剧的流派与昆剧的门派》《京剧和昆剧的字韵与声腔》《京剧与昆剧的表演》《京剧与昆剧的代表剧目》《京剧与昆剧的乐队》《京剧的脸谱艺术》《京剧舞台与服装》等十讲,学生们在拓展课中能较为系统地深入了解京剧艺术,感受优秀传统文化的气韵。

为了便于学生在课余时间进一步探寻京剧艺术的特征及优秀传统文化的内涵,我们特地摄制了京剧微课用于网络学习,目前已有《京剧的起源》《京剧的表演特征》《京剧中的武术与杂技》《京剧中的以虚代实》《京剧程式中的起霸和小快枪》《京剧程式中的自报家门》《京剧行当中的生》《京剧行当中的旦》《京剧行当中的净》《京剧行当中的丑》等十节微课。这些录像课,内容短小精悍,画面绚丽,音质清晰,吸引了更多的学生借助校园网平台进行京剧艺术的学习。

以上校本课程的实施,能在普及教学的基础上,进一步拓宽学生欣赏京剧艺术的视野。

3. 名剧品读——指导学生实践感悟

我们每年都会组织学生赴逸夫舞台欣赏京剧名家或资深票友带来的经典剧目和折子戏,让了解京剧的初阶学生感受到京剧博大精深、魅力无限的奥妙之处。

至今,不同届的学生已分别观看过《打渔杀家》《龙凤呈祥》《王子复仇记》《穆桂英大破天门阵》《萧何月下追韩信》《投军别窑》《四进士》《霸王别姬》《贵妃醉酒》《华容道》等剧目。尽管学生已经听过京剧入门讲座,并在艺术课中对京剧有了进一步的了解,甚至有的还有过互动体验,但在观看演出之前,我们还特地将剧目做一介绍,指导学生怎样欣赏京剧。学生通过亲临剧场现场观看京剧演出,加深对京剧的体验与感悟,同时进一步提升自身的文化素养。

京剧无国界,艺术无止境。除了让学生感受京剧、欣赏京剧外,为了提高学生对京剧艺术的参与度,我们通常会在观摩之后给学生布置一些生动有趣的拓展作业,包括简单模仿京剧中的唱、念、做、打,或是阅读观看有关京剧文化的资料和视频,并利用校园网的艺术交流平台,更好地启发学生积极体验与分享感受,从而提高学生的京剧欣赏能力,激发学生对京剧的兴趣,增强热爱祖国优秀传统文化的情感。我们还以网络为载体,挑选了一些学生在日常欣赏体验过程中的收获与感知发布到校园网,以一个更宽广的平台分享学生的京剧学习成果。

4. 幕后寻访——深入领悟文化精髓

我们常常以走出校门寻访、研究的方式来让学生更深一步地了解京剧的文化内涵,如我们组织学生参加"解读·京剧""解读麒派艺术"等京剧艺术专题活动。在此期间,同学们不仅能够体验专业的京剧演员们带来的互动表演与解读,更能在阵阵铜锣声中感受京剧艺术的独特韵味。这无疑让学生对京剧艺术有了进一步的认知,为探究京剧艺术打下了基础。

我们还组织学生去探访上海京剧院,以走访的形式深入了解京剧演员们的日常排练和生活。这些演员虽然年轻却不乏全国比赛的获奖者,无论有无获奖经历,他们始终都会不断地推敲每一处表演细节,或是为了一个动作反复操练,或是为了一段唱腔虚心求教,精益求精。大家在目睹了演员们的辛苦练功与排练的同时,也更明白"台上一分钟,台下十年功"的深刻道理。在一件件金光闪耀的行头和一次次成功演出的背后,同学们也更懂得了演员们对京剧的执着所付出的努力。

5. 组建社团——身临其境体悟意韵

我校每年都会涌现出一批对于京剧表演非常热爱且悟性较高的学生。为此，我们还特别成立了京昆之友社，通过学唱名家名段、学习程式身段等方式来传承京剧文化，也让更多对京昆艺术有兴趣的同学参与其中。我们还特地聘请资深京剧演员来校指导学生，让学生更好地融入京剧表演的每一处细节中。我们每年也都会尝试让这些学生参与京剧演出，"粉墨登场"一回，感召更多的学生通过舞台的渲染投入其中。在历年的校园艺术节中，社团学生都会登上逸夫舞台与教师、专业演员一起合演京剧《打渔杀家》《追韩信》《华容道》《拾玉镯》《凤还巢》《三家店》《霸王别姬》《报灯名》《天女散花》等经典剧目或片段，受到了众多家长、学生的喜爱和好评。

有一部分学过乐器的学生还组建了京剧小乐队，扩充了京剧之友社团的阵容。在老师的指导下，京剧小乐队已经能演奏著名京剧曲牌《夜深沉》，并为"虞姬舞剑"伴奏。

此外，社团成员应邀参加了由上海京剧院主办的"高雅艺术进校园"上海校园师生京昆演唱会和"梅韵麒风"专场演出，同学们与上海京剧院的青年麒派演员郭毅两度合作登台，共同演唱了麒派名段《三生有幸》，获得了良好的社会反响。同学们还受邀参加了《百姓戏台》的节目录制，演唱的《三生有幸》更是得到了广泛赞誉。同学们对活动的积极参与，不仅提升了他们的艺术素养，也推动了京剧文化的传播，更体现出京剧艺术活动的育人价值。

五、研究成效

我们充分挖掘中华优秀传统文化在教育中的丰富内涵，以传播和普及京剧为切入点，充分挖掘京剧艺术教育资源，开展多元的京剧艺术教学。

在弘扬民族精神、传承中华优秀传统文化的同时,引导学生完善人格修养、关心国家命运,自觉把个人理想和国家梦想、个人价值与国家发展结合起来。

1. 开展京剧艺术多元教学,拓宽学校育人途径

艺术教育是影响人一生的教育,所以我们一直把它作为育人的重要途径。通过艺术课堂教学和艺术课外活动等多元教学形式,让学生在学习知识与展现自我的同时,提升综合素养。其中,京剧普及教育活动的开展是十分重要的一环。我校学生赴国外留学,总会想到把京剧的脸谱、饰品等作为礼物送给外国友人;我校学生志愿者到福利院慰问老人时,也会唱上一段尽管还很不熟练的京剧唱腔。诸如此类,都是艺术教育育德功能的直接显现。《上海中学生报》《学生导报》《上海画报》《中学生导报文萃》等报刊以及上海广播电视台艺术人文频道、七彩戏剧频道等媒体都相继报道了我校开展的京剧艺术教育活动。

2. 通过京剧艺术的实践体验,引发学生思考人生

同学们在对京剧艺术的学习与了解过程中,感悟了国粹艺术的博大精深,体会了京剧艺术的人文价值,并引发了对人生的思考。

"学习京剧就像是在学习为人一般。学习京剧的态度,更像是学习对人生的态度。因为,我觉得学习京剧的过程,它既是一个揣摩他人人生的过程,更是一个反思自我人生的过程。这此中真意,是令人深思的。"

"京剧对每一个细节都十分重视。细节决定成败,在很多方面都是十分重要的,所以我们在生活和学习中也要重视细节。"

"通过表演,我体会到主人公身上的深谋远见及英雄气概。"

"这次演出让我领悟到了许多,学京剧就好比学习,只要肯下功夫你就会成功。"

"京剧演的不是戏，是故事，是生活。"

"梅兰芳与周信芳两位大师是戏剧界的两座丰碑。梅兰芳、周信芳的艺术精神和人格风采是我们民族文化的一种象征。"

"京剧是对人生百态和现实生活的升华，不仅有观赏性，还具有创造性，展现出对人生的思考。"

以上学生切实的感受告诉我们：开展京剧艺术普及教育，在激发学生对京剧艺术的兴趣与爱好的前提下，培养了学生的京剧感受与鉴赏能力、表现能力和创造能力，提高了学生的艺术文化素养，在丰富情感体验、陶冶高尚情操的同时，增强了民族意识和爱国情怀，充分显现出京剧普及活动的育人价值。

通过多元的高中京剧艺术教学活动，学生感悟了中华优秀传统文化的精神内涵，增强了对中华优秀传统文化的自信。这让我们更期待着学生深入理解中华民族最深沉的精神追求，更加全面客观地认识当代中国，看待外部世界。

我们的寻传统文化育人之路仍在继续……

【参考文献】

［1］ 上海市中学艺术课程标准［M］.上海：上海教育出版社，2004.

［2］ 中共上海市科技教育工作委员会，上海市教育委员会.上海市学生民族精神教育指导纲要（试行）：沪教委德〔2005〕20 号［A］.（2005－6－17）.

［3］ 教育部.关于印发《完善中华优秀传统文化教育指导纲要》的通知：教社科〔2014〕3 号［A］.（2014－3－26）.

［4］ 上海市教育委员会办公室.关于完善中华优秀传统文化教育长效机制的实施意见：沪教委德号〔2014〕35 号［A］.（2014－11－25）.

【作者简介】

沈晓燕,担任光明中学学生处主任,任教艺术学科,教龄 25 年,高级教师,首批上海市"彩虹行动计划"艺术教育工作室主持人、黄浦区学科带头人。

曾获得"上海市优秀艺术教师""黄浦区青年岗位能手""黄浦区新长征突击手""黄浦区园丁奖"等荣誉称号,上海市学校艺术教育论文评选一等奖。

本文写于 2015 年 9 月,曾发表于《现代教学》2016/3A(总第 347 期),并获得全国中小学生教育科研论文二等奖。

【课题】传承文化以明志　责行天下而致远

——2015 年上海学校德育"德尚"系列研究课题
"在传承中华优秀传统文化中培养学生责任意识的实践研究"

黄　琼　沈晓燕　秦周青　田秋华　赵程斌

一、引言

我校近年来充分挖掘中华优秀传统文化在思想政治教育中的丰富内涵,开展了中华优秀传统文化系列教育活动。那么,如何在传承传统文化中培养学生的责任意识呢? 我校基于此进行了相关研究以及系列活动,并申报了市级课题立项。

而除了基于传承传统文化的课题,我校还在传承志愿精神、传承校园文化等多方面下了功夫,旨在"传承文化"系列活动中,内化并提升学生的责任意识,将责任心落实于行动,学生还进行了微课题研究。

二、研究的主要特色与创新

结合社会主义核心价值观中"爱国、敬业、诚信、友善",对于学生而言,可分别理解为对国家负责、对自己承担的事情负责、对自己负责、对他人负责。我校在开展传承中华传统文化的各项课程、活动中融入以上理念,设计了以下六个板块,串起提升意识—明确责任—内化责任—践行责任—传承责任—责行天下的主线,培养学生的责任意识即对自己的各个角色负责,也就是对自己负责、对家人负责、对集体负责、对社会负责。

三、研究的主要内容

1. 书画教育,提升意识

书画是历史悠久、流传深远的中国传统经典艺术。近年来,我校以书画国宝为切入点,以提升高中生书画艺术学习兴趣与欣赏能力并掌握书画基本技法为目标,开展了有效的美术教学及活动,培养了学生健康的审美观,发展了学生鉴赏美和创造美的能力,从而使他们具有美的理想、美的情操、美的品格和美的素养。以此立项做深入研究,使书法不仅成为一种传统文化技能的延续,同时也加强学生对非物质文化遗产的认同和保护意识,提升学生对中国传统文化的自觉和自信。

我校书画教师在基础型课程和拓展型课程的实践过程中,深入探索如何提高学生对中华优秀文化的认同。教师从作者人格美、作品形式美、作品意境美三个角度,分别选取了一些大师的故事以及大师的作品融入课堂教学。例如,王羲之潜心苦学墨当饭,苏轼以画扶贫济困,文徵明清正有骨气等大家的学成故事。

在书法欣赏课上,教师从作品形式美、意境美的角度,选取了怀素《自叙帖》、顾恺之《洛神赋图》、黄公望《富春山居图》、齐白石《虾》、梁楷《泼墨仙人图》等,学生在上完课后也有不同层次的感悟。从人格美的角度,教师引用苏轼的故事:有一次苏轼沿着城墙根挖野菜时发现了一个用包裹裹着的弃婴,于是便下令州府的官员到野外去捡拾弃婴,几天时间,州府中就收养了近四十名弃婴。他把这些弃婴分别安排到各家去抚养,由于政府没有钱,他就作画卖钱以此来每月给各家抚养费,他在两年内救活了数十名弃婴。两年后,苏轼被贬黄州时,还在黄州成立了一个名为"育儿会"的慈善机构,动员人们捐钱捐米救助婴儿。他虽然囊中羞涩,但却也给"育儿会"捐了十千钱的善款。

学生们听得十分入神,有学生说:"有的人咽糠咽菜照样身体强健;有的人食山珍海味却瘦骨嶙峋。苏轼以杞菊为食,生活简朴,却仍旧拥有着宝贵的精神财富!他的生平鼓励着人们要不畏贫苦,乐观积极,竭尽己身之力去帮助需要帮助的人,精神财富远比物质财富要重要,人性美的光辉不可估量。"

2. 国学启蒙,明确责任

最近二十年,学校教育受到了来自当代不同流派的课程与教学观念的冲击,无论教育者还是受教育者,都不断地在多元文化的思想与理念的碰撞中成长。而中华优秀传统文化中"天人合一""道法自然""以俭为荣""自强不息"等核心价值还没有通过教育深刻地影响到大众文化,由此而产生了某些道德标准、责任意识和理想信念模糊的问题。

2014 年 3 月,教育部颁布了《完善中华优秀传统文化教育指导纲要》的文件,提出"加强中华优秀传统文化教育,是深化中国特色社会主义教育和中国梦宣传教育的重要组成部分",不仅强调中华优秀传统文化教育是落实立德树人根本任务的重要基础,也对学校教育如何传承中华优秀传统文化进行了宏观指导。

因此,国学教育渗透在我校的语文课中:"子曰:言必信,行必果。硁硁然小人哉!抑亦可以为次矣。""子曰:父母在,不远游,游必有方。""曾子曰:士不可以不弘毅,任重而道远。仁以为己任,不亦重乎?死而后已,不亦远乎?"授课教师通过与学生共同研读经典,让学生明确作为社会一员应承担的相应责任;鼓励学生体验不同的角色应承担的不同责任,形成责任意识。学生在课后感悟中写道:"责任是一种能力,如果你对家人有责任感,即使苦也是幸福;如果你对自己有责任感,那么你会无比坚强,相信自己能行;如果你对未来有责任感,那么你不会虚度时光,反而会把握当下;如果你对这个国家有责任感,那么对于一些问题则不会漠不关心。我相信有人来到这个世界是带着某种使命、某种责任来的,所以我们要有颗责任心。"

我校的国学班还使用了从台湾地区引进并修订的教材《中华文化基础教材》,采用分类方式讲解《论语》《孟子》《大学》《中庸》,旨在培养学生社会伦理的意识和淑世爱人的精神。在开展的主题班会里,学生们在故事和游戏的体验中理解友善的内涵,懂得在班集体中学会友善宽容待人;在探究国学中感受中华文化的博大精深,传承优良文化传统。

3. 活动教育,内化责任

学校注重举办传统文化节活动,让学生在参与中感受传统文化的魅力。学校先后举办了主题为"中国梦·文化魂"、"中华经典诗文的诵读"、"孔子诞辰"国学展演、诸子百家辩论会、与孔子第76代孙座谈国学等活动,学生踊跃参加民族乐器演奏、汉字英雄大会、包汤圆、猜灯谜、诵诗歌等项目。这些活动生动有趣,贴近学生生活实际,很容易激发学生的参与热情。传统文化节活动的举办,让学生在做做玩玩中受到了传统文化的熏陶。

此外,我校还借助各项学生活动,将"感恩与责任"灌注到学生的内心,将关爱他人内化为与关爱自己同等重要的优秀心理品质。

例如2015年6月22日,第2037期《东方教育时报》在第5版以《用真诚关爱他人,用行动温暖人心——光明学子开展寻找身边的"大白"活动》为标题特别报道了我校在心理月活动中开展的系列活动之——寻找身边的"大白"。在"互联网+"的时代,寻找身边的"大白"这类与新媒体互动的活动,既贴近学生的内心,也激发了校园里的正能量。在"光明心理"的微信平台上,收到了不少同学与"大白"的合照以及他们之间的暖心小故事,他们是身边能理解和体恤别人的情感、能给人温暖的人,有每天相伴的同学、默默付出的家人、润物细无声的老师……

而书画社团的学生们通过为友好学校表演、与外国友人切磋技艺,还承担起了传递中华传统文化的责任。

每年暑假,我校学生都会为来访的友好学校表演《书画琴》节目,在获得很高赞誉的同时,也向他们宣传了中华传统文化。当韩国广南高中校长和师生看到我校学生当场挥毫完成的作品时,无不惊叹他们高超的技艺和浓厚的艺术素养。还有三位学生应上海教育新闻网《教育会客厅》节目之邀接受了专访,谈道:"在学校里,我们能通过很多方式和途径接受书画艺术欣赏教育,这让我们开拓了眼界。由此,平时生活中也养成了欣赏的习惯。这才是真正的素质教育。"

4. 自主志愿,践行责任

我校一贯重视志愿者活动,学生平日里就分批去上海科技馆、新世界商场、咏年楼、街道"智力助残"服务点等地方开展志愿服务。同时,我校学生还能根据自己的兴趣爱好以及生涯个性,自由选择适合自己的志愿者岗位。

例如,新世界商场里有营业员岗位、售后服务岗位与前台咨询岗位等,结合 MBTI 职业性格测试结果,外向感型的学生偏向选择营业员岗位,为成功卖出一件衣服兴奋不已;理性计划型的学生偏向选择售后服务岗位,能够仔细地记录客户的需求或者投诉,并做好反馈;热爱操作的学生会选择上海科技馆志愿者,协助场馆工作人员做好设备管理;内向思考型的学生更愿意参加"智力助残"等学习辅导的志愿者工作。

志愿者活动既丰富了阅历,又锻炼了能力,光明学子在实践中深刻地理解了志愿者精神,体会到了承担责任、帮助他人的成就感。因此,令人更意外与感动的一幕发生了,从上学年开始,我校学生还自发组成了"志愿社",并加入了上海市志愿者联盟组织,陆续开展了捐书赠书、运动会志愿者、爱心义卖等活动,志愿社社长带领社员们从前期统筹到当天服务,付出了大量的心血,这显然是将志愿精神内化为了自觉行动。例如,校运动会志愿服务结束后,有的社员发表了感想:"也许有人会觉得志愿者是一个可有可无的岗位,也许有许多人都不曾瞩目过这样的一份工作,也许志愿者这个称号听上去更觉辛苦劳累。但是我想今天,许多人都看到有一群人对于这份工作的细致、认真和热情,我也相信会有更多人加入我们,加入这个大集体。"

5. 开展课题,传承责任

光明学子利用假期,还进行了"寻访红色足迹""中华传统节日由来"的微课题研究。

例如,一部分学生来到了国歌展示馆。通过参观场馆和查阅资料,深刻感受到国歌正是民族精神与民族自尊的写照,是中华民族精神的高度概括。通过采访,一些学生认为"虽然每天都要看着国旗在国歌声中升起,可是觉得并没什么用""国歌内容太古板,让我们来唱感觉不合适"等,因此,组员们得出的结果方案是:让整个学习、生活环境中体现出国歌的重要性,才能潜移默化地让每一名青少年觉醒。教师可以在课堂中专门抽选出一定课时为同学们讲解国歌诞生的那段历史,在那段可歌可泣的抗日战争中诞生的国歌不应被忽视。在社区中应该加强宣传,让家长和长辈们意识到让孩子们了解国歌含义的重要性,这样从上到下都会形成一个良好的氛围。

在"中秋节习俗的传承及其思考"的微课题中,学生们首先提出问题:传统的中秋节在现当代处于何种地位? 接着对其背景进行了研究,包括以前的中秋节传统与现在的中秋节传统,并通过中秋节这一个例子引申至所有中华民族的传统节日。他们进行实际的访问,采访身边的家长、老师、同学,甚至走上街头采访路人;草拟论文提纲框架,收集资料和文章;根据搜集的资料和采访后的结果进行撰写。尽管方法与过程比较稚嫩,但学生的研究感悟颇为深刻："因为传统是不能被替代的,是老祖宗留下来的财富。希望时代在不断前进的过程中,能把中秋以及其他同中秋节一样的传统节日带上一起走,不忘历史不忘本,将中华民族宝贵的伟大的精神财富发扬光大。"

我校还开展了"我眼中的书画艺术"微课题探究,有的学生对名师大家本身的经历、人格修养及其作品做深入探讨和交流,并形成文本分享。也有一些学生,特别是书画社的学生,有一定的书画学习经历,对一些名作经过查阅资料与探讨,形成自己的思考,也落笔写了报告。

例如,某学生写的《大师董其昌》:

> 王文治曾说过:"颜真卿之后,董其昌是第一人。"袁宏道说:"只有王维和苏轼,才能够与董其昌相比。"这是两个古代人对董其昌的评价,他们都没有说"几大",而认为董宗伯是唯一的。历代礼部尚书有很多,但是被后世一直以"宗伯"称之,只有董其昌一人,可见其作品的魅力及吸引力。董其昌是在中国书画看似山穷水尽时,开辟了新道路,而且这个道路宽广,导致后来追随者都可以从中获取成就。从这一点上看,董其昌同时代的人很有远见,很多人当时赞扬他比较到位,后人也是对这个董宗伯赞誉有加。在如今看来,这种赞誉是值得的,这种中华传统文化是被国人所认同与发扬的。

6. 主题班会,责行天下

对自己负责,其实就是对自己各个角色负责,就是对自己的家负责,对班级这个大家庭负责,对国家负责,对天下负责。因此,我校各年级各班开设了以"责行天下"为主题的主题班会,高一年级以"为自己负责"为切入点,高二年级以"为集体负责"为切入点,高三年级以"为社会负责"为切入点。

　　例如高一（2）班开展了"责任与生命同行"主题班会,设计背景:现在的学生大多是独生子女,在家由于父母的溺爱,他们任性、以自我为中心;在学校则表现为做事缺乏责任心,对他人、集体漠不关心。班主任通过学生身边发生的小事作为切入点,让学生知责任,然后以班级公约的呈现,让学生明责任,紧紧扣住主题。随后班主任上台通过漫画和视频加深学生对责任意义的了解,明白责任与生命的关系,使责任的意义得到了升华,也使学生有了深刻的感染,心灵上得到陶冶和涤荡,使责任感教育潜移默化地融入学生的心灵之中。

　　例如高二（6）班开展了"寻找'友善',明确责任"的主题班会,通过故事的引入和游戏的体验,理解友善的内涵,懂得在班集体中学会友善、宽容待人,从而营造和谐的人际关系,明确集体责任意识。通过分享与讨论,体会到自己以前对于友善的片面认识,从而端正态度,努力践行对他人、对社会的友善,体现社会责任意识。通过探究国学中对于友善的阐述,感受中华文化的博大精深,传承优良文化传统。

　　例如高三（1）班开展了"爱国,从爱国旗开始"主题班会。我们都说"我爱我的祖国",可是怎样才是爱呢? 每天早晨,我们庄重地面对冉冉升起的五星红旗,这就是爱。我们能提醒那些不符合升国旗礼仪的行为,这就是爱。班主任认为,在学校中进行国家意识教育,除了课程渗透外,升旗仪式是一个较常用的形式。它可以教育学生尊重和爱护国旗,维护国旗的尊严,激发学生爱国的情感。然而有的学生自律性不高,面对国旗站得歪歪斜斜,有时还窃窃私语。如何利用好升旗仪式,使学生在行动上尊重国旗,而不是流于形式,是值得思考的问题。

三、成果的社会影响和效益

　　1. 我校通过主题班会,渗透责任教育,各年级各班开设了以"责行天下"为主题的主题班会,并将班会课课程化,形成了班会课校本教材。高一年级"为自己负责"、高二年级"为集体负责"、高三年级"为社会负责",并分别遴选了四篇教案于附件中。其中,田秋华、张奚斌老师撰写的教案分别获黄浦区第二届班主任基本功竞赛二、三等奖;黄琼、赵程斌老师撰写的案例分别获黄浦区中小学中华优秀传统文化教育征集评比二、三等奖。

2. 我校书画教师编撰的《书画国宝探微》成了黄浦区共享的校本教材;兼职艺术教师编撰的中华优秀传统文化专题教材《京昆戏曲艺术欣赏》已在学校艺术教学中使用。京剧微课"京剧的表演特征"荣获全国社区教育优秀微课程一等奖,"京剧的起源"荣获上海市社区教育优秀微课二等奖。

3. 我校四位教师撰写的论文,分别刊登在了《现代教学》2015/1AB 和 2016/3A 上。它们是黄琼《走进传统　弘扬国粹》、陶云峰《校本课程"书画国宝探微"的实践》、曹晖《校本课程"京昆戏曲艺术欣赏"的实践》、沈晓燕《探京剧艺术多元教学　寻传统文化育人之路》。

4. 我校学生高二(1)班黄茹悦、高二(3)班王修刚、高三(6)班张越峰分别在"控江中学杯——我与中国传统文化"征文评选活动中获一等奖、鼓励奖,微课题"走进鲁迅的世界"荣获由上海市中小学德育研究会主办的2015 年上海市中学生"文化根·民族魂·中国梦"——进馆有益微课题研究论文竞赛评比三等奖。

四、尚需深入研究的问题

1. 依托校园网络搭建综合学习平台,学生可通过网站或论坛了解中华传统文化知识,交流心得体会。

2. 形成以班会课、国学课为载体,弘扬中华传统文化为宗旨的班会课、国学课校本课程系列成果,进一步提升学术的应用价值。

校本课程

光明中学"海派文化课程"

徐明山

课程是指学校为实现培养目标而选择的教育内容及其进程的总和,它包括学校老师所教授的各门学科和有目的、有计划的教育活动。学校要提升办学水平,就必须通过课程的建设、课程的校本化和课程的特色培育,走内涵发展的道路。光明中学在长期的实践中形成了自己的品牌特色课程,学科方面有法语、书法和京剧等,德育方面有"中国风•民族魂"主题教育课程,也包括近年来形成的"海派文化课程"。

一、光明中学"海派文化课程"形成的背景

1. 光明中学学校(校本)课程的历史沿革

光明中学创建于 1886 年,始名"法文书馆",是由法租界公董局开设的以教授华人法语为主的教会学校。1913 改名为"中法学堂",1951 年改名为"光明中学"。1953 年 6 月 9 日,学校被批准为市立公办学校,1953 年易名为"上海市光明中学"。

(1) 1886 年至 1949 年法文书馆和中法学堂时期,以法语教学为主的课程

　　法租界公董局建立中法学堂的目的,是为了造就一批适合租界使用的交流人才,这个人才又是以法语为基础的,因此,在法文书馆和中法学堂时期的课程是以法文课为主,其他学科基本上是用法文教学。"中法学堂"对外虽称有小学部、中学部和高中部,但实际上与法国及其殖民地学校一样,分为小班、中班、超班。课程分高中、初中、高小、初小四级。高小、初小每天讲国文、法文各 3 节;初中每天讲法文课 5 节,国文课 1 节;高中学科则与当时法国国内中学完全一致。

　　"学校课程设置极具法国特色,学校每周组织一场考试,每个学科轮流,每次这类的小考之后,都会张榜公布学生名次,并且在下周一按照成绩排定教室座位。第一名能坐讲台边的风水宝地,最差者只得坐到最后。学校的这类每周小考加上每天的功课成绩,每次班级的前三名不仅能减免学费,还能跳级插班。有些贫寒子弟就靠着每年的免学费和跳级顺利求学。"(见赵玉成《上海教育》2011 年第 11 期)

　　课程设置反映了殖民地色彩,学校设有专门的教义课,抗战胜利前甚至没有当时国民政府规定必修的公民课和童子军组织,没有美术、劳作、音乐课,体育课则是请法租界巡捕房警官(三道头)有空来校用法语喊几句口令。学校对外语学习极端重视,毕业生外语素养优异,成为培养租界白领的摇篮。1936 年,当时学校的校长说:"毕业生由于获得足够的法语知识,他们在法国的行政机关、法国银行和商业机构等各种岗位上,均能胜任工作,并与法国同事建立了良好的关系。学校建立以来所取得的成就已达到了创建者萨坡赛的初衷。"

　　(2)二十世纪五十年代至八十年代中期国家课程校本化实施,形成学校文科特色

　　中国自五十年代至八十年代初一直采用苏联的课程管理模式,即由中央对全国的课程教材进行一级管理,全国实行统一的教学计划、教学大纲和教材。在这样一种集中统一的课程管理模式下,光明中学在国家课程校本化实施上下功夫,以"写字潦草,标点滥用,行款格式混乱"等看似细枝末节的小事为抓手,经过几年努力,学生在写字、标点、格式、卷面等比其他一些重点中学

学生要更规范整洁。教师每次中考、高考阅卷后对我校学生的试卷赞誉有加,说:"光明中学试卷,张张整洁。"从此,我校以"文科见长"为社会所称道,这也逐渐成为我校的文科传统特色并享誉沪上。

(3)二十世纪八十年代下半期至九十年代下半期初步形成光明特色的德育课程和选修课程

学校在这一时期,正值上海启动一期课程教材改革,学校以改革为动力,以科研为抓手,实施"十年磨一剑,锤炼爱国心"的教育实践和德育"双基"教育(即对学生实施"基本政治观点"和"基本行为规范"的教与学)的学校德育特色课程,并取得比较好的成效,在社会有一定影响。我校的升旗仪式上千人一声,同唱国歌,一直是广为称道的"拳头产品",当时每期华东师范大学举办的全国高中校长高级研修班是必须参观的项目。我校的"头脑奥林匹克"选修课程独具一格,参加选修课的学生多次获得"头脑奥林匹克"全国大赛一等奖,并代表中国赴美国参加第二届"世界中学生头脑奥林匹克"大赛,获得了第二名的优异成绩。

(4)二十世纪九十年代末至二十一世纪初形成"大人文教育"学校课程

这一时期的学校课程得益于上海市二期课改的实验和我校争创实验性、示范性高中的历程,作为上海市二期课改的实验基地之一,我校按照二期课改的要求,把课程划分为基础型、拓展型、研究型三类,加强对学生基础性学力、发展性学力、创造性学力的培养。早在1999年,我校就开始进行了"三类课程"的探索和实践。例如提出了"和谐发展,人文见长"的办学理念,组织教师开发具有人文特色的课程和人文教育课程,形成了校本教材、教师论文教案选、学生研究性学习论文选共三十余本书;开发了一批旨在提高学生人文素养的拓展型课程和研究型课程,例如"法语与法国文化""绿色生活环境—环保""上海人文旅游资源""世纪之交的国际关系""汉字的故事""中国风民族魂""心海导航"等。这些课程不仅仅着眼于对文科的高度关注或文理学科的互促共进,而是强调从科学教育、道德教育、心理教育、艺术教育诸方面的"大人文教育"。这一时期是我校课程发展的一个高峰,"法语与法国文化""中国风·民族魂"等课程在本市乃至全国具有相当大的影响。

2. 光明中学形成"海派文化课程"的区位优势

光明中学坐落在淮海路和西藏路口,是上海的"心脏"地区,人民广场、大世界、城隍庙近在咫尺,还是历史上的上海法租界、英租界和上海老城厢的交互处,这里人文荟萃。光明中学的教学大楼为新艺术派与罗马风格混合的折中主义式,庄重典雅,散发着深厚的文化底蕴。光明学子相比其他一些学校的学生更多地感受到上海的发展,更多地体验到海派文化的发展。

二、"海派文化"特征的学校课程

我们把光明中学的学校课程定位在"海派文化课程",一是基于 125 年的学校课程发展历程,具有都市性、兼容性、人文性等海派文化特征;二是得益于光明中学处于上海市中心城区的环境,学校的周边环境是校园文化的客观条件,是学生成长和发展的宏观环境之一,也是学校教育教学活动能够顺利开展的重要条件;三是受到我们自己学生的启发,学生在选择研究课题时往往选择一些与上海历史和文化有关的课题,如"上海开埠 160 年的研究""有关上海的石库门文化或上海人的石库门情结""外滩租界史的研究"等。

近年来,随着二期课改的深入展开,学校逐渐形成了以"海派文化课程"为主题的系列性、有序化的学校课程(校本课程)。在这一主题下,学校设置了一系列具有上海文化特色的拓展型和研究型课程,包括"上海城市环境保护""海派建筑文化""海派京剧""上海饮食文化""上海影视文化""海派书画""海派文学""灯文化"等课程;以及立足上海,面向全国,放眼世界的"中国风·民族魂""法语与法国文化"等课程。

1. 课程设置的理论基础

（1）建构主义学习理论

建构主义学习理论的基本观点认为,学习活动不是单纯地由教师向学生传递知识,学习者不是被动地接受外在信息,而是在特定的情境即社会文化背景下,借助于他人(包括教师和学习伙伴)的帮助,利用必要的学习资料,根据自己先前的知识结构,主动地、有选择地感知外在信息,建构新知识的过程。"海派文化课程"校本课程要在陈述性知识的基础上加强程序性知识、操作性知识的学习,帮助学生建构自己的知识体系。

（2）多元文化教育理论

多元文化教育理论强调文化的多元性,并且鼓励对文化的认同和认识上的多元选择。但若要实施成功的教育,还在于吸纳优秀的民间文化,兼容并蓄,使之成为人类的背景文化。这一理论为"海派文化课程"校本课程的实施提供了重要的理论依据。

（3）陶行知的生活教育理论

这也是"海派文化课程"校本课程的指导思想。陶行知先生强调"生活即教育,社会即学校",认为"如果以社会为学校,教育的材料,教育的方法,教育的工具,教育的环境,都可以大大增加",教学过程中要做到"教学合一"。"海派文化课程"校本课程营造出一种丰富多彩的文化氛围,更好地利用和开发社会资源,促进学生身心的和谐发展。

2. "海派文化课程"的特征：都市性、兼容性、人文性、创新性

（1）都市性

上海是国际化大都市,我们认为海派文化是一种都市文化,而且是国际大都市文化。光明中学的学生基本上是上海本土学生,学生在选择课题研究时往往不自觉地体现都市性的特点,如"光明中学周边地区红绿灯的

设置""城市的垃圾处理"等。因此,"海派文化课程"主要立足于上海,上海城市文化发展过程中的经济文化、精神文化和社会文化是"海派文化课程"的主要内容。

(2)兼容性

在植根于中华传统文化的基础上,吸纳了吴越文化和其他地域文化,受到了世界文化尤其西方的影响,逐渐形成了海纳百川、兼容并收、有容乃大的上海地方特色的海派文化。"海派文化课程"立足上海,面向全国,放眼世界,"中国风·民族魂"和"法语与法国文化"等课程也自然成为学校特色课程。

(3)人文性

海派文化传统充满兼容并蓄的人文精神。光明中学以"和谐发展,人文见长"作为办学理念,"海派文化课程"秉承学校传统,注重海派人文精神的传承,注重学生的精神提升和人格塑造。

(4)创新性

海派文化的优势一是开放,二是兼容。开放加上兼容,吐故纳新,便有创新。"海派文化课程"在传承学校历史上的课程和吸收其他学校课程的优势的基础上,实现课程的创新。我校的"灯文化"课程,是一门由物理老师开设的综合性课程,包含电学、中国古代的灯文化、电灯的发展史(上海是中国最早使用电灯的城市)等内容,课程形式有授课、实验、调查、课题研究等,课程文理结合,拓展型、研究型结合。

3."海派文化课程"的课程目标

光明中学的培养目标是:致力于形成志存高远、积极进取、基础宽厚、身心健康、个性鲜明的"光明学子"。"海派文化课程"的课程目标应体现光明中学的培养目标。

"海派文化课程"从学生的需求出发,最大限度地满足学生发展上的不同层次和水平的需要,体现学生的个体差异性,满足学生多方面发展的需要,促进学生在原有基础上获得充分的、和谐的发展。

学生通过"海派文化课程"的学习,了解社区,接触社会,关注社会问题,增强社会责任感,培养创新精神和实践能力。同时,"海派文化课程"还能使学生具有高度的人文素养,使学生逐步具有良好的道德品质、积极的人生态度、鲜明的个性人格和对社会、对人类、对自然倾注人文关怀的宽大胸襟。

总之,课程建设的宗旨是一切为了学生的发展,学校内涵的发展需要教师的专业发展,教师和学生是课程的有机构成部分,并作为相互作用的主体。教师和学生都是课程的创造者和主体。学校在帮助教师树立课程意识方面也做了许多积极的探索,学校"十二五"教师培训课程的主题是"新课程与教学方式转变课程",每个学期都有一个分课程,在课程学习方面已经进行了"基础型课程校本化实施"和"校本课程的开发与实践"的培训。坚持课程的创新,走内涵发展之路的理念已经越来越成为学校领导和广大教师的共识。在"海派文化课程"的课程开发、校本教材的形成和完善以及教学研究的过程中,以课程制度、课程方案、课程实施计划、课程内容研究等方面的建设为载体,以课程的动态优化为课程建设水平的提升手段,就一定能促进学校课程建设的稳步发展。

【作者简介】

徐明山,担任光明中学教师处科研主任,任教历史学科,教龄35年,高级教师,黄浦区骨干教师。

主持研究课题获上海市教科院学校教育科研成果三等奖、黄浦区教育科研成果一等奖,论文曾获黄浦区教育科研成果三等奖、黄浦区高级教师教育科学研究成果三等奖。

本文写于 2000 年 8 月,发表于《现代教育》2011 年第 10 期。

光明中学法语班特色课程建设研究

朱莹毅

引　言

在经济全球化的国际视野下,光明中学秉承过去法文书馆、中法学堂的法语教学传统,积极开展以法语作为第一外语和第二外语的课程教学。针对法语零起点的高中生,如何设置课程,设置什么样的课程,建立什么样的评价体系才能最大程度引导和帮助法语班的学生在学习语言的同时,扩展视野,符合创新社会的需求,拥有强劲的国际竞争力,是我们此次研究的重点和关注的核心。而新高考政策和法国不再需要优秀高中毕业生提供高考成绩这一政策的出台,为我们法语特色班的课程设计提供了更多的可能。本文将从中法学堂的课程设置回顾入手,立足当下,从法语语言课程、其他课程与法语课程的结合、法语活动中的文化渗透三方面展开,借助问卷调查、访谈等形式深入探讨符合当下政策和学生学情的课程建设方案,在因材施教的前提下,培养一批综合素质优异的复合型人才,以适应将来全球多元化发展的需求。

一、研究的背景及意义

光明中学的前身为法文书馆、中法学堂,1886 年由法租界最高行政机构公董局所创,学校实行法国学制,用法语授课。新中国成立后,更名为光明中学,法文教育亦告停止。改革开放以后,"中法"的旧传统被赋予以"光明"的新意义再度开启。1986 年,学校恢复法语第二外语的教学。2012年,学校与法国鲁昂高等工程师学院合办以法语为第一外语的"法语班"开始招生入学。可以说,光明中学的法语教学是对历史的传承和发扬,当然也借鉴了当时中法学堂法语课程的设置。

当年,法文书馆和中法学堂的课程设置前后经过了六十年的变迁与发展。最初,学校长年开设针对华捕的法语班和欧捕的华语班。学生注重法语知识的学习,每年有一定数量的毕业生通过学校推荐或自己谋职而找到能使用法语的工作。

1930 年,学校共有 29 个班级,1 024 名学生,每班 35 名,实施小班化教学。学校考试分笔试和口试两种,口试时法国总领署官员、震旦大学神父、法国公学校长及一些其他社会著名人士到场。

当时的课时设置是:小学班,国文课课时 5 小时,法语课课时 1 小时。目的是使学生在中国语文方面获得坚实基础;在法语方面获得最初级的基本要求,只限于简单的阅读和书写练习。

初中班,法语课课时 5 小时,国文课课时 1 小时。法语教学方面在掌握语法知识的同时,学生要在翻译、作文和会话诸方面得到严格的训练。

到了高中,学制两年,有能力升入高中的学生,要另外加 1 小时国文课和 1 小时英语课。法语课更是得到强化,增加对法国散文作家、诗人的研究与评析,法兰西最优秀作家的杰作的精华提要,各种形式的写作等。在我校的档案资料中,我们还能查到当时的课程设置,包含了法语、中文、数学、地理、物理、化学、生物、绘画、哲学、会计和历史等,除中文、地理、历史等学科外,其他的学科大多直接使用法语教材或者由法籍老师自编。当年的课程设置比较讲究实用性,以学生能掌握一技之长为主。如在数学方面,学生要学习有关贷款、年金、利息、贴现折扣、公司经营等问题,还包括制图课程,侧重的是几何、投影、透视、平面测绘、机械零件图、轴测图、建筑图等。

由上可以看出,当时的"中法中学"在为培养对社会有用人才上,比较多地迎合了当时刚起步的新科技及工业化革命,也培养了一批懂得先进工业的参与者。

基于学校前六十年的传统以及当今世界全球化的需求,我们在法语班的特色课程的设置上做了一些探索。

二、研究的主要内容、方法、成果

针对法语班的办班目标和要求,我们把班级的课程设置重新做了调整,分成三大类:光明基础课程、法国衔接课程、拓展交流课程。

1. 光明基础课程

光明中学法语班的课程设置(见表1),在与同年级课程设置相同的基础上,增加了一部分拓展内容,强化了数学、物理、法语三门学科的拓展内容,特别是加入了思维训练部分。学生的国内课程学习只需满足"学业水平考"的合格要求。当然这并不意味着忽视基础课程的建设。高中阶段正是学生形成正确的世界观、人生观和价值观的关键时期,在11门基础课程(共40课时/周)的学习生活中,学生不仅接受了最基本的爱国主义教育,更能够在老师的引导下,学会根据所处环境的变化,用不同的眼光去看待并分析事物。

表 1　光明中学法语班的课程设置

语文	数学	法语	外教	物理	化学	生物	政治	历史	地理	艺术	体育	拓展
5	6	6	2	3	3	2	2	2	2	2	4	1

而每周一节的拓展课程,学生可以根据自己的兴趣发展自己的爱好,不论是摄影、机器人,还是心理、OM(头脑奥林匹克),都能让学生将自己的兴趣与基础课程上学到的知识结合起来,通过自己发现问题、解决问题来调动主观能动性,激发好奇心,在培养探究精神的同时,也能够提前适应大学的学习模式,为大学学习生活做预演。此外,兴趣爱好的发展可能会影响学生的职业选择。因此,学校会定期为学生进行职业生涯规划的指导,请学生根据自己的情况定一个小目标,思考如何通过自己的努力去实现它,然后付诸行动。规划的制订,在帮助学生更好地认识自己的同时,能够培养学生做事的条理性,提高学生的行动能力,对学生一生的发展大有裨益。

同时,鉴于学生将来进入法国的大学后选择的是工科专业,对动手能力的要求比较高,我们在劳技课上也有意识地增加了"电子技术"课程,让学生学会动手,敢于动手。从长远来看,对学生动手能力的培养,不仅仅是为了让学生在今后的专业领域有比较出色的表现,更是为学生去到异国他乡之后能独立生活打下基础。法语班的法语学习是零起点,所以小班化法语教学成为这个班的常态课,为了让每个学生开口讲,法语课上一个教师任教的学生不得超过 20 位,以保证法语学习的效果。每周 8 节法语课必须保证有 2 节是外教授课,让学生能够有一定的法语学习环境,充分体验原汁原味的语音、语感。

2. 法国衔接课程

每年的暑假、寒假,学生都要参与法国课程的学习,由法国鲁昂高等工程师学院派相关教师为学生授课。

表2　法国鲁昂高等工程师学院夏令营、冬令营课程安排

	年级	课程	课时	课程说明	教学目的
夏令营	高一	数学	10	函数、矩阵以及可逆的三角函数	教学生词汇以及概念的表达式,作答题目思路的方式,学习法国高中的基础知识,使其能够更好地融入预科课程
		物理	10	运动学、牛顿三定律及其应用、几何光学、直流电路	
		法语	20	法语听力、阅读、语法练习,法语对话理解	
	高二	数学	10	函数、序列以及复数基础知识,微积分	
		物理	10	直流电、对于能量的学习、透镜与光学、磁场与磁力、能量的量子转换	
		法语	20	通过学习法语歌曲、制作法语海报等活动来学习词汇和基础语法	
冬令营(高一)		数学	2	集合与命题	
		物理	4	线性运动、力与平衡	
		法语	1	与学生互动,播放多媒体资料,提高学生对法语的兴趣	

根据法国鲁昂高等工程师学院对光明中学法语班进行的课程来看,他们的课程设置主要有以下几个特点:

(1)物理学科更体现实际运用,通过实验过程来体悟物理规律;

(2)数学学科更体现了与大学课程的衔接,比如微积分;

(3)法语教学更突出学生对语言学习的兴趣培养。

这些课程设置与过去中法中学时期的课程设置较为相似,在某种意义上,是对于光明中学旧有优秀法语课程的传承和延续。而前来观摩、学习的光明中学的中国籍法语教师也从中体悟到了光明中学优秀法语教学传统的深刻滋味。

3. 拓展交流课程

如果说课堂更注重知识的输入,那么校内校外的各种活动便是兼顾知

识和文化的输入和输出,让学生相互交流,寓教于乐,课程教学便渗透于其中。

(1) 每年的光明外语周活动中,有些学生剪辑法语原版电影后自己做编剧并进行二次配音,有些学生将几首自己喜爱的法语歌曲融合起来,组成法语歌曲串烧;更有些学生参考法语原著并将对话进行简化,把课本剧《项链》活灵活现地呈现在全校师生面前,引来掌声一片……学生在参与活动的过程中不自觉地从语音、语法、语言层次(高雅或通俗)、表达习惯以及文化等方面对法语进行探索研究。法语角、法语社团以及每年外语周的海报设计、法语短文、法语歌曲、法语诗歌朗诵等才艺比赛,为学生提供展现自己才能的舞台,从兴趣入手,调动他们法语学习的积极性。同时,也培养了他们自主探究的能力,从而让法语学习不再流于书面,而是从平面化学习变成立体化学习。

(2) 学生们还参加了法国学校以及法国驻上海总领事馆主办的各类活动,如城市建设者、圣诞嘉年华、亚洲法国学校戏剧节、法国导演见面会以及法语演唱会等。期间,学生自己编写、表演、拍摄并法语配音真人漫画《电梯故事》,该节目曾向上海二十多所开设法语课程的学校的师生们展示,并得到一致好评。各类活动中也不乏法国学生的脸孔,中法学生在活动中互帮互助,让法语跳出课本,活跃在口中,萦绕在耳边,穿梭于指间,让不同语言和文化的碰撞为各自的语言学习带来前所未有的体验。

每年学生都参与法国姐妹校的接待与互访活动,并与其中两所学校签署"学生住家"交流合作协议,为我校学生提供"按法国人的方式生活"的机会,颠覆传统意义上枯燥的语言学习观念,身临其境地学习法国语言文化。此外,自2014年起,我校与国际交流协会合作,每年接待一位法国学生,随法语班就读。这些法国学生的到来,也为原本在校园鲜有交流机会的法语班学生提供了一个极好的学习机会。学生在交流中发现两国文化的差异,好奇心促使他们进一步地互相了解,从发现到探索的过程无疑可以解读为学生主观能动性被不自觉调动起来的过程。

三、课程带来的收获

三年来,法语班的学生在各方面都取得了不小的成绩。

首先,他们用三年时间,从零起点开始,掌握了一门较难的语言。在已经毕业的两届学生的法语水平测试中,有90%的学生达到了 B1 水平,其中30% 达到 B2 水平。在语言交流上,他们已经可以很流利地与法国学生交流,并能听懂法国教师授课。在法领馆举办的各类比赛活动中,他们也取得了良好的成绩。

其次,法语班的开设为学生提供了一个崭新的培养目标和成长经历,使得学生们获得了丰富的个体化学习的愉悦体验。

小马同学通过法语学习,对法国文学和法国文化产生了浓厚的兴趣。他在学习感想中写道:"我在掌握一些基本词汇和语法后,阅读了一些法语小说,这让我十分感兴趣。我于是想要了解更多中法文化的差异。对于法语,我喜欢它明确和精确的语法,在学习的过程中,我时常把法语和中文一起比较,从而对两种语言都有了更多理解。我还尝试着在说话和学习时像法国人一样思考,把这门语言学得更地道一些。"

小唐同学接待了一名法国住家小伙伴,也感触颇多:"接待了一个来自法国的小伙伴保罗。保罗住在我家,我们通常一起学习,讨论关于法国与中国的习俗。因为有他,我的法语水平以及听力水平提高得很快。此外,我还了解了很多法国人的习惯,这能帮助我更顺利地融入今后在法国的学习生活。"

四、课程实施后的反思及推进

法语班课程实施至今已有五年,2012 年的第一届学生 100% 被法国的大学录取,并顺利在大学深造。连续五年的教学实践,使我校的教学模式和课程设置更加合理,更符合社会以及学生自身的需求,也使得学生的思维方式有所创新,动手能力、表达能力有了明显的增强,与同龄人相比,视野提前与国际接轨。我们的学生要走向世界,除了课程内容、要求要做调整以外,其实在教学理念和教学手段上也要做相应的改变,因此我们提出"融合",即教学理念、教学方法、教学手段的融合。我们准备充分利用外教资源,请外教和中教各自进入对方的课堂听课,促进教学理念和教学方法的交流与借鉴;另外,我们还要在请外教使用中国教材的基础上,用法式的解题和思考方式为法语班的学生打开思维,让思维的火花尽情碰撞,让学生从中法殊途同归的解题方法中感受到世界文化的多样性。这需要学校进一步思考和规划。

【作者简介】

朱莹毅,担任光明中学副校长,任教物理学科,教龄 33 年,高级教师。

曾获得上海市"金爱心教师"荣誉称号,多次参与区级课题和教学研讨。

本文被列入黄浦区教育科学研究规划课题项目,并于 2017 年 5 月结题。

法语—外教材校本化处理的思考与实践

戴剑安

一、校本化课程实施的理念

"校本化课程实施"是指学校教师在实施国家课程纲要、课程计划、课程标准的过程中，依据学校的具体情况，不同的教学环境与教学资源，结合学生的需求、水平和教学实际的需要，创造性地使用教材，对科目学习的内容、编排顺序和教学方法等方面适当地进行选择、补充、修正、改变、整合等一系列的课程改进活动，使教材内容和教学活动更贴近学生的实际，更好地满足特定教学情境的需要，提高教材对具体教育情境的实用性。

教材的校本化处理要遵循以下三个原则：（1）以课标为纲。课程标准规定的课程的总体目标，是教学的根本依据，教材的取舍与调整必须以课程标准为导向。教师在领会和把握课程标准的前提下，根据教学的具体情况对教材进行个性化的处理。（2）以教材为源。教材由专业人员编写，是教学的主要依据，教材的结构保证了其内容到形式的整体统一。教师对教材的处理要依据教材的主干思路和体系进行，不能随意切割和破坏。（3）以学生为本。教的落脚点是学生的学，教师要始终把学生放在心里，及时了解和掌握学生的学习水平、情感态度、学习策略和兴趣差异等，最大限度地满足不同学生的需要,只有做到以学生为本,教材的处理才更加科学合理,教学效果才会更好。

二、一外法语教学现状分析

1. 学情分析

光明中学于 2012 年 6 月与法国鲁昂高等工程师学院(ESIGELEC)正式签署教育合作协议,从 2012 年 9 月起,光明中学在每届学生中成立一个"光明中学·ESIGELEC——鲁昂高等工程师学院光明法语班",学生以法语为第一外语,三年后参加法语高考。该班学生如希望毕业后进入法国鲁昂高等工程师学院攻读五年制的工程师文凭,除高考成绩要达到本科线外,还需参加法国的法语水平考试(TCF 或 DELF)及面试。

从该项目第一届 2012 级学生情况来看,绝大多数学生进校前都没有法语基础,也就是说学生需在三年内学完外国语学校学生七年(初、高中)的法语课内容。所以高中一外的法语教学面临着课时少、内容多、学生负担重等困难,而学生又需要同时攻克高考和 TCF 考试两个难关。这两门考试的侧重也有所不同,中国高考侧重读写,强调语法知识的掌握;法国 TCF 考试强调语言的整体理解和实际运用,这对老师的教、学生的学都提出了更高的要求。

2. 教材分析

目前开设第一外语法语的中学使用的都是外语教学与研究出版社马晓宏等人编写的《法语》教材,它被称为参加法语高考的指定权威教材。这套教材原本是按照高等院校法语基础阶段教学大纲,为高校法语专业的大学生编写的。

　　经过一年的教学实践,《法语》教材有其明显的优点: 前十课对语音的讲解比较经典,对语法的讲解系统且有针对性。但是作为一本中学法语教材,也有其不足,如选用语言材料偏老,语法的讲解过于面面俱到,对听、说能力的训练有所不足,对中学生而言缺乏趣味性。

　　另外,和大多数国内教材一样,《法语》是以语言基础知识、语言基本技能操练为主,在语言素材的选择上,叙述性文章一般多采用规范的范文,对话性文章以语法句型为主,常出现与实际使用脱节的情况。我校采用的2007 年出版的《法语》修订本中增加了一些文化元素的教学和交际目标的练习,但总体体现的还是传统的教学方法。

三、校本化课程实施的探索

　　在处理教材时,假如把老师比作一名高级定制的裁缝,班级里的每一个学生则好比是一个个着装者,裁缝首先要全面了解着装者的风格,测量他们的身高、肩宽、胸围、臀围等,还要从着装者的兴趣和喜好出发,通过裁剪、粘贴、拼凑等工序(即对教材进行删除、增添、调整、置换等“艺术”加工),设计出既适合着装者,又有个性的服装。因此,我主要是从以下三点做了尝试:

1. 对教材进行“瘦身”处理,降低教材难度

　　《法语》教材编写的初衷是给大学法语专业的学生使用的,所以教材的内容信息量大,进度快,有些词汇和语法内容甚至超出了高考的要求。这使刚刚接触法语的零基础中学生很容易产生畏难情绪,以致直接影响教学效果。根据斯蒂芬·克拉申(Stephen D. Krashen)的输入假设,只有当习得者接触到可理解的语言输入(comprehensive input),即略高于他现有语言能力水平的第二语言输入,而他又能把注意力集中于对意义或信息的理解而

不是形式的理解时，才能产生习得。如果习得者现有水平为"i"，能促进他习得的就是"i＋1"的输入。也就是说，在语言教学的输入难度上，要充分考虑学生的可接受程度，如果输入难度是"i＋1"阶段，学生就易接受，若输入难度总是i或过高，学生的语言水平就难以提高。

因此，我常常会对教材进行删减或替换，化解难度，减轻学生们的负担，让学生获得更多可理解的输入。如教材中的词汇量很大，每篇课文都有一百多个生词，外加好几十个补充词汇，按照教学进度，学生需在一年内掌握一千多个法语单词。如果教师把每篇课文的所有单词不分重点逐个讲解，不但课时不允许，也超出了学生的接受能力，即使有学生能背出所有的单词，也不能掌握其用法，反而感到词汇的学习枯燥乏味，从而失去学习兴趣。

我在法语词汇教学中，先对教材中的词汇做一番研究，明确哪些词汇只需认知、哪些词汇需要会辨析、哪些词汇需要会使用、哪些词汇需要会派生。对于一些常用的、派生能力强的词汇在课堂上详细解释，非常用的单词略讲，而对于那些生僻的或过时的单词索性不讲。另外，法语中大多数的单词有不止一个意思和用法，这些意思和用法往往有主次之分，即基本意义和引申意义或中心意义和具体意义之分。如果字典上有多少意义就传授多少意义，无疑会增加学生的负担和压力，所以同一个单词的不同释义也需要分清主次进行讲解。

2. 对教材进行"增肥"处理，增加趣味性

在教学过程中，我们发现只要是学生喜欢的内容，不管多难，他们都愿意去尝试，而学生不喜欢的东西，不管教师认为多么重要，学生都不感兴趣。《法语》教材由于是大学教材，对中学来说，明显趣味性不够，如教材是黑白印刷，插图少，书本过厚，这些都不容易引起学生的阅读兴趣。所以我会贴合教学实际，对教材内容进行拓展，尽可能提供他们感兴趣的内容和语言材料，使教学内容更为完善，更符合学生的需求。

例如在教授15单元《饮食在法国》时,书后的"文化点滴"讲了法国人的一日三餐,但是对法国人的餐桌礼仪并没有介绍。我补充了法国人的餐桌礼仪、如何到法国餐馆点菜、如何表达牛排的生熟程度等,这些都是学生将来去法国留学的生活中十分实用的知识。又如16单元的主题是"学校",教材中的"文化点滴"只有对法国高等教育的介绍,我根据中学生的年龄特点,补充了法国基础教育体制的介绍,并且向学生展示了法国高中生的课表,让学生进行中外文化对比。结合课文的内容,把跨文化意识逐步渗透到教学中,让学生了解法语国家的历史地理、风土人情、传统习惯、生活方式和价值观念,提高学生对文化差异的敏感性和鉴别能力,培养初步的跨文化交际能力。

由于《法语》教材对中学生而言,趣味性明显不足,我还常常在教学中引入法语歌曲、电影片段等真实语料,或增加游戏、趣味练习、知识竞赛等。法语歌曲融合了语音、语言和文化知识,如果选择恰当、教学设计合理,可以使得教学形式多样化。如在法语启蒙阶段,通过《字母歌》《数字歌》之类的歌曲,能使初学者建立对法语的第一印象。通过法语歌曲,学生不仅能学会正确的发音,掌握并巩固相应的发音规则,提高辨音能力,还能学习动词时态和用法,练习动词变位。以下是我在教授法语时态时用过的一些歌曲: 直陈式现在时→"La vie en rose";直陈式复合过去时→"Ça fait si longtemps qu'on ne s'est pas vus""Le temps des Cathédrales";直陈式未完成过去时→"Le temps des fleurs""Les vacances au bord de la mer";直陈式简单将来时→"Si tu m'emmènes";条件式现在时→"Ce train qui s'en va";虚拟式现在时→"Le papillon""Je veux"。

3. 对教材进行"整形"处理,增强教材合理性

学习是一个循序渐进的过程,教师应为学生铺设铺垫扎实、坡度平缓的阶梯,让学生一步一个脚印稳步上升。法语教学中,我们可以根据教学的需要将教材中的各个部分重新排序,可以重新安排单元的教学顺序,也

可以调整知识点的先后顺序。调整教学内容、重组教学顺序的目的是为了使其更能符合学生的能力发展和兴趣需要,提高教学效果。

那么,教师究竟应从哪些方面对教材进行整合呢? 坎宁斯沃思(Cunningsworth,1995)认为,教师可以从以下几方面对教材进行取舍和调整:(1)练习的方法太机械,缺乏意义,而且太复杂;(2)教材对学生难以掌握的语言内容重视不够;(3)话题缺乏趣味性,话题内容过时或不够真实;(4)书面语或口头语强调过多,或对综合技能重视不够;(5)语言项目的顺序需要调整,以适应教学的要求,教学进度需加快或放慢;(6)由于版面设计不佳或印刷质量差而影响插图效果。

如在教授法语数字时,大多数学生学习第二课时已经熟练掌握了 1～20 的法语单词认读,这种情况下教师就可以提前教授教材安排在第 8 课的11～1000 的数字,而没有必要等到半个学期后才教完法语数字。通过这样的调整,适当地将一些教学内容提前或者延后,可以让学生集中一段时间完整学习一项内容,等后续课文再出现同样内容时可以作为复习,使学生牢固掌握语言知识。

又如教材中间接宾语代词在 16 单元,直接宾语代词的语法在 18 单元,这不符合我们通常的教学顺序,对学生来说,直接宾语代词比间接宾语代词更容易掌握。而 16 单元的课文中既出现了直接宾语代词,也有间接宾语代词的用法,所以我将两课的语法知识进行对调,先让学生学好直接宾语代词,再学间接宾语代词,这样就大大降低了难度,也符合学生的认知规律。

四、结语

在普通高中(非外国语学校)尝试第一外语法语教学,势必会碰到很多的困难,作为教师,不能怨天尤人,抱怨学生基础差,教学时间有限,不能为"困"所"惑",而应凭借自己的智慧走出困境,即使前进的道路并不平坦,甚至充满荆棘。对现有的教学资源进行校本化处理,以教材为载体,根据教学需要和学生实际灵活处理教材,便是我对提高第一外语法语教学质量所做的一点探索。

【作者简介】

戴剑安,任教法语学科,教龄 13 年,高级教师,获得法国曼恩大学对外法语教学文凭、上海外国语大学硕士学位。

曾获得全国中小学外语教师园丁奖、法国大使馆全国法语教师教学设计比赛一等奖、全国多媒体教育软件大赛三等奖、上海市中小学电脑作品大赛一等奖、上海市青年教师教育教学研究课题成果鉴定二等奖、黄浦区教育科学研究成果一等奖、黄浦区中小学电脑设计与制作成果评比一等奖。

本文写于 2013 年 5 月,曾获光明中学"基础型课程校本化实施"主题教育论文评比一等奖。

法语教学中语言与文化相融合的实践研究

徐佳璐

在经济全球化的背景下,越来越多的年轻人选择学习除英语以外的另一种外语,法语学习人数也因此逐渐庞大起来。光明中学与法国鲁昂高等工程师学院合办的,以法语为第一外语的"法语班"也在 2012 年应运而生。在教学过程中,墨守成规的外语教学方式暴露出一定的问题和弊端,学生只会做题而不懂交流,只学会了语言而忽略了文化,把语言学成一潭死水,失去了本该有的灵动性,这是语言学习最忌讳最应当避免的。而新高考政策和法国不再需要优秀高中毕业生提供高考成绩这一政策的出台,也让法国文化在法语教学中占据更多的比重。这就让我们能把更多的注意力放在学生的语言运用和文化交流能力上,毕竟语言是无法架空文化而独自生存的。本文从语言和文化的关系入手,基于一些已有的实践经验,探究在法语教学中将文化与语言相结合的有效方法。

一、法国文化融于法语语言教学的必要性

在中国的外语教学大都注重语法知识,据光明中学校史记载,当年光明中学的前身中法学堂对于法语课程的设置也是以"掌握语法知识的同时,学生要在翻译、作文和会话诸方面得到严格的训练"为目标,强调语言

学习的重要性而弱化了法国文化的渗透。

　　然而,没有文化渗透的语言教学犹如被架空一般。语言是人们思维和交流的工具;文化,著名人类学家古迪纳夫(Goodenough)先生将其概括为"通过社会所获得的知识"。语言又是人们运用语言习得能力,在特定语言环境中所习得的一套知识系统。因此,语言是文化的组成部分。而人类的思想借助于语言的形式进行表达,文化也因为语言而得以更好地传播,许多词汇通常都带有特定的文化信息,例如由于法国的国土轮廓类似六边形,"Hexagone(六边形)"便通常用来指代法国。这种情况下如果忽视了法国文化的渗透,那语言即刻从交流的工具变成理解的障碍。可见,语言其实是文化的载体,脱离文化的语言犹如离了水的鱼。对学生来说,学习语言的最终目的是获得语言交际能力,从而进一步获得学习外国文化的能力。学生只有拥有语言能力和法语文化背景知识,才能顺利地与法语国家的人顺利交流。

二、法国文化融于法语语言教学的途径

　　我们以培养学生语言交际能力为目的,尽可能地在法语教学中将语言和法国文化相融合,在此我们也归纳了一些可行的方法。其中,书本标注和教师讲解是最为常见的将文化融入语言学习的两个途径。

1. 书本标注

　　标注可能涉及一些诸如人名、地名、专有名词的介绍和解释,虽然简洁,但通常十分零散。

2. 教师讲解

　　教师讲解可以在一定程度上对于某一特定的文化现象举一反三,加深

学生印象。例如,法国人的姓氏中带有 de 的说明以前家里是贵族,学生脑海中一定能够冒出诸如戴高乐(Charles de Gaule)等名人的名字。当然中教和外教的讲解方式也不尽相同,如果说中教侧重于教材中某些文化细节,那么外教就是根据教材每一课的主题进行文化的补充和拓展,比如在学"到餐厅点餐"这一主题时,通过图片以及实物的形式让学生有更加直观的感受,同时还能够补充法国人饮食的习惯、禁忌以及一些注意事项,在调动学生积极性的同时,也扩展了学生视野,深化了学生对法国文化的了解,当然也活跃了课堂的气氛,为本来相对单调的课本知识填上了绚烂的色彩。

3. 扩展阅读

除去课本之外,我们还根据学生的水平,循序渐进地挑选或者截取了一些介绍法国文化习俗、风土人情乃至社会杂文的阅读材料,其中涉及地理、政治、社会、教育、历史等各个学科的范畴,让学生从阅读中打开自己的视野,更多地了解法兰西这个国度。

4. 鼓励探究

对于新知识的学习,人们总是会不自觉地将其与自己已有的知识进行类比或者比较,这不失为一种很好的学习方法。当比较以后发现异同点时,追问一个"为什么"。例如中文里"形容词 + 所修饰的名词"结构,到法语中就交换了位置,成了"所修饰的名词 + 形容词",有些学生综合课后所查的资料给出"中国人有中庸的思想,说话比较委婉,而法国人比较直接,因此通常先说出中心词"的解释。一个"为什么",能让学生更深入地自主探索语言背后更深层次的文化因素,何乐而不为呢?

5. 积极实践

如果说课堂注重的是知识的输入,那么校内校外的各种活动便是兼顾知识和文化的输入和输出,让学生相互交流,寓教于乐,也让语言和文化深度融合,营造出立体的语言环境。

(1)校内:每年的光明外语周活动中,有些学生剪辑法语原版电影后自己做编剧并进行二次配音;有些学生将几首自己喜爱的法语歌曲融合起来,组成法语歌曲串烧;更有些学生参考法语原著,将对话进行简化,把课本剧《项链》活灵活现地呈现在全校师生面前,引来掌声一片……学生在参与活动的过程中不自觉地从语音、语法、语言层次(高雅或通俗)、表达习惯、文化等方面对法语进行探索研究。法语角、法语社团以及每年外语周的海报设计、法语短文、法语歌曲、法语诗歌朗诵等才艺比赛,为学生提供展现自己才能的舞台,从兴趣入手,在调动他们法语学习积极性的同时,也培养了他们自主探究的能力,让法语学习不再流于枯燥单调的语法翻译写作,而是在法国文化这个"和弦"的加入下,两者共同谱写了一首奏鸣曲。

(2)校外:学生们还参加了法国学校以及法国驻上海总领事馆主办的各类活动:城市建设者、圣诞嘉年华、亚洲法国学校戏剧节、法国导演见面会以及法语演唱会等主题活动。期间,学生自己编写、表演、拍摄并法语配音真人漫画《电梯故事》,该节目曾向上海二十多所开设法语课程的学校的师生们展示,并得到一致好评。各类活动中也不乏法国学生的脸孔,中法学生在活动中互帮互助,让法语跳出课本,活跃在口中,萦绕在耳边,穿梭于指间,让不同语言和文化的碰撞为各自的语言学习带来前所未有的体验。

(3)游学及互访交流:每届学生都会在高一寒假期间前往鲁昂进行两周的游学生活。期间,学生需要随时随地用法语沟通,并能真真切切地感受和体会法国文化,过"法式生活"。每年学生还会参与法国姐妹校的接待与互访活动。我校已与两所法国姐妹学校签署"学生住家"交流合作协议,为我校学生提供"按法国人的方式生活"的机会，颠覆传统意义上枯燥的语言学习观念，身临其境学习法国语言文化。此外，自2014年起，我校与国际交流协会合作，每年接待一位法国学生，随法语班就读。这些法国学生的到来，也为原本在校园鲜有交流机会的法语班学生提供了一个极好的学习机会。学生在交流中发现两国文化的差异，好奇心驱使他们进一步地互相了解，从发现到探索的过程无疑可以解读为学生主观能动性被不自觉调动起来的过程，也是文化和语言学习相融合的过程。

当然，如果条件允许，能够在学校为学生专门开设相关的文化课程，以主题形式授课也不失为一种很好的语言文化融合途径。但鉴于高中阶段课时和教学资源的限制，这种途径更适用于高等教育阶段。

在法语教学的过程中，语言与文化的教学是相辅相成的，缺少文化渗透的语言教学就好比没有血肉的空骨架。对学生来说，在全球化背景下，培养跨文化意识，发展跨文化交际能力，学会与来自不同文化背景的人进行交往是特别重要的；对我们法语教学来说，在实践中探索更生动有效的语言文化教学方法是我们始终不变的研究课题。

当然，法语语言和文化相融合的教学对我们法语教师也提出了更高的要求。我们不能只局限于关注自己的专业能力，更要努力成为一个与时俱进、洞悉世事的文化传播者。根据学生水平的不同，我们尝试把当下的热点和时事新闻按难易程度分层后，融入课堂讨论中，这对法语教师自身的知识储备量也有很高的要求。因此，提高自己的业务和教学能力，扩展自己的知识涉猎面，我们步履不停！

【作者简介】

徐佳璐，任教法语学科，教龄3年，硕士研究生。

本文写于2016年8月。

模仿——写作能力培养的基础

姚　容

在外语学习的过程中,写作考查的是学习者的综合能力。对学生而言,他们从高一零基础开始学习法语,仅两年的时间就要参加市等级考,写出一篇 100 字左右的作文,这样的难度可想而知。在这么短的时间里,学生对词汇的积累远远不够。在学习的初级阶段,学习重点是基础语法和单词,所以无论是词汇量还是句型表达,都较为简单。即使到了中级阶段,积累了一定的词汇、句型,学生仍习惯性地使用简单句或者自己常用、比较熟悉的表达,而不愿使用新的知识。另外,不同类型的文章结构也不同,写作时需根据文章类型采用相应的行文结构。因此,作为教师,我们需要做的是帮助他们同时解决语言问题和文章结构的处理。

让学生直接凭空写作,难度非常大,所以我要求学生从模仿文学名篇开始。优秀的文学作品无论是内容还是结构,都有可借鉴之处。我首先选择引导学生进行扩句练习,帮助他们丰富语言表达,并养成组织长句、从句的表达习惯。通过实践,我总结了以下几种方法:

一、形象性描述法

学生在写作过程中,往往仅停留在表达意思,没有经过润色,简单直白。这就犹如一棵大树，徒有枝干而缺乏树叶的装扮。有一次，在课堂中，我引用了法国著名女作家玛格丽特·杜拉斯的写作手法。以下是杜拉斯小说的节选片段：Il pleut. Il pleut depuis la nuit, une pluie fine, légère. Sur la plage vide. (下雨了，晚上下雨了，晚上下起了毛毛细雨，晚上在沙滩上下起了毛毛细雨。晚上在空荡无人的沙滩上，下起了毛毛细雨。)杜拉斯擅长使用修饰词，从而使得文章变得丰富生动。因此我鼓励学生像杜拉斯一样写作，进行这样的扩句练习。以一篇记叙文为例，我挑选出学生所写的简单句：Sa mère l'a réveillé, le petit garçon s'est levé. (妈妈把他叫醒，小男孩便起来了。)在这样的句子基础上，要求学生进行扩句，尽可能地使句子内容充实。如：Quand sa mère l'a réveillé, le petit garçon s'est levé tout de suite. (当他妈妈叫醒他的时候，小男孩立刻就起来了。)Quand sa mère l'a réveillé tout doucement, le garçon s'est levé tout de suite. (当他妈妈温柔地叫醒他的时候，小男孩立刻就起来了。) Quand sa mère l'a réveillé tout doucement, le petit garçon qui était un peu endormi s'est levé tout de suite. (当他妈妈温柔地叫醒他的时候，这个还有些犯困的小男孩立刻就起来了。)在原来简单句的基础之上，学生可以添加描述性的词句。如此一来，本来的简单句内容能丰富起来，让读者看起来也更为生动形象。这个练习比较简单、易操作，作为学生丰富词句的基础练习，可以经常训练。在各类考试作文中，经常要求学生写记叙文。形象性描述法适合叙述文中人物的动作或场景描写，长期进行这样的训练，对丰富学生的语句十分有帮助。

二、感官法

学生到中级以上水平之后，也会有意识地丰富自己的表达，加入很多描述性的语句，较多侧重于视觉效果。比如在用未完成过去时描述当时天气、周边环境、人物心情时，往往写的是"我看到了什么""他在做什么、怎么做"等。为了能够让学生的表达不再单一，在写作训练中，我也会采用一种方法叫"les cinq sens"（感官法）——即从我们的嗅觉、听觉、视觉、味觉和触觉五个方面去描述一件事件。有一次课堂练习时，我给出一个相应的场景：描述春天，要求学生从这五个方面来进行描写。为了辅助学生，我给出这样的提示：Avec mon nez, je peux sentir...（通过嗅觉，我可以闻到……）Avec mes yeux, je peux voir...（通过视觉，我可以看到……）Avec mes oreilles, je peux entendre...（通过听觉，我可以听到……）Avec ma bouche, je peux goûter...（通过味觉，我可以尝到……）Avec mes mains, je peux toucher...（通过触觉，我可以摸到……）在描写之后，学生之间进行交流，教师和其他学生也可以一起判断该学生描述得是否准确。每个学生对于事物的感受都不同，进行交流之后，许多学生都拓宽了思路，所描述的内容也显得更饱满生动。

这个练习适用于作文中的场景描写。很多名作家在自己的著作中甚至会有十几页的场景描述。"感官法"适用于高年级的学生，他们已经有了一定的词汇积累，只是在思考时，方式比较单一，往往只从一条线上去挖掘。该练习恰好为学生拓宽了思路，让他们学会从多角度进行描写，不仅能使文章更生动，更能让读者有身临其境的感受。人的感官是多面的，如果我们的作文也能从多面入手，给人多方位立体的效果，那文章也能显得更丰满。

三、结构仿写法

学生在写作时除了有语言上的困难，对文章结构也无法准确把握，所写的文章缺乏逻辑。为了解决这个问题，我要求学生模仿其他作家的写作结构。高二同学曾写过"Mon enfance"（我的童年）。以往大部分同学在写这篇文章时，会提及许多自己的经历，各种故事穿插在一篇文章中显得杂乱无章。针对这种情况，我开设了一堂写前指导课，选取了一篇类似作家的文章。马丁·温克勒（Martin Winckler），在小说《传说》（légendes）中有一个片段曾提到自己的童年。我要求学生在阅读作品之后，找出文中对于时间的表述：Depuis ma naissance(自我出生以来)，un mois après ma naissance(在我出生一个月之后)，de 1955 à 1961(从 1955 年到 1961 年)，entre 1963 et 1972(在 1963 年和 1972 年间)等，学生归纳发现，文章按时间顺序所写。对于"我的童年"这样主题的记叙文，可以模仿 Martin Winckler 的手法，以时间为轴，叙述自己的童年，推动故事的发展。

利用文学作家这根拐杖，在写作前，帮助学生理清思路，合理设计文章结构，让学生顺着思路继续行文，有助于提高文章的逻辑性。记叙文只是众多文章类型中的一种，在之后的教学中，教师也可以尝试不同类型的文章。学生在学习了各种结构之后，久而久之就变成他们自己的行文方式，自如地运用到自己的写作中去。

四、内容仿写法

除了结构仿写之外，写作时还可以仿写内容。被仿的内容不仅可以来自文学作品，课本、课后阅读也是有效资源。课本中的课文、课后阅读都经过精心挑选和编排，其涉及的内容亦能作为学生的写作材料。作为教师，应充分利用课本和手上现有的资源，并从中继续挖掘、拓展。

法语课本第二册的第四课"Trois visages de l'aventure"(三位知名冒险家)，其中介绍了一位法国的航海家雅克-伊夫·库斯托(Jacques-Yves Cousteau)。课后阅读补充了他的一些生平事迹。该文章分成五个段落，分别介绍了雅克-伊夫·库斯托的出生、教育背景、工作经历、所获荣誉和社会评价。这样的文本内容丰富，逻辑清晰，是典型的人物介绍。有了这样的样板文本，学生在写人物介绍时也可以套用这些内容。在课堂上，我引导学生观察：课文中是如何介绍雅克-伊夫·库斯托的？介绍这个人物，课文中选取了哪些信息，介绍了哪几个方面？之后，我要求学生写一篇大约 100 字介绍人物的作文：Présenter une star que tu préfères(介绍一位你喜欢的明星）。以下是一位学生的范例：

La star que je préfère, c'est Yao ming, joueur de basket, Célébrité chinoise connue dans le monde entier, il est né en 1980 à Shanghai, une grande ville moderne en Chine.

A l'âge de 9 ans, il était assez grand par rapport aux autres adolescents. A ce moment-là, il s'est entraîné dans une école de sport comme amateur.

Après 17 ans, il était choisi par l'équipe nationale de Chine. Depuis 1998, il a joué comme avant-centre dans cette équipe. En 2002, il est allé aux Etast-Unis, et il a joué dans l'équipe "fusée" de Houston. Grâce à sa technique excellente, il a reçu de nombreuses récompenses, par exemple, le meilleur joueur du basket, et il a aidé son équipe à gagner beaucoup de matchs.

Maintenant, il a déjà pris sa retraite, et il est devenu le vice-PDG de la compagnie CBA. Il est beaucoup estimé en Chine, c'est la fierté de Shanghai.

（译文：我喜欢的明星是篮球运动员姚明。这是一个世界闻名的运动员。1980 年，他出生在上海，一个中国的大型现代化城市。

在他九岁时，他已经比同龄人高了许多。那时他在少年体校进行业余训练。

十七岁之后，他入选了中国国家队。从 1998 年开始，他一直是篮球队里的中锋。2002 年，他前往美国，并为休斯敦火箭队效力。由于他出色的技术，他获得了许多奖项，如最佳球员，并帮助他的队伍夺得了许多比赛的冠军。

现在他已经退役，并成为 CBA 公司副董事长。他受广大民众的喜爱，他是上海的骄傲。）

该学生正是模仿了课文中介绍人物的内容,写出了姚明的主要经历。文章内容全面,有重点,能让读者充分了解所介绍的人物。

内容仿写并不是单纯的抄袭原文内容,而是让学生用另一种形式去表达。内容仿写是在对文本充分理解后重新排列组合的一个过程,它对于启发学生思考、拓展学生思路、升华文章主题大有裨益。

以上的这些案例主要针对教师在课堂活动设计上通过模仿帮助学生在写作内容和结构上有所提高。学生的写作需要有足够强大的积累,才能够厚积薄发。提高学生的写作能力,不是华山一条路,而是条条大路通罗马。方法可以各异,殊途能够同归。教师指导学生应扎根他们的知识来源,充分了解学生的认知水平,让学生在所学知识中继续深入,挖掘潜能。教师要善于利用各种手段开阔学生视野,拓宽学生思路,勤加练习,使学生的写作能力不断提高。

【参考文献】

Stéphanie Bara, Anne-Marguerite Bonvallet, Christian Rodier. *Ecritures créatives*[M]. Grenoble：PUG, 2011.

【作者简介】

姚容,任教法语学科,教龄 8 年,获得法国曼恩大学对外法语教学证书。本文写于 2016 年 7 月。

对高中男生篮球教学综合评价方法的实践探索

李文耀

一、研究的时间、对象和方法

1．时间

2004 年 9 月至 2007 年 6 月。

2．对象

高一(1~5)125 名男生为基础班,高一(6~10)130 名男生为实验班。

3．文献资料法

查阅《上海市中小学体育与健身课程标准(试行稿)》,高中《体育与健身》课本基本内容(Ⅰ)、(Ⅱ)等教学参考资料。

4．调查问卷法

分发调查问卷,调研学生通过三年篮球教材的教学在新的评价方法促进下学练的感受。

5．实验法

对基础班进行原有的以技术考核的终极性评价方法进行教学,对实验班以技术考核的终极性评价和过程性评价相结合的评价方法进行实验教学。通过三个学年的实验对比,获取新的评价方法对篮球有效教学的价值与意义。

二、结果与分析

1. 结果

根据《上海市中小学体育与健身课程标准》课程目标与"体育健康标准",结合学校原有的篮球测评体系,确立对照班与实验班篮球教学的评价内容与方法(见表1)。

表1 对照班与实验班实施篮球教学的内容

评价维度	评价内容		评价方法		参评对象	
	对照班	实验班	对照班	实验班	对照班	实验班
运动技能	1. 原地跳投 2. 运球转身 3. 运球上篮 4. 传切配合 5. 突分配合 6. 侧掩护配合 7. 交换防守 8. 半场人盯人防守 9. 进攻区域联防 10. 篮球规则理论	1. 原地跳投 2. 运球转身 3. 运球上篮 4. 传切配合 5. 突分配合 6. 侧掩护配合 7. 半场人盯人防守 8. 进攻区域联防 9. 篮球规则理论 10. 教学比赛:队员与教练角色	方式: 1. 计时 2. 计数 3. 卷面测验 方法: 按项目百分比进行汇总评分	方式: 1. 计时 2. 计数 3. 卷面测验 4. 自我评价 5. 组内评价 方法: 按项目百分比进行汇总评分	教师	1. 实验班教师 2. 实验班学生 3. 篮球特长学生
心理素质	教师在教学中就学生课堂学习表现给予肯定或否定口头评定	1. 建立自信心程度 2. 提升善于展示自我的积极性 3. 形成终身参与健身的意识 4. 表现出坚毅、进取、勇于战胜困难的良好品质	方法: 教师的口头评定,但不作为终结评价依据	方法: 1. 自我评价 2. 组内评价 3. 教师根据学生学练表现给予加、减分	教师	1. 实验班教师 2. 实验班学生 3. 篮球特长学生
社会适应	教学中,教师就学生课堂教学表现给予肯定或否定口头评定	1. 良好体育道德行为的提升 2. 善于合作、乐于助人的意识 3. 团结奉献、集体责任感的提升 4. 不同环境中坚持锻炼的适应能力	方法: 教师的口头评定,但不作为终结评价依据	方法: 1. 自我评价 2. 组内评价 3. 教师根据学生学练表现给予加、减分	教师	1. 实验班教师 2. 实验班学生 3. 篮球特长学生

通过实验期的教学实践,对所有参加基础班与实验班的学生进行统一调查问卷的发放、收集与统计,共发放 255 份问卷,收集 255 份问卷,并对问卷的内容进行统计归纳(见表 2、表 3)。

表 2　基础班(125 位学生)调查问卷的统计

内容	结果	有			不清楚			没有		
		人数	比率	总计	人数	比率	总计	人数	比率	总计
技能	1. 有利于促进技能水平提高	104	83.2	86.4	9	7.2	6.8	12	9.6	5.6
	2. 有利于促进身体素质提高	112	89.6		11	6.4		2	1.6	
心理	1. 有利于建立自信心	76	60.8	62.0	10	8	9.4	39	31.2	29.9
	2. 提升了展示自我的积极性	82	65.6		14	11.2		32	25.6	
	3. 促进了形成终身参与健身的意识	70	56		4	3.2		51	40.8	
	4. 促进了坚毅、进取、战胜困难等良好品质的形成	87	69.6		12	9.6		26	20.8	
	5. 促进了自我管理能力提升	79	63.2		16	12.8		30	24	
	6. 认同自己篮球活动能力的评价	71	56.8		8	6.4		46	36.8	
社会适应	1. 促进培养了良好体育道德行为	74	59.2	66.8	9	7.2	9	42	33.6	24.2
	2. 促进了合作、乐于助人的意识	83	66.4		10	8		32	25.6	
	3. 促进了团结奉献、集体责任感	87	69.6		14	11.2		24	19.2	
	4. 提升了不同环境中坚持锻炼的适应能力	90	72		12	9.6		23	18.4	

表3　实验班(130位学生)调查问卷的统计

内　容	结　果	有 人数	有 比率	有 总计	不清楚 人数	不清楚 比率	不清楚 总计	没有 人数	没有 比率	没有 总计
技能	1. 有利于促进技能水平提高	109	83.8	88.1	14	10.8	8.5	7	5.3	4.2
技能	2. 有利于促进身体素质提高	120	92.3		8	6.2		4	3.1	
心理	1. 有利于建立自信心	118	90.8	86.3	2	1.5	5.5	10	7.7	8.2
心理	2. 提升了展示自我的积极性	113	86.9		6	4.6		11	8.5	
心理	3. 促进了形成终身参与健身的意识	107	82.3		9	6.9		14	10.8	
心理	4. 促进了坚毅、进取、战胜困难等良好品质的形成	99	76.2		16	12.3		15	11.5	
心理	5. 促进了自我管理能力提升	112	86.2		7	5.4		11	8.5	
心理	6. 认同自己篮球活动能力的评价	124	95.4		3	2.3		3	2.3	
社会适应	1. 促进培养了良好体育道德行为	119	91.5	89.2	8	6.4	6.0	3	2.3	4.8
社会适应	2. 促进了合作、乐于助人的意识	118	90.8		6	4.6		6	4.6	
社会适应	3. 促进了团结奉献、集体责任感	118	90.8		7	5.4		5	3.8	
社会适应	4. 提升了不同环境中坚持锻炼的适应能力	109	83.8		10	7.7		11	8.5	

2. 对基础班与实验班调查问卷的分析

（1）对篮球运动技能的分析

① 有5.6%的学生对基础班实施的运动技能评价方法持否定意见;有

86.4%的学生持肯定意见,认为有利于促进技能水平和身体素质的提高。

②有4.2%的学生对实验班实施的运动技能评价方法持否定意见;有88.1%的学生持肯定意见,认为有利于促进技能水平和身体素质的提高。

(2)对学生心理发展的分析

①有29.9%的学生对基础班实施的评价方法对心理的影响持否定意见;有62.0%的学生持肯定意见,认为促进了心理素质的提高。

②有8.2%的学生对实验班实施的评价方法对心理的影响持否定意见;有86.3%的学生持肯定意见,认为促进了心理素质的提高。

③比较结论:两组学生对心理素质的提高持肯定意见的相差(86.3% -62.0%)=24.3%,实验班学生认可实施的评价方法可以促进心理素质的提高,明显要高于基础班。而持否定意见的相差(29.9% -8.2%)=21.7%,基础班的学生认为实施的评价方法不能促进心理素质提高,明显要高于实验班。

(3)对学生社会适应发展的分析

①有24.2%的学生对基础班实施的评价方法对社会适应的影响持否定意见;有66.8%的学生持肯定意见,认为有助于社会适应的提高。

②有4.8%的学生对实验班实施的评价方法对社会适应的影响持否定意见;有89.2%的学生持肯定意见,认为促进了社会适应的提高。

③比较结论:两组学生对社会适应的提高持肯定意见的相差(89.2% -66.8%)=22.4%,实验班学生认可实施的评价方法可以促进社会适应的提高,明显要高于基础班。而持否定意见的相差(24.2% -4.8%)=19.4%,基础班的学生认为实施的评价方法不能促进社会适应提高,明显要高于实验班。

3. 对基础班、实验班问卷调查结果的综合分析

(1)无论基础班还是实验班的学生,都认可这些运动技能的评价方法;

（2）实验班学生对运动技能评价方法在促进学生的心理素质和社会适应方面较为认可，分别高于基础班的学生24.3%和22.4%；

（3）基础班的学生对提高心理素质和社会适应方面，分别有21.7%和19.4%的学生需要实施更为科学的评价方法。

4. 高中男生篮球教学综合评价方法的实验研究

（1）强化过程性评价的实施，完善与建立过程评价体系

深入学习体育与健身课程标准的评价方法，充分认识过程性评价是在"教育、教学活动的计划实施的过程中，为了解动态过程的效果，及时反馈信息及时调节，使计划、方案不断完善，以便顺利达到预期的目的而进行的评价"。这种"及时、即地"的评价，是对学生的"学习过程"的评价，所以依据过程性评价与终极性评价相结合的原则，采用行之有效的评价方法，最大程度地完善对学生学习水平的评定，体现出学生在学习过程中运动技能、心理素质和社会适应方面的学习质量与效果。

① 对学生"心理和社会适应"的静态评价

采用学生自己评价和小组评价相结合的办法，教师合理采纳他们的评价，并在此基础上给予最后评价。由于在原有的评价中，主要是把学生在技术与专项水平的测试结果作为学生的篮球学习评价结果。而在实施新课程标准中，以突出过程性的评价，强调学生学习过程的重要性，把学生学习过程中的"心理素养""社会适应"作为对学生学习表现的评价内容。根据学校实际教学情况，制订了表4。

例如张同学在某一教学单元中依据表4自己评价心理素质（80）和社会适应（70）综合得分为75，但在小组评价中获得心理素质（70）和社会适应（60）综合二项得分为65，教师在学生自评和小组评价的得分基础上，最后认定他为70，最后在这一教学内容的考核评定时，把此成绩按一定比例计入得分中。

表4　学生学习过程中的心理和社会适应评价内容

	评价内容	分值	自评得分	小组评价
心理素质	1. 自信心的体现	1~10		
	2. 展示自我的积极性	1~10		
	3. 终身参与健身的意识	1~10		
	4. 坚毅、进取、战胜困难等良好品质的体现	1~10		
	5. 自我管理能力提升	1~10		
社会适应	1. 良好体育道德行为	1~10		
	2. 合作、乐于助人的意识	1~10		
	3. 团结奉献、集体责任感	1~10		
	4. 不同环境中坚持锻炼的适应能力	1~10		
	5. 出勤情况及课堂纪律遵守情况	1~10		
教师根据自评得分和小组评价确定最后分值				

② 对学生"篮球技术与专项素质"的动态评价

在实际教学中,学生的个体存在一定的差异性,利用统一的教学评价标准,可能会影响部分学生学习篮球的积极性,甚至产生逃避篮球教学课的想法。为了让有很好基础的学生在教学中也保持参与学练的积极性,进一步提高篮球技能水平,同时确保部分基础较差的学生在篮球教学中树立学练的信心和积极性,为此,制订了篮球技术与专项素质的动态评价(见表5),鼓励所有学生在单元教学中通过自己积极地参与学练,教师根据学习进步的幅度,给予他们一定的分值,让学生都能取得成就感。如以高一"原地跳起单手投篮"5个教学课时的评分表为例,建立了以技术评价为基础,加上投中个数为发展性的评价分值等级。

表5　原地跳起单手投篮＋投中个数的评价表

课时	技评标准	投中个数	分值
1	A．持球正确、蹬跳有力、出手点高、拨球旋转	5	50
2	B．持球正确、有蹬跳动作、拨球有旋转	4	40
3	C．有蹬跳动作、出手点高、拨球旋转	3	30
4	D．有蹬跳动作、拨球旋转	2	20
5	E．有蹬跳离地动作	1	10

　　例如陈同学基础一般，在第2课时达到C的技术标准，则得30，如果他通过努力，在第4课时达到A的技术标准，因为技术标准有提高就不再考虑投中个数的分数，则得50。而同班级的王同学基础很好，是学校篮球队成员，他在第1课时技术标准就达到A，那么在第5课时，他的技术水平还是A，则需要结合他的投中个数，如为3个，则他的技术发展性评价得分为$[50(A)+30(3)]\div2=40$，表明王同学的技术发展性评价为40。二者表明，学习过程中技术发展性评价不是单纯的基础问题，而是在教学过程中需要积极努力，通过进步也能获得较好的评价。

　　③篮球教学比赛的综合评价

　　让学生推选出班级中篮球水平较高的学生，组成评价考核小组，进行即时的、公开的评价，让学生充分理解个人与团队间的互惠双赢的关系，明确自己在团队中的责任感。

　　根据学生篮球的水平，在学期末通过教学比赛，进行本学期的篮球教学综合技能测试，提升学生利用篮球进行活动的各种能力，并考察一下学生在活动过程中心理和社会适应的素养，同时教师组织成立考核小组，让学生根据下表参与考评（见表6）。

　　例如赵同学参与的教学比赛，考评小组记录他比赛期间有如下表现：

　　1．参与2次战术得20；

　　2．有3次以上合理的个人技术运用得15；

表6　"5分钟半场四对四"教学比赛综合评价表

加分分值	符合加分内容	出现符合次数		总分
10	有本学期教学过的教学战术体现			
5	合理使用个人篮球技术			
5	比赛中队员间有有利于比赛的交流语言			
5	比赛中出现问题,合理进行处理的行为			
5	比赛双方能有良好的比赛氛围,体现友好			
10	比赛最后胜队(打平各得5分)			
	合计最后得分			

3. 有2次鼓励和提醒同伴得10;

4. 有2次因配合问题及时和同伴进行交流得10;

5. 整个比赛氛围良好,但有1次说了一句不礼貌的话,只能得10;

6. 最后比赛他们胜了得10。

所以赵同学被评定小组统计得分为20 + 15 + 10 + 10 + 10 + 10 = 75,最后根据实际比率计入学期篮球成绩。

(2) 结合过程性评价,完善新的篮球评价体系

在学生学习篮球的过程中,篮球教学过程性评价是教学过程的一个重要组成部分。利用各种教学时机和教学组织形式,通过教师评价、学生自评和互评,去判断每位学生在篮球学习过程中的收获和不足,全面评价学生在篮球运动参与积极性、篮球技能和基础配合能力、心理素质和社会适应等各方面的收获,进而判断每位学生学习篮球的质量和发展,为学生运用篮球活动进行终身锻炼奠定基础。

高中男生篮球教学综合评价方法,技能占60%,教学过程性评价占40%,最后获得综合评价得分。根据图1的流程实施。

① 利用技能的评价与教学过程中学生心理与社会适应的表现,进行综合评价

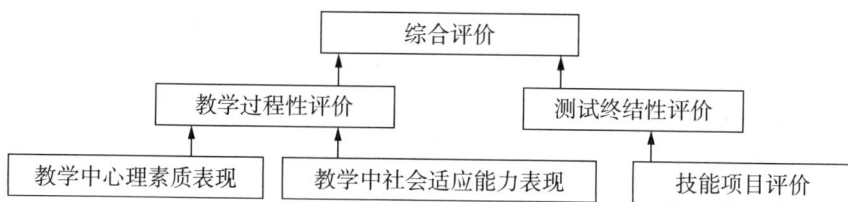

图1 高中男生篮球综合评价流程

案例一：在高二年级"半场往返运球三步上篮"，参考上海市相关篮球技能测试的计时分值，结合我校学生实际情况，设计表7：

表7 高二"往返运球三步上篮"技能考核评价分值表（时间：秒）

时间	≤18	19	20	21	22	23	24	25	26	27	28	29	≥30
分值	100	95	90	85	80	75	70	65	60	55	50	45	40

教师在进行计时测试时，除提醒学生注重时间、掌握技术动作外，还要结合相关技术水平的测试标准，根据学生的具体情况，设计技能的评价标准（见表8）。

表8 高二"往返运球三步上篮"技术评价标准表

等第	分值	技术表现
A	100	①运球娴熟，无违例动作；②行进间投篮动作合理；③两球第一时间投中；④全程计时在20秒内
B	90	①运球熟练，不超过一次违例动作；②行进间投篮动作合理；③不超过一球补篮投中；④全程计时在22秒内
C	80	①运球熟练，不超过一次违例动作；②行进间投篮动作合理；③不超过一球补篮投中；④全程计时在24秒内
D	70	①运球连贯，不超过两次违例动作；②行进间投篮动作合理；③不少于一球投中；④全程计时在26秒内
E	60	①运球连贯，不超过两次违例动作；②有明显的行进间投篮动作；③不少于一球投中；④全程计时在26秒内
F	50	①基本完成运球，不超过三次违例动作；②有明显的行进间投篮动作；③无球投中；④全程计时在28秒内
G	40	能积极参加考核评价，但不能达到50分所列标准

教师结合上面表格中标准进行"往返运球三步上篮"教学评价：

如李同学在基础班"往返运球三步上篮"考核评价时，计时 22 秒，得分为 80 分。技评标准符合 D 类，获得 70 分评价标准，得分 70，那他在"往返运球投篮"得分为 $(80 + 70)/2 = 75$。最后，根据技能成绩就是终极评价得分，则李同学篮球"往返运球三步上篮"得分是 75。

通过实验调查发现，学生认同这些具体评价方法，认为较公平、公开，对于考核评价的结果没有异议。在这个评价方法的促进下，学生都能积极锻炼。在教学过程中，学生按照标准要求积极练习，并且能够及时获取自己的学习进展。但是，这种评价方法在基础班实施中，明显发现有一些学习困难的学生情绪低落，甚至想逃避考核，认为自己太丢脸，自信心不足。

在实验班的评价，除了上述的技能评价得分，教师还结合表 4 的内容进行评价。

如李同学在"往返运球三步上篮"考核评价时，计时 22 秒，得分为 80 分。技评标准符合 D 类，获得 70 分评价标准，得分 70，那他在"往返运球投篮"得分为 $(80 + 70)/2 = 75$。最后，根据"往返运球三步上篮"在总成绩中所占比例折算分数。如在总成绩中所占比例为 60%，则"往返运球投篮"技能得分为 $75 \times 60\% = 45$。

在过程性评价中，老师在李同学自己评价和小组评价的得分基础上，给予他过程性学习得分 85。那么根据过程性评价在综合评价中占比 40%，则给予李同学的分数为 $85 \times 40\% = 34$。最后，李同学在"往返运球三步上篮"的得分为 $45 + 34 = 79$。

由此发现，同样的"往返运球三步上篮"，基础班与实验班的得分是有一定区别的。实验班的一些学生在认识到自己学习"往返运球三步上篮"有困难时，不会放弃，他们会通过学习过程的积极表现来努力提高自己在"往返运球三步上篮"上的评价得分，弥补在技能测试中的不利得分。相反，那些很容易在技能测试中得到高分的学生也会担心自己在教学过程中表现不佳，而在小组评价和教师的过程性评价得到低分，所以也积极投入到学练中,精益求精。

②技能评价结合学生在技战术学习掌握过程中的过程性评价,加上学生在此学练过程中的心理与社会适应的全面的综合评价

案例二:实验班高一"全场运球转身"技术评价标准,教师在教学"全场运球转身"的过程中,利用教科书基本内容1~59页中自测与评价表格内容重新设计表格(见表9)。

表9 高一"全场运球转身"技术评价标准表

评价内容	90	80	60	50
Ⅰ.过程中停顿动作个数	1	2	3	≥4
Ⅱ.重心稳定性,起伏动作个数	1	2	3	≥4
Ⅲ.运用熟练性,发生丢球个数	1	2	3	≥4
最后得分	(三项得分总和/3)			

同时结合规定时间的考核,给予学生一个技术评价的分数(见表10)。

表10 高一"全场运球转身"时间评价分值表(时间:秒)

时间	≤20	21	22	23	24	25	26	27	28	29	30	31	≥32
分值	100	95	90	85	80	75	70	65	60	55	50	45	40

在教学过程中进行过程性评价,评价学生在教学过程中的学习表现,可利用小组进行组内评价,教师在学生自己评价和小组评价的基础上,给予最后教学过程中的评价。

如黄同学的"全场运球转身"教学评价结果,技术评价得分(表9)70,计时得分(表10)80,技能过程评价得分(表11)80,学练过程性评价得分(表4)90,最后"全场运球转身"得分为[(70+80+80)/3]×60%+90×40%=82。

　　在实验班运用综合评价方法教学,能充分培养小干部协助教师工作的能力以及学生的自评能力。教师通过教学实践发现,评价项目较多,也有点烦琐,但在实践中能做到分工明确,及时收集、整理各项评价结果,没有影响整个教学进程。

表11　高一"全场运球转身"单元教学中技能过程性评价表

学练提高情况		评价形式 自评得分	小组评分	得分
技术	Ⅰ.动作连贯性提高幅度			（三项得分总和/3）
技术	Ⅱ.重心稳定性提高幅度			（三项得分总和/3）
技术	Ⅲ.运用熟练性提高幅度			（三项得分总和/3）
战术	Ⅰ.相互配合熟练程度			
战术	Ⅱ.对战术的理解程度			
战术	Ⅲ.教学比赛中运用程度			

三、结论

　　其一,高中篮球教学过程中实施新的评价方法的思路源于新课程标准的学习评价方法,本文评价方法的研究是在继承优秀的传统评价方法基础上,结合篮球教学的特点,对原有评价方法的补充,所举的评价方法是对学生学练过程中"以学生发展为本"的诠释。

　　其二,高中篮球教学过程中实施新的评价方法,确能促进学生自觉参与篮球学习,培养学生协作学习的良好品质,提高学生学习篮球的积极性,并能在活动中提升学生自我管理能力。

　　其三,高中篮球教学过程中实施的评价方法是经过教学实践检验的,得到实验班同学充分认可的,现已在全校推广实施。

四、建议

其一,本文所举评价方法是可以提供给具有较为普遍开展篮球特色学校尝试的。

其二,本文所举评价方法亦可为一般开展篮球教学或其他球类教学提供参考与借鉴。

其三,文中所举评价方法肯定有不完善之处,仅是抛砖引玉,敬请斧正完善。

【参考文献】

［1］上海市教育委员会.上海市中小学体育与健身课程标准（试行稿）［M］.上海:上海教育出版社,2004.

［2］上海高中《体育与健身》课本,基本内容（Ⅰ）（Ⅱ）［S］.

［3］2008上海市普通高校体育类专业报考指南［S］.

【作者简介】

李文耀,任教体育学科,担任教研组长,教龄19年,高级教师,上海市体育学科带头人后备人选、体育专项化课程改革教学团队成员和篮球项目中心组组长、黄浦区学科带头人。

曾获得上海市中小学中青年教师教学评比一等奖、全国中运会论文评比一等奖、黄浦区科研成果一等奖。

本文写于2009年6月,曾获得中华人民共和国第十一届中学生运动会科报会论文评比一等奖,并在大会做交流报告。

【课题】高中体育专项化课程改革背景下篮球课程校本化实施的研究

李文耀　姜旭锋　施峻峰

一、研究目的

1. 分析并总结篮球课程在上海市光明中学校本化实施的现状和效果；

2. 调查并总结影响篮球课程校本化实施效果的因素；

3. 探索并制订影响篮球课程校本化实施效果的策略，为进一步推动高中体育专项化课程改革背景下篮球课程校本化建设提供理论依据和实践基础。

二、研究方法

1. 文献资料法

通过对华东师范大学图书馆、维普资讯网、CNKI 数据库以及国内外有关"体育专项化教学"和"篮球课程校本化实施"的学术期刊的查阅、收集和筛选，全面了解高中体育专项化课程改革背景下篮球课程校本化实施的历史轨迹、研究背景和现状。

2. 访谈法

对上海市体育教研员、上海市体育专项化课程改革篮球项目中心组的全体教师、华东师范大学的相关专家进行访谈,了解篮球课程校本化实施对增进学生身心健康、培养终身体育意识的相关观点和看法。

3. 测量法

以运动技能、运动体能、运动经历和运动情意四个学习领域的具体目标为依据,进行评价,强调进步幅度,同时对高中专项运动学习经历和运动情意评价量表、运动自信心量表等进行测试,验证试运行阶段中篮球课程校本化实施的有效性。

4. 调查法

(1)学生对参加的体育项目进行选择的问卷调查(体验性教学后)。

(2)篮球课程在上海市光明中学实施的现状进行问卷调查(试运行教学前)。

(3)篮球课程校本化在上海市光明中学实施的现状进行问卷调查(试运行教学后)。

(4)引用了《上海市高中"专项化"体育课程标准(征求意见稿)》中的高中专项运动学习经历和运动情意评价量表,张力为、毛志雄《体育科学常用心理评定量表手册》中的 BFS 心境量表、运动自信心量表,对实验前后学生的心境状况进行比对分析。

5. 数理统计法

对调查问卷中收集到的有关资料进行归纳整理,将实验前后所测得的篮球技能、专项体能、BFS 心境量表、运动自信心量表相关测试指标利用 Spss17.0 软件进行统计学处理。

6. 实验法

以上海市光明中学 2013 级高一篮球专项班的学生为研究对象,进行为期一个学期的教学实验研究,对相关指标进行对比分析。

三、结果与分析

1. 17 所试点学校体育课程校本化实施现状的调查与分析

（1）结合学校体育特色实施课程校本化,其项目内容丰富

从表 1 得知光明中学、奉贤中学、复旦附中和城桥中学等九个项目中心组实施了体育课程校本化,在课程项目的设置上分为篮球、足球、网球和排球等九个项目。这些学校贯彻了新课改精神,将三级课程管理体制执行于教学实践,促进了高中体育专项化课程改革的可持续发展。

表 1　校本化体育课程项目及体育特色（$N=9$）

学校	校本化课程项目	体育特色
光明中学	篮球	篮球
复旦附中	足球	足球

（续表）

学校	校本化课程项目	体育特色
城桥中学	乒乓球	乒乓球
位育中学	网球	网球
……		

（2）体育师资力量较为雄厚，年龄层次凸显年轻化

教师作为课程校本化的实施者，其师资水平是对高中"专项化"体育课程改革理念把握及三级课程管理体制实施的重要保障。表2的师资情况总体呈现出高学历化、专业化、年轻化，这有利于体育"专项化"课程改革教学理念的转变，解决了实施体育课程校本化过程中的理论性和操作性问题。

表2　体育教师师资力量现状（$N=38$）

	职称			学历		教龄			年龄		
	初级	中级	高级及以上	本科	硕士及以上	0～10年	10～20年	20年以上	30岁以下	30～50岁	50岁以上
人数（n）	2	25	11	30	8	16	13	9	12	15	11
比例（n/N）	5.2%	65.8%	29%	78.9%	21.1%	42.1%	34.2%	23.7%	31.6%	39.5%	28.9%

（3）教师对于实施体育课程校本化的支持度较高，参与度较高

以上9所学校的体育教师对于实施体育课程校本化的支持度较高，所有教师的参与度都比较高，这为各所学校实施体育课程校本化营造了一个充满活力的氛围。

2. 9所项目中心组学校体育课程校本化实施所取得的成效

（1）体育课程校本化实施有助于学生体验运动乐趣，培养个性特征

调查显示,体育课程校本化实施养成了绝大多数学生坚持锻炼的习惯,有助于培养终身体育意识。"专项化"体育课程理念要求培养学生的创新精神、实践能力和积极情感,它使学生的个性特征在体验运动乐趣的过程中得到了潜移默化的培养,为学生进一步创造体验运动乐趣的机会。

(2)体育课程校本化实施诠释"专项化"课程理念,促成教师教学特长

实施课程校本化对于形成教师教学特长意义重大,不同专项的教师,其教学方法、教学组织、教学评价大相径庭,这又直接影响着学生形成怎样的动作技能。体育教师要坚定不移地以新课程理念为指引,在教学实践中不断提高专项能力,形成自己的教学特长,这体现了"专项化"课程改革赋予教师课程开发的自主权以及对于广大教师提出的更高要求。

(3)实施体育课程校本化有利于学校夯实传统体育特色,塑造成功典范

学校在实施和完善体育课程校本化的过程中,根据教师的专业差异性及学生的个体差异特征,结合办校的教学理念和教育思想,形成了自身的学校体育特色。

课程校本化的实施对于学校课程教学产生了深远影响,不仅夯实了传统体育特色,而且百花竞放的课程开发模式也将体育课程校本化建设推向高潮。

3. 影响体育课程校本化实施效果的因素

本文通过访谈和调查,对提高 17 所"专项化"课程改革试点学校"三级课程管理体制"落实效果的影响因素进行了分析,概括为:(1)教师课程校本化实施过程中缺乏一定的创新能力和合作意识;(2)学校领导不够重视;(3)教师工作量大,参与的积极性不高;(4)场地器材资源有限;(5)分管领导较少参与,教研组长独挑重担;(6)教育部门的政策导向还需完善。

4. 上海市光明中学篮球课程校本化实施效果的实验研究

（1）领会式教学法提高学生学练自信心，促使技战术能力的提高

领会式教学法以"视频欣赏"和"教学比赛（游戏）"为导入，帮助学生形成比赛时技术动作的概念，培养战术意识，侧重泛化阶段对于技战术的掌握运用，动力定型阶段的举一反三，改变了以往学习过程中对于教学内容的简单照搬和模仿。表3的结果显示，实验班学生的运动技能成绩高于对照班，呈显著性差异（$P < 0.05$）。

表3　实验前后运动技能的测试结果

组别	实验前 $\overline{X} \pm S$	实验后 $\overline{X} \pm S$	/t/	P
实验班（$N = 120$）	78.26 ± 13.21	82.53 ± 12.39	2.58	$< 0.05^*$
对照班（$N = 124$）	77.17 ± 12.56	79.39 ± 12.03	1.42	> 0.05
/t/	0.66	2.01		
P	> 0.05	$< 0.05^*$		

同时，对于学生的心理健康也产生了积极效应。表4和表5显示了实验班学生的自信心明显高于对照班（$P < 0.05$），这是由于教师将比赛法和游戏法运用到动作技能的学练，为学生创设了表现自我、发挥特长的舞台，使之形成了良好的心境状态。

表4　实验前运动自信心量表测试结果的比较

项目	实验班（$N = 110$） $\overline{X} \pm S$	对照班（$N = 120$） $\overline{X} \pm S$	/t/	p
运动特质自信	65.29 ± 17.31	61.44 ± 14.63	1.74	> 0.05
运动状态自信	58.05 ± 15.21	55.93 ± 17.56	0.99	> 0.05

表5　实验后运动自信心量表测试结果的比较

项目	实验班($N=115$) $\overline{X} \pm S$	对照班($N=120$) $\overline{X} \pm S$	/t/	p
运动特质自信	70.31 ± 15.15	65.97 ± 14.39	2.25	$<0.05^*$
运动状态自信	64.15 ± 14.63	59.73 ± 16.28	2.19	$<0.05^*$

（2）多元化的篮球评价方法激发学生学练兴趣,彰显高中体育专项化课程改革背景下的新特色

1）期末成绩的对比分析

从表6中可以看出,在传统评价方式的基础上融入"运动经历"及"运动情意"的评价内容,实验班的优秀比重、良好比重均大于对照班,及格比重和不及格比重均小于对照班。这说明新的评价方法是可行的,学生养成了协作互助、创新实践、勇于拼搏的学习品质,为自己争取了更多量化的成绩,一定程度上弥补了自身专项技能的不足。

表6　实验班与对照班期末成绩

	优秀		良好		及格		不及格	
	n	n/N	n	n/N	n	n/N	n	n/N
对照班 ($n=124$)	24	19.4%	58	46.8%	29	23.4%	13	10.5%
实验班 ($n=120$)	35	29.1%	60	50%	19	15.8%	6	5%

2）相关案例

a. 背景

课上教师安排"侧掩护配合"的测评,结合运动知识和技能、体能、运动经历和运动情意评价维度安排学生进行教师评价、学生自评和互评,基于此背景,对学生进行观察和访谈,了解其对于篮球综合评价的心理感受。

b. 观察内容选例

教师组织评价的同时,其余场地的各组同学正在积极地进行测评前的准备练习,各小组成员间相互提醒:何时进行掩护配合、掩护后要及时跟进参与进攻、3 人可以尝试给无球队员做配合等技战术探讨。学生间相互合作、相互交流、积极体验、互相评价的情景取代了原本大部分一旁休息、观看或者是盲目自由打比赛的无组织行为。测评时,考评组长组织学生参照评价标准,了解不同等级动作的要求,对自身或他人的技术优缺点进行自评与互评。

c. 案例分析

包承鸣和傅正茂两位同学以及其余各组同学在练习过程中表现出的相互交流、共同探讨、积极参与学练以及遇到挫折时的沉着冷静、相互勉励,印证了篮球综合评价方法提高了学生的运动知识和技能、体能、运动经历和运动情意的发展。同时,把这四个维度中的一些评价指标纳入自评和互评中,又能促进学生积极学练,营造融洽的课堂氛围。

(3)篮球课程校本化实施完善学生个性特征,促进学生综合发展

通过篮球课程校本化实施,学生无论从运动知识和技能、体能、运动经历和运动情意方面都有了不同程度的提高。这是由于教师注重将培养学生的学习兴趣与提高运动技能有效地融合。对照班在注重技战术教学的同时,欠缺对学生兴趣的培养,虽能在单位时间内掌握技术要领,但机械化的教学对学生身心发展会起到一定的约束作用(见表 7、表 8)。

表7　实验班通过篮球课程校本化教学的学习收获($N = 112$)

具体收获	最大 (4)	较大 (3)	一般 (2)	较小 (1)	没有 (0)	总分
参与篮球运动的快乐体验	81	19	6	6		399
篮球技能的掌握	71	21	13	7		380
自我锻炼习惯的养成	68	15	17	12		363
团结协作精神的培养	64	18	13	16	1	352

（续表）

具体收获	最大 （4）	较大 （3）	一般 （2）	较小 （1）	没有 （0）	总分
篮球专项身体素质的提高	69	13	11	9		346
拼搏与竞争品质的树立	62	16	14	20		344
篮球运动欣赏能力的造就	53	17	11	29	2	314
篮球基础知识及裁判法的运用	43	22	26	18	2	308

表8　对照班通过篮球课程校本化教学的学习收获（$N=119$）

具体收获	最大 （4）	较大 （3）	一般 （2）	较小 （1）	没有 （0）	总分
篮球技能的掌握	78	21	10	10		405
篮球专项身体素质的提高	72	24	13	7	3	393
篮球基础知识及裁判法的运用	69	17	17	15	1	376
拼搏与竞争品质的树立	60	28	13	18		368
参与篮球运动的快乐体验	58	23	21	17		360
团结协作精神的培养	60	17	25	17		358
自我锻炼习惯的养成	41	17	32	29		308
篮球运动欣赏能力的造就	38	21	32	28		307

（4）篮球课程校本化实施，通过“以研促教”培养了教师的课程开发能力

“专项化”课程改革的过程中要求教师从课程的实施者转变为课程的实施者与创造者的结合，同时又要求每一位教师在平时的教学过程中，不断地探索和研究如何用科研指导教学，用科研反思教学。光明中学体育组的教师每周进行备课组活动，探讨的核心内容为影响实施的因素、教学方法的创新等，逐渐使教师成为“教授型”与“研究型”相结合的专技人员。

（5）篮球课程校本化实施营造光明中学篮球文化氛围

篮球课程校本化实施，以每一位光明学子的阳光成长为目标，立足校级管理、组室管理、特色项目发展的管理模式，加大了对篮球特色项目的培植，鼓励学生积极参与各项篮球赛事活动。通过三年高中学习，有80%的学生参加校内外篮球赛，有90%的学生具备了《上海市光明中学篮球专项化校本教材》中规定的篮球技战术能力，100%的学生看懂了篮球"门道"。

四、结论与建议

1. 结论

篮球课程在上海市光明中学校本化实施过程中取得了显著的效果，主要表现为：（1）培养了教师课程开发意识，确立了专业自主地位和专业素养，促成了教师的篮球教学特长；（2）通过"领会式"教学法和"篮球多元化评价方法"强化了学生的篮球技能、专项体能，提高了学练的积极性和自信心，完善了个性特征；（3）通过学生在各种篮球文化体育活动中养成"体育生活化，生活体育化"的参与意识，进一步夯实了光明中学篮球传统特色。

为了保障"三级课程"管理体制在"专项化"课程改革中的有效落实，有关部门应该积极开展体育校本课程培训，培养教师课程开发和创新能力；学校领导应高度重视，实质性参与校本课程建设，并创设奖励机制以激发教师的参与积极性；教师间应群策群力，合作探究，充分激发自身潜能；在场地设施的完善和针对性政策纲领的保障下打开体育校本课程这扇窗口，使体育课程校本化建设迈向一个新的高度。

2. 建议

（1）学校在实施体育课程校本化的过程中应注重因地制宜地挖掘和

利用各种设施、课程内容、信息、人力和自然地理等体育校本课程资源,进一步丰富各类专项体育项目校本化的实施,体现地方学校体育的特色。

（2）教师是学生良好运动习惯养成的主要影响者,这需要广大体育教育工作者在实施体育课程校本化的过程中结合学生的个性特点,把培养体育运动习惯列为首要目标,深入进行教学方法的针对性研究,尽可能为学生创造成功的机会,获得成功体验。

（3）体育课程校本化的教学评价是学生学习效果的重要反馈,本文所采用的篮球多元化评价方法能够在一定程度上提高学生篮球学习的积极性,但对于其他项目的专项化教学评价还需进一步研究和完善,这也成了体育课程校本化研究的一个重要课题。

【参考文献】

[1] 毛振明.体育教学内容改革与体育运动项目[M].北京：北京体育大学出版社,2002.

[2] 徐玉珍.校本课程开发概念解读[J].课程·教材·教法,2001(4)：25-28.

[3] 董翠香.我国中小学体育校本课程开发理论与实践研究[D].北京体育大学,2004.

[4] 韩继增.浅谈篮球运动在中学生校本课程中的发展现状与价值[J].成才之路,2008(14)：64.

教学研究

【课题】CASIO 图形计算器支撑下高中数学的建模研究

穆晓炯　　顾雪峰　　冯桂芳　　吴玲华

徐彦琳　　舒舍予　　陈　未　　王钦珏

引　言

我国数学的基础教育水平一向得到世界各国的认可,学生在基本概念的理解、数学公式的运用、计算能力与逻辑推理等方面,得到许许多多的赞许。但运用数学知识解决实际问题能力很差,这从我国高考应用题的命题和学生的得分率上明显可以看出。我们的高考应用题,由于学生对实际问题的背景大多知之甚少,且实际问题中"中规中矩"的可用简单数学知识"公式化"解决的就更少,因此,我们的考题大多是专家编造出来的"不切实际"的实际问题。即便如此,题目还不能太长,因为学生阅读材料、分析并提取关键信息、建立数学模型解决问题的能力差,可以说,我国数学教育水平高,其实只不过是模仿例题去"算"的能力很强。在今天这个计算机技术飞速发展的信息时代,"算"这种劳心劳力的能力已变得不那么重要了,因为我们只需"告诉"电脑怎么算,余下的"辛苦活"电脑几秒钟就会帮我们搞定。信息技术,解放了教师的手,再不用满黑板地板书,也解放了学生的大脑,再不用没完没了地演算与推导。课堂教学生动起来,枯燥的内容变得有趣,抽象的概念变得形象,静态的图形变得动起来,不必再用"教师讲,学生听"的教学方式进行。信息技术，把原先讲不清楚的问题讲清楚了；信息技术，可以更好地暴露知识发生、发展的过程，揭示知识之间的内在联系；利用信息技术，在教师的指导下，一些教学内容可以让同学们亲自动手操作，观察、分析、比较、发现、猜想，开展交流。作为信息技术的便携式工具的图形计算器，被喻为"移动的数学实验室"。随着图形计算器进入中学数学课堂，它的出现和广泛应用对教学情景创设、教学内容选择、教学过程优化、教学方法创新都产生了巨大的变化。

科学知识的学习，学以致用是学习不变的定律，而数学建模是培养学生应用所学数学知识解决问题、开发学生创新思维、提高学生数学素养的重要方式。但是可以用传统数学方法准确计算的数学模型很少，如函数只有二次函数、双曲线型函数、几种常见的基本函数等模型，曲线只有圆锥曲线与直线模型，数列只能是等差与等比模型可用。因此，遇到实际问题，往往是建了模但无法解"模"，只能望"模"兴叹。现在，具有强大功能的CASIO 图形计算器帮我们解决了难题。CASIO 图形计算器图形功能帮助我们做出所需要的任何函数图像，即使是参数方程与极坐标方程，也是轻而易举。它的图形计算功能可帮助我们解决求点的坐标、最值、导数、弦长等许许多多的问题；其图形计算器统计功能可以帮助我们分析离散的数据，拟合出回归函数，把握问题的变化趋势，模拟随机事件，预测出它的发生概率；其图形计算器递归·数列功能能帮助我们解决复杂数列的递归、求和、数列极限的探求；其图形计算器的金融功能能够帮助我们解决复杂的利率问题、信贷还款问题；其图形计算器还能解决烦琐的解方程组问题，体积运算、各种图形的面积运算问题……它的许多功能都显示出它在使用上无比卓越的优势。

借助 CASIO 图形计算器的功能优势，上海市光明中学数学教研组在课堂教学中积极探索，开展了一系列图形计算器支撑下高中数学建模，极大地丰富了数学教学的手段与方法，加深了学生对数学知识的理解，提高了学生的数学思维能力。下面谈谈我校利用图形计算器建模研究的心得体会。

一、利用 CASIO 图形计算器的绘图功能建模

图形计算器的绘图功能可以帮助我们解决复杂的函数问题,这是传统数学方法做不到的。如果我们将解题看作"渡河",我们传统的解题方法就像一只"木筏",渡平缓的小河还可以,遇到宽阔的或湍急的河流,只能望而却步。图形计算器为我们提供了驶向彼岸的舟楫,只要将问题转化成函数问题,绘出图形,利用它的辅助计算功能,解决问题轻而易举。

【例 1】 求椭圆 $\dfrac{x^2}{25}+\dfrac{y^2}{16}=1$ 上动点 $M(x,y)$ 到椭圆内定点 $P(1,1)$ 距离 d 的最小值。

【解】 传统的方法无法解决这个问题,因为 $d=\sqrt{(x-1)^2+(y-1)^2}$,无法利用椭圆方程消元成二次函数问题,即使用参数方程,也只能变为 $d=\sqrt{(5\cos\theta-1)^2+(4\sin\theta-1)^2}$,但此模型无法化为 $A\sin(\omega x+\varphi)+B$ 形式。因此,通常情况下,考查这类问题时,定点 P 均放在坐标轴上,以便消元将问题化简。

借助图形计算器的绘图功能,我们可轻易地解决这个难题:

绘出函数 $y=\sqrt{(5\cos x-1)^2+(4\sin x-1)^2}$ 的图形,如图 1-1 所示:

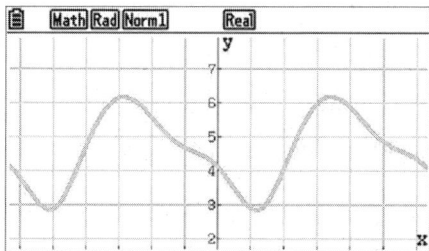

图 1-1

函数的最大、最小值清晰显示,如图 1 - 2、图 1 - 3 所示:

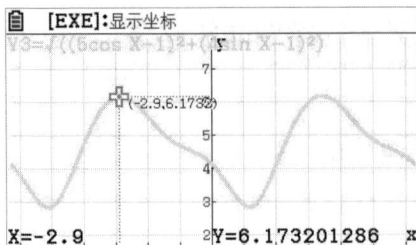 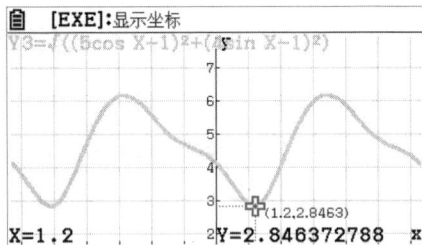

图 1 - 2　　　　　　　　　　　　图 1 - 3

只要我们进行合理的分解,图形计算器不仅可以解决显函数问题,还能解决隐函数问题。分解与组合是创新的一种思维方式,CASIO 计算器的绘图功能大大地丰富了学生对函数模型的认识,加深了他们对曲线与函数关系的理解,曲线由一个或多个函数图像构成。一台图形计算器在手,就有了函数的准确图像,辅以计算器图像计算的有关功能,我们可以解决一切相关问题。

【例 2】我们知道平面上,到两个点距离之和为常数的点的轨迹是椭圆(或线段),到两个点距离之差的绝对值为常数的点的轨迹是双曲线(或射线),到两个点距离之比为常数的点的轨迹是圆(或直线),那到两个点距离之积为常数的点的轨迹是什么?

【解】建立直角坐标系,设动点坐标为 $M(x,y)$,两定点为 $A(a,0)$,$B(-a,0)(a>0)$,距离之积等于 $m(m>0)$,则

$$|MA||MB| = \sqrt{(x-a)^2 + y^2} \cdot \sqrt{(x+a)^2 + y^2} = m$$

化简得:$(x^2 + y^2 + a^2)^2 - 4a^2 x^2 = m^2$

方程虽然求出来了,但我们根本不知道它是什么样的曲线!

将方程化为两个图像关于 x 轴对称的函数:

$$x^2 + y^2 + a^2 = \sqrt{4a^2 x^2 + m^2} \Rightarrow y^2 = \sqrt{4a^2 x^2 + m^2} - x^2 - a^2$$

$$\Rightarrow y = \pm \sqrt{\sqrt{4a^2 x^2 + m^2} - x^2 - a^2}$$

借助图形计算器,我们可研究其图形特征:

  我们分三种情况在同一坐标系中分别作出两个函数的图像：$0 < m < a^2$、$m = a^2$、$m > a^2$。

  （1）若 $0 < m < a^2$，例如取 $a = 1$，$m = \dfrac{1}{2}$，图像如图 2-1 所示：

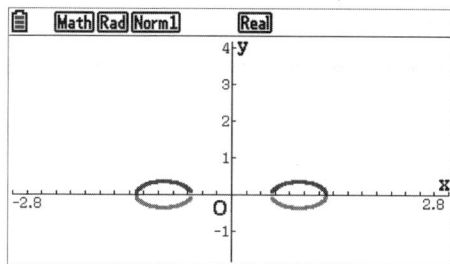

图 2-1

  （2）若 $m = a^2$，例如取 $a = 1$，$m = 1$，图像如图 2-2 所示：

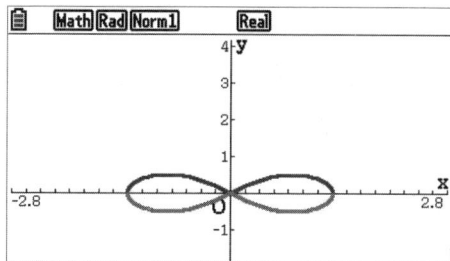

图 2-2

  （3）若 $m > a^2$，例如取 $a = 1$，$m = 2$，图像如图 2-3 所示：

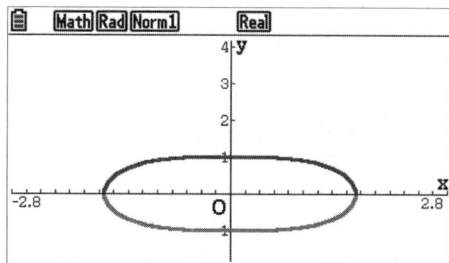

图 2-3

二、利用 CASIO 图形计算器的数列与递归功能建模

利用图形计算器的列表功能与图形功能可以探究数列的收敛性。对于一些复杂的、非常规的数列，他们的求和问题与收敛性问题传统的数学方法无法解决，图形计算器却可以帮助我们探究。

【例 3】 已知数列 $\{a_n\}$、$\{b_n\}$，其中

$$a_n = \frac{1}{n+1} + \frac{1}{n+2} + \frac{1}{n+3} + \cdots + \frac{1}{2n}, b_n = \frac{1}{n} + \frac{1}{n+1} + \frac{1}{n+2} + \frac{1}{n+3} + \cdots + \frac{1}{2n},$$

试探究两数列的极限是否存在？若存在，求出其极限值（精确到 0.01）。

【解】 这两个数列的极限，若用传统的方法去判断极限是否存在，并求其极限，根本是不可能的，借助图形计算器的"递归·数列"功能：

$$a_1 = 0.5, b_1 = 1.5$$

$$a_{n+1} = a_n + \frac{1}{2n+1} + \frac{1}{2n+2} - \frac{1}{n+1} = a_n + \frac{1}{2n+1} - \frac{1}{2n+2}$$

$$b_{n+1} = b_n + \frac{1}{2n+1} + \frac{1}{2n+2} - \frac{1}{n}$$

输入递推公式，如图 3 - 1、图 3 - 2 所示：

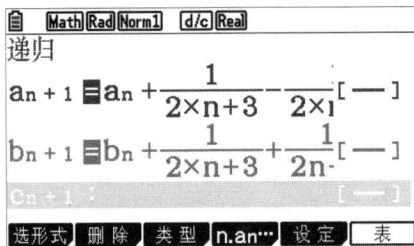

图 3 - 1

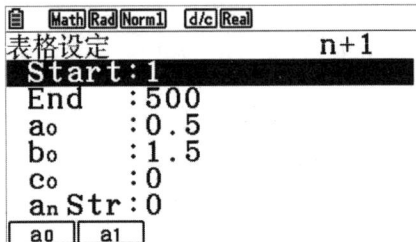

图 3 - 2

计算器中的项从 $n = 0$ 开始，故将 n 改成 $n+1$，输出的项从第二项开始，并设定列出第 2 项至第 501 项共 500 项。

部分项如图 3 - 3、图 3 - 4、图 3 - 5、图 3 - 6 所示：

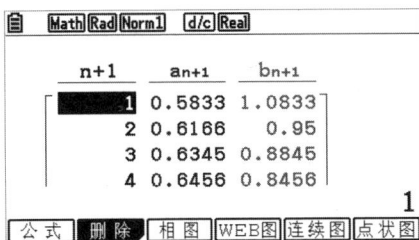

图 3－3

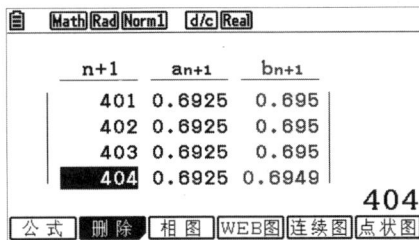

图 3－4

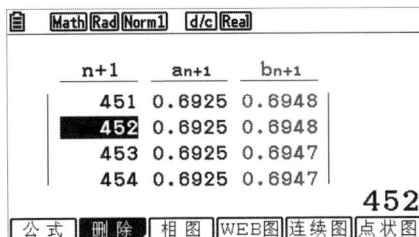

图 3－5

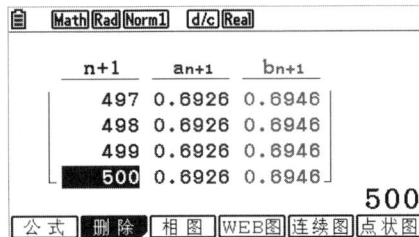

图 3－6

用图形计算器画出两数列的点状图,如图 3－7,显然有:

(1) 数列 $\{a_n\}$ 递增,数列 $\{b_n\}$ 递减;

(2) 对任意 $n \in \mathbf{N}^*$, $a_n < b_n$ 成立;

(3) $\lim\limits_{n \to \infty} a_n = \lim\limits_{n \to \infty} b_n$。

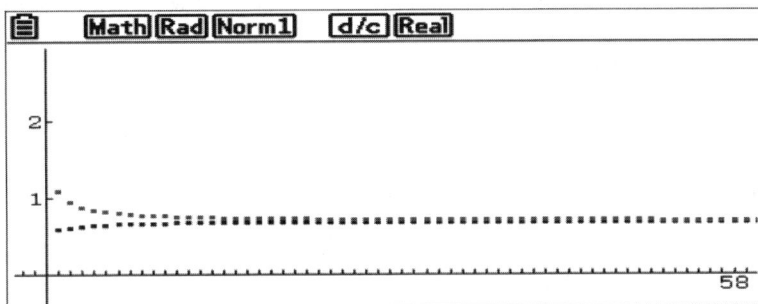

图 3－7

这几个性质,我们用代数方法很容易论证:

从 $a_{501} \approx 0.692\,6$, $b_{501} \approx 0.694\,6$,知 $\lim\limits_{n \to \infty} a_n = \lim\limits_{n \to \infty} b_n \approx 0.69$

利用递归与数列的模块功能,我们还可以来求复杂的一元方程的近似解,只要我们将方程化为 $x = f(x)$ 的形式,设定足够的迭代次数,就可以求出满足精度条件的方程解。

【例4】用迭代法求方程 $x^3 - x^2 - 1 = 0$ 的近似解。

方程 $x^3 - x^2 - 1 = 0$ 改写成 $x = (x^2 + 1)^{(1/3)}$,即 $x = \sqrt[3]{x^2 + 1}$,初始值 $x_1 = 2$。迭代求近似解。

程序如图4-1所示(名为 DIEDAI,即迭代):

```
  ? →N                      (A^2+1) ^ (1/3) →A
  1→I                       I+1→I
  2→A                       While End
  While I≤N                 A ◢
                            "END"
```

图4-1

实际程序语句如图4-2、图4-3所示:

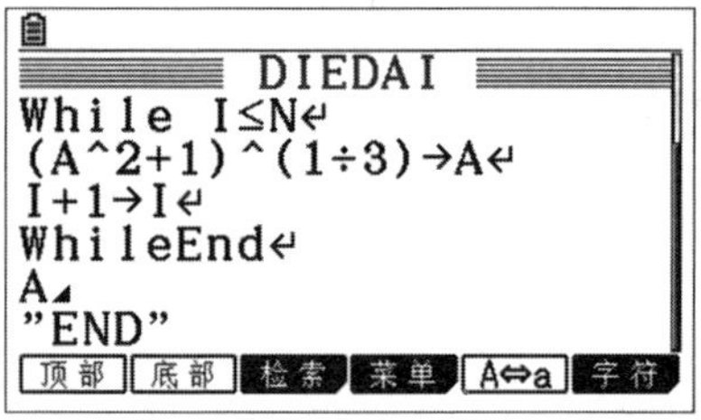

图4-2

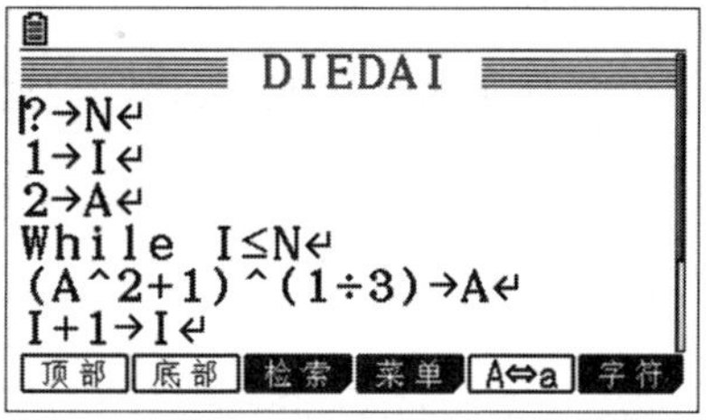

图4-3

执行程序:

如图4-4,输入迭代次数100,输出1.465571232。

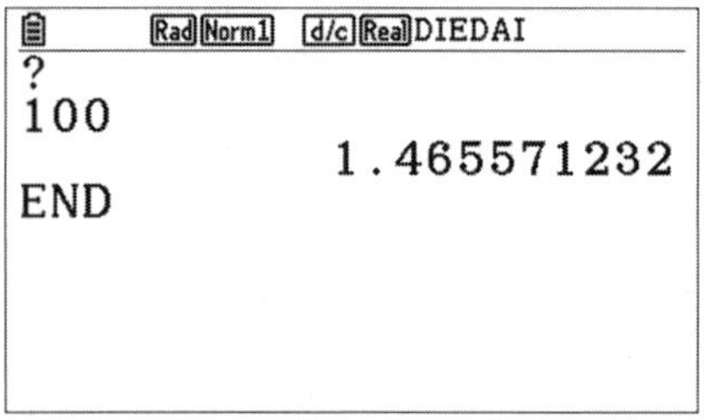

图4-4

三、利用 CASIO 图形计算器的程序功能建模,进行模拟探究

　　用数学方法解决单纯的数学问题只能说是一种数学思维的训练,而用数学知识与方法解决生活中遇到的实际问题,才是学习数学的根本目的。但实际问题往往并无标准的数学模型可套用,解决起来较困难,利用CASIO 图形计算器的程序功能,我们可以建模,进行模拟探究。

　　【例5】 小明和小华是好朋友,有一天他们两个相约去公园玩。他们约定,两个人均在下午 1 点至 2 点中间的某个时间到公园门口,无论谁先到,等对方半小时,若另一方不到,先到的人方可离去。试设计一个程序,模拟计算出两人约会成功的概率。

　　程序如图 5 - 1 所示(名为 DENGHOU,即等候):

"N="	IF $((RAN\# -RAN\#)^2 < 0.25)$
? → N　　　(次数)	Then K + 1→K
0→I	IfEnd
0→K	I + 1→I
While I<N	WhileEnd
	K ÷ N ◣

图 5 - 1

　　实际程序语句如图 5 - 2、图 5 - 3、图 5 - 4 所示:

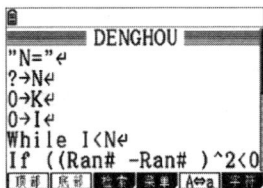

图 5 - 2

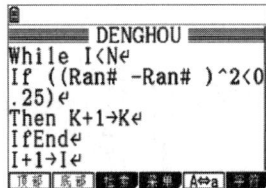

图 5 - 3

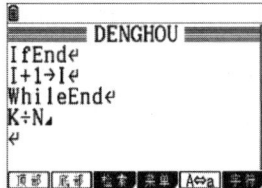

图 5 - 4

　　执行程序,随机试验 200 次,频率在 0.75 左右摆动(理论上概率值为

0.75），如图 5 - 5、图 5 - 6、图 5 - 7 所示：

  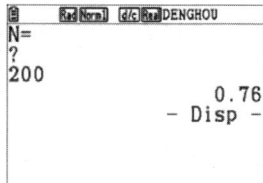

图 5 - 5 图 5 - 6 图 5 - 7

我们常看到某国家或某地区的面积多大的数据,这些区域的形状都是不规则的。求不规则图形的面积,我们可以将它分割成许许多多小的近似规则的小块,再求和,这就是积分思想。

【例 6】求函数 $y = \sin x$ 在 $[0, \pi]$ 与轴围成的曲边三角形面积的近似值。

将区间 $[0, \pi]$ 分成 N 等分,曲边三角形被分割成 N 份,每一份近似一个矩形,宽 $\dfrac{\pi}{N}$,高 $\sin\dfrac{I\pi}{N}$,利用求和功能就可近似求出曲边三角形的面积。

程序如图 6 - 1 所示(名为 JIFEN,即积分):

$$
\begin{array}{ll}
? \rightarrow N \ (区间\ 分割份数) & \text{While I} \leqslant N \\
0 \rightarrow I & S + D \times \sin\ (I \times D) \rightarrow S \\
0 \rightarrow S & I + 1 \rightarrow I \\
\pi \div N \rightarrow D & \text{WhileEnd} \\
& S \ \blacktriangle
\end{array}
$$

图 6 - 1

实际程序语句如图 6 - 2、图 6 - 3 所示：

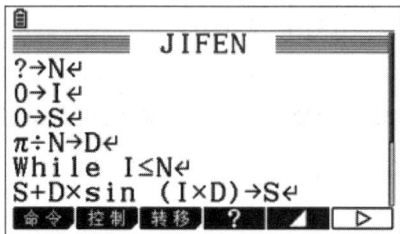 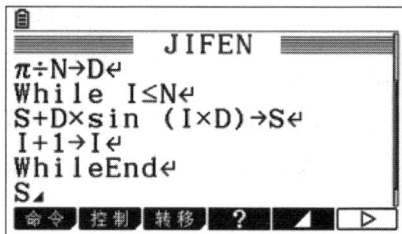

图 6 - 2 图 6 - 3

执行程序：

如图 6-4，分割 500 次，显示面积近似值为 1. 999 993 42；如图 6-5，分割 1 000 次，显示面积近似值为 1. 999 998 355，都接近准确值 2。

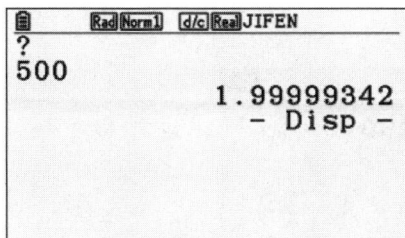 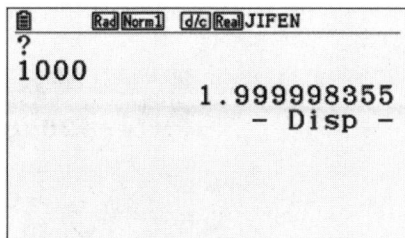

图 6-4   图 6-5

四、利用图形计算器中的金融功能建模，解决复利计算问题

金融贷款中的复利计算问题是十分复杂的，涉及等比数列求和，运算十分烦琐，图形计算器中有许多功能模块，可以把这些运算量大的问题做成计算模块，只要输入几个关键的数据，它就会帮助我们算出结果，让学生能一下子抓住问题的核心，解放了他们的手和脑，还能轻松掌握。

【例 7】某人用分期付款的方式购买一台价格为 5 000 元的电脑，分 12 次付款，贷款年利率为 4. 5%，利息按月计算。每月需要支付多少元还清贷款？

操作步骤：

（1）在主菜单（MENU）窗口，按 G 键。如图 7-1，进入金融窗口。

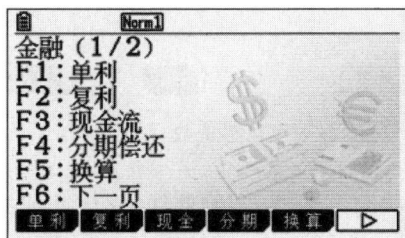 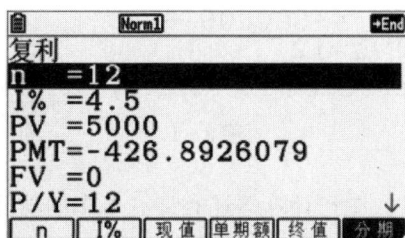

图 7-1   图 7-2

（2）按［F2］，选择复利，如图 7 - 2。

（3）在显示的窗口中，I% 输入 4.5，PV 输入 5 000，n 输入 12，FV = 0，P/Y = 12，C/Y = 12。

（4）按［F4］（单期值），求解。如图 7 - 3 所示，需要支付约 426.89 元。

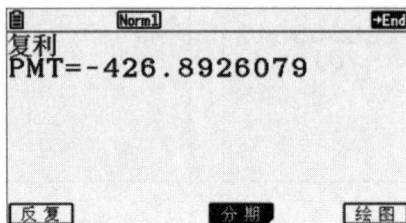

图 7 - 3

【例 8】 某市为了拉动房地产，出台一项政策，总价为 120 万元的公寓房，你可以零首付入住，以后每月支付 5 000 元，20 年后，你可以用 60 万元买下此房，问年利率为多少？

操作步骤：

（1）在主菜单（MENU）窗口，按 G 键，进入金融窗口。

（2）按［F2］（复利），显示复利计算窗口，如图 8 - 1 所示，输入数据。

（3）按［F2］（I%），如图 8 - 2 所示，显示 3.214 960 096，即年利率（月复利）约为 3.24%。

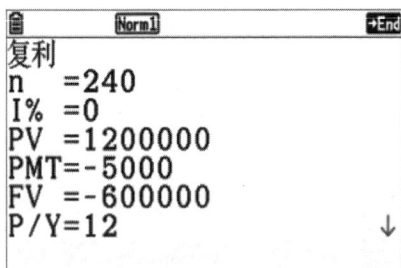

图 8 - 1

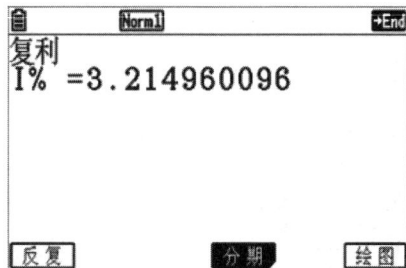

图 8 - 2

图形计算器还有许许多多的功能，如动态图像、圆锥曲线、立体几何中的作图与计算等。总的说来，图形计算器支撑下高中数学的建模和传统的

数学建模比较,有许多传统的数学建模无法比拟的优点:

1. 解放了学生的双手与大脑。图形计算器的强大运算功能将学生从各种各样的计算中解放出来,如通过解方程组求曲线的交点坐标、运用韦达定理求弦长、利用等比数列求和公式求增长率等。学生有更多的时间去思考问题的本质是什么以及怎样解决。

2. 拓展了学生的思维空间。传统的数学解题方法只能解决一些简单的问题,好比一双鞋,学生穿上它能攀上几个不太高的山,即使登上山顶,目光所及也就方圆几十里。图形计算器为学生装上了动力伞,在数学的天空下,飞得高,看得远。

3. 提高了学生的数学应用能力。数学知识只有在应用中才会让学生感受到它的重要性,但有的知识由于其运算的烦琐或不确定性,手工计算无法实现,如统计问题、模拟概率问题,这也是我国中学生数学能力中组合数学与概率统计等方面不如欧美的一个原因。图形计算器在这方面有它强大的优势。

4. 开发了学生的构造与创新思维能力。运用图形计算器解题不是简单地输入,它需要学生前期严密地推理、精确地设计、巧妙地组合加上合理地运用图形计算器的功能,才能将问题完美解决。

【课题】高中语文议论性写作教学中提升学生思辨能力的实践研究

於 健 李 新 李敬东 黄懿华

秦晓雯 张奚斌 沈琼瑛

一、核心概念界定

1.“思辨能力”的定义、特点和重要作用。思辨能力是思考辨析能力。所谓思考,指的是分析、推理、判断等思维活动;所谓辨析,指的是对事物的情况、类别、事理等的辨别分析。简要地说,层次分明、条理清楚的分析,清楚准确、明白有力的说理,就是思辨能力的主要特征。真正的思辨是一种科学、成熟的思维活动过程。它具有全面性、发展性和具体性的特点,遵循辩证唯物主义哲学的基本思维规律,是迄今为止我们分析解决现实矛盾的最有效的思维武器,能对社会科学和自然科学做出正确的理论概括,对各种学术思潮做出理性回应,能促进个人、国家的创新与发展。

2.“议论文思辨”的内涵。本课题所指的“议论文思辨”是用辩证逻辑的思维来讲议论文,写出的议论文论点辩证逼真,内涵丰富具体,说理具体深入,结构科学严谨。“议论文思辨”以分析、思考、辩驳为特征,以说服所有人为目的,是有强烈受众意识、驳论意识、求真意识和创新意识的高级的议论文思维。

3.“高中议论文写作思辨教学”的含义。高中语文教师针对高中生身心渐趋成熟、逻辑思维发展迅速的特点,在高中议论文教学中着重进行思辨教学。不仅要引导高中生运用唯物辩证法基本原理进行材料分析、辩证立论,更重要的是要引导高中生在具体分析材料的过程中构建合理有效的论说系统,从而使所写的议论文逻辑严密,无懈可击,论点具有逼真性和发现性,直至最大程度地超越议论文说理的片面与说理偏执的局限。

二、研究背景和意义

1. 理论价值

思辨能力是教育的目标。苏霍姆林斯基曾说:"思维是学生的第一要素。"思辨能力是中学生综合素质的重要组成部分,也是心理素质的重要组成部分。《高中语文新课程标准》(中华人民共和国教育部:《普通高中语文课程标准(实验版)》,人民教育出版社)明确指出,要发展学生的思辨能力和批判能力,要求中学生对自然、社会和人生具有较深刻的思考和认识,养成独立思考、质疑探究的习惯,具备理性观察和分析事物的能力,具有良好的思维品质。潘新和教授在《议论文要成为写作教育的重地》一文中也说,高中理性写作(也即高中议论文写作)能力对学生大学阶段的学习及日后的发展影响巨大。一个高中毕业生必须对社会、人生有自己的独立思考与见解。成为一个"思想者",是公民的权利与义务,更是所有知识人类的应有素养。

2. 实践价值

(1) 高考背景

《普通高等学校招生全国统一考试大纲》(教育部考试中心:《普通高等学校招生全国统一考试大纲》,高等教育出版社,2013 年,第 6 页)中关于表达写作的发展等级提出的第一项要求是"深刻",要点是:透过现象深入本质,揭示事物内在的因果关系,观点具有启发作用。这项考查内容实质上就是学生的议论文思辨能力。自2003年春新课标颁布以来,全国高考、上海高考年年都有二元关系(或明显或隐秘)的作文题。近十几年来,高考作文命题的思辨能力的考查始终像一根红线贯穿其间。高考作文中思辨性的命题所占比重如此之大,体现了国家对于培养学生思维能力的高度重视。

(2)心理学、逻辑学、调查研究背景

首先,二十世纪五十年代,瑞士心理学家皮亚杰认为,当青少年(高中阶段)步入成年(大学阶段)时,他们的发展就不再取决于他们解决问题的能力,而是取决于发现问题的水平。从青少年期步入成人早期,我们会认识到现实生活中大多数问题的完全正确的答案并非唯一。我们首先是对问题提出某种论点或得出初步结论,然后会有人提出一个与它相反的论点,最后有人会提出一个综合性的论点,即对前面两种相反的甚至是矛盾的论点进行整合。这说明了高中生已进入思辨的心理发展阶段,而不再停留于形式思维的心理发展阶段。这为高中议论文思辨教学提供了心理学背景。

其次,当代辩证逻辑学家马佩教授指出,通常每个人的思维发展要经历形象思维(儿童)、形式思维(初中)与思辨思维(高中)三个阶段。儿童大多只能形象思维。到了初中阶段,个体能够在父亲或老师的引导下知道一件事情原来可能有好坏两方面的性质。初中生主要还处于形式思维阶段。而到了高中阶段,由于长期的实践逐步对事物的辩证规律有了一定的认识,或由于系统地学习了唯物辩证法,就或迟或早地开始进入思辨阶段。思辨思维有了一定的发展后,高中生就开始逐渐地自主认识到,原来,可以从多方面评价某件事,或看待某些东西,甚至能够自觉地从两方面或多方面来思考一些问题。这就从逻辑学的角度揭示高中生已进入思辨思维发展阶段,而非停留于形式思维阶段的客观事实,为高中议论文思辨教学提供了逻辑学背景。

再次,课题组成员都是常年奋战在一线的教师,从高一到高三各个年级都有相当丰富的教学实践经验。在多年的教学实践中,教师发现学生的逻辑思维能力弱化的趋势较为明显。最突出的表现是写作审题中,学生常常难以准确把握材料的核心概念以及概念之间的关系,只是就事论事,停留在"兜圈子"说理的论证怪圈中,缺乏思辨,对问题的阐释十分单一,难以多角度阐释论题。学生议论文写作缺乏思辨的现象十分突出。

二、研究设计

1. 研究目标

本课题旨在探索写作(议论文)教学中如何提升学生的思辨能力,有步骤有层次地说理,使说理更加充分,达到有效论证的目的,形成教学中可操作的基本原则、基本思路和训练序列,形成有推广价值的教学规程。同时,根据学生习作中体现"分明的层次,条理清楚的分析,准确有力的说理"的思辨能力特征,初步形成学生的思辨能力的评价方法。

2. 研究内容

(1)调查学生习作的现状。在展开研究之前先进行前测,例如做问卷调查和关于写作逻辑思维认知实践能力的测试,将学生习作中的现象进行归类,并分析原因;

(2)研究开发教材中相关的写作内容用于教学实践。其一,将现有教材中有关写作部分的内容进行整合,作为思辨写作教学的基本原则和基本思路;其二,将教材篇目中有关逻辑思维的课文进行归类,作为思辨写作教学的内容;

(3)在议论文写作教学中培养学生的思辨意识,提升思辨能力,搭建思维框架和行文逻辑结构。改善写作教学的策略,改变写作教学"慢、差、费"的现状,并形成序列和体系。提取逻辑中分析、思考、判断、推理等内容,分为几个板块进行研究。

　　针对学生写作存在的困难找出对策,将抽象的思维分解成具体可行的写作步骤,帮助学生搭建思维的框架,并且教会学生运用语言,在行文中形成逻辑结构。力求在一定阶段后,学生能正确审题,写出有一定思辨力的文章。在这个阶段后做一个中期测试,对学生习作做一次筛选,了解学生习作中思辨表达能力的情况,为下一个阶段的教学推进做好决策准备。在完成全部研究后再做一次后测,进行数据统计和问卷调查,检测研究成果。

3. 研究方法

　　(1)问卷调查法:对学生议论文写作的学习方式的现状和期望进行问卷调查,对学生的逻辑知识进行测试,以把握学生的实际学情。

　　(2)访谈法:对学生习作进行面批,询问学生对议论文写作思辨教学学习方式的体会,及时了解学生多样化的主观心理需求。

　　(3)行动研究法:根据思辨能力的特征和设计的教学目标分析学生在课堂上和习作中的表现,为议论文写作推进思辨能力的课堂教学提供实质性依据。

　　(4)文献法:通过调查文献来获得资料,从而全面地、正确地了解掌握通过写作教学提高思辨能力的研究和实施现状。

　　(5)统计法:运用统计学的方法对学生的写作学情状况用数据进行分析、研究导出普遍规律。它主要研究随机现象中局部与整体之间以及各有关因素之间相互联系的规律性。

三、研究现状分析(文献与调查)

1. 国内研究现状

　　本课题组在研究及撰写本课题之前已注意到国内中学语文教育界与

本论题相关的研究成果。例如陈月辉在《论高中议论文写作教学学生说理能力的培养》一文中指出,在高中作文教学中,议论文教学占据着重要的位置。作为应用性较强的文体,在现实教学中,一直存在重指导、轻实践的现象;因为重方法、技巧的外在指导,轻思维、思辨的内在培养,学生的议论文写作"八股化""模式化"现象突出。就历年来全国卷和上海卷的高考作文发展趋势来看,命题形式上发生了命题作文、材料作文、话题作文和新材料作文四种变化,近年来不管是全国卷还是上海卷高考作文形式都是以材料作文为主。总体看来,目前中学语文教育界对高中议论文思辨教学的研讨总体上是处于比较零散的初级阶段,缺乏对这一论题全面、系统和深入的研究论述。

2. 国外研究现状

国外关于高中议论文思维教学的研究资料目前较难找到,从《美国语文》教材第三部分"国家的发展"中第六课《瓦尔登湖》的"写作课"中了解到,美国中学的议论文写作十分重视培养学生的思辨能力。如这课的课后明确向学生提出,要写"说服性文章",要学生在《瓦尔登湖》一文中选择一个对于自己来说很重要的事件,然后写一篇文章说服别人接受自己的观点,并采取行动。可以想见,美国中学议论文教学特别强调议论文的说服性和构建有效的说理结构。另外,据王荣生教授研究,美国的语文课程与教学非常强调批判性思维。这是一种建立在分析基础上的具体分析思维,也称思辨。在美国,掌握批判性思维已成为个人成长与教育的核心、目标。它不是仅指一种思维方法,而是指对包罗万象的客观世界进行认识的所有思维方法的总和。而德国的高中课程标准强调,"能以说理的方式表明自己的观点"及"能表达反驳性论据,并能有效地用于议论"。在《德国教学大纲》中明确规定十一年级(高中)的学生要写作"论辩性议论文"。

四、高中议论文写作教学现状调查分析

目前,高中议论文教学的主导思想缺乏思辨导向。首先体现在教材编者的指导思想依然是旧"三要素"观念,教师的旧观念也根深蒂固;其次是高考议论文写作充分暴露了思维片面、肤浅的弊端;再次是近年高中议论文写作思辨教学虽然引起中学语文教育界一定程度上的重视,但是基本局限在知识点传授上,缺乏具体可操作的范式。

同时,学生情况不容乐观。课题组在课题准备阶段进行了问卷访谈,以期较为全面地了解学生在议论文写作方面的现状。从调查来看,学生的思辨能力缺乏分布在各个板块,由此可见,思维能力的缺席是个不争的事实。学生样本的选择是随机的(语文学科成绩排位取上、中、下三段各六名学生),呈现的结果与学生的学习状态和效果没有一致对应性,由此可见,学科教学与思辨能力的关联度不够,思辨能力的培养需要必要的针对性手段和具体方法。

五、高中议论文写作教学主题设计与实施

如何才能达到培养学生完备的写作思辨能力的目的呢? 我们知道,过去的作文知识,关注的是写出的文章是什么结构,有什么特征,而现在人们关注的是文章是怎样写出来的,文章的生成过程是怎么回事,其内在生成机制是什么。而思维是听说和读写的深层结构与生成机制。美国学者唐纳德·奎恩说:"在整个写作中,写作和思维是同时产生的,写作的过程也就是思维的过程。"写作活动的核心就是作者的心理活动。我们的目的就是要能够介入学生思考的过程,如果教师了解学生的写作思维过程,判断到学生真正的写作能力,便能根据学生在写作过程中遇到的困难提供帮助

和指引,对症下药,从而提高学生写作的思辨能力。

六、研究成果:高中议论文写作教学案例举隅与分析

1. 二元对立关系议论文写作教学案例

　　课题组成员李新老师的区级公开课"五问法——如何使二元对立关系型议论文的思辨有层次地推进"一课,将二元对立式的议论文写作化解为具体可操作的几个步骤,用"五问"法导入教学。对于"A 与 B"型论题的议论文可以用"五问"法切入写作。

　　(1)A 就一定好吗?(2)B 就一定不好吗?(3)A 中为什么会有 B?(4)B 中为什么会有 A?(5)A 和 B 在怎样的条件下会互相转化?

　　二元对立关系型议论文如何使思辨有层次地推进,关键是要符合逻辑思维的要求。"五问"法的运用,在一定程度上为解决这一问题提供了合理的范式,让学生体会理性分析的方法,使二元对立关系型的议论文的思辨有层次地推进。要说明的是,"五问"法只适合二元对立关系型议论文的写作。至于概念 A 和 B 之间的关系还有很多,如并列、包含、因果、条件、递进等,需要我们进一步探讨,写作时切不可生搬硬套。

2. 层进关系议论文写作教学案例

　　首先对教学问题进行探索。针对学生议论文写作中在同一平面上论述、思维不能推进、堆砌素材这几个主要问题,介绍层进式的几种常见写法。然后进行教学设计,让学生学会写作层进式结构的议论文,在写作过程中提高思辨力。

　　教学设计从学生的教材出发,在所学的课文《劝学》中找出中心论点以及"围绕中心论点从哪两个角度进行论述的"来展开教学活动。从文章中

梳理出写作思路是从"是什么""为什么"到"怎么样"的层进式结构。

进一步让学生思考,还有哪些常见的层进式结构? 学生讨论归纳,教师小结。

(1) 将中心论点进行分解,分成几个分论点,这些分论点之间的关系是由浅入深,由简单到复杂,由个人到社会,由自然到人生等。层次间可用"不仅……而且……""……况且"等关联词语过渡,同时又以此反映层次间的递进关系。

(2) 按照"提出问题,分析问题,解决问题"的思路安排论证结构,即围绕中心论点问答三个问题:是什么,为什么,怎么办。"为什么"和"怎么办"可以平均使用力量,也可以根据实际情况有所侧重。

(3) 针对一种现象,采用"引出现象—分析原因—指出利弊—提出对策"的分析结构。针对某些不好的现象,分析其危害,挖掘其产生的根源,指出解决问题的办法,即"摆现象—析危害—挖根源—指办法"的格式。

教师归纳的这几种方法对初步进入议论文写作的学生有很好的引领作用,有切实可行的抓手帮助学生进入写作状态。教师在归纳后再次进行实战演练,反复地巩固层进式写作结构,对问题的思考更趋全面和确凿。从教师呈现的学生习作的报告中也可以看到修改后的习作比原先的文章更有说服力。

七、研究结论与思考

在结题前,我们对前期参加问卷和访谈的部分学生进行回访,在每个课题组成员所对应的教学班进行测试。下面就其中一个教学班的测试情况进行分析。

结论如下:学生的思辨能力从教学前到教学后有较为明显的提升。相信经过更为严密和全面的训练,他们的思辨能力都有明显增长。以高中二年级的实验班为例,学生的思辨能力已开始向着占优势的方向发展。以

"继承与创新"为题要求高二实验班学生进行议论文自由写作。根据回收的作文,对高二学生议论文写作的思辨能力情况进行了统计分析。根据高二学生作文的情况分析,大部分学生能认识到"继承与创新是相互依存、互为因果的,继承是创新的基础,创新是继承的目的"的辩证关系,这占到学生总人数的70%左右;还有小部分学生虽没能辩证分析"继承与创新"的相互关系,但至少能兼谈两面,占20%左右;而缺乏辩证意识,只谈继承或只谈创新的,只是极少数学生,与原先只有45%的学生能够明确地进行思辨论证相比,有了很大的提升。

以上议论文写作情况的调查结果表明,高中阶段大部分学生经过训练能思辨立论,但思辨说理能力较一般,说理层次性不强,不够深入。从结论看,高中是培养学生辩证思维能力的黄金时期。高中语文教师在议论文教学中不能停留在对学生单一思维能力的培养上,而应把重心转到对学生思辨能力的培养上,以符合高中生心理和思维的发展规律,并促进高中生思辨能力的迅速发展。

本课题研究希望能在以下几个方面对高中议论文写作教学有所启发:

(1)理论启发。在课题研究中,梳理分析并引用了相关文献资料,准确、深入阐明"思辨""议论文思辨""高中议论文思辨教学"几个重要概念的内涵和外延,为高中议论文思辨教学提供科学的理论支撑。

(2)实践启发。在课题研究中,客观地呈现"高中议论文教学现状",并提出有一定科学价值的"高中议论文思辨教学实践构想",为高中议论文思辨教学的实践提供教学案例以及若干有效的实践方法。

(3)目标启发。在课题研究中,客观陈述"高中议论文思辨教学"这一论题的提出背景和国内外研究现状,使我们认识到高中议论文思辨教学的科学性和重要性;并结合个人教学实践和具体教学案例,有力论证高中议论文思辨教学的可行性和有效性,从而使我们对高中议论文思辨教学多一份使命感和积极性。

(於健执笔)

【参考文献】

［1］王荣生.语文科谋程论基础［M］.上海：上海教育出版社,2013.

［2］韩凌霞.思维训练在中学写作教学中的作用［D］.西南大学,2006.

［3］邱余文.在作文教学中培养学生的辩证思维能力［J］.新课程学习(中),2012(7).

［4］及葳.中学议论文作文教学中思维能力的培养［D］.首都师范大学,2008.

［5］易英华.批判性思维教学：语文教育的范式转换——批判性思维专家董毓教授访谈［J］.语文学习,2016(10).

［6］黄华献.从思维科学看议论文题型［J］.中国思维科学研究论文选,2012.

［7］颜正源.学会灵活运用多种论证方法［J］.南京师范大学文学院学报,1999(12)：28－30.

［8］理查德·保罗.批判性思维工具［M］.北京：机械工业出版社,2014.

反思性教学理论在语文教学中的运用

李 新

反思性教学理论是上世纪二十年代在西方兴起的一种新的教育教学理念，先是由杜威等人提出，舍恩对这一理论做了进一步发展。他提出了"反思性实践"的概念假设，认为反思性实践既要"反思"又要"行动"，即"行动中反思"和"行动后反思"。"行动中反思"是个体有意识地或潜意识地不断对与其以往经验不符合的、未曾预料的问题情境进行重新建构；"行动后反思"是个体对已经发生的行为进行回顾性思考，其中也包括对行动中反思的结果与过程的反思。将这一理论运用于语文教学实践会给我们很多启示，本篇就试图在这一方面做些浅显的探讨。

一、反思对阅读文本的理解

语文老师首先面对的是文本。一个只依靠教参来教书的语文老师不是合格的语文老师，至少是在自身专业发展上没有进步意愿和进步动力的语文老师。一个真正合格的语文老师，一个在自身专业发展上严格要求自己、不断进步的语文老师，是不满足于仅仅做一个教参的搬运者的，他必须反复钻研教材，深入文本，独立思考，提出独到见解，然后拿自己的见解和学生愉快地对话，共同分享他们思维的成果。但由于受自身阶段性知识、阅历和时代的局限,我们阅读文本往往有概念化、模式化、浅显化甚至误读的情况。我们必须不断进行反思。

不同时期对作品有不同的理解,所谓"一千个人眼中有一千个哈姆雷特",同一个人眼中的哈姆雷特在不同时期也会有不同。比如对《项链》中玛蒂尔德形象的认识,我们过去一直把她看作爱慕虚荣、不切实际、耽于幻想的小资产阶级妇女形象,时代发展到今天,如果还这样认为,这种认识无疑是狭隘的。玛蒂尔德固然有爱慕虚荣的一面,但不等于我们拿政治概念给文学作品中的人物贴标签。文学表现的是人性而不是概念。在十九世纪法国巴黎那样一个浮华社会里,作为中产阶级的妇女不虚荣是不可能的,况且浮华是当时巴黎社会的风气。问题是玛蒂尔德前后形象有变化,尤其是在丢失项链之后,她有人性中诚实的一面,买一挂真的项链赔给朋友,为此她和丈夫付出十年艰辛,变得苍老、粗壮、耐劳。有人抓住作品中的这句话:"人生是多么奇怪,多么变化无常啊,极细小的一件事可以败坏你,也可以成全你!"认为这句话是对玛蒂尔德虚荣心无情的讽刺。为什么不可以这样理解呢:丢失项链看起来是坏事,实际上是好事,它成全了玛蒂尔德,使她从一个沉溺于幻想中的人变成了回到现实中的人,从梦中人变成了真的人。这便是作品的伟大意义所在。它完成了对玛蒂尔德形象的成功塑造,这个形象从不完美到完美。

我在教学中特地引导同学们抓住玛蒂尔德和弗莱思节夫人的关系,重点理解最后她们在公园内的对话,那是非常耐人寻味的。从这段对话中,我们可以看出玛蒂尔德已经从人格屈尊中完全站立了起来,在富人阶层弗莱思节夫人面前,成了一个人格尊严不容侵犯的人。这不是一个伟大的形象又是什么呢?又有人抓住"有时候,她丈夫办公去了,她一个人坐在窗前,就回想起当年那个舞会来,那个晚上,她多么美丽,多么使人倾倒啊",说她到了这般窘困田地,还这么虚荣,真是死不悔改啊!一个人再穷困,回味从前一段美好生活,难道有错吗?追求美好生活是我们人类共同的天性。所以我们阅读文学作品,要从人性出发,而不是从某一种固有的概念出发。越是成功的文学作品,越是经典,越是名著,越应该这样解读。从前我们对一些经典文学作品的理解都需要反思。

二、反思教学过程

我们往往在上完一堂课后,及时地写出教后记或者教学反思,这固然是一种反思行为,能够进行这样的反思,日积月累,对一个教师的成长,尤其年轻教师的成长是非常有帮助的,但光进行这样的反思还是不够的。

首先要在观念上进行反思,因为观念决定行动。在观念上,我们究竟是"以学定教"还是"以教定学"?新的课程改革,绝大多数老师是明白以学生为本,以学生为主体,以教师为主导,关注学生的现实需要和未来发展的,可在实施教学行为时,还是在走传统的"以教定学"的老路。比如总是在追求一堂课的完整,总是在考虑如何完成自己的教学进度,而目中无学生。再比如我从前总是认为只要自己学识丰富,自己博览群书,在上课时旁征博引、纵横捭阖,使学生崇拜,这样就能在气势上征服学生,就能取得好的教学效果。事实却恰恰相反。日本学者佐藤学认为,教师要做"被动中的能动者",在教学过程中,只有教师处于被动地位,学生才能处于主动地位,教师在这一过程中只是"信息的重组者"。因此,我要对自己从前的教学行为进行反思。

我们常常提到要蹲下来和学生对话,这"蹲下来"不仅仅是身体蹲下来,更重要的是学识和人格蹲下来。在知识方面,我们没有比学生更优越。知识是无穷尽的,我们只有蹲下来,放下教师的架子,和学生共同参与求知的过程,组成"学习共同体",才能和学生共同获得学习的快乐。于是我开始矫正从前的教学行为。

比如刚刚从初中上来的高一同学,在知识、能力和学习方法方面,对高中学习有着极大的不适应。这个时候如果直接进入高中教学,计划是完成了,也赶上了同类学校的教学进度,但教学效果很差,因为这是"以教定学",而不是"以学定教"。要"以学定教",就必须关注这个时候学生最需要什么,为他们未来的学习该搭设什么样的台阶,做出怎样的铺垫,这就需要做好初高中语文学习的衔接。

比如文言文的学习,掌握文言文的字法、词法、句法现象,掌握文言句式的特殊规律,对于理解文言文非常重要,可学生普遍在现代汉语语法方面薄弱,失去参照,学习文言文非常吃力。在这种情况下,我们就不能赶进度,而是要将脚步慢下来,补上语法这一课,和他们共同探讨文言文的字法、词法、句法现象和特殊规律,扫清障碍,为他们自学文言文打下基础。这就是"以学定教"了。通过这样的反思,我们及时调整教学计划,改变进度,调整教学策略,矫正行为,教学效果比预想的要好得多。

三、反思教学内容的确定

几十年书教下来,教了无数篇课文,教学内容无非是解题、介绍作者和写作背景、划分段落、概括段落大意、总结中心思想、品味语言、把握写作技巧和特点。问题是,这些是学生都需要的吗? 这些是我们应该确定的教学内容吗? 这是"以学定教"还是"以教定学"呢?

新的课程改革使传统的教学方式有所改变。教材也在改变,阅读部分不是单一的文体单元,而是主题和文体相结合的立体单元架构,与之相配套的,也有专家们为老师们专门编写的教学参考书,里面也有可供参考的教案。另外,网上及纸制的优秀教案及案例数不胜数,教学资源十分丰富,然而那些真的就是我们要确定的教学内容吗? 经过反思,仿佛这些都不是。

苏联教育家维果茨基提出最近发展区理论。他认为,教育对儿童的发展能起到主导作用和促进作用,但需要确定儿童发展的两种水平:一种是已经达到的发展水平,表现为儿童能够独立解决的智力任务;一种是儿童可能达到的发展水平,表现为"儿童还不能独立地完成任务,但在成人的帮助下,在集体活动中,通过模仿,方能够完成这些任务"。这两种水平之间的距离，就是"最近发展区"。从这一理论出发，我也反思从前的教学。我们往往埋怨生源状况，对学生"恨铁不成钢"，实际上个体之间是有差异的。我们要关注哪些是凭学生的能力和现有经验可以解决的，哪些是现在还不能，要通过同伴互助和老师点拨才能解决的，关注这中间的"最近发展区"，才能有的放矢地从事教学，确定我们的教学内容。

比如高中文言文的教学，我们往往比较多地关注文意的疏通，字、词、句的语法现象，实际上这些东西，学生依据课后注释和《古代汉语常用字字典》等工具书，通过自学都可以解决，他们真正不能解决的是文言文背后的文化内涵，这需要同伴互助或老师帮助。老师起什么作用呢？老师组织课堂活动，创设同伴互助的氛围，必要时出来点拨一下。这才是我们真正要确定的教学内容。

例如《种树郭橐驼传》这篇课文的教学。语意疏通、重点词语的解释以及词类活用、特殊句式等，包括类比、对比手法的运用以及借种树要说明的"顺应民性"的道理等，学生依据课后注释，借助工具书及参考资料等都可以解决，教师只需要引导学生好好预习，无须在这些方面花过多精力，至于柳宗元为什么选取郭橐驼这样一个弯腰曲背的人物而不是其他人，这就不是一般同学凭自己的思考能够弄清楚的，而需要同学间的讨论和老师的点拨。这现象背后的东西才是我们真正要关注的教学内容。

我在上这一课的时候，就引导学生关注课文第一段，思考作者为什么选取郭橐驼这样一个人物？郭橐驼听到乡人喊他这个绰号，不但不生气，反而说"甚善。名我固当""因舍其名，亦自谓橐驼云"，为什么？经过讨论，我们才知道，这正是柳宗元当时的思想。柳宗元受到道家思想的一定影响，看到当时官府扰民的现象，提出善意的批评，也就是一切顺其自然，如同这橐驼，既然这样了，就随他去吧，因此用到管理老百姓上，就不要政令太苛太烦，要让老百姓休养生息。这和后面体现的"顺应民性"的理念是一致的，反映出柳宗元当时的执政理念。

教学内容的确定，是教文本内容、教写作方法，还是教语言；是教知识，还是教能力，一定要以学生为本，要符合学生的现实需要和未来发展的需求,不可盲目。以此来反思,我们过去的教学似乎走了许多弯路。

四、反思的途径

反思的途径很多,有通过理论学习之后的反思,有同行互相听课后的反思,有专家指导后的反思,有在上课过程中由学生发言引起的反思,有师徒带教引起的反思(现在的师徒带教实际上是师徒相互学习、取长补短的过程),有参加教研、教学交流等活动引起的反思,但更多的是个体在行动中或行动后所进行的独立反思,比如写反思日记、写教后记等。我平时多写一写教学类的文章,也是一种反思。

在这么多的反思途径中,我感觉到同行间交流所引起的反思最重要,这其中有我们集体的反思,也有与同行对比所引起的自我反思。比如通过互相听课、评课和参加教学交流活动,进行理论学习,听专家指导报告等,我们可以反思一段时期的教学,包括教学观念、教学方式等,这是集体反思;而与自己对比,可以照出自己的种种不足来,或发现自己教学中所存在的亮点,这是自我反思。

有一段时期,我们每堂课必用 PPT。PPT 作为现代先进技术,固然能为教学起到很好的辅助作用,但用得过滥过于形式化甚至喧宾夺主,就会适得其反,所以一定要将现代信息技术和传统教学进行有机地整合。然而由于年龄的增长,观念保守,一味地抗拒现代信息技术的运用,这也是不对的。

我经过培训,到国外与同行交流,有一种强烈的危机感,觉得不尽快掌握先进的现代信息技术,有被淘汰的危险。比如我到新加坡去参加了当地全国性的华文教学分享会,发现那里的老师在运用现代教学信息技术方面非常娴熟,真正起到了和学生在网上互动和及时反馈信息的效果,使教学效率大大提高。这是我教学上的短板,今后要好好补课。这就是我通过同行间交流后所获得的反思。

【作者简介】

李新,任教语文学科,教龄31年,高级教师,黄浦区学科带头人。

被聘为上海市二期课改高中语文基础教材及拓展课教材特约撰稿人,上海市职业高中语文教材编写组成员,参与《中华文化基础教材》修订,个人编著图书三部,主编图书三部,执行主编及参编图书数十部,发表论文及学习指导文章二百余篇,诗歌、散文等文学作品上千件,曾获"长三角"论文比赛二等奖等。

本文写于2011年11月,发表于《语文教学通讯》2012/2A。

鱼骨图：说理分析的有效工具

於　健

作为语文教师，我经常悲哀地看到：中学生从初中阶段就开始学写议论文，但直到高三依然写不好哪怕像样点的说理分析类文章。在我的学生作文中，经常可以看到类似的"议论文"：

> 韦编三绝，孔子有了"天下圣人"的美誉；池水尽黑，王羲之把书法艺术推上高峰而成为书圣；铁杵磨针，李白成为傲视古代诗坛的诗仙。可见，勤奋是点石成金的魔棒，可让丑小鸭变成白天鹅；勤奋，是化腐朽为神奇的灵丹妙药，能使平庸者成为非凡的伟人……
>
> （学生习作《说勤奋》片段）

我不得不承认，现在中学生中流行的所谓议论文，已经成为一种格式化的套路。这类没有逻辑思维、全文断裂为几个拼凑片段的所谓议论文，其基本样态就如孙绍振先生所批评的那样：先写一个论点，然后铺开三个例子，再简述四个故事，接着引用五句名言，最后得出结论证明论点。这类缺乏逻辑、没有层次、没有思考的文章大行其道并为不少学生竞相模仿，便是当前中学生议论文写作教学最可怕之处。

学生写作缺乏有质量的思考，很大程度上不是因为学生拒绝思考，而是教师很少教给学生思考的方法。思考是一种能力，而能力的形成是离不开适切的指导与训练的。于是，我开始在写作教学中尝试为学生提供思考分析的策略方法，并取得了较好的效果。这里简要介绍本人运用"鱼骨图"作为学生思维的支架工具，并以此指导学生学习"因果分析"的课例，以求就正于方家。

就上述《说勤奋》作文为例。这篇习作运用三个论据证明论点，试图通过孔子等人因为"勤奋"而成为圣人、书圣、诗仙来证明为学要勤奋。问题是：把孔子成为圣人的原因径归结为"勤奋"，合适吗？凭借常识可知，这显然是不合适的。孔子之所以成为圣人有许多原因，"韦编三绝"既不是主要原因，更不是唯一原因。因此合适的归因，至少要找到"主因"，最好还能列举其他次要原因，这样的分析才比较接近事物的本质。

学生很自然地要发问：我们该怎样做才能既找到主要原因，又能列举其他原因呢？

我知道，这就是中学写作教学的瓶颈所在。我意识到，学生不会归因，其实主要是由于学生缺乏正确归因的有效工具。作为教师，必须为学生的合理归因找到有效的思维工具，于是我从学习理论中的思维可视化原理中得到启发，借助思维导图中的"鱼骨图"指导学生学习如何合理归因。"鱼骨图"的原理与结构非常简单，是进行因果分析时经常采用的一种方法，其特点是简洁实用、比较直观。

先举一个生活实例——对儿童缺乏阅读兴趣的原因做分析（图1），向学生演示如何运用鱼骨图。第一步，分析问题原因，针对问题点，从各角度找出所有可能原因（因素），将找出的各要素进行归类、整理。第二步，绘图，先填写鱼头（结果），画出主骨，填写主要原因或者分析角度，再画出中骨、小骨，填写原因。一般流程如图2所示：

1. 画出鱼头（结果），画出主骨；2. 画出大骨，填写主要原因或者分析角度；3. 画出中骨、小骨，填写原因。

鱼头，代表一个事物的最终结果。鱼的骨架躯干，代表导致某一结果的诸多原因。我告诉学生，正如一条鱼不可能只有一根刺一样，一件事情

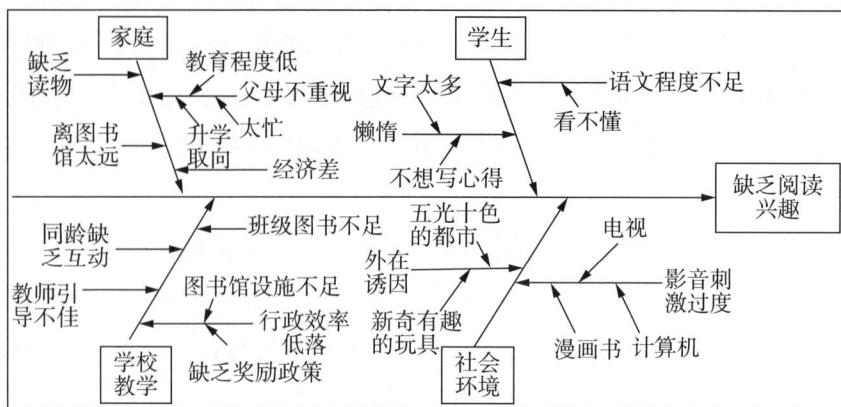

图1 儿童缺乏阅读兴趣的原因

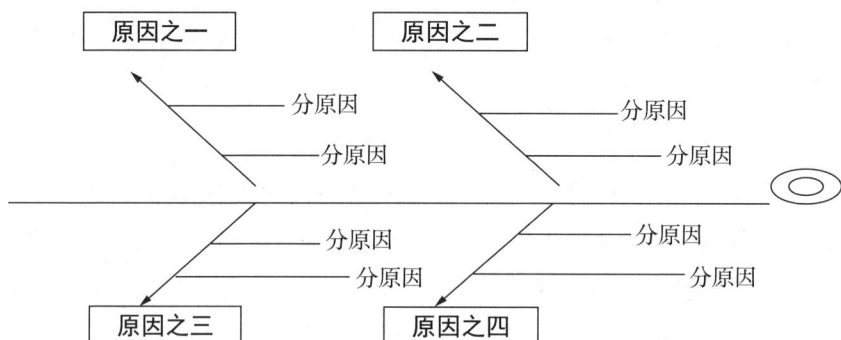

图2 绘制"鱼骨图"

也不可能只有一个原因。因此,在分析导致一个结果的原因时,我们至少要列出2~4个原因,这样的分析才可能比较全面,才不至于褊狭。此外,我们还要确定起主导作用的原因,这样才不会捡了芝麻丢了西瓜。

经过介绍上述知识并据此开展一番活动后,学生开始对运用"鱼骨图"分析原因产生了浓厚的兴趣。于是,我设计了如下活动引导学生运用所学知识尝试分析现实问题:

好多同学都看过电影《人在囧途之泰囧》(以下简称"《泰囧》"),这部电影自2012年12月12日公映以来,票房一路狂飙,累计已超 10 亿，刷新国产片票房纪录。同期上映的影片虽不乏优秀之作，如《少年派》《一九四二》《王的盛宴》《血滴子》《十二生肖》等，但其票房都难以望《泰囧》之项背。这是一个奇迹，请运用鱼骨图分析《泰囧》热卖的主要原因。

学生通过讨论，最终确定了如下四个分析维度：观众喜好、宣传手段、电影制作、文化背景。随后，在四个维度中确定最基本归因维度。学生认为，一部电影能够热卖，原因固然很多，但其中"电影制作"一定是最为关键的，必须深入分析，其他原因只需简单解说即可。在此基础上，学生进一步归纳出如下具体原因：

1. 品质佳：编剧好、明星好。徐峥、束焕和丁丁三人编剧认真；王宝强等演员表演出色，"囧囧有神"三人组合有观众缘。

2. 档期好：喜剧片符合年终贺岁档特点，加上 12 月 12 日世界末日传说，增加了市场对喜剧片的渴望。

3. 类型明确：作为喜剧片，只求"笑"果，逗乐了观众，自然带来经济效益。

4. 精心制作宣传预告片，徐峥亲自剪辑宣传片《观影指南》。

5. 没有像《画皮》那样拍成 3D 片，看《泰囧》经济上较划算。

6. 媒体宣传推波助澜，海量的微博发送起到了促销的作用。

7. 观众笑点低，当前观众的文化消费具有快餐化倾向，不愿看太沉重的影片。

实践证明，用"鱼骨图"作为思维工具来帮助学生分析问题、整理思路，效果确实不错。几堂写作指导课后，学生普遍喜欢运用"鱼骨图"来分析各种现象，渐渐学会了通过对原因的分析找到关键性因素，这使得学生的文章分析更加全面，说理更有条理，文章结构也更为严谨。总之，"鱼骨图"非常直观地帮助学生全面分析各种原因，有重点地抓住核心原因。

当然，运用"鱼骨图"分析原因并不是万能的，我们在后来的教学中意识到,学生在运用"鱼骨图"分析原因的过程中,有时会忽略或者无法考虑到一些非常重要的思考维度,这是由于学生对实际事物的了解还不够深入。这时,绝非提供思维工具就万事大吉了,还必须指导学生"格物致知",对事物进行深入的调查研究。但尽管如此,"鱼骨图"作为一种提供思维路径的工具,已经被事实证明是非常有效的。

写作教学,必须多为学生提供类似的思维支架。

【作者简介】

於健,任教语文学科,担任教研组长,教龄 26 年,高级教师。

曾连续三届被评为黄浦区语文骨干教师,主持的区级课题获得黄浦区教科研成果评比二等奖。

本文写于 2013 年 8 月,发表于全国中文核心期刊《中学语文教学》2014 年第 1 期。

涂好传统文化的底色

——古典诗词教学促进学生人文素养的培养

黄懿华

前　言

中国的古典诗词博大精深，内涵深刻，意存高远，也包含很多哲理。学习古典诗词，有利于陶冶情操，弘扬人文精神，对学生进行"立人"教育，奠定精神的底子。新版中小学课程标准加大了古典诗文在教材中的比重，把古代作品在教材选文中的比例提高到了40%，这是基于古典诗文对培养学生语文素养所起作用的充分认识，同时自2000年以来，上海卷高考新增了古诗赏析题，使古诗词教学受到人们前所未有的关注。在语文教学的几块园地中，相对现代文和写作，古诗词教学的改革相对薄弱，现在摆在我们面前一个亟须解决的课题是：怎样教才能充分发挥古诗词的陶冶功能？诗歌教学与一般课文的教学该有怎样的不同？

一、教学现状

余秋雨先生说得好："在欧洲，作为古代经典最醒目的标志，是一尊尊名扬天下的雕塑和一座座屹立于百年的建筑。中国历史上毁灭性的战乱太多,只有一种难以烧毁的经典保存完好,那就是古代诗文经典。"这些诗文是蕴藏在无数中国人心目中的雕塑和建筑,而一代接一代传统性的诵读,便是这些经典连绵不绝的长廊。

中国是一个诗的国度,有着悠久的"诗教"传统。所谓"诗教",本指《诗经》"温柔敦厚"的教育作用,后来也泛指诗歌的教育宗旨和功能。两千多年来,"诗教"传统绵延不绝,我国历代的学者文人在成长过程中无不受到过"诗教"的熏陶。但是,自"五四"以来,尤其是近半个世纪来,随着以文言为载体的古典诗词的教学和写作日渐式微,"诗教"的传统事实上已经难以为继。许多有识之士都为我国所独有的这一悠久传统突然中断而深感惋惜。

我曾选择本校高一至高三(各3个班,即9个班级,450名学生)进行调查,结果如下:

表1　高中生对古诗词教学现状的看法

	很好	较好	一般	较差	很差
人数	9	68	177	146	50
比例	2%	15.1%	39.3%	32.4%	11.2%

表1显示,学生对古诗词教学现状选择"一般"和"较差"的超过了半数,这种现状不能不引起我们的注意。

二、问题所在

为什么会出现这种情况?以下几点可供参考:

1. 从学生角度看,目的不明。很多学生不明白为什么要花那么多时间和精力去学那些胡里花哨的古诗词,无非是考试时的几句默写、几道赏析题。既然在阅读、写作和日常交际中已很少用到,那么,有多大的实用价值呢? 学生认为,在应试中把工夫花在数理化上的单位时间的得益高于语文学习,部分学生还与将来的收入紧密相连,忽视了人文素养的培养。

2. 从教师角度看,教法单一。现行的诗歌教学常常以教师的讲解为主,教师讲学生记,重意义的获得,课堂教学的任务重在帮助学生"字字落实,句句清楚",讲解时过于琐碎,甚至有的学生还没有理解,就有熟读背诵的任务。诚如一位同学所说的:"现在学习古诗词,要么是不加理解,死记硬背;要么统一理解,千人一面。"因此当学生在某篇诗词中认识的字词换到另一篇里就不能灵活理解,如同陌路,更难举一反三。而对诗词的情感理解,能为作品套上"爱国主义""羁旅故乡""怀才不遇"等帽子,表面上似乎知道了诗词的大致内涵,实质上没能触动学生的情感,也不能真正提高学生的人文素养。

3. 从教材角度看,也有不少问题。课文中古诗词的比例很小,有些很好的作品放在了文化常识中,即作为"附录"看看读读而已,不能引起师生的足够重视,古诗词的阅读面狭窄,更不能满足爱好诗词的学生的要求,自然收效甚微。好在这一现象在二期教改的选文中有所改变,但就选文来讲,还是不能完全满足部分同学的需求。

4. 从出题角度看,有的脱离学生实际。学习古诗词首先当读懂读通,要反复吟诵,有些还需要背诵记忆,即古人所谓"涵泳工夫兴味长"。而考试的部分试题选的是学生从未读过的、连作者都不知道的古诗,学生对于这部分作品怎么能够知道鉴赏得对不对? 又如何去写鉴赏文章? 学生如果拿到一首连背景都不知道的作品,他只能在几个答案中乱猜一通,凭运气抓阄。我们的高考试题和平时的练习中多得是这样的试题,久而久之,不少学生就产生了误解,他们认为所谓的古诗鉴赏题就是:读一首诗,然后做练习,最后听老师讲评。当老师在讲解时,大部分同学是似懂非懂的,也许事后聪明的或是有兴趣的同学会去查阅,而很多同学不甚了了,屡做屡错的结果常使一部分学生讨厌古诗词。对古典诗歌的死记和活记都是有用的,真正无用的是花工夫去记那些习题的答案,这压制了学生的学习主动性,花了大力气,结果只记一些皮毛而无法真正欣赏古诗词。

　　面对上述情况,怎么办呢? 从教师角度看,要改变观念和教学方法。变教师为主体成学生为主体,变教师的讲解为主成学生的学习、活动为主,让学生有兴趣地积极参与,不"只以晓义为满足",还"需着重意旨所在",去充分发挥诗词的鉴赏作用,提高人文素养,达到立人的目的。

三、改革尝试

1. 激发学习古诗词的兴趣

　　我们时常说: 兴趣是最好的老师。古诗词教学首先要培养学生的学习兴趣。我在日常教学中尝试结合时令节气让学生学习唐诗宋词。例如早春时节,寒风瑟瑟,我就给学生吟诵贺知章的《咏柳》;春天来临,我就给学生吟诵孟浩然的《春晓》、韩愈的《早春呈水部张十八员外》、叶绍翁的《游园不值》;暮春时节,可以推荐李清照的《如梦令》。同样,夏、秋、冬的诗词也不少,这些诗词都是名家名篇,篇幅较短小,其中不少脍炙人口,已为学生熟悉,如今结合时令朗读,更添一分情趣,所以学生爱读,读得有劲,读而有获。

2. 利用教材,拓展古诗词阅读面

　　高一新教材中有《垓下之围》一课,学完课文后探讨怎样看待项羽的悲剧形象,我向学生推荐三位文人写项羽乌江自刎的诗词: 李清照的《夏日绝句》、杜牧的《题乌江亭》和王安石的《乌江亭》,使学生体会到古典诗词中博大精深的文化内涵,产生一种接触古典诗词的愿望。当堂,学生纷纷抄下并吟诵这些作品,有些同学又在课后涉猎这三位诗人的其他作品。同样,学习《前赤壁赋》,学生不能立即领会课文所蕴含的人生哲理,这就涉及对苏轼人生经历的了解。我挑选了和课文有关的苏轼的代表作：《江城子·密州出猎》《浣溪沙》《水调歌头》《西江月》《念奴娇·赤壁怀古》《卜算子》《定风波》等十六首作品，帮助学生把握苏轼的人生经历、情感世界和思想历程，从而使学生体会到课文中所流露出的人生无常的苦闷和潇洒超脱、返归自然的旷达。这样，教师就发挥了引领学生阅读古诗文的作用。

3. 化整为零，加强背诵

推动古诗词教学，我利用每堂课前的三分钟要求一位同学上讲台声情并茂讲解一首自己喜欢的作品，讲完后带领全班同学齐声朗读，这样增加了学生接触古诗词的机会，还通过其他同学的介绍增进相互间的交流，激发阅读古诗文的欲望。每学期要求学生背诵一定数量的唐诗宋词，在背诵过程中我教给同学记忆方法，指导背诵。首先是过度背诵，其次是强化中间，再次是出声背，每个学期举办一次古诗文背诵比赛，评出前三名，考试时适当加分，这样大大激发了学生学习古诗词的兴趣。"读书百遍，其义自见"，背诵和理解有着相辅相成的辩证关系，教学时以理解促进背诵，在背诵中加深理解。

4. 诗词写意，加深理解

古诗词教学可以结合写作指导，通过诗词写意教学，培养学生对诗词的理解力。例如可以马致远的《天净沙·秋思》为题材，要求学生展开联想，将原诗扩写成300字的短文。所谓诗词写意，就是在对一首诗充分理解的基础上，以其为题材，展开联想、想象，将诗词中描写的情、景、事、物具体化，扩写成文。采用这种扩写方式能比较全面地帮助学生把握对诗歌的鉴赏能力，培养想象创造能力和语言表达能力。理解原作是写好诗词写意文的关键，诗中的"枯藤老树昏鸦，小桥流水人家，古道西风瘦马"等句纯用名词连缀景物，构成画面，就需要指导学生体会其特殊性，仔细品味意境，理解以景写心，写出行人漂泊天涯的凄凉心境。这样，文章的思路才会正确，想象才会合理。

5. 多媒体促进课堂教学

时代正在飞速发展，教学方式需要变革，古诗词教学同样需要更新。在古诗词教学中更可以大胆引进多媒体教学创设情境。屏幕上时间、空间的快捷转换，对学生的思维能力是一种促进；文字、画面的迅速切换，对言语表达以及思维方式的转换是一种强劲的刺激；视觉、听觉、触觉的冲击，更能有效地叩击学生形象思维的发散、深化，没有见到过雪的南方孩子通过画面就会加深对《江雪》的理解，远离大海的学生从多媒体中能融进《观沧海》的意境中。

在古诗词的教学领地，我们不能再仅满足于落实字词句，除了改变传统的、单一的教学方法外，还有必要让学生掌握一些文学史的知识，了解一些诗歌鉴赏的常识，比如古代诗歌的语言都有哪些特点，常用哪些表现手法、诗歌意象、意境的感悟等。语文教育的本质是立人，终极目标是培养知书达理的中华少年。中华古诗词蕴含着伟大的人文精神，对塑造青年学子的心灵、增强文化底蕴有着举足轻重的作用。多种教学方式的运用必将会提高学生对学习中华诗词的兴趣，促进学生人文素养的培养。

【作者简介】

黄懿华，任教语文学科，教龄 22 年，一级教师。
曾获得上海市普教系统"尊老助老好教师"荣誉称号。
本文发表于《黄浦教育研究》2006 年第 3 期。

让学生喜欢写作

秦晓雯

在现代汽车工业中，当某个生产环节出现了问题，工程师们一般会从人（操作者）、机（机器设备）、料（原材料）、法（操作及加工标准）、环（生产环境）五个方面去逐一分析，找出问题症结并最终提出解决方案。

在语文教学中，教师虽然希望学生喜爱写作，但事实却并不尽如人愿。显然，我们的教学环节出了问题。受上述例子启发，我想尝试用工程师们的方法给我们的作文教学把脉，提供一种新的解决作文教学困境的思路和对策，让学生们从怕写、不喜欢写，逐渐转化成敢写、爱写！

当产品出现问题时，首先要找到操作者，分析他在操作过程中是不是存在过失。同样，面对学生不喜欢写作这一现象，我们要从"人"身上找原因。这个"人"，就是学生。那学生到底出了什么问题呢？

在进行了一些采样调查后，我得出了如下结论：学生对写作有一种主观懈怠。他们不重视写作，认为写作无用，既拉不开分差，又对日常生活帮助不大，所以不愿把精力和时间花在写作上。这无疑是"人"这一方面的主要问题。假使学生总是带着此种敷衍的态度对待写作，那写作水平自然无法提高，谈喜欢就更无可能了。为此，如果要让学生喜欢写作，教师就必须多加引导，让学生知道写作的益处，并从中尝到甜头。

在我的课堂教学中，即使时间再紧，有一个环节总是不会丢弃的，那就是当堂的三分钟演讲。这既训练了学生的语言表达能力,又在无形中灌输了写作的好处。每位同学的演讲稿都必须亲自写就,演讲的内容虽然不限,但必须鲜明地表达自己的立场,还要进行当堂互动,有理有据地阐明自己的观点。面对这三分钟,学生们投入了极大的热情,他们请教老师,几易其稿,力求有好的表现。当听到老师的赞许和同学的掌声时,演讲者定会觉得好的文笔是使他得到他人认可的捷径。

当然,鼓励学生参加各类征文比赛、在作文讲评课上分享学生的习作、教学生用各种实用文体去表达自己的观点(如给学生会的一份建议书)等,都能调动起他们主动写作的积极性。学生的观念改变了,他们爱上写作也就不难了。

机器是工作的凭借,是一种工具。写作凭借的则是学生扎实的文字功底和独到的见解,很多学生因为缺乏这种能力而对写作望而却步。为此,教师应该在这方面多投入些精力。

首先我注意到:面对作文命题,学生们"不思考"。这个"不"不是"不愿",而是"不会"。套用一个流行的名词,学生们的思维"钝化"了!为了打破这种"钝化",我进行了一些尝试。做法很简单,就是尽量利用周边发生的小事启发学生,多问为什么,努力去打开他们思维的大门。

这里试举一例。某日上课,一位学生在下面忙个不停,我走到她面前问她在干什么。她回我:"笔漏油了,弄得一塌糊涂,得赶紧擦干净,这样才能继续记笔记。"我追问:"笔漏油了说明什么?"大家顿时来了热情,有人立刻起哄道:"什么牌子的笔?质量太差!曝光它!"大家你说我答借机把话题往外扯,甚是欢悦。此时一个声音答说:"漏油说明笔告诉你,该休息一下啦!别太累了!"此语一出,整个教室的人都停住了闲话,若有所思。课后我给大家布置了作文——《生活的提醒》,鼓励每个人发掘身边的小事,多提问,多思考。

再说说文字功底。这虽不是短期能培养出来的,但教师可以充分利用"大家"的作品进行一些写作指导。如教授《沁园春·长沙》的时候,可以让学生知道如何进行景色描写。第一步是"勾勒形态",如群山、层林;第二步是"染上色彩",火红的枫林,蓝天碧水;第三步是"让画面动起来",秋风送爽,吹动满山的枫叶,像熊熊燃烧的烈火;第四步是"注重细节描写",如游鱼的细鳞。在有样板的基础上进行仿写训练,就会使学生的写作能力有一定程度的提升。经过一段时间的思维和文字训练之后,当学生逐渐意识到原来自己也可以较自如地运用文字,充分发挥想象力时,他们必定会爱上写作。

　　好的原材料造就好的产品,好的选题催生好的习作。

　　作为教师,我们不得不承认,有时给出的命题过于无序、假大空。许多学生即使愿意动笔,也实在无话可说。"无感"自然写不出好东西,因而充分利用教材,从读后感的训练入手必定事半功倍。

　　读后感的写作不必刻意抓作品的细枝末节,不必对人物情节进行过多分析,可以不讲究格套,只要畅所欲言,用心即可。我常对学生说:"既然《一碗阳春面》能用朴实的语言打动你,那么你为什么不能用自己的心与作者产生共鸣呢? 还记得《生命本来没有名字》里的那个女孩吗? 她给周国平的信不就是最好的读后感吗?"

　　以下是我的学生写的关于《项链》的一篇读后感:

虚荣的讽刺

　　他们叫我虚荣,并说我是个恶毒的东西。

　　也许,真是如此。

　　我不想有人喜欢我,可无论我怎么逃避,还是有人穷追不舍。玛蒂尔德,一个漂亮、动人但平凡的女人遭受了我最深重的伤害。

　　她做梦都想过上富人的生活,但命运就是爱开玩笑,她偏偏嫁给了一个穷人。她无时无刻不在追寻着我。上帝瞧她可怜,终于给了她一次机会。她成功了,一夜之间,她得到了上层人物的钟情与拥戴,她翩翩起舞,像是一位仙女。她彻底拥有了我。她高兴极了,好似拥有了第二次生命。

　　然而,我说过,我是个恶毒的东西。

　　情理之中,她付出了惊人的代价。她拼命地工作,没日没夜,只为了那三万多法郎的债务。命运并没有再一次钟情于这个女子,她辛苦了十年,整整十年,她变得苍老、颓废,一副饱经命运捉弄的可怜模样。

　　她用十年的光景抛弃了我,抛弃的还有青春和美丽的容颜。

　　我说过,我是个恶毒的东西,我不想给任何人带来伤害,可谁让她曾经那么痴狂地爱上了我!

　　循序渐进地给学生提供熟悉的有发挥空间的选题,让他们把阅读、思考的结果用文字的形式记录下来,也许真的会让他们爱上读,更爱上写!

　　"法"是一种标准。在作文教学中,"法"掌握在教师手中。

　　75分的作文同72分的作文到底有何差距?老师的评价体系到底应该是标准化还是随性化?这点很值得我们深思。

　　回想我的高中时代,我的语文老师在这点上很严谨。他在我们每篇作文后面都附有一张表格,上面详细记录了文章在包括语言、立意、结构、书写等十多个方面的得分。每次拿到小条我们都会一一比较,思考此次作文的得失。直到现在,当时老师一丝不苟的态度依然让我肃然起敬!

　　之前我曾经说到过学生的观念问题,他们因为作文拉不开分差而不重视写作,我想造成这种现象的主要原因恐怕就是用"法"的随意性。

　　我在这个问题上一直尝试着,希望在平时的教学中能够建立起一种比较科学和标准的评价体系,让学生能够通过评价体系明确自己努力的方向。

　　有了目标,有了方向,自然让学生更有写的动力。

　　最后是"环",即"环境"。一个好的学习环境能激发学生的学习和创作热情。

阅读课是营造良好写作氛围的一条途径。要想写,必先读。教师可以在阅读课上让学生记下好句,写下阅读体会,最后在课堂进行读后感交流。由于学生们都是自主选择阅读对象,因而他们会乐意通过文字把自己的心得拿出来同大家分享,久而久之就会形成一起读、一起写的良好氛围。当一种良性循环产生之后,学生就会更主动参与到写作中来。

除此之外,我还在自己的选修课上尝试了良好氛围的营造。由于是小班化选修,参与的人数较少,所以每堂课我都能给大家轮流交流习作的机会。每位学生朗读自己的作品,说出内心感受,周围的人则提出合理建议,考虑修改方案。半个学期下来,大家其乐融融,形成了一种良好的写作氛围,越写越想写。这点让教师着实欣喜。

当然,人、机、料、法、环五个方面均来自汽车工业,他们的标准自然和我们的有很大差异,有些地方也无法完全一一对应,但这个合理地找出问题的流程多少可以给我们的作文教学提供一些新的思路。

综上所述,无论是改变学生观念、拓展学生思维、教授学生写作技巧,还是循序渐进地设置习作命题、制订合理评价标准、营造良好写作环境,主导都是教师。要让学生真正喜欢上写作,教师确实任重而道远!

近日当堂给学生布置了一篇名为《走与停》的话题作文,其实在作文教学的路上我们一直在努力"走"着。有时真的感觉太匆忙了,如今的我们不妨拿出勇气和智慧停下来歇歇,静静地、理性地反思,为以后的教学积蓄力量,寻找新的方向!

【作者简介】

秦晓雯,任教语文学科,教龄 15 年,一级教师。

本文写于 2012 年 5 月,发表于《黄浦教育研究》2014 年 9 月。

高中生英语原著阅读实践初探

施　翎

一、高中生英语阅读现状

在《上海市中小学英语课程标准(征求意见稿)》中,针对高中阶段(十至十二年级)的学习要求有:不借助工具书,能读懂文学、科技等原版的简易读物及含有少量生词的语言材料(五级);能阅读通俗的文学原著(六级)。

但实际情况如何?

我在执教的上海市光明中学(市实验性、示范性学校)2017届234名学生中曾做过一次"高中学生英语原著阅读情况"调查(调查问卷见附录1),英语课外阅读主要来自英语原著的只有17人,占所有参与调查的234名学生的7.26%;学生对于英语原著的知晓、了解主要来自根据原著拍摄的影视剧和根据原著翻译的中文读本,这两项人数占到了参与调查问卷总人数的88.9%。

从调查中我们不难发现,中学生英语原著阅读的现状是令人堪忧的,语言固然是一个障碍,但是其他因素也是不容小觑的。有学生就反映:我不喜欢看课外书,也没有时间看。课业的负担使许多学生疲于应付作业、考试,很少有时间来阅读原著。即使看书,绝大部分也是看与课程有关的辅导书。同时,随着电脑和智能手机的普及,网游、微信成了学生休闲活动的主题,即使看书,也只是看一些消遣类的,如校园爱情、武侠、漫画卡通。

二、高中生英语原著阅读的理论依据和意义

1. 高中生英语原著阅读的理论依据

"二语习得"泰斗斯蒂芬·克拉申在著作 *Principles and Practice in Second Language Acquisition* 中提到：只要提供足够的、与真实语言环境相匹配的输入，学习者就能够自然地从现有的语言能力进步到略高一层次的语言能力。英语原著阅读就是真实语言环境的输入。学习者在跌宕起伏的故事情节中，品味着优雅的语言，体会着作者的思想情感，在潜移默化中提高了语言运用能力。

2. 高中生英语原著阅读的意义

（1）激发英语学习的兴趣

我犹记得自己在高中看完第一本英语原著 *Desiree* 后欣喜的心情，并在以后的每个暑假陆续看完了《还乡》（*Return to Native*）、《傲慢与偏见》（*Pride and Prejudice*）等英语原著。现在的英语教学很多时候围绕着课文进行，老师大量地讲授语言点使得英语学习变得枯燥乏味。阅读英语原著不仅能给学生带来成功的喜悦，更重要的是能提高学生学习英语的积极性，想读英语，乐读英语。

根据克拉申的"情感过滤假说"，在二语习得过程中，下列三种情感态度直接和习得有关：学习动力、自信和焦虑。那些对二语习得动力强、更自信的习得者不但会寻求并获得更多的输入，而且他们对输入更加开放，输入的影响也"更深"。

（2）提升语言学习的能力

今天有许多学生的英语阅读局限于碎片阅读：考试阅读和课文理解。

要想通过这两类阅读来提高语言学习能力谈何容易。有研究表明（Lituannas，Jacobs，Renandga），广泛阅读书报等课外读物的学生和仅接受课文教学的学生相比，前者的阅读能力六个月后有显著的进步。以词汇学习能力一项来说，在英语原著阅读过程中，学生处于一种不断温习已知词汇，逐渐认识未知词汇的过程。这个过程不仅扩展了学生的词汇量，还教会了学生通过上下文语境推测词义的能力。

英语原著阅读对提升学生的英语听力也是很有帮助的。学生阅读英语原著后通过观看根据原著改编的电影，既加深了对原著的理解，也提高了听力能力。

英语原著阅读对提高学生的英语写作能力也是显而易见的。在原著阅读后，学生可以通过总结写作（summary writing）来概括原著内容，提升自己的理解，也可以通过写读后感分享阅读原著的感受。

（3）培养跨文化意识

由于不同民族所处的自然、社会、宗教环境不同，各自的语言习惯、生活方式、风土人情也迥然不同。英语原著阅读是了解一个国家文化的有效方式。通过阅读，学生可以了解当时当地的社会文化，增加对不同民族、不同国家的文化感受与认知。

一次学生在读了《麦琪的礼物》（*The Gift of Maggie*）后问：小说里女主角的名字是 Della，男主角是 James，那为什么小说的题目用了"Maggie"？这是谁？在老师的指导下，学生查阅了有关资料，知道了 Maggie 是个复数名词，指基督出生时来自东方送礼的三贤人。

三、高中生英语原著阅读的实践

1. 选择合适的阅读材料

在选择供学生阅读的读物时，我坚持循序渐进、语言适度、配套课文的原则。

在英语原著阅读的起始阶段，我挑选的是学生熟悉的一些短篇小说，如欧·亨利的《警察与赞美诗》《麦琪的礼物》《最后一片树叶》等。这三篇小说都被收入了初、高中语文教科书，所以学生对内容很熟悉，在阅读时即使遇上有不认识的单词或较长的句子也不会有焦虑、畏难的情绪。此外，马克·吐温的短篇小说也是我选择的对象，如《竞选州长》，全文短短几千字，句式简洁，语言幽默风趣。在学生对英语原著阅读产生了兴趣以后再向长篇小说、经典名著拓展。在选择长篇小说和经典名著时，也是先选一些学生在内容上比较熟悉的作品，如《傲慢与偏见》《老人与海》《哈利·波特》等。

在选择供学生阅读的读物时，语言难度、生词量也是老师要考虑的一个因素。根据在光明中学 2017 届学生中开展的《高中学生英语原著阅读情况调查问卷》反馈，认为在阅读英语原著时最大的困难是生词量太大的学生有 184 人，占整个参与调查问卷人数的 78.6%。语句偏难、生词量偏多的作品会使学生在阅读过程中产生焦虑、不耐烦的情绪，最终失去继续阅读的动力；然而过易的作品又不利于提高语言学习能力。

英语原著阅读和课文教学并不冲突，而是相辅相成的。《英语（新世纪版）高中二年级第一学期》（试用本）就有一篇课文改编自杰克·伦敦的小说《墨西哥人》，在《英语（新世纪版）高中二年级第二学期》（试用本）中有两篇课文分别节选了查尔斯·狄更斯的《雾都孤儿》和马克·吐温的《王子与贫儿》。在暑假时间充裕的前提下，学生可自行选读其中的一本。学生通过课文激发阅读原著的兴趣，通过原著阅读延伸拓展课堂知识。

2. 读前指导

这个阶段的指导包括背景知识介绍、内容预测等。

背景知识介绍就是扫除学生在阅读过程中可能出现的一些英语文化

背景障碍,提高学生对原著的理解。如在学生读《双城记》之前,老师先简要地介绍故事发生的背景:法国大革命。

预测是阅读过程的一个重要环节。在拿到阅读材料后,我要求学生先不要急着去读,而是先根据题目来猜测会写些什么内容,这样做既可以激发学生的好奇心和想象力,又能调动他们的阅读兴趣。下面是我在和学生解释了"麦琪"这个名词后,就《麦琪的礼物》设计的读前预测题:

(1) When does this story happen?

(2) What is this story about?

(3) Are people in the story pleased with their given presents?

3. 读中指导

在课时紧缺的现实情况下,英语原著阅读只能作为学生课外阅读的一种手段,但这并不意味着老师就可以放任学生自己去读。如果没有老师的指导、检查,学生的阅读就可能流于形式。为了对学生的阅读状态、阅读理解有清晰的了解,老师在学生阅读过程中的指导应侧重于对词汇、对内容理解的指导和检测。

(1) 词汇理解

对于高中生来说,在英语原著阅读过程中不可避免地会遇到大量的生词,如果不停地查字典,会扼杀学生阅读的兴趣。因此,在英语原著阅读时,一定要让学生知道课外阅读不需要百分百的理解,只要读懂大概的意思,无须弄清每个单词、每个词组的确切意思。在遇到不认识的单词时,可以根据上下文的内容进行推测,这样会更快地理解阅读材料的内容,加快阅读速度。

(2) 语篇理解

语篇理解可分为表层性、深层性、评价性三种。

表层性理解,即能懂得字面的信息。在英语原著阅读实践中,老师选择的阅读材料多为情节小说。老师要引导学生快速抓住作品的重要脉络：人物关系，故事的引子、进展、高潮和结尾。

深层性理解，即学生要充分利用阅读材料中所给的条件对有关事实进行正确推理，从字里行间理解作者或文中人物没有说明的态度和想法。

评价性理解，即对作者表达的内容和思想做出评价。

在阅读英语原著，特别是长篇小说或经典名著过程中，一开始，老师的指导主要侧重于表层理解。随着学生逐步理清了作品中人物之间的关系、故事的来龙去脉，老师的指导可以逐步地向深层次和评价性理解延伸。下面是我在指导学生阅读《傲慢与偏见》时设置的一组问题。这部小说共六十章，我以每二十章为一个单元设置两至三个问题。

Chapter 1 ~ 20

Question 1. To identify the relationship between Elizabeth and the following people.

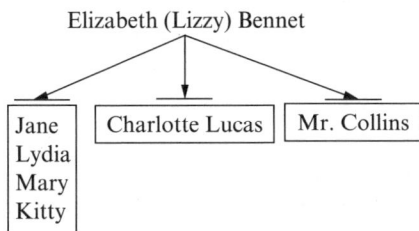

```
              Elizabeth (Lizzy) Bennet
         ┌──────────────┼──────────────┐
         ▼              ▼              ▼
  ┌──────────┐  ┌──────────────┐  ┌────────────┐
  │ Jane     │  │ Charlotte    │  │ Mr. Collins│
  │ Lydia    │  │ Lucas        │  └────────────┘
  │ Mary     │  └──────────────┘
  │ Kitty    │
  └──────────┘
```

Question 2. Why did Mrs. Bennet want Elizabeth to marry Mr. Collins so much?

Question 3. Why was Mrs. Bennet unwilling to arrange for a carriage to sent Jane to Netherfield?

Chapter 21 ~ 40

Question 1. To identify the relationship between Elizabeth and the following people.

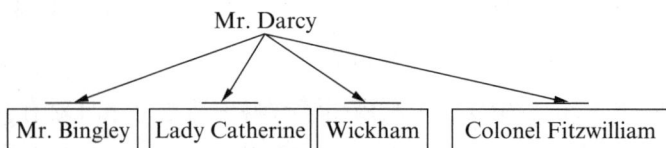

Question 2. Why did Mr. Darcy want to separate Mr. Bingley and Jane?

Question 3. From the Chapter that describes Elizabeth's paying a visit to Lady Catherine, what do you think Lady Catherine was? List an example to support your opinion.

Chapter 41 ~ 60

Question 1. Who persuaded Wickham to marry Lydia? What offer did he give to Wickham?

Question 2. Of 4 couples in the novel: Jane and Mr. Bingley, Elizabeth and Mr. Darcy, Charlotte and Mr. Collins, Lydia and Mr. Wickham, who do you think is the happiest? Why?

4. 读后巩固

如果说引导学生理解欣赏英语原著是语言的输入过程,那么接下来的读后巩固就是语言的输出过程。说和写是这个过程的两个主要表现形式。

(1) 说

读后说的形式是多种多样的,可以是学生对阅读材料进行概括后的复述,也可以是以看图讲故事的形式对阅读材料进行浓缩,更可以是就阅读材料中的某个现象或观点发表自己的看法。

(2) 写

在理解阅读材料的基础上,学生可以写作形式对阅读材料中的某个现象或观点发表自己的看法,也可对材料的内容进行概括并写成一篇英文总结,或是一篇读后感。(见附录2)

四、英语原著阅读实践中的反思和启示

1. 反思

在开展了为期一学年的英语原著课外阅读后，我明显感到学生的英语词汇量扩大了，对英语句子尤其是长句的语感也相应得到了增强。但遗憾的是，因为课程设置的关系，英语原著阅读实践仅仅停留在课外阅读层面，没有引入到课堂教学中来。如果它能成为课堂教学的一部分，我相信会有更多的学生更大地从英语原著阅读实践中受益。

此外，学生由于性别、个性和喜好的差异，对英语原著作品的选择和期待也有不同。如在布置学生读《傲慢与偏见》的时候，就有男生提出想阅读《老人与海》这样充满阳刚之气的作品。因此，下一部作品我就选择了《老人与海》。在后来的作品选择时，我尽量兼顾不同学生的需求。

学生的个性、能力和性别的差异促使我在选择作品和指导学生等方面还有许多值得改进的空间。如何进一步激发所有学生的兴趣，是我要继续研究的问题。

2. 启示

（1）教师自身要具备一定的文学素养

作为一名语言教师，我们自身必须要阅读大量的英语原著作品，以提高文学素养，具备相当的文学欣赏力。只有老师具备了深厚的文学修养，才能在英语原著阅读实践过程中更有效地指导学生。

（2）向语文教学学习、借鉴

英语原著阅读实践侧重于对阅读文本的整体理解，这完全不同于传统的强调句读、语法的英语教学，反而和语文教学相通。我们英语老师不妨听一听语文老师的文学欣赏课,学习他们是如何从整体上引导学生进行语篇理解的。他山之石,可以攻玉。

　　总之,英语原著阅读不仅提高了学生的英语语言能力,而且培养了学生的人文素养,把英语教学和学习提高到了一个新的境界和高度。

【参考文献】

　　[1] 上海中小学课程教材改革委员会办公室.上海市中小学英语课程标准(征求意见稿)[M].上海:上海教育出版社,2004.

　　[2] Krashen, Stephen D.. Principles and Practice in Second Language Acquisition[M]. Prentice-Hall International, 1988.

　　[3] 邓永静.高中英语课外名著阅读实践初探[J].中学生英语,2012(7—8).

　　[4] 李振来.快乐阅读　成长思想[J].现代教育论丛,2010(12).

　　[5] 严俊龙.浅议英语文学作品欣赏与中学英语学习[J].基础英语教育,2004,6(4):20-22.

　　[6] 徐菲.高中生英语阅读新境界[J].考试周刊,2011(54):149-152.

[附录1]　　　　　高中学生英语原著阅读情况调查问卷

　　班级:_____　　　姓名:_____　　　学号:_____

1. 你的英语课外阅读主要来源于_____。

　　A. 中学生英语报　　　　　　　　B. 课外习题书上的阅读习题

　　C. 英语原著

2. 在过去的一个暑假,你看过_____本英语原著(含短篇小说)。

　　A. 一本也没有　　　　　　　　　B. 一本

　　C. 两本及两本以上

3. 你对英语原著的知晓、了解来源于_____。

　　A. 根据原著拍摄的影视剧　　　　B. 根据原著翻译的中文版

　　C. 根据原著改写的简易英语读物

4. 你认为看英语原著,_____提高你的英语阅读能力。

    A. 能极大   B. 能   C. 不能

5. 你认为阅读英语原著,_____提高你的英语写作能力。

    A. 能极大   B. 应该能   C. 不能

6. 阅读英语原著时,最大的困难是:_____。

    A. 生词量太大   B. 语句看不懂

    C. 不了解作品的背景

7. 在选择英语原著阅读时,你会_____。

    A. 选自己内容熟悉的作品开始   B. 从自己没看过的作品开始

    C. 随意选

8. 请写出你最想看的一部英语原著:_____。

[附录2]　　　　　《雾都孤儿》读后感

Title	Oliver Twist
Author	Charles John Huffam Dickens
Text Type	Novel
Date Finished	＊＊/02-04/1837

This is a representative work of Dickens, telling the story of an orphan's sad life and encounter. Oliver Twist, was an orphan born in a workhouse. He couldn't stand the abuse so that he fled to London alone. He accidentally strayed into a thief gang. Oliver was mistaken for stealing Brownlow's handkerchief and arrested by police. Oliver was seriously ill in a coma, Brownlow took him home. The thief gangs made Oliver Twist become a cash cow at all costs.

Oliver participated in a big house burglary forced by Sussex. Oliver was found and the housekeeper shot him. Oliver drenched in the rain and snow and fainted at the house door. Kind Mrs. Meryl and her daughter Rose sheltered Oliver. Oliver's half-brother Monks came to Fagin. Because of his lack of filial piety, his father would gave Oliver the whole of the estate unless Oliver and Monks are the same filial sons. Monks wanted Oliver to become such an incorrigible criminal so that he could occupy the whole of the estate. Nancy heard that and she risked her life to report it all to Rose. Sussex killed Nancy brutally, which ruined Fagin gang. Monks also was forced to confess everything. At last, Oliver was adopted by Brownlow and ended his miserable childhood.

Just as an old Chinese saying goes: 出淤泥而不染(how clean the lotus is though she is from silt). Oliver, unfortunately, fell into the gang several times. However, it is the good heart inside him and the yearning to live a better life that keep him away from the bad guys. And finally, justice will triumph over evil.

In the book, Oliver, Nancy and Ross are the represent of goodness. They all came from suffering, but they never loss themselves. In their heart, goodness and love are still alive. They gave Oliver the feeling of a family, and support him going through the tough period.

Right now, there are still many children suffering in life, fighting with the hunger, loneliness, the coldness. How they yearn for a better life! How can we ignore it! Undoubtedly, an individual's power is limited. But where many help to gather firewood, the flames shoot high(众人拾柴火焰高). If we work together to help the poor, they will surely enjoy the same beautiful sunshine as we do.

【作者简介】

施翎,任教英语学科,担任教研组长,教龄22年,高级教师,黄浦区学科带头人。

曾获得"首届全国中小学外语教师教学能手""首届全国中小学外语教师名师"荣誉称号,被授予黄浦区园丁奖。

本文写于2015年1月,发表于《现代教学》2015年3月刊,获得黄浦区英语学会论文评选二等奖。

高三英语学习困难学生的成因分析和应对策略

曹国光

引 言

我目前任教的高三年级两个理科班中,有相当一部分学生在英语学习上存在很大的困难,偏科尤为严重,表现为:理科成绩尚可,而英语成绩在年级倒数,这直接影响到他们能否升入大学或者升入什么级别的大学,影响到他们英语学习的可持续性。我根据学生课堂内外所表现出来的对英语学习的困惑、困难进行了调查研究,发现他们在情感态度、学习策略及学习效果方面存在很大的困难和问题。对此,本文提出并施行了一些相应的措施来帮助这些学生改善英语学习,使他们能在一个良性的循环系统中运行。当然,英语学习策略的掌握和运用还需要经过一个较长过程的实践。

一、高三英语学习困难学生的成因分析

所谓学习困难学生(以下简称"学困生"),一般是指那些在知识、能力、品格、方法等要素和要素的融合方面,存在偏离常规的结构性缺陷、智力得不到正常的开发、不能达到教学大纲的要求,需要通过有针对性的教育、教

学等措施给予补偿和矫治的学生。一般来说,造成高三学生英语学习困难的原因主要包括主观因素和客观因素两方面,或者是二者之间的交叉影响。主观因素指学生自身的因素,如学生的学习动机、态度、兴趣、学习习惯、学习策略、学习认识水平等;客观因素主要指除学生主观因素之外的其他因素,如教师的教学思想、教学内容、教学方法、学习指导和家庭环境等。

1. 造成高三学生英语学习困难的主观原因

（1）没有强烈的英语学习动机

动机是激励人去行动的内部动因和力量,它是个体发动和维持行动的一种心理状态。英语学习动机是人类行为动机之一,它表现为渴求英语学习的强烈愿望和求知欲。它是直接推动英语学习的一种内部动因,是英语学习者的一种自觉能动性和积极性的心理状态。加德纳认为,外语学习动机应该包括四个方面:目的、学习的努力程度、达到学习目的的愿望和学习态度。学困生往往对英语学习没有强烈的愿望和求知欲,把英语学习作为一种负担,兴趣匮乏。兴趣是人们探求某种事物或从事某种活动的心理倾向,是推动人们认识事物、探求真理的重要动机。学生对有兴趣的东西表现出巨大的积极性,并且产生某种肯定的积极情绪体验。如果学生对英语没有兴趣,就不会发奋学习。我任教的两个班级的学生普遍对英语学习缺乏兴趣和学习动力,在英语课堂上不积极参与,缺少主动发言的热情或根本不愿意发言,而且相当一部分学生在听课时跟不上老师的节奏。因此,只有老师能够让学生有意义地学习,让他们在学习中得到满足,他们才会显示出较强的英语学习动机。

（2）没有正确学习英语的态度

学习英语的态度就是学生对英语学习的认识、情绪、情感、行为在英语学习上的倾向。学习态度根据学习表现,可分为自觉型、兴趣型、说服型和强迫型。自觉型和兴趣型学生受内在动机支配,而说服型和强迫型学生受外在动机支配。学习英语的态度与学习成绩之间的相关程度高于学习其他学科的态度和成绩之间的相关程度。对待英语学习的态度与性别也相关。我任教的生物班女生居多,相对来说,喜欢学英语的学生人数略高于物理班(只有五位女生,其他都是男生)。学生的学习态度一旦形成便比较稳定,会在英语学习的过程中一直坚持,特别是一些持不良态度的学生,认为英语学习难,单词太多,记不住;语法难学,搞不清;翻译、作文更是无从着手,于是就放弃了,尽管教师和学生家长做了大量思想工作,但收效甚微。有些持不良态度的学生经过老师耐心细致的思想工作,的确改变了原来的不良态度,取得了令人满意的成绩,这说明学生的英语学习态度还是可以改变的。

(3)缺乏科学的学习英语的方法

根据我对所任教的两个班级的学生调查发现,高三学困生一般没有自己的英语复习计划,完成英语家庭作业一般不超过半小时,剩下的时间全部投在两门理科科目上了,根本没有时间和精力再做些课外练习。有相当一部分学生为了升学,表示非常想学好英语,但是不知道怎么学,买了很多复习资料,但都是做了一半就放在一边,从未做完一本。好像做了许多努力,但没有什么结果,他们渴望知道怎样才能学好英语。这部分学困生并非不努力,而是没有好的学习策略,不了解英语的学习方法。努力了却没有回报,他们久而久之便放弃了英语。他们非常需要具体的学习策略的指导。

(4)学生的认知水平较低

现代教育心理学研究表明,学生已有的认知水平对后继的学习具有决定性影响。优生学习成功的一个重要原因是原有的基础知识学得扎实,体现在英语学习中就是,发音清晰、正确,基本语法知识掌握牢固,词汇量达到或超过大纲标准,这就保证了他们的后继学习(高中升入大学)能在一个良性循环系统中运行。而差生的原有认知水平低下,其英语学习表现为词汇量小、基本语法概念模糊,甚至不能正确发音、连贯朗读,严重影响了后继学习,使其学习进入恶性循环。

2. 造成高三学生英语学习困难的客观原因

（1）教师因素

教师过分强调学生的智力因素,忽略了非智力因素对学生英语学习的动力作用;教学方法变化不多,多半要求学生适应老师,而较少有教师去适应学生,缺少师生之间的紧密合作,使得学生缺乏主动学习的积极性;教师过分偏重语言知识的传授,而忽视了对学生语言运用能力的培养,使得学生知识掌握得较死板,知识运用上困难重重。久而久之,学生的英语成绩逐渐下降。对于学困生,教师没有事先进行学习心理诊断,了解其学习困难之所在,从而提出转化教育的策略,而只是注重在知识上提供帮助、补课,一补再补,其结果是使学生应接不暇,负担更重,成绩越来越差。

（2）家庭因素

家庭环境对学困生英语学习的影响是不可忽略的。我任教的物理班中,相当一部分学生的家庭文化环境较差,有的家长忙着做生意赚钱,有的整天搓麻将、打扑克,不关心孩子的学习,还有个别单亲家庭的学生情绪不稳定,无法在良好的心境下学习;有的家庭经济困难,无法提供足够的资金让学困生在校外补课;也有的家长不了解孩子心理发展的特点,教育方法单调,给孩子比较沉重的心理压力,影响了孩子正常的学习。所有这些因素,都会导致学生厌学或不能坚持学习,或在学习中精神不振作,如疲劳、懒惰等,造成学习成绩的急剧下降。

（3）学校因素

造成学生学习困难的外部原因更多的表现在学校工作的各个方面。从高中生对学习的适应能力看,升入高中以后,要学的科目增多,各门学科的抽象概念、原理和阐述科学规律的内容日益增多,能力上的要求也越来越高,如果学生在初中阶段基础不扎实,就很难适应高中的学习,导致了学习上的困难。

二、高三英语学习困难学生的转化策略

1. 情感策略

（1）激发学生学习英语的动机

我认为,提高学困生英语学习动机的最好办法是让他们能取得好成绩。我根据学生的具体情况,回归基础,整理巩固基础知识,把握中档或低档练习题,让学困生体验成功的喜悦。针对学困生在英语学习上屡屡失败,总感到自己笨,不管怎样努力也赶不上别人的心理,只能因势利导,没有什么东西比成功更能激起人们进一步追求成功的努力。只有这样,他们才能找到良好的语言知识感觉和运用能力感觉,才能增强他们学好英语的信心,才能学会主动学习,利用点滴时间随时学习。

（2）培养学生学习英语的兴趣

学生一旦对英语学习活动产生了兴趣,就能主动、积极地提高学习活动的效率。而要培养学生英语学习的兴趣,首先,教师的教学方法要多样化,语言要生动、幽默,从而诱发学生的学习兴趣,使学生感到有趣、有奇、有感,产生强烈的求知欲,即通过老师的讲解,使学生心生疑惑,多问几个"why"。

其次,强化兴趣刺激物。学生只有明确并能实现自己的学习目的,使良好的兴趣得到强化,结果得到反馈,才能使兴趣稳定持久。教师要创造成功的条件,如试卷不要太难,不出偏题、怪题或过难、过深的题目,使学生感到还有潜力可挖;教学进度不要太快,使学生能跟得上老师的节奏。此外,还要引导学生对学习的目的和结果发生兴趣,懂得为了今后自己的幸福,现在就必须付出努力,即使碰到枯燥乏味的学习内容也要用心掌握。

再次,让学生在积极的情绪体验中产生兴趣。兴趣与情绪密切相关,人对不愉快的事情不会有兴趣,同样,人对引起畏惧的事情也不会有兴趣。

因此,教师首先要在学习中尽量消除学生的厌烦、害怕等消极情绪,培养他们英语学习的愉悦感、自豪感等。教师要善于设置一定的情境引发学生积极的情绪,让学生在成功中体验到愉快,让学生为自己的进步而自豪,让学生为帮助别人解决一个疑难问题而高兴等。教师要善于发现他们的兴趣,我经常通过日常观察、家访、个别谈话、学生周记等途径来了解、发现学生的兴趣所在。其次,要运用一定的教学艺术引起学生的兴趣。例如,在教学中设置"悬念",通过设疑,引起学生对知识的好奇。在课堂上组织学生讨论,通过增加学生的认知冲突引起学生对知识的关注;或者以形象、生动的手段展示知识的魅力,让学生感受到知识的趣味。

（3）养成良好的学习英语的习惯

习惯是人们长期养成的、不易改变的语言思维和行为方式,是在人头脑中建立起来的一系列条件反射,这种条件反射是在重复出现而有规律的刺激下形成的比较稳固的神经联系系统。在多年的教育教学工作中,我深深地体会到:学习成绩优秀的学生,都拥有良好的学习习惯;反之,学习成绩差的学生,大多数是学习习惯的养成存在一定问题,这说明学生的学习习惯与学习成绩是成正相关关系的。在日常课堂英语教学中,我努力为学生创设较好的英语环境,尽可能用英语组织教学,以培养学生运用英语的良好习惯,同时认真指导学困生做好课前预习和课后复习。教师可以提一些思考题和要求,让学生先自学一遍,这有利于提高预习效果和听课效率,增强其学习英语的信心;课后也要布置学生复习任务,并及时检查、反馈学生的复习效果,长此以往,良好的预复习习惯会自然养成。此外,指导学生正确地使用高考词汇手册,要求学生每天带在身边,随时随地快速查阅、记忆单词和短语,了解它们的词性及用法;要培养学生课堂上认真倾听的习惯,听不明白就要大胆问,听明白所讲的内容之后,有选择地做课堂笔记,课后还要注意整理,利用笔记做到纠错补漏,并结合平时的练习和复习,经常归纳、总结。要学好英语,不能仅仅依赖课堂40分钟,还必须延伸到课外,我要求学生坚持每天做阅读理解不少于4篇,中译英不少于5句,以培养英语语感,还鼓励学困生经常来答疑,养成有问题一定要问的习惯,不要逃避,以免问题越积越多。

事实充分证明:"凡是好的态度和好的方法,都要使它化为习惯,只有熟练得了习惯,好的态度才能随时随地表现,好的方法才能随时随地应用,好的像出于本能,一辈子也用不尽。"(叶圣陶)对学生良好英语习惯的培养,必须持之以恒,日积月累,天天要求,天天检查督促,这样他们才会拥有专心学习的习惯、仔细认真的习惯、讲求效率的习惯、虚心好问的习惯等。实践证明,学生一旦养成了良好的学习习惯,学习英语两极分化的现象就会大大减少。

(4)培养学生顽强的学习英语的毅力

毅力是一个人在行动中坚定不移、百折不挠地克服一切困难和障碍,完成既定目标的意志品质。学好英语必须要有惊人的毅力、坚强的意志和持之以恒的精神,若在语法复杂、单词量大、阅读量多等困难面前退缩、放弃、缺乏自信,英语永远也学不好。

我任教的物理班中绝大多数男生学习英语缺乏毅力,懒得听、懒得背、懒得读、懒得写,想凭点小聪明就学好。针对这一普遍现象,我"勤"字当头,每天布置一定量的背诵作业,第二天必须检查。每位学生根据自己的英语水平,听力、语法和阅读练习册各准备一本,作为每人每天的个性化家庭作业,第二天交给老师批阅。如今,大多数懒人已变得勤劳起来,只是还有一两个顽固不化。

2. 学习策略

所谓学习策略,是指学习情境中,学习者对学习任务的认识、对学习方法的调用和对学习过程的调控。英语学习策略是和英语学习任务、英语学习目标分不开的。英语学科知识分为技能知识和语言知识,根据不同的语言学习任务,研究不同的学习策略。我在教学中深深地体会到,没有掌握学习方法是导致学生"学困"的一个重要原因。在教学中,我授之以渔,引导学困生变"学会"为"会学",及时帮助他们找到适合自身的学习方法。

　　我所任教的物理班有一位男生,理科成绩不错,就是英语成绩比较差,每次模拟测试最多只能考六十多分。他也想学好英语,却又无从下手。针对这个学生的情况,我让他制订一个每天的英语复习计划,从听力、基础语法、词汇、阅读着手,每天用零星的时间记单词,每天晚上花半小时做听力、语法或阅读,次日必须将家庭作业给老师检查,有疑问必须答疑直到弄懂为止。这位学生在英语二模考试中,取得了99分的好成绩。通过辅导学生掌握一套科学的学习方法,并培养学生的自学能力,学生的学习积极性和主动性得以发挥。

3. 教学策略

　　英语新课程标准对教师提出的要求是:精心组织教学内容,精心组织教学过程,充分利用教育资源。教师要通过教学策略的运用,引导学生通过主动参与、建构知识、积累经验、丰富学习经历,鼓励学生主动地、富有个性地学习。

　　英语语法的教学要置于有意义的交际情境中进行。在语法教学中,如果仅用孤立的句子去解释和说明语法规则,有时就很不严谨。教师应该注意到近几年语法知识单项选择题命题的趋向:突出语言意义,要求考生不仅能从语言形式上辨认语法结构,更能从语意上领悟、把握题干所表示的语言情景,从而判断、选择在所给特定的语言情景中须用的语法结构。例如:

　　—— Do you know if Terry will go camping this weekend?

　　—— Terry? Never! She _____ tents and fresh air!

　　A. has hated　　B. hated　　C. will hate　　D. hates

　　本对话情景表示 Terry 一向不喜欢户外露营,所以用 hates 表示她的喜好。

教师在语法教学和学习中,尽量少使用语法术语,语法讲解要简明扼要;教师要尽量使用图片、多媒体、动作等直观教具解释语法规则及语义的关系;解释语法现象时注意使用清楚明了的例子。语法教学要针对学习方法、认知类型不同的学生采用不同的方法进行教学。例如,高三学生普遍反映定语从句难弄懂,我在复习定语从句时,了解到学生感到困难的是如何选择关系代词,而这一点教科书上恰恰讲得太粗略,学生抓不住要领。我要向学生讲清楚关系词的选择依据两点:一是先行词,二是所要选择的关系词在定语从句中所作的成分。每次有学生来答疑,我就从这两点依据出发,帮助学生理解透彻关系词的选择。

除了语法教学策略,听力教学策略、词汇教学策略、阅读教学策略、翻译教学策略和写作教学策略也是必须在教学实践中有意识地向学生渗透,使学生英语学习取得事半功倍的效果。

4. 和谐的师生关系

教师与学生的关系如何,是学困生转化的前提,因为"亲其师",才能"信其道"。学困生由于学习成绩差,一定程度上存在着自卑、自弃心理,这就更需要教师给予特别的关注和关爱。为此,教师必须端正教育思想,树立正确的学生观。

首先,在教育的信念上,坚信每一位心智正常的学生都有潜力获得成功,坚信每一位学生都是可以教育、转化和成才的;教师要明白转化困难学生不仅是可能的,而且是可行的。

其次,在教育的方法上,加强情感交流,缩短心理距离,用爱动其心,以严导其行,少批评多鼓励,让教师成为他们的良师益友,用教师真诚的关爱和热情帮助,建立起师生深厚真挚的感情;让每一个学生感受到学校的温暖、老师的关怀与殷切期望。和谐的师生关系是学生乐学的基础,也是学困生转化的动力。

最后,教师还要争取家长的积极配合,家校互动,统一思想,激励家长的积极性,帮助家长改进教育子女的方法,努力改善家庭教育环境,让英语学习困难的学生在和谐宽松的环境中学习,在轻松愉快的氛围里获取知识。

　　学困生的转化工作是一项系统工程,教师必须在个案研究的基础上,充分把握这类学生的主要类型、特点、成因以及可供借鉴的、有效的对策与经验,对症施治,以点带面,从而促成有效矫治和预防学生英语学习困难行为的教育教学管理机制。只要坚定不移,这项转化工作一定能取得令人满意的效果,英语教学质量也一定会得到极大的提高。

【参考文献】

[1] 胡春洞,王才仁.外语教育心理学[M].南宁:广西教育出版社,1998.

[2] 袁昌寰.中学英语学习策略[M].北京:北京大学出版社,2004.

【作者简介】

　　曹国光,任教英语学科,担任年级组长,教龄27年,高级教师。

　　曾荣获"黄浦区园丁奖"、"上海市科教系统比翼双飞奖"、上海市"金爱心教师"三等奖,所带班级有三届荣获"上海市先进班集体"称号。

　　本文写于2014年4月。

培养高中生英语自主学习能力的思考及策略研究

刘抒洁

一、问题的提出

受传统教学方法和模式的影响,大多数高中生从初中开始就养成极强的依赖心理,自主学习意识薄弱,更不具备独立承担一切学习责任的能力。在近十年的高中英语教学中,我常发现:老师布置学生回家预习,次日上课解答预习中遇到的理解问题,结果学生往往要求老师通篇讲解;要求学生完成课后练习,学生却把阅读文章中所遇到的新单词或不理解的语句都留给老师,等等。如此被"填鸭"出来的学生,踏入社会后,能否适应瞬息万变的发展形势? 为了解学生实际情况,提高英语教学效果,我在所任教的高一两个文科班进行了问卷调查。调查发现,大部分学生的学习动机很强烈,对于英语的重要性认识也较充分,但英语学习计划性不够强,学习目标特别是长期学习目标不明确,且缺乏主动监控英语学习过程的意识、能力以及有效学习策略。因此,如何针对学生实际情况,培养学生英语自主学习的能力,就成为我研究的内容。

教育部制定的《英语课程标准》指出,高中英语课程总目标是使学生在义务教育阶段英语学习的基础上,进一步明确英语学习的目的,发展自主学习和合作学习的能力,形成有效的英语学习策略,培养学生的综合语言运用能力。中小学英语教学大纲也指出,高中英语教学的目的,是在义务教育初中英语教学的基础上,巩固、扩大学生的基础知识,发展听、说、读、写的基本技能,培养在口头上、书面上初步运用英语进行交流的能力,侧重培养阅读能力,并使学生获得一定的自学能力,为继续学习和运用英语切实打好基础。二期课改更是提出了"以学生发展为本"的教育理念,注重学生知识与能力、过程与方法、情感态度与价值观等三维目标的全面发展,引导学生学会学习、学会生存、学会做人等。越来越多的外语教育工作者意识到,在语言学习过程中"以学习者为中心(learner-centered)"的重要性,只有帮助学生树立自主学习意识,培养其自主学习能力,才能使学生可持续发展。

二、"自主学习"的界定

自二十世纪八十年代以来,自主学习开始受到众多教育者的关注。霍尔克(Heloc,1981)最早开始外语自主学习研究,认为自主学习是学习者在学习过程中对"负责自己的学习的能力";狄金森(Dickinson,1987)进一步将其解释为"学习者完全负责与其学习相关的所有决定以及实施那些决定的情况",并把它看作是一种对于语言学习的态度;李特尔伍德(Littlewood,1999)将自主学习定义为"学习者不依靠老师而使用所学知识的能力"。我国的教育学家将英语自主学习能力概括为:学生在教学过程中能对自己的学习负责,能自我操纵学习,自觉履行学习义务,并主动而独立地获得英语知识、技能的能力。具有这种能力的人有强烈的求知欲,会合理地安排自己的学习活动,善于运用科学的方法独立学习,有刻苦钻研精神,能评价学习结果。简言之,就是学习者在不依赖教师的情况下,能充分发挥自己学习的主动性和能动性。

我认为,英语自主学习能力概括起来主要包含以下内容:(1)语言学习者能根据自身及教师、教学大纲、社会发展的要求,确立学习目标,制订切实可行的学习计划。(2)学生能识别并主动收集能帮助自身实现目标的英语学习材料。(3)学生能采用英语的思维方式及一系列有助于自主学习英语的具体行为,如查阅词典、阅读原版材料等有效的语言学习策略。(4)学习者能够对自己的学习阶段性情况进行评价。培养学生英语自主学习能力,不仅能促进课堂教学的优化,而且有利于学生对于英语的终身学习。当然,学生主动学习的能力,需要教师经常地点拨、引导,需要长期有计划地进行培养。

三、培养学生自主学习能力的策略研究

从教师"教"的方面来说,学生英语自主学习能力的培养,应以引导和激励为主,从激发学生自主学习、探究语言的兴趣入手。学生通过英语学习活动,能增强自主意识,确立适度自信,制订合理学习计划,掌握方法,养成习惯,充分发挥自身的积极性、主动性和创造性,并不断增强克服各种困难障碍的能力,获得独立、自主的发展。

1. 激发英语学习兴趣,增强学生自主意识

兴趣是语言学习的原动力,教师须从学生的心理和生理特点以及他们的需求、爱好、兴趣等出发,充分调动学生参与教学的积极性,增强他们的学习主体意识。教师在教学过程中要重视双方感情和思想的交流,通过自身言行,传递自己对学生尊重、信任、鼓励等信息,使得学生要学习、敢参与,觉得学习英语是一件快乐的事情。我在日常环境中就注重和学生用英语聊天,或做做英语游戏,把学生带入英语的氛围中。同时,通过自由演讲、小组讨论、角色扮演、辩论等丰富的语言实践活动,创设自主学习的教学情境,给他们展示自我的机会,从而激发学习的内驱力,并主动参与教学。在平时的教学中,我从实际出发,注重发现和收集学生感兴趣的话题及素材,结合教学内容和学生特点,积极运用现代教育技术和手段,细心选择创设良好教学情境的适当途径,如生活展现、实物演示、表演体会、音乐渲染等,极大地激发学生的求知情趣,并不断引导学生去思考,去参与教

学,以求"把课堂交还给学生"。

虽然学生在语言的运用上还尚有欠缺,但此类尝试让师生彼此都有了愉快的教学体验,也让我意识到:让学生成为课堂的主人,是培养学生英语自主学习能力的必要的教学环节。这与课程标准及二期课改中"以学生发展为本",注重学生知识与能力相结合的理念是相吻合的。因此,在此后的课堂教学活动中,我多次挑选合适的内容来开设此类学生自讲课,进行师生换位,既让学生了解了教学内容,又能促使他们积极地参与到教学中去,主动地收集英语资料,这对于学生用英语思考和表达有着很好的促进作用,也让他们有了英语自主学习的机会。

2. 帮助学生确定学习目标,并制订合理学习计划

计划一般分长期和短期两种。对高中生而言,长期计划通常以学期为单位,短期则以星期为主。在研究的准备阶段,我通过问卷调查,了解了学生不同的学习目的和语言水平。在平时教学活动中,根据学生实际语言能力,给优等生布置较难的学习任务,协助他们设立较高的学习目标;而对于程度较差的学生,则根据他们在学习上的弱项,帮助其确立容易实现的近期学习目标。既使优生"吃饱",也能让学困生"吃好"。对比几次的考试成绩以及学生参与活动的积极性,我发现:明确的学习目标,尤其是容易达成的近期学习目标,能促使学生更主动、有效地进行英语自主学习。

在实践过程中,我觉得学习计划的制订须注意以下几点:(1)学习目标须有明确的内涵。这样易于分解成为具体的学习任务和学习行动,以便学生在自主学习过程中和结束时检查自己的学习效果,使其不断产生学习英语的压力和动力,及时感受到语言学习进步的成就感和快乐感。(2)制订计划应具体详细。计划不仅要说明各项学习活动的内容和时间安排,还要指出活动的方法,同时要合理安排学习内容,不宜一味地增大学习量。(3)适时地加以监督。对于自我约束力差、不能做到持之以恒的学生,我发挥监督或督促的作用,帮助他们逐渐养成良好的学习习惯,形成较强的自

我约束能力。

3. 掌握正确的学习方法,培养学生良好的自主学习习惯

由于缺乏英语习得的环境,高中生学习英语的主要渠道仍是学校和课堂。如果老师没有告诉他们课前要预习什么,课堂上有疑问要及时提出和解决,课后要及时予以归纳,并加以自我评估等,大多数学生是不会自觉、主动地完成这些任务的。因此,教师就要在培养初期对于这方面的工作予以一定的布置,就学习方法予以指导,并随时加以监督。

鼓励学生学会使用并勤查词典。词典在英语的学习和使用过程中起着非常重要的作用,特别是对于我们非母语环境中的外语学习者而言更可视为良师益友。勤翻词典有利于扩大词汇量,增强语感,培养学生英语的思维能力。学生通过自己动手直接学到的东西要比老师讲解的记忆更长久,理解更深刻,学习效率也更高,同时也体会到在学中用、用中学的乐趣,主动性和能动性也随之增强。所以高中一开始,我就着手培养学生熟练查阅工具书的基本技能,基本步骤为:第一阶段,我给出课文的核心词汇,布置学生查词典,不进行任何实质性指导。当然在回馈的作业中,大部分学生把该词汇所有解释例句不加删减,满满抄了好几页。于是,在作业评讲时,我从课文中该词汇的词义入手,与学生一起挑选出有用的信息和结构例句,以此引导他们准确地、有选择性地查找信息。第二阶段,由学生自行挑选课文中的核心词汇加以查阅。我对于他们的挑选予以一定的辅导,帮助学生辨析文章中的常用词、高考重点词、易混淆词或短语、习语、句型结构用法,然后再由学生自行查阅词典,列出该词的音、形、性、义和用。

指导学生有序预习,培养自习能力。俗话说,凡事预则立,不预则废。开展课前预习,可以使学生在上课前就明确所要学习的内容,所要掌握的重点、难点和所要达到的学习目标,做到心中有数,这样他们上课时就不会打无准备之仗。再则,课前预习也是提高课堂学习效率的可靠保证。

我对于学生预习的内容也有一定的指导性和渐进性。例如,高一阶段初期,我要求学生在预习时完成以下几项工作:事先列出该单元中要求重点掌握的关键词,要求学生能够用双解词典查找单词、英语注释及一至二句例句,借助音标和录音机来解决单词的读音问题,并在预习笔记上详尽地记录。而当学生的词汇量积累到一定的程度,我就进一步要求学生在预习时充分利用词典,把与该词汇相关的衍生词加以罗列,以此来加深单词的纵向记忆。

培养学生及时梳理知识、学会自我归纳的能力。在学习每一单元后,我要求学生结合预习和课堂笔记,进行课后归纳及反思工作,即把课文中学过的知识加以梳理归纳,并对预习中遇到的疑问予以解答等。学生通过这一步骤系统地将知识予以整理、分析和归纳,总结出该单元的重难点,加深理解和运用。

4. 积极评价,鼓励学生自主评估

学生是有情感的,学生的情感直接影响到他们的学习兴趣及学习效果,只有积极、肯定的情感才能使学生的主体性、创造性得到发展。这就要求教师对学生的学习行为、学习结果及反应等做出积极的评价,尤其要关注学习有困难的学生,努力发现学生身上的闪光点,及时予以表扬,增加其自信心。我记录了班内每个学生英语学习及发展情况,且始终坚持公正、全面、鼓励性原则,保护并加强学生英语学习的兴趣,保护并提高学生自主学习的积极性。

同时,为了监控学生的自主学习过程,我利用新世纪单元练习后的单元自我评价表,让学生在每单元学习后,从自我检验、活动表现与合作学习评价两方面来对自身在本单元的各方面表现予以小结。而我则利用形成性评价(测试成绩 + 非测试成绩)与终结性评价(笔试成绩 + 口试成绩)的结合,来反映学生的学习情况。

四、实践反思及对今后研究的启示

以上是我在探讨学生英语自主学习能力培养方面做的点滴实践与探索。经过一年多的教学实践,目前我所教学的两个班级的英语学习情况明显发生了变化,不仅学习成绩在年级中名列前茅,多名学生在市区各项英语竞赛中获奖,而且师生之间、同学之间的语言活动形式得以广泛应用于课堂教学及平时的学习生活中。学生自主学习的教学局面基本形成。

在实践过程中,仍然存在着一定的问题。如部分学生的学习效率仍然很低,学习惰性还太强;学生的流动性导致生生之间的差异加大等。针对以上问题,我计划采用互助式自主学习或伙伴式自主学习的方式,根据各班级的实际情况,组成学习小组,以小组为单位预习教材、准备课堂任务、完成分配作业、监督计划实施。同时,进一步丰富评价形式,如增加描述性评语等。

我的研究工作还只是踏着前人的脚步,一步一步在摸索与实践。有些活动是初次尝试,由于没有确凿的数据佐证,对于理论方面的一些说法可能也不是十分恰当,这需要通过不断的实践总结来加以充实。培养学生自主能力是一个循序渐进的过程,相信只要教师在教学中对此予以高度重视,不断地培养训练,学生的能力久而久之一定会得到发展及提高。

【参考文献】

[1] Holec H. Autonomy and Foreign Language learning [M]. Oxford：Pergamum Press，1981.

[2] Dickinson L. Self-instruction in Language Learning [M]. Cambridge：Cambridge University Press，1987.

[3] 贾绍东.自主学习能力的培养——突破大学英语教学低效能瓶颈的途径[J].

扬州大学税务学院学报,2003(2)：58－61.

[4] 王笃勤.英语自主学习能力的培养[J]. Foreign Language World, 2002(5).

[5] 白云.搞好英语课前预习,培养学生自主学习能力[J].石油教育,2003(3)：53－54.

[6] 任亮娥.英语专业学生自主学习能力的思考与对策[J].四川教育学院学报,2004.

[7] 尹宗霞,刘培焕.实践英语新课程——再谈培养学生英语自主学习能力[J].教育实践与研究,2004(1)：24－25.

[8] 周智忠.高中一年级学生英语自主学习情况的调查和分析[J].中小学英语教学与研究,2004(6)：45－50.

[附录]

高一学生英语自主学习能力调查表

2006 年 10 月

		调查项目	评价等级	得分
动机和态度	1	我对英语学习十分感兴趣,也很有信心		
	2	在上课时,我的英语老师就是权威		
	3	我认为应该是学生去发现知识,而不是老师		
	4	我认为我的英语学习进步主要取决于我自己		
计划	5	我每个学期都有制订自己的学习计划		
	6	我能自己制订每周或每天的学习时间表		
自我监控	7	我能控制学习时间和进度		
	8	我能检查计划完成的情况		
	9	我能及时纠正自己所犯的错误		
	10	我能克服有碍学习的消极情感因素		
	11	我经常主动预习和复习英语课文		
	12	我经常主动背诵课文和单词		
	13	我经常主动完成课文的配套练习		

（续表）

		调查项目	评价等级	得分
利用课外资源	14	我经常使用英语词典		
	15	我经常通过各种途径获取学习资料(除学校统一外)		
	16	我经常使用英语记日记、写信或网上聊天		
	17	我经常阅读英语报纸或者英语简易读物		
	18	我经常看英语影片		
	19	我经常收看英语电视节目		
	20	我经常收听英语广播		
自我评价和调节	21	我经常对一个阶段的英语学习情况做总结		
	22	每次英语考试后我总要自觉地找一下差距		
	23	我的英语成绩下降时,我会马上分析原因		
	24	我总是能及时地改变自己的英语学习方法		
	25	英语成绩不好时,我总是能鼓励自己		
	26	我学英语遇到困难时,总是向老师或同学寻求帮助		

1＝非常同意　2＝同意　3＝尚可　4＝不同意　5＝很不同意(周智忠,2004)

调查总体情况

Q	1	2	3	4	5	6	7	8	9	10	11	12	13
A	3.22	2.04	2.66	3.56	2.01	2.43	2.3	2.0	2.03	3.01	3.4	2.76	3.21
Q	14	15	16	17	18	19	20	21	22	23	24	25	26
A	2.12	2.54	2.90	3.64	3.98	3.36	2.1	1.9	3.67	3.46	3.0	3.9	3.5

【作者简介】

刘抒洁,任教英语学科,教龄20年,高级教师。

曾获得"黄浦区新长征突击手"荣誉称号,上海市青年教师优质课展评二等奖。

本文写于2008年5月,发表于《黄浦教育》英语专刊。

基于课文阅读的英语写作教学尝试

潘宏燕

一、问题的提出

写作教学是培养学生运用英语进行书面表达的教学。新的英语课程标准对高中生提出的语言能力目标是：能写出意思连贯、结构完整的短文，文体恰当，用词准确；能根据要求写出不少于 120 个词的短文等。但是，很多学生看到作文题目，往往不知如何下笔，这恰恰是不重视平时积累的结果。英语技能的提高离不开语言输入和知识积累，没有输入，哪来输出，而阅读正是学生获得语言输入的主要途径，离开了阅读的写作只能是无源之水。中国有句古话"读书破万卷，下笔如有神"，就说明了阅读与写作之间的重要关系。为了提高写作水平，学生的阅读不仅需要达到一定的量，更要吃透阅读的材料。目前的课堂阅读教学中，大部分学生只是满足于对所阅读材料的理解而已，很少有学生主动、有意识地从课文文本中汲取可用于写作的营养。其结果是文本阅读与写作脱节，学生不能从课文文本中受益而提高写作能力。作为教师，我们应注重引导和培养学生向着阅读—理解—欣赏—借鉴，这样一个充分汲取课文文本营养的过程发展。

二、策略的选择

在提高学生写作能力方面,日积月累的以读促写不失为一个良好的策略。

目前,英语教学中对写作教学似乎还没有引起足够的重视,缺乏系统性、梯度性的写作指导。我认为,平时忽略写作指导,在高考复习阶段才开始突击式的写作教学,这样急功近利的方式是不可取的,效果也不会好。我们应该对写作教学给予足够的重视,可以把写作教学渗透到日常的英语阅读教学过程中去,以读促写。

阅读与写作密不可分,阅读是写作的基础,是搜集作文素材、学习词汇句型和新颖表达方式的源泉。通过阅读,学生可以扩充词汇量,扩大知识面,掌握更多的写作技巧,增强语感,促进思维能力的发展,从而储备大量的语言信息,为写作打下坚实的基础。而学生在平时的英语阅读中,接触最多、读得最细、挖掘最深的就是教材中的课文了。教师可以充分利用课文资源,把课文当作练习的参照物,让学生有文可依,减少畏难情绪,增加信心。因此,教师应该把阅读教学与写作教学结合起来,利用阅读教材训练学生的写作技能,培养学生的写作能力。

三、方法的使用

我所在的上海市光明中学选用的是新世纪版高中英语教材,该教材的课文内容丰富,选材新颖,源于真实语料,语言生动,结构清晰,富有时代气息,值得学生借鉴写作,也非常适合以读促写式的写作教学。

我在任教的班级进行了一系列基于课文阅读的写作教学尝试,结合课文内容指导学生写作,主要有阅读改写法、阅读续写法、阅读缩写法、阅读扩写法和阅读仿写法等。

1. 阅读改写法

在完成阅读教学、学生基本掌握文章内容的基础上,我进一步指导学生改写文章,要求学生对某一事件从不同角度进行描述。这种培养学生写作能力的方式多应用于把对话改写成短文或把短文改写成对话,要求学生掌握人称、时态、直接引语、间接引语、遣词造句和谋篇布局等方面的变化,充分理解课文内容,认真思考,写出语言得体、内容完整的文章。

如"The Luncheon"(*New Century English*, Book 5, Unit 3)是一篇非常经典的英语短篇小说。文章本身是以第一人称叙事(narration)的形式讲述故事的。我先请同学阅读文章,再概括出叙事段落(a narrative paragraph)的特点。

A narrative paragraph or passage is one that narrates or tells fictional or non-fictional experiences from either a first-person or third-person perspective. A narration usually contains the following elements.

Setting: the time and place of the narrative experience

Characters: people involved in the narrative experience

Plot: an account of the experience, usually arranged in a chronological order

Climax: a highlighted point of the narration that conveys a strengthening or release of emotion or a turning point that catches the reader's attention

Theme: some point that is illustrated through the account of a narrative experience

在了解了叙事段落的写作特点后,我请同学在叙事的基础上把文章改写成短剧(short play)形式。在改写前,我先给予了学生一定的指导,帮助他们了解把叙事改写成短剧时需要注意的地方。

(1)短剧的基本要素:

a. 时间、地点、人物;

b. 情节的起因、发展和结果;

c. 人物的外表和内心性格的刻画;

d. 景物和人物。

（2）短剧改编原则：

a. 不改变原文的主题思想；

b. 根据短剧的表演特点，情节可做适当修改。

在同学们完成改编之后，我让他们互相传阅改编稿，并评选出最佳编剧。

再如"Is She Guilty"（*New Century English*，Book 4，Unit 8）一课的教学中，在学完课文后，我要求学生从王子、贫儿、母亲、法官等角度挑选一个来重新书面讲述故事，培养学生从不同角度描述同一事件的能力。

2. 阅读续写法

阅读续写法要求学生对某一事件的发展展开想象，进行合理的描述。续写课文给了学生一个充分发挥想象力的空间，不仅促使学生更加深入地思考课文内容，而且还能锻炼学生的写作能力。

如"Metropolis"（*New Century English*，Book 1，Unit 7）中的"Additional Reading，The Capsule of Colorado Springs"讲的是美国科罗拉多泉市的市民们把日常生活中的用品收集起来密封到一个钢制的箱子里。2001 年，他们把一些物品放在了时间箱，等一百年后再把它打开。我让学生在阅读理解的基础上续写故事，想象一下 2101 年打开时间箱时的情景。续写的开展既能深化课堂教学，更好地完成教学任务，又培养了学生的发散思维和创造力，可谓一举多得。

3. 阅读缩写法

缩写，就是把较长文章加以压缩，以求简明扼要地概述原文的主要内容。被用于进行缩写的课文文本必须观点明确，层次分明，叙述有条理。缩写时应做到简明扼要、抓住重点，不能拖泥带水、没有主次。在学习完一些层次清晰、适合缩写的课文后,我会要求学生以框形提纲的形式理出文章脉络,抓住文章重点,对课文内容进行缩写。学生缩写时,我也会做适当指导:首先会引导学生重新细读原文,把握文章主旨;其次会提示一些提炼原文的方法,如提取法——提取最精华的语句、余留法——删繁就简,保留主旨句。这种训练有助于培养学生综合归纳的能力,有利于加强学生独立运用语言的能力,为真正独立的英文写作打好基础。

如"Shopping in the United States"(*New Century English*, Book 3, Unit 7)一课,在学完后,我指导学生抓住课文的主题句"The Customer is God",整理出课文的框架图,提取课文精华,对文章进行缩写。

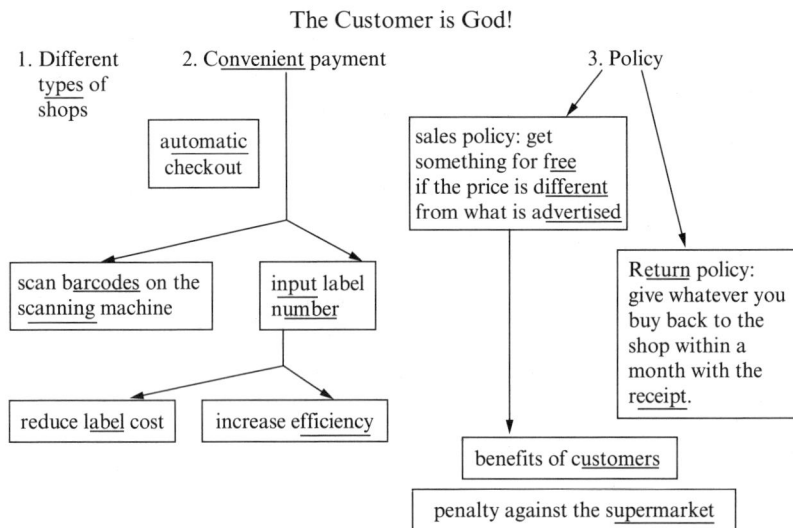

The Customer is God!

1. Different types of shops　　2. Convenient payment　　3. Policy

```
automatic checkout
```

sales policy: get something for free if the price is different from what is advertised

scan barcodes on the scanning machine　　input label number

Return policy: give whatever you buy back to the shop within a month with the receipt.

reduce label cost　　increase efficiency

benefits of customers

penalty against the supermarket

4. 阅读扩写法

阅读扩写法要求学生对课文或课文中的语句展开丰富想象,指导学生从动作、表情、心理活动等角度对事情和人物进行描写。

如"Why Did I Quit Hunting"(*New Century English*, Book 3, Unit 5)一文,讲述的是作者在感受到与小鹿之间纯真美好的情感后,放弃打猎的故

事。文章的最后,小鹿还是被其他猎人射杀了,作者是这样描写的:"I was about half way back when I heard two shots, followed by a dull slam a few seconds later. Those two shots usually mean a kill. I had forgotten there were other hunters today." 这里作者虽没有直接描写自己的心理活动,但是学生不难体会出作者的心痛与悲伤。我指导学生扩写本段内容,描绘出作者的所思所想,并与学生分享我的扩写:"Tears began to stream down my face. How cruel it is to kill such an innocent and beautiful animal! We human beings have the highest intelligence that animals can never have. We are also the biggest users of the earth's resources. Therefore, we should take the responsibility to protect our animal friends..."

又如"English Is Changing"(*New Century English*, Book 2, Unit 3)一文中的"Additional Reading, Tips for English Learning"中的最后一句是"There isn't a cure-all for all of you. One shortcut may work with some of you, and another probably has a positive effect on some others",我让学生根据这句进行扩写,列举出最适合自己的英语学习方法,并在课堂中与同学交流分享。这样不仅锻炼了学生的写作能力,又能让同学间互相学习好的英语学习方法,收到良好的课堂教学效果。

5. 阅读仿写法

阅读仿写法要求学生套用格式进行模仿性或半自由写作。英语作文讲究有条有理,层次清晰,但是学生写出来的英语作文往往存在着思路混乱、结构模糊的通病。我们的课文文本语言丰富,逻辑性强,适合学生细细体味,进行模仿写作。

如"Metropolis"一课的文本是关于纽约与伦敦这两个大都市的。我首先要求学生在读了课文后理出文章的结构层次,体会作者是从哪些角度、以什么顺序清晰明了地介绍一个大都市的。

第一步: 读课文,填写表格

New York

Features	
Problems	
Conclusion	

London

Aspect	Past	Present
Environment		
Transportation		
Buildings		
Relaxation		
Conclusion：London is still the most _____ and _____ city in the world.		

第二步：回答问题

在学生正确填完表格后，我又启发学生："What basic aspects should be included when we describe a city?"

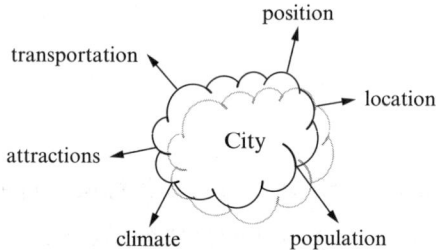

第三步：仿写

在学生概括出了文章结构层次，了解了作者的叙述手法后，我要求学生模仿课文写一篇关于上海这个大都市的介绍。

在课文这根"拐杖"的帮助下，学生们觉得写起来不再有无从下手的感觉了，写出来的文章无论是语言方面还是层次方面，比起以往都有一定的提高。

四、结束语

　　写作能力的培养在高中阶段非常重要。要写出好的文章,必须加强语言的输入与积累。美国作家德尔文·G.舒伯特指出,教科书所编写的阅读文章是写作素材的集散地,是语言现象的展示厅,是语法规则的剖析室,是文章体裁的示范本。教师可以借助教科书中的阅读材料,教会学生主动进行写作积累,学会学习,把阅读技巧用到写作中。这样,学生在掌握教材原有知识、篇章结构的同时,也掌握了某些写作技能与技巧,提高书面表达能力。参加区高中英语教师反思团队一年来,我有机会与同行们交流切磋,听了一些前辈的讲座,观摩了区内外的优秀课,有了磨课与反思的内在意识。在充分吃透教材、分析教材的基础上,我把阅读与写作教学结合了起来,进行了教学的设计和实践探索,让学生充分利用课文,对课文内容进行改写、续写、扩写与仿写,将写作教学渗透到阅读课当中,循序渐进地提高学生的写作水平。当然,这方面的探索还做得不够,在以后的英语教学中,我会不断实践读写结合、以读促写的教学模式,不断摸索、不断反思,在实践中提高,在反思中进步。

【参考文献】

　　[1] 马红艳."阅读写作一体化"教学初探[J].中小学外语教学,2005(11).

　　[2] 王初明.应用心理语言学:外语学习心理研究[M].长沙:湖南教育出版社,1990.

　　[3] 夏谷鸣,任美琴,周瑜.新课程学科教学评价[R].浙江省教育厅师范处、浙江省中小学教师培训中心,2005.

　　[4] 教育部.全日制义务教育普通高级中学英语课程标准(实验稿)[M].北京:北京师范大学出版社,2004.

【作者简介】

潘宏燕,任教英语学科,教龄 12 年,一级教师。

本文写于 2008 年 2 月,发表于《黄浦教育》2008 年第 3 期。

在化学课堂教学中培养学生的创新思维

浦跃进

创新是民族进步的灵魂，是一个国家兴旺发达的不竭动力。培养学生的创新精神，其核心和关键是发展学生的创新思维。而要培养学生的创新思维，首先要激发学生的创新意识。创新意识是创新活动的前提，没有创新的愿望和动机，就不会有创新的行为。

我国中学生能在国际奥林匹克竞赛中连年取得好成绩，却至今未能出现一个诺贝尔奖获得者，这是为什么？尽管有诸多原因，但与我国几十年来普遍采用的人才培养观——"知识型"人才培养观、与我国的高考"指挥棒"不无关系。将学生当作"知识的容器"，"填鸭式"地教，隔三岔五地考。学生以背基础知识、套计算公式、练解题套路来完成中学学业，来对付高考，这样确实能取得优异成绩，考上名牌大学，但学生却会表现出思维狭窄守旧、不敢质疑、不会探索、没有激情、不能创新，甚至踏上社会也是如此。

我国有很多产品是通过密集型劳动，耗费大量资源甚至污染环境而取得的，然而价格却很低廉。究其原因是缺少高科技，缺少核心技术或缺少创新。这一状况必须改变。人才培养必须由"知识型"向"创新型"转变。我们在高中化学教学中，应积极进行创造性品质、创造性思维、创造性能力的培养和训练，培养学生善于思考、善于动手、善于尝试、勇于创新的科学精神，满足社会和个人发展的需要。

教学有法而无定法，贵在得法。化学创新教学应以培养学生的化学创新思维、化学创造能力为根本目标，我在高中化学课堂教学中着重进行几个方面的探索。

一、鼓励批判性思维

所谓批判性思维，是指学生在思维过程中善于以客观事物为依据，以客观事实为出发点，检查自己的思维及其结果的正确性。鲁迅在《狂人日记》中说："从来如此，便对么？"应该说，没有批判就没有创新。我对学生明确讲：在化学课上，任何学生在任何时候有任何疑问或不同见解都可以并且欢迎提出，而且对者表扬，错者不予批评，尤其是有比老师更准确、更完美、更独特的见解，我予以大大赞赏，其实这样做对老师的教何尝不是一种补充与促进。

去年我上了一节"原电池原理及其应用"的研讨课，通过铜—锌原电池的演示实验及动画演示电子流动情况，帮助学生理解原电池的原理。学生一边兴致勃勃地预测实验结果，一边仔细观察实验现象；教师一边引导学生积极思考，一边有序地做着实验。在整个探究过程中，学生的学习热情十分高涨，课堂气氛相当活跃，最后提出的问题大大出乎意料。如有学生提问：在实验中把导线连接的铜片与锌片一同浸入稀硫酸中，书本上说只有铜片上有气泡，可实验中明明锌片上也有气泡。这是为什么？有的同学说书上讲的不准确，也有的同学说老师做的实验不严密。我首先肯定了积极发言的同学，然后和大家一起讨论分析。大家积极思考，相互讨论，七嘴八舌，争着发言。同学们根据原电池的原理，经过讨论总结出导致锌片上产生气体的原因主要有两个：一是锌片不纯，锌和杂质构成原电池的两个电极；二是导线中有一定的电阻。找到原因所在，同学们无不欢欣鼓舞。我及时对学生进行表扬，并鼓励大家可以对老师的讲课和课本提出批判性的意见。

要善于质疑问难。"学起于思，思源于疑。"思源于疑，设疑能激发学生强烈的求知欲,使学生始终处于积极思维状态,进而自己质疑,提出问题,再想方设法解疑,这对培养学生的创新思维是十分必要的。激发学生敢于发表自己的观点和看法,不唯书、不唯师、不唯权威,敢于质疑、善于质疑,敢于向权威提出挑战。如法国化学家拉瓦锡创立"氧化说",打破"燃素说"就是一个很好的典型。在拉瓦锡之前,舍勒和普利斯特利等化学家都发现了氧气,由于受"燃素说"的影响,盲目崇拜权威,缺乏挑战性精神,还是错误地认为物质能够燃烧,是因为其中含有一种叫"燃素"的特殊东西,结果真理就在自己的眼前却未发现。而拉瓦锡不盲从,敢于挑战权威,勇于创新,通过科学实验和科学思维,提出了"氧化说",揭示了燃烧是物质跟空气里的氧气发生了反应,指出了物质里根本不存在一种所谓"燃素"的特殊东西,从而打破了"燃素说",掀起了一场全面的"化学革命"。

　　在有关醇的教学中,老师给同学们介绍有关醇的定义。传统教材是这样给醇定义的:醇是分子里含有跟链烃基结合着的羟基的化合物。上海二期课改新教材对醇的定义是:烃分子中一个或几个氢被羟基取代而生成的一类有机物叫作醇(芳香烃环上的氢被羟基取代的则叫酚)。老师请同学们举出醇的例子。在众多的例子中,同学们发现像环己醇这一类醇,传统教材给出的醇的定义就没有包括进去,显然这个定义不够完善。对于芳香烃非苯环的环基上的氢被羟基取代的醇,根据上海二期课改新教材给出的醇的定义,应为酚,不正确。那怎样给醇下定义较为科学呢? 同学们积极思考,七嘴八舌,讲出了很多,最后总结归纳出以下两种醇的定义较为科学:一是把上海新教材括号中的内容做如下改动:芳香烃苯环上的氢被羟基取代的则叫酚;二是烃分子中非苯环上的氢被羟基取代而生成的一类有机物叫作醇。同学们觉得自己给醇下的定义,比课本上的更完善、更科学,充满了自信,极大地鼓舞了他们学习的积极性。

　　制取氢氧化亚铁的实验,教材上均是把含氢氧化钠溶液的试管插入硫酸亚铁溶液液面以下,挤入氢氧化钠溶液。而这样操作却很难得到白色的氢氧化亚铁沉淀,因为氢氧化亚铁极易被氧气氧化。怎样才能制得白色氢氧化亚铁沉淀并能保持一段时间？我请同学们开动脑筋,相互讨论,查阅资料,甚至可到实验室去做实验。经过几天思考,同学们提出了很多方法,如:

实验一:在大试管里加入适量的还原铁粉(量不能多),再加入刚煮沸过冷却后的稀硫酸溶液,待反应2~3分钟后,投入1~2粒固体氢氧化钠,便能观察到白色沉淀的生成。此时,因还原铁粉和稀硫酸在继续反应,放出的氢气抑制了空气与溶液面的接触,延缓了氢氧化亚铁的氧化过程,因此,白色氢氧化亚铁能维持较长时间而不改颜色。

实验二:首先在硫酸亚铁溶液中加少量铁单质(防氧化),加热除去氧气,再在硫酸亚铁溶液表面覆盖一层苯,把胶头滴管头插入液面以下,滴加氢氧化钠溶液。(注:此过程不能搅拌,否则会把氧气搅进去)

实验三:在盛有硫酸亚铁的烧杯溶液里加入一定量的苯,然后向烧杯中加入黄豆粒大小的金属钠,会看到金属钠融化,在硫酸亚铁溶液和苯层之间跳动并有白色絮状的氢氧化亚铁沉淀生成。

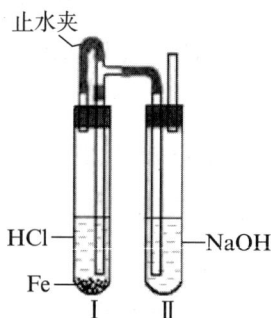

实验四:装置如上图所示,在Ⅰ试管中加入稀盐酸,在Ⅱ试管中加入氢氧化钠溶液,然后再往Ⅰ试管中加入铁钉,打开止水夹,反应一段时间后,关闭止水夹,Ⅰ试管中的溶液就会进入Ⅱ试管中,在Ⅱ试管中看到白色絮状沉淀。

然后请同学们根据自己的设计或查阅到的方法,到实验室去做制取氢氧化亚铁的实验。大多数同学取得了成功。同学们看到自己做的实验比教材上的更科学、更合理,感到无比欣慰。

综上,我们可以从以下四个方面培养学生的批判性思维:第一,引导学生从课本上、从试验中发现问题、提出问题、解决问题,而教师很少插手;第二,开展课堂辩论,让学生学会从多方面思考,进行开放性教学;第三,充分利用化学试验,提高学生批判性思维能力;第四,开放实验室,鼓励学生自己设计实验。批判性思维意指严密的、全面的、有自我反省的思维,通过对信息的输入、加工、贮存和分析,修正错误思维途径,并选择最佳方式,减少盲目性、狭隘性和不准确性,对教师、对权威、对书本敢于提出挑战,发表自己的见解。

二、训练探索性思维

由于广泛的好奇心和强烈的求知欲望,学生对科学知识的探索永无止境。如果教师在教学过程中准确把握了学生的"欲望"和"满足"心理,创造出符合这一心理的教学情境,为学生提供发现问题、运用知识的机会和创造性解决问题的条件,他们的探索性思维就会得到培养和发展,就能亲身体验到人类驾驭知识、运用知识、创造知识的自豪感。这种内在的情感体验,反过来又会激励学生再探索、再创造。因此,教学中要充分挖掘教材在培养与训练化学创新思维方面的内在因素,设计恰当的问题,使这些问题要有适当的难度,富于探索性,且能培养与训练学生的化学创新思维。

如关于喷泉实验常规的教法是:只有易溶于水的气体如氯化氢、氨气,才能做喷泉实验,喷泉实验的颜色有两种:一种是红色,另一种是蓝色。如果仅此而已,那么老师的教是省事的,学生的学是容易的,但对学生的能力有何益处呢?我在复习喷泉实验的教学中,首先与同学们讨论喷泉实验的原理,原因是烧瓶中的气体易溶于由胶头滴管挤出的液体中,烧瓶中的压强大为减小,与外面的大气压形成了一定的负压,外面的大气压把烧杯中的液体压入烧瓶。可见,只要某气体在某液体中达到一定的溶解度,使烧瓶与外面的大气形成一定的负压,就会产生喷泉。接着我提出了如下问题：（1）根据喷泉的原理，哪些气体和液体能进行喷泉？（2）喷泉的颜色可否再有其他？学生的答案如下：

气体	CO_2 或 Cl_2、H_2S 等	Cl_2	Cl_2	NO_2、O_2	H_2S	H_2S	……
液体	强碱溶液	CCl_4	KI 溶液	水	$CuSO_4$ 溶液	H_2SO_3 溶液	……

气体	HCl（HBr、HI）	Cl_2	H_2S	NH_3	……
液体	无色 $AgNO_3$ 溶液	无色 KI 淀粉溶液	蓝色 $CuSO_4$ 溶液	棕黄色 $FeCl_3$ 溶液	……
喷泉颜色	白色 （浅黄色、黄色）	蓝色	黑色	红褐色	……

　　答案如喷泉般冒出。尽管有的答案还不够准确，但学生的思维得到了充分的解放与发展。

　　苏霍姆林斯基说过："在人的心灵深处都有一种根深蒂固的需要，就是希望自己是发现者、研究者、探索者，而在儿童的精神世界中，这种需要特别强烈。"我们可以从书本、作业、实验、物质的性质、化学理论等方面提出问题，如这种描述是否准确，这道题还有没有别的解法，还有没有别的实验方法或更好的实验方法，等等，以此不断训练学生的探索性思维。

三、培养发散性思维

　　传统教学只提供结论性的东西，要求学生掌握静态的结论。如果学生仅仅掌握教材或教师所提供的静态模式，那么当他们遇到变式的时候会困惑不解，无法适应以后的工作和学习。

　　发散性思维是指对同一问题产生多种解答的思维方式。学习了浓硫酸的特性以后，我设计了这么一个发散性问题："如何鉴别浓硫酸和稀硫酸？"

学生思维活跃，交头接耳，积极发言，提出了用肉眼观察、比密度、用 pH 试纸鉴别、用水溶解、滴在纸上、与锌或铜反应、与硫化氢反应、与氯化钠反应、滴加指示剂等十多种方法。教师接着问：能否用氯化钡溶液来鉴别？同学们说不行，会产生白色沉淀。老师进行了演示，结果浓硫酸中没有产生白色沉淀（硫酸钡溶于浓硫酸）。这又是一种鉴别方法。老师再演示：用一根火柴头蘸浓硫酸，置于空气中数秒钟，火柴头上的物质因浓硫酸的氧化性和脱水性而燃烧起来。这出人意料的现象使学生惊奇不已，激发了学生求异创新的欲望。同学们纷纷惊叹：同是硫酸，一浓一稀，却有这么大的差别，我们的知识一定要拓宽，思维一定要发散。老师趁热打铁，提出浓稀硫酸性质差异的原因何在这一问题。同学们纷纷说，在稀硫酸中，硫酸完全电离，形成水合氢离子和水合硫酸根离子。起氧化作用的是氧化性很弱的氢离子，只能氧化金属活动性顺序表中氢前面的活泼金属，还原产物是氢气。由于稀硫酸中含有大量的水，因而没有吸水性和脱水性。浓硫酸中主要存在的是硫酸分子，起氧化作用的是 +6 价的硫，有很强的氧化性，能把除铂金以外的大多数金属氧化，还原产物是二氧化硫。浓硫酸中水分子很少，有吸水性和脱水性。通过讨论，同学们茅塞顿开，知道了浓稀硫酸性质差异的原因所在。

综上，我们可以在以下几个方面对学生进行发散性思维的培养：第一，在教学过程中应该注意培养学生的联想能力，给学生以思维发散的机会；第二，通过探讨解决某个问题的各种可能性来训练学生的发散性思维能力，经常开展"一题多问、一题多变、一题多解"的教学活动；第三，在教学过程中要注意对某些问题进行适当的引申与推广。

发散和收敛是对立统一的两个方面，若运用得当、相得益彰，则能更好地培养学生的创新思维。

四、发扬直觉思维

直觉思维，是指对一个问题未经逐步分析，仅依据内因的感知迅速地对问题答案做出判断、猜想、设想,或者在对疑难百思不得其解之中,突然对问题有"灵感"和"顿悟",甚至对未来事物的结果有"预感""预言"等。直觉思维是一种心理现象,它不仅在创造性思维活动的关键阶段起着极为重要的作用,还是人生命活动、延缓衰老的重要保证。直觉思维具有自由性、灵活性、自发性、偶然性、不可靠性等特点,直觉思维是完全可以有意识地加以训练和培养的。杨振宁于 1956 年与李政道教授共同提出弱相互作用中宇称不守恒原理(因而共获 1957 年诺贝尔物理学奖),当时并未得到实验的证明。1957 年,吴健雄用 β 衰变实验证明了在弱相互作用中的宇称不守恒。达尔文观察到植物幼苗顶端向太阳弯曲,直觉地提出"其中可能含有某种物质跑向背光一面"的设想。这种设想在他生前始终未得到证明,但经后人实验证实,这种物质是存在的,就是植物生长素。

　　我在进行烃的衍生物的教学中,对每一种物质先介绍分子式、结构式,然后请学生根据结构式来推测它可能发生的反应,即何处的键断裂、可能发生什么反应。如关于乙醇的教学,根据乙醇的结构式(如下图),学生的答案有:

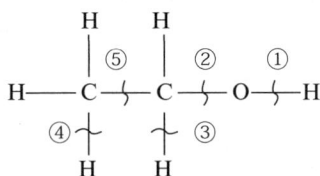

断裂的位置	可能的性质
①处	a. 可被活泼金属取代生成 H_2;b. 可被其他原子(团)取代;c. 有酸性
②处	被其他原子(团)取代
②、④处同时	生成 $CH_2 = CH_2$,水
①、③处同时	形成 $CH_3\overset{O}{\overset{\|}{C}}H$(此时学生尚不知这是何物质)

当学生的推测大多与课本的结论一致、得到老师的赞扬时,学生的学习积极性会受到极大的鼓舞。

我们要很有耐性地对学生的直觉思维加以因势利导,使学生的直觉思维发展为逻辑思维,决不能因学生似乎未经过大脑思考而得出的结论随意加以否定,甚至讽刺挖苦。教师可以给学生讲一些科学家的直觉思维的故事,如门捷列夫夜里做梦排成了第一张元素周期表;凯库勒做梦发现一条蛇咬着自己的尾巴,惊醒之余提出了苯环的结构……积极引导学生树立直觉思维意识,对一个问题敢于大胆地怀疑、猜测、分析、判断。

在对学生进行化学创新思维的培养中,不能操之过急,不能拔苗助长,不能好高骛远,不能急功近利,应协调好以下几个关系:

1. 基础知识与创新思维

创新的机制是：高情商提供动力支持,创新思维方式提供技术支持,基础知识提供材料支持。没有足够的基础知识,创新就如同"无米之炊"。设想门捷列夫如果没有足够的有关元素的化学知识作为基础,是不可能编排出划时代的元素周期表。当然,也有很多人具备了门捷列夫所拥有的化学知识,甚至更多,而他们没有成功,其中原因之一可能就是缺乏创新意识。要协调好创新思维的培养与基础知识的学习之间的关系。在化学课堂教学中,老师既要引导学生脚踏实地,重视基础知识的学习,弄清概念,弄懂性质,搞清原理,搞懂实验,基础知识要牢记,基本理论要弄懂,基本技能要掌握,尊师重教,重视课本,又要鼓励学生不唯师、不唯书,敢于质疑、敢于质问、敢于挑刺、敢于创新,努力把学生培养成为既有扎实基础知识,又有创新能力的新型人才。

2. 思维的发散与收敛

从以上几例可以看出当教师对学生的发散思维、直觉思维予以鼓励时,他们的答案之多、之广往往会出乎教师的意料。此时教师应做的第二步工作是进行分析总结,属收敛思维。应逐一分析,肯定正确,指出错误,如有的是理论上成立,实验中难以成功。总之,思维的发散与收敛,如同放风筝,既要让学生的思维像风筝一样飞出去,又要恰当地拉住风筝的绳子。也只有恰当地拉绳,风筝才能飞,才能飞高飞远。

3. 思维的过程与结果

我们往往将结果看得比过程重要,而要创新必然有风险、有错误、有失败,甚至失败多于成功,人类科技进程中的许多发明创造都是以无数次的失败为代价的。如果教师以是否正确作为评估的唯一标准,那么学生势必不敢创新。我认为在创新教学中应强调:过程重于结果。我以上所列举的学生答案并非全对,还有许多错误更明显的答案未列出,但我首先予以肯定,肯定这种创新精神。当然创新成功则更好。这里引用奥林匹克精神的话:"重在参与"。

作为高中化学教师,课堂教学是我们培养学生创新思维的主阵地。把化学学习与创新思维培养紧密结合起来,激发学生的创新意识,训练学生的创新思维,我们可以通过高中化学教材内容、化学实验、化学知识与生活实际的联系创设问题。教师创设的问题要有一定的启发性和开放性,难度适中,能激发学生的兴趣,能达到抛砖引玉的效果,使学生产生更多的问题。学生通过自学、查阅资料、独立思考、互相讨论、开展实验和教师点拨来解决问题,并在解决问题的过程中掌握基础知识,培养创新能力。总之,在化学课堂教学中培养学生的创新思维,机会无处不在,方法层出不穷,无固定模式模仿,无现成经验照搬,唯有用创新教育,才能培养学生的创新思维。

时代呼唤创新型人才,创新人才需要创新教育,这是一项十分艰巨的工作,需要大量教师的共同参与,才能取得明显的效果。创新思维能力是人一生中十分重要的能力之一,我们应该始终坚持培养学生的创新才能。

【参考文献】

［1］吴琼.中学化学教学建模［M］.南宁：广西教育出版社,2003.

［2］刘永民.探索培养学生创新思维的课堂教学模式［J］.化学教学,2001(11)：20－22.

［3］骆秀云.化学新教材探究性学习策略的思考［J］.化学教育,2007(6)：29－31.

［4］熊伟.论中学生科学态度的培养［J］.西部科教论坛,2008(10).

【作者简介】

浦跃进,任教化学学科,教龄35年,高级教师。

曾获黄浦区园丁奖、黄浦区中青年教师教学大奖赛一等奖、上海市教育委员会教研室优秀论文奖。

本文写于2009年5月,发表于《甘泉》(红旗出版社),并在上海市教育学会化学教学专业委员会举办的论文评选中荣获二等奖。

提升高中生化学解题能力的研究

刘江锋

在日常教学过程中,我经常会发现一个严重的问题,有一些学生的学习态度很好,作业很认真,对知识点的掌握也很熟悉,可是面对一个具体问题的时候,却显得束手无策,甚至完全没有解决问题的思路。如果长期不能够学以致用,不会做题,必然会大大消减他们学习化学的兴趣和动力,这是一个教与学的大问题,必须要努力突破加以解决。对此,我做了一些分析和实践研究。

一、可能的原因及分析

我认为,这对于学生来说是一个获取知识和生成能力的问题,对于教师来说则是一个传授知识与培育能力的问题。学生没有解题能力,既有教的问题,也有学的问题;既有客观原因,也有主观原因。

第一,从客观层面来看,学生对学习化学的重视程度锐减。高考制度、招生政策的不断翻新,课程设置、教材的调整等因素,严重主导着学生对化学学习的重视程度。譬如由过去的"3＋1"模式改为"3＋3"模式,语、数、英三门主课的地位加强,比如英语考试就一年两考,而化学小学科的地位,分值却是一降再降,由过去的 150 分锐减为现在的 70 分,70 分当中也只有 30 分是等级考的比拼。在这种指挥棒的引领下，也怪不得家长和学生功利，他们对化学的重视程度自然大大下降，花在化学上的时间自然越来越少。事实上，现在大多数学生也仅仅只在化学课堂上学习化学了，课堂之外基本不会再碰触化学课本。回家作业，基本依靠"度娘"或相互抄袭。

兴趣是最好的老师，也是提高化学解题能力的前提。可是，现在我们已经失去了培养学习化学兴趣所需要的最起码的时间，又怎么去培养兴趣？无兴趣，则动力不足，求知欲不强，又怎么能够学得好呢？再有就是现行的初中化学教材和高中化学教材没有很好的衔接，在教学的内容、要求、难度上差异很大。这无形中给初三升高中的学生设置了一道难以跨越的鸿沟，许多学生还没有完全转变成高中生，就已经知难而退了。

第二，从教的方面来看，教师可能还受传统应试教育陈旧教育观念的束缚。教师教学策略运用不当等因素，也是导致高中生的化学解题能力一直都无法得到实质性提高的原因。

实事求是地讲，有时候为了提高分数，片面追求升学率，或者是单纯地赶进度，教师难免在教学过程中采取简单灌输的方法，譬如只讲结论不讲过程，大量采用题海战术，追求短平快，只为培养一个所谓的熟练工。从短时间来看，也许是有效的，好像是进步了、学会了，但事实上，从认知心理学的角度来看，题海战术过分强调技能的培养，而未把精力放在如何利用基础技能来促进学生能力发展上，或者说，"题海战术"并不注意培养学生把已有的技能"迁移到"新的问题上、新的情景中去，这种完全剥夺学生思维过程的、机械式的、填鸭式的操练，不仅加重了学生的学习负担，而且也不利于学生解题能力的真正提高。

以上这些，表面上看好像是教学策略的选择问题，但从本质上来讲，应该是教育理念的问题，是指导思想出了问题。作为教师，我们应该传授的是道，不应该是术，至少应该是两者的有机结合。如果本末倒置，就是在扼杀学生的学习力、创造力，后果很严重。

第三，从学生学的方面来看，经过调查研究，我发现，有的学生对于化学知识概念死记硬背,缺乏活学活用的精神,只会回答那种表面化的、单一的、直来直去的问题,对于转变题目类型、间接应用或者转上一两个弯儿的题目,就只能大眼瞪小眼了。有的学生将知识点分离开来,不会联系不会比较,形成不了新的战斗力。有的学生思维容易陷入固有定式之中,认死理儿,不能够发散开来,面对新问题,仍硬搬老套路去解决,导致解题烦琐甚至无法解决。有的学生虽然很聪明,反应很灵活,但是基础不牢,导致了地动山摇,解题能力下降。还有的学生读题审题能力较弱,不善于抓住要点,缺乏逻辑推理能力。殊不知解决化学问题时,既要具备谨慎细致的态度,不能忽视题目中的细节表述,还要善于处理题干信息,提取有效信息,排除干扰,理清化学原理、反应关系以及数字背后的玄机。

二、解决方法初探

　　找到了困难以及背后的根源,不应被困难所吓倒,而应该迎难而上,在夹缝中生存,帮助学生学会学习,提高解决化学实际问题的能力。要让学生在化学高考中考出一个理想的分数,还要从培养人的角度,让学生在中学阶段便具有一些化学理性思维和科学的方法,以便于将来在大学里生根发芽、开花结果,这是每一个化学教师义不容辞的责任。我做了一些思考和实践,取得了一些实效。

1. 练习题选择要精心研究

　　题目是学会的重要载体,如果题目的选择不讲究、编制不科学、没有系统性、严重偏离学生实际,显然是不利于学生形成较好的解题思维的。在精选习题方面,我认为:
　　第一,题目要有基础性。题目要有广泛的知识覆盖面,要能够考查学生各方面的化学知识与化学能力。基础性,意味着习题的难度不能过高,如果过分追求题目的难度,就会导致中下等的学生不能得到有效的发展。换句话说,题目的编制要符合全班大部分学生的水平。

第二,题目要有层次性。题目不仅要帮助学生理解教材知识内容,更要能够体现化学思维能力。在设置题组时,题与题之间要循序渐进,不断提升,这样学生在解题的过程中才能不断触动思维,不断思考,从而不断提高解题能力。

当然,题目编制的基础性与层次性只是基本要求,在具体的实践中,趣味性、思考性、综合性也显得十分重要。这样,才能不断提高习题的系统化与精细化,为学生的解题做好服务。

2. 优化解题过程的教学

学生是学习的主体,但是并不意味着就要轻视教师的主导作用。在教学过程当中,教师一定要切实把握学生的实际,选择恰当的培养模式,并且不断优化自己的教学过程。

第一,在培养学生思维的灵活性上下功夫。思维的灵活性是创造能力的重要元素,因此,在高中化学解题教学中,教师要善于引导学生通过一题多解的方式培养灵活思维能力,这样,学生才能在解题过程中从不同角度去思考问题,多途径找出解决题目的方法。这样,学生在解题过程中也能够有效发挥学习的主动性。

第二,在习题讲评方式上下功夫。课堂时间是有限的,教师课堂的讲解必须精练,力戒贪多,一节课十来个小题或两三个大题足矣。讲题应讲透,不但要讲清化学过程的发生、发展和结果,同时还要深挖隐含条件,找出知识间的相互联系和解题方法,指明题中的"陷阱"和可能出现的错误,也可尝试改变题中条件,转换题目,探求新解,以训练学生的解题思路和能力。另外,还可以把课堂交给学生,让学生来讲,或者他们互评,这样更能激发他们求知的欲望。事实上,学生往往在此过程中会产生许多意想不到的思想火花、思维灵感,达到事半功倍的效果。

第三,在总结归纳方法上多下功夫。化学是一门自然科学,其中充满了辩证法和奇思妙想。作为教师,应该因势利导,帮助学生归纳总结,比如守恒法、差量法、十字交叉法等,使他们逐渐积累丰富的解题经验以及化学学科所特有的思维模式。

在高中化学中,守恒法如同一条绳索贯穿高中化学的始终,譬如质量守恒、原子守恒、电子守恒、电荷守恒、体积守恒等。例如:

一定量的 Fe 和 Fe_2O_3 的混合物投入 250 ml × 2 mol/L HNO_3 溶液中,反应完全后,生成 1.12L NO(标况),再向反应后的溶液中加入 1 mol/L NaOH 溶液,要使铁元素完全沉淀下来,所加入的 NaOH 溶液体积最少是(　　)

A. 450 ml　　B. 500 ml　　C. 400 ml　　D. 不能确定

解析:本题涉及的反应较多,HNO_3 溶液是否过量也不能确定,所以,铁元素最终的沉淀形式是 $Fe(OH)_3$ 还是 $Fe(OH)_2$ 就难以确定。

传统型的学生一般会按部就班书写方程式,以图正面解决,结果写着写着就写不下去了,最终宣告失败。但如果思维灵活一点,跳出具体的反应,站高一步看,运用整体思维方法,不难发现,当铁元素完全被转化为沉淀之后,溶液部分其实就是硝酸钠溶液,因为题目要求氢氧化钠的体积最少,就是说氢氧化钠不过量。所以,只要找到溶液中硝酸根离子的量,就已经找到了氢氧化钠的量。利用原子守恒,可得出:

$n(NaOH) = n(NO_3^-) = n(HNO_3) - n(NO) = 0.25 × 2 - 0.5 = 0.45$ mol

$V(NaOH) = 0.45$ L $= 450$ ml

这些方法往往能够突破常规,打破思维定式,寻找到解题的捷径,让学生豁然开朗、恍然大悟,从而获得强有力的成就感,再次激发他们学习化学的兴趣。

3. 让实验成为培育思维的催化剂

化学是建立在实验基础上的科学,教师应充分利用化学实验发展学生思维,除了在教学活动中重视用实验来展示化学现象、验证化学原理、探索客观规律外,更要注重如何让学生通过自己动手操作来发现问题、解决问题,从而拓展学生的思维空间。在教学中,可以将学生分组实验来补充或协同教师实验的完成,或将课堂实验带回家,带到生活中去实践,将实验习题改编为课堂探索实验等。

在学习"苯酚"一节时,教师要求学生用实验探究苯酚在水中的溶解度不大,当溶度高于65℃时,则能(1)与水混溶;(2)苯酚显酸性;(3)苯酚的酸性弱于碳酸。学生先讨论实验设计,再分级进行操作,最后进行实验汇报。

又如,在《电离平衡》一章的复习课中,教师设计了实验习题:用实验证明 CH_3COOH 是一种弱酸,并在课堂上提供了药品:(1)0.01 mol/L 的 CH_3COOH 溶液;(2)冰醋酸;(3)0.01 mol/L 稀盐酸;(4)蒸馏水;(5)颗粒大小基本相同的锌粒;(6) CH_3COONa 晶体;(7)紫色石蕊试液;(8)无色酚酞试液;(9)pH 试纸及标准比色卡;(10)红色、蓝色石蕊试纸以及试管、滴管、烧杯、量筒等仪器。

教师必须深入钻研教材,敢于打破常规,对学生放心放手,通过让学生亲自动手实验来发展思维。

三、初步的结论和反思

教育虽然不是万能的,但是放弃绝对是万万不能的。我们要坚信,办法总比困难多！要相信我们自己，学生的解题能力是一定可以通过培养得以提高的。能力教育是人才培养的根本，也是今天课程教学改革中的热点。因此，必须围绕能力下功夫，以提高学生的解题能力作为教学出发点和落脚点。化学教学要尽力避免某种误区，即认为只要把基础知识复习好，解题能力就会自然而然地得到提高。不迷信"熟能生巧"，也不要指望单纯通过题海战术来达到提高能力的目的。有的人片面强调学生的能力训练，忽视基础知识的复习提高，这当然也是走向了另一个极端。

总之，不管是什么原因造成的学生解题能力低下，作为化学老师，必须要坚守自己的阵地，不能够被困难吓倒，也不能够把责任推到其他方面，要多从自身寻找原因。既要授之以"鱼"，又要授之以"渔"；既要关注自己的教，更要关注学生的学，其实，只有关注学生学的"教"，才是真正有效的"教"。要坚决摒弃教学中的陋习，彻底摆脱题海战术的羁绊，以学生能力和发展为根本，注重化学素养的养成和思维能力的发展。长此以往，相信学生学习化学的兴趣和解题的能力一定会得到提高。

【作者简介】

刘江锋，任教化学学科，教龄 20 年，高级教师。

曾获黄浦区园丁奖、黄浦区教学比赛一等奖、上海市教师教科研论文评比三等奖。

本文写于 2016 年 6 月。

化学双语教学的三个阶段

陈稼元

随着全球一体化进程的发展,中外交流日益频繁,越来越多的中小学开设了双语课程。其目的在于提高学生的英语应用能力,让英语不再仅限于课堂中,为学生日后出国深造打下基础。近年来,校本课程概念的出现,有利于学校开发自己的特色课程,打造适合本校学生的针对性课程,提升学校的教学质量和个性发展。所以开发一个适合自己学校学生的校本双语课程既迎合了时代的潮流,也满足了学生的实际需要。故我以此为题,结合自身执教学科,进行化学校本双语课程开发的理论研究与实践操作,为我国化学双语教学校本课程开发提供有用的案例。

本文主要围绕校本化学双语课程的开发与实践展开,着重介绍了化学双语教学中一般会经历的三个阶段以及教师如何在不同的阶段中制订相应的教学策略;校本化学双语课程的开发流程;我结合自身教学经验进行课程开发和实施的实践工作。

双语教学在我国的需求会越来越大,只有更多有相关才能的教师投入到双语课程的开发与实施中,才能越来越完善这个领域的教学。

一、双语渗透

双语渗透也叫渗透式双语教学,它作为正式开展双语教学前的准备阶段和过渡阶段,其教学过程中外语所占比重较低,旨在让学生更多地接触英语。它一般在未接受过双语训练的学生群体中使用。

在高中化学双语教学的起步阶段,教师面对的是刚从初中毕业不久、英语基础薄弱、化学学科知识欠缺的学生。虽然有了前一阶段的准备工作,但是如果一开始就使用浸入式双语教学的话,必然会造成学生无法理解课堂内容。所以,在起步阶段,应采用保守传统式教学中穿插双语教学的方法,其中多用汉英对照的方式。在第一章《打开原子世界的大门》中,教师可在以下几个方面引入双语教学:

1. 介绍化学专有名词的外语表述方法

以第一章为例,第一章分为三节,其主要教学内容有:原子结构的发现史,原子的内部构成,同位素的概念,相对原子质量的概念和计算,核外电子的排布规律,原子结构示意图和电子式,离子的概念和形成。其中牵涉的英语词汇有(以课本出现的先后为序):

葡萄干面包模型: raisin bread model　　行星模型: planetary model

原子: atom　　物质: substance

分为,分离: divide into　　哲学家: philosopher

微粒: particle　　元素: element

不可再分的: indivisible　　简单整数: simple whole number

比例: ratio　　电子: electron

均匀地: uniformly　　分布: distribute

突破：breakthrough

X 射线：X-ray

穿透力：force of penetration

放射性：radioactivity

原子核：nucleus

电子流：flow of electron

光子流：flow of photon

电磁波：electromagnetic wave

直径：diameter

半径：radius

轰击：bombard

金箔：gold foil

正电荷：positive charge

负电荷：negative charge

反弹：rebound

绝大多数：overwhelming majority

极少数：a very few

个别：very few

这里列举的都是课本上出现过，学生在化学学习中必须用到的英语词汇，学生在进行双语学习时必须将一些常见的学科词汇熟记于心，才能尽早克服语言障碍。教师在教学过程中必须让学生定期复习背诵这些词汇。

2. 用外语介绍部分科学观点及概念

在第一章的双语课程中，许多重要的科学观点都可以用英语来表述，课堂中采用中文授课讲解的同时加入英文语段阅读的方式或中英对照阅读的方式能让学生接触更多的学科外语知识。例如道尔顿的原子论可以表述为以下五个基本观点：

1. All matter is made up of very small, discrete particles called atoms. (物质由独立微小的原子组成。)

2. All atoms of an element are alike in weight, and this weight is different from that of any other kind of atom. (所有相同元素原子的质量相同，不同元素原子的质量不同。)

3. Atoms cannot be subdivided, created, or destroyed. (原子不能分离、创造或毁灭。)

4. Atoms of different elements combine in simple whole-number ratios to

form chemical compounds. (不同元素以简单整数比形成分子。)

5. In chemical reactions, atoms are combined, separated, or rearranged. (在化学反应中,原子能够结合、分离或者重新组合。)

再如 α 粒子散射实验的现象结论:

Alpha particles (helium nuclei) passed through the foil with few deflections. However, some deflections (1 per 8,000) were almost directly back toward the source. This suggested an atomic model with mostly empty space between a nucleus, in which most of the mass of the atom was located and which was positively charged, and the electrons that defined the volume of the atom. (α 粒子在穿过金箔时发生了极微弱的偏转,但是 1/8 000 的 α 粒子被反弹回了发射源。这说明原子由一个原子核和电子组成,原子核体积极小,但是占据了原子绝大多数的质量,电子决定了原子体积的大小。)

再如第二节中关于"同位素""相对原子质量"的概念。

Isotopes are variants of a particular chemical element which differ in neutron number, although all isotopes of a given element have the same numbers of proton in each atom. (同位素是指质子数相同,中子数不同的原子。)

Relative atomic mass is the ratio of the average mass of atom of an element to 1/12 of the mass of an atom of carbon-12 (known as the unified atomic mass unit). (相对原子质量是指元素各个原子的平均质量比上 C-12 质量的 1/12 的比值。)

在平时的教学过程中,教师应让学生更多地接触外语。上述的例子与课本上的知识点息息相关,可以作为课堂教学的补充,为正式进行双语教学打下基础。在选用双语材料时,也要注意难度不宜过高,以免影响教学质量及学生积极性。

由于中英文两种语言的不同,许多化学概念在中文中存在,却往往找不到对应的英文表达方式。在高中教材中,许多化学名词都不能在权威的化学工具书中找到对应的英文表达方式。例如在英语中"阴极"和"负极"的表达方法相同,都为"negative pole & cathode";"正极"和"阳极"的表达方法相同,都为"positive pole & anode"。虽然教学的基本内容全部以中文教材为基础,但是在进行双语教学的时候要尊重英语的习惯表达方式,避免出现中国式英语的情况。

3. 用英语进行简单的课堂交流

师生在日常的双语教学过程中需要正常的语言交流,在此过程中,可以借鉴英语学科教学的一些方法和习惯。听、说是英语学科四项基本技能中非常重要的两项。培养英语的听说能力也是双语课程的重要教学目标之一,所以教师在课堂中应鼓励学生用英语进行交流。高中阶段的教材内容大部分都是有关学生的学校生活和家庭生活的,这些教材一般语句不难,语音生动,切合学生生活实际,易于上口。双语课堂用语的使用应该考虑到高中生的这些生理和心理的特点及教材特点,做到切合实际、易懂易学,在"不自觉"中学会对话,达到交际的目的。例如教师可以就学生的出勤情况与学生进行交流:Is everybody here? Where is Zhao Xiao? Is anything wrong with her? I haven't seen you for a long time. Where have you been? 或者在讲解知识点时用英语引入知识点:Today, we'll learn the properties of chlorine gas. So first let's look at the gas jar on the podium. Tell me its physical properties. Who can tell me what may happen if we mix the chlorine gas and hydrogen gas? 在评价学生回答问题的质量时也应使用英语:Yes, you are right. Good! Maybe you made a little mistake. Please give me a more comprehensive answer.

另外,教师在课堂中应给学生用英语来表达自己想法的机会,让课堂互动充满双语的氛围。要达到这样的目的,需要学生具有一定的听说和阅读能力,这与学生本身的英语功底紧密关联。学生英语基础越好,课堂中英语交流所占的比重就会越高,双语教学的效果就会越好。所以在日常教学中要注重日常会话的训练,渐渐从简单渗透层次发展到双语整合层次。

二、双语整合

双语整合是学生正式进入双语教学的一个阶段,其核心就是要让学生学会用外语来表达中文的学科知识。学生在这一阶段中要经过大量的外语训练,学习大量的专业学科单词及语句,夯实自己的语言功底。在课堂教学中,教师将中文与外文知识整合起来,交替使用,互为主体。

双语整合阶段较双语渗透阶段更加重视学生英语听、说、读、写能力的发展,不仅仅是在课堂上使用一些英文专有名词、短语、语段等,而且要将学案中英语所占的比重增加。课后作业可布置英语习题,让学生逐渐习惯阅读英语的学科知识,提高阅读表达能力;在课堂中尽量用英语来交流学科问题,将两种语言交替使用,从而提高学生的听说水平,营造良好的双语环境。

1. 开发外语学案和课后练习

由于学生只有上教版的中文教材,并没有成套成系统的双语学习材料,教师必须对手上的中文版教材进行二次开发,制作适合学生使用的双语学案。在双语整合阶段,英语在课堂中所占比重会大幅增加,所以需要有配套的双语学习资料,其中要包含基本概念、知识点讲解、思考题、参考资料等。

以第三章第二节"离子键"为例。首先要向学生呈现中英文的基本概念,例如"离子键的定义":**Ionic bond** is a type of chemical bond that involves the electrostatic attraction between oppositely charged ions. (离子键是由离子间的静电作用而产生的化学键。)The particles that form ionic bond are ions. (形成离子键的微粒是离子。)

其次是知识点的讲解,例如对于"离子键是如何形成"的解释:Sodium

atom (usually an active metal) loses an electron and chlorine atom (usually an active non-metal) accepts an electron to achieve stable electron configurations. The electrostatic attraction between them leads to the formation of an ionic bond. (活泼金属钠原子失去一个电子,活泼非金属氯原子得到一个电子,两者核外电子达到稳定结构,它们之间的经典吸引力形成了离子键。)

此例中主要使用了中英文对照的模式,在给出英文概念和解释的同时,给出相应的中文解释,这样避免了学生无法快速适应大强度语言学习的压力。

再如思考题的或者课堂练习的布置也须用到两种语言,例如"形成离子键元素的判断":What type of bond can be predicted between potassium and bromine? (钾元素和溴元素能够形成哪种化学键?)

最后是用双语来呈现一些有用的参考资料,例如"元素电负性差异与形成化学键的关系""分子的空间结构"等拓展材料。

2. 使用英语做知识点的交流

在前阶段教师与学生在课堂中用英语交流可能仅限于一些常规语言,比如师生礼仪、课堂的引入、师生互动时的一些基本交流等。而到了双语整合阶段,教师和学生的英语交流将更加频繁,教师要将上课时的一些知识点用英语直接表达出来,要求学生通过学案以及教师的讲解掌握学科知识点。可能在一开始会有一定的障碍,学生无法立即适应知识点全部由英语呈现,所以教师要循序渐进,反复解释,帮助学生理解知识点,逐渐适应新的学习模式。

双语课堂教学开展到此阶段,由于学科概念本身就有一定的难度,再加上用英语表达会进一步加大学生的理解难度,教师必须随时关心学生的实际学习情况,以免学生不适应,影响了学科本身的教学效果。例如在第三章中,离子键和共价键两个概念本身就非常抽象,需要学生的微观想象能力。所以教师在教授过程中可以先以学生母语解释知识点,让学生先理解学科知识,然后再引入第二语言教学,巩固语言基础。一般纯外语讲授不宜在教授重难点以及拓展思维能力时使用,如要使用,须配上中英文对照书面资料,方便学生理解。

以第三章第三节"共价键"为例,教师与学生的知识点交流可由以下方法展开:

T (teacher): Last time, we have learned the definition of ionic bond. Can you tell me what ionic bond is?

S(student): Ionic bond is a type of chemical bond that involves the electrostatic attraction between oppositely charged ions.

T: Can you give me some examples?

S: Sodium chloride, calcium carbonate, magnesium oxide.

T: Very good. Today we will learn another kind of chemical bond. It is called covalent bond. 共价键。我们看黑板,这是一个氯化氢分子,我们都知道氯和氢都是非金属元素,所以它们没法像氯和钠一样通过得失电子来达到稳定结构。它们之间会通过另外一种方法来达到8电子稳定结构,这就是"共用电子"。氯原子最外层有7个电子,氢原子最外层有1个电子,如果氯原子和氢原子分别拿出一个电子与对方共用,氯就会有8个电子,而氢会有2个,双方都达到了稀有气体的电子排布,这就是共用电子,那么我们就将这样一种结合方式称为"共价键"。So the definition of covalent bond is that a chemical bond involves the sharing of electron pairs between atoms. 共价键是指原子通过共用电子而形成的化学键。

在此例中,教师在复习上节课"离子键的概念"时,与学生用了全英文的交流,而在讲授新课"共价键"时,主要以中文讲授解释概念,最后得出的结论用中英文一同表述。这样的模式也可借鉴。

3. 加强学科双语的课外阅读

顺利开展双语教学需要学生具有扎实的语言基础,光靠课堂上有限时间的训练是远远不够的,必须要配合大量的语言训练,以巩固课堂的语言学习,提高双语教学的质量。教师应收集大量有关学科的外文读物,让学生在课余时间也能处于双语环境下,尽快适应高强度的双语学习。

教师在选取外文文章时须注意以下几点:(1)难度适中,不可超出高中学生的能力范围,也不可过于简单,达不到训练目的;(2)具有一定的时效性,选取当下一些较新的文章,不宜使用过于陈旧的素材;(3)以理科题材为主,帮助学生学习更多的理科词汇,拓展视野;(4)语言用法地道,宜选取外文原版书籍或者杂志中的文章,让学生接触最原汁原味的外语。

三、双语思维

双语思维阶段是双语教学的高级阶段,主要是要求学生学会用外语思考学科问题,使学生在学习使用外语的过程中用外语来思考解答问题,以适应外语的学习、工作环境。这一阶段的主体语言是外语,而中文则作为辅助。

双语思维层次学生基本不再使用中文,教学中常出现的词汇将不再给出中英文对照。教师在课堂中很大部分都将使用英文讲授,如遇到一些新的学科概念,则可考虑中英文对照教学。学生经过前两个阶段的训练,已经拥有了较强的学科双语基础,能够听懂、读懂大多数的学科双语资料。所以在此阶段,教师更倾向于营造纯英语的课堂环境,鼓励学生用外语思考化学,用外语学习化学。

1. 加大学案中外语所占比例

在"双语整合"阶段中,教师在编写学案时用得较多的是中英文对照的模式,方便学生学习学科知识,避免由于语言障碍引起的理解困难。而进入"双语思维"阶段后,教师应鼓励学生减少对母语的依赖性,直接用英语学习化学知识。所以教师在编写学案时要尽量少地使用中文,对于学生已学过的学科词汇或短语,就无须给出中文对照,或者组织学生用英语自行填写这些基本概念。这样进一步增加了学生学科和语言知识学习的强度。

以第七章第一节"电解质的概念"为例:

Electrolyte(电解质):A compound ionizes(电离)when melted or dissolved in suitable ionizing solvents such as water.

Electrolyte includes most acids, bases, salts or metallic oxide. (NaCl, HCl, NaOH, Na_2O)

Non-electrolyte(非电解质):A compound does not ionize when melted or dissolved in suitable ionizing solvents.

Non-electrolyte includes non-metallic oxide, some non-metallic hydride and most organic compounds. (CO_2, NH_3, C_2H_5OH)

Strong electrolyte(强电解质):Electrolyte can absolutely ionize when dissolved in suitable solvents.

Strong electrolyte includes strong acid, strong base, most of salts and metallic oxide.

Weak electrolyte(弱电解质):Electrolyte can partly ionize when dissolved in suitable solvents.

Weak electrolyte includes weak acid, weak base, small part of salts and water.

上述例子中,学案不再使用中英文对照的模式,而是对学生新碰到的词汇如电解质、非电解质、强电解质、弱电解质、电离等做了中文标注,而对于先前课程中已经学过的词汇不再提示,这样使得学生不再依赖中文注释,提高语言学习强度和效率。教师还可酌情在学案中留空让学生填写,加深学生对知识的印象。

2. 课堂教学教师基本使用全外语教学

在双语思维阶段,学生已经有了大量学科双语训练的铺垫,所以教师在开展课堂教学时,可以基本使用纯英语做课堂交流。从课堂导入、知识点讲授到课堂练习,到最后总结归纳,教师应结合学生的实际语言及学科水平,事先预设好学生在接受知识时的重点和难点,适当地加入一些中文解释,帮助学生攻克重难点。

在双语思维层次的开始阶段,由于母语所占比重大大降低,学生可能会出现不适应的情况,从而将过多的注意力放在理解教师语言上,造成学科知识点落实困难。所以教师须在课前做好充分地准备,对于学生可能出现的理解障碍想好应对方法,通过各种方法落实知识点,一般可以用如下几种方法:(1)对学生难以理解的知识点用中文重新解释一遍,但此方法不推荐过多使用,否则学生很难进入真正的双语思维层次;(2)充分利用学案,将问题知识点的讲解放到学案中去,使得学生从听、读两个方面去攻克困难知识点;(3)将抽象知识具体化,教师在讲授知识点时多用图片、视频或多媒体等手段,将文字较难解释清楚的知识形象化,帮助学生理解。

以第五章第二节"pH 值的概念"为例:

T: Frequently, acid and base concentrations are expressed by means of the pH system. We know the pH value of pure water is 7, but how to calculate the value? pH value is related to the concentration of hydrogen ion in solution. The pH can defined as the negative decimal logarithm of the concentration of hydrogen ion. (pH 值定义为氢离子浓度的负常用对数,公式如下)

［板书］pH $= -\log[H^+]$

T: decimal logarithm 指的是以十为底的常用对数。The concentration of hydrogen in pure water is ten to the power of minus seven. So we substitute it in the formula and the answer is 7. So when the concentration of hydrogen ion increases ten times, the pH value will only decrease one unit. Here is a diagram of the relationship between pH value and concentration of hydrogen ion.

表1　pH 值和氢离子浓度及酸碱性的关系

pH	1	2	3	4	5	6	**7**	8	9	10	11	12	13	14
acidic	←					**neutral**						→		basic
$[H^+]$	10^{-1}	10^{-2}	10^{-3}	10^{-4}	10^{-5}	10^{-6}	$\mathbf{10^{-7}}$	10^{-8}	10^{-9}	10^{-10}	10^{-11}	10^{-12}	10^{-13}	10^{-14}

T: We usually put the pH value in the position of exponent and get the concentration of hydrogen ion.

上述案例中,教师在讲到"自然对数"一词时,结合学生的实际情况使用了中文解释的方法,学生如果没有接受过双语数学课程的话,一般对这些专用名词不会有了解,所以教师要对学生的实际水平有一定的预判。另外,教师在对 pH 值和氢离子浓度之间相互转换上用了图表的形式,简洁明了,容易被学生接受。

3. 合理利用各种资源,使学生达到用英语学习化学的最终目标

达到此层次的学生,无论是化学的学科水平还是外语的语言水平,都已经有了相当扎实的基础。教师应适当拓展学生的视野,利用各种资源,为学生提供更多的学习途径。例如教师可将国外原版化学教材推荐给学生作为参考读

物。国外教材相对于国内教材而言,更加符合外国学生的学习规律和习惯,而且相对于国内教材有很多的知识点拓展,学生可以从中获得许多新的学科知识,并提高外语阅读能力。除了书籍,教师在日常教学中还应注意收集一些多媒体资料,如互联网中一些国外科学工作者或教育者的实验视频、各种世界名校网络公开课的教学视频、优质的科学纪录片等。教师如果能够将这些资源融入日常的课堂教学中去,将会极大地丰富双语课程的内容和形式。

四、双语教学三阶段小结

双语教学的三个阶段——双语渗透、双语整合、双语思维可用下表总结:

表2　双语教学三阶段的含义及教学策略

阶段	含义与主要目标	教学中的具体措施
双语渗透	正式双语教学前的准备阶段,通过课程中外语的渗透让学生有更多的机会接触有关学科的外语。掌握与学科有关的常用外语词汇与短语,能用外语与老师做常规的课堂交流	1. 在教学过程中渗透与学科内容有关的外语单词、短语 2. 在中文授课讲解的同时,加入相关的外文语段补充阅读,增加学生接触学科外语的机会 3. 在与学生的课堂常规交流中尽可能多地采用外语
双语整合	正式进入双语教学,目标在于学会用外语表达学科知识。此阶段学生会学习大量学科外语以夯实自己的语言基础。教师将中文与外文整合起来,交替应用	1. 开发外文学案和课后练习,加大外文在课程中的比例 2. 教师与学生的外语课堂交流不停留于课堂常规交流,还要能够用外语进行学科知识点的交流 3. 加强学科双语的课外阅读,为学生提供更多的学科外语阅读材料
双语思维	学生具有扎实的语言基础,能够使用外语学习学科知识、思考学科问题。在教学中努力营造纯外语的环境,最终使学生适应各种形式的学科双语学习	1. 在学案中大幅提高外语所占比例,中文只做简单的注释 2. 课堂教学中教师基本全部使用外语同学生交流 3. 给予学生各种形式的外文学习资源,使学生能够通过各种渠道和媒介用外语学习学科知识

【参考文献】

[1] 刘敏.高中化学双语教学的探索与实践[D].内蒙古师范大学,2014.

[2] 王斌华.中外比较:双语教育的界定、属性与目的[J].教育发展研究,2005(6):49-53.

[3] 龚一婷.双语教学的实践与思考[D].华东师范大学,2005.

[4] 闫露.双语教育的概念界定、实施模式和分析框架[J].中小学英语教学与研究,2002(2).

[5] 黄安余.对双语教学的几点思索[J].上海教学研究,2002(1-2).

[6] 朱浦.对推进上海中小学双语教学的思考[J].上海教学研究,2001(7-8).

[7] 王斌华.双语教育与双语教学[M].上海:上海教育出版社,2003.

[8] 秦平,张旭东,李德生.高校双语教学的现状与双语教师专业化素质培养[J].林区教学,2008(3).

[9] 李宁.高校双语教学研究的现状及解决问题的对策[J].吉林工程技术师范学院学报,2011(5):27.

[10] 李师师.中国双语教学的现状研究[J].山西青年,2004(1):109-110.

【作者简介】

陈稼元,任教化学学科,教龄 5 年,在职研究生。

曾获黄浦区"萌芽杯"教学比赛一等奖。

本文写于 2016 年 9 月。

浅谈在"互联网+"背景下的高效课堂

殷思源

一、绪论

2015 年，习近平主席在党的十八届五中全会上提出"互联网+"行动计划，旨在依靠互联网新技术带动各行业的创新改革，实施网络强国的战略。也就在这短短几年时间里，涌现了许多如滴滴出行等互联网平台，改变了我们原有的传统生活方式。而教育作为一个具有悠久历史的传统性行业，在"互联网+"时代背景下同样面临巨大的挑战。创新技术在教育中的应用已有很多实践案例，如早在"互联网+"概念提出之前，国外的互联网在线教育"可汗学院"已形成比较成熟的模式。作为一名"互联网+"时代背景下的新教师，我们在实际教学中也不断地在尝试变革，我们掌握许多新技术的使用方法，却最终收效甚微，有时甚至过度依赖于新技术而摒弃教学的传统方式，因此也带来许多困惑。

何为传统教育和创新教育？我个人是这样理解的：传统教育是在固定的环境中由固定的教师采用固定的方法向固定的学生授课；创新教育便是打破所有的固定限制，提供更大众、更便利、更经济的教育。传统教育的亮点在于其拥有学生与教育者面对面共同参与的机会，也就意味着教育的专业性，但也限制了学生可参与的人数。创新教育的亮点在于其非常高的性价比,一位专家级的教师所开设的在线课程可以同时向几万甚至几十万学生授课。这里所谓的性价比,是从金钱成本和时间成本两个维度去考虑的,运用互联网技术可以省去许多硬件的建设成本,并且也帮助教师节约重复授课的时间。虽然看似创新教育有许多优势,但是从学习效果上来看还不能撼动传统教育的地位,完全依靠在线课程学习的学生,有很大一部分对所学内容的掌握程度是有缺陷的。从我自己运用在线微课为学生提供教学的实例来看,像物理这样强调学生参与的学科,如果完全依赖在线课程进行授课,那最终缺乏实验的参与,学生对于物理规律的理解不是基于实验现象,而是停留在对结论的记忆。当然还有一个弊端,就是教师无法监督学生自觉地去进行在线课程的学习。

二、混合式学习

为了能够同时享受传统教育和创新教育带来的福利,混合式学习便油然而生。何为混合式学习？简单来说就是,在传统的实体学校中运用互联网技术提供在线课程,在受监督的实体场合对一部分学习内容进行在线学习,将个性化学习和基于能力的学习联结起来实施,构成了以学生为中心的学习体系的基础。举个简单的例子,纯电动汽车相对传统的汽油车而言是汽车行业的创新产品,但是电动汽车由于其充电桩的配套不完善和较低的续航能力并没有获得预期的市场,而油电混合动力车却因此火了,原因在于它拥有像汽油车一样的续航能力并且还能像电动车一样降低出行燃料成本。所以,混合式学习不是将传统方式和创新方式混杂在一起,这样的结果只会水油不溶,提炼传统和创新中的优势进行互补才能水乳交融。

当一项颠覆性技术出现时,相应领域的顶尖企业通常都会想要利用这项技术。但是技术还不够成熟时,无法满足客户的需求,因此必须研发出一种混合的技术。这种混合的方案是将传统技术和新技术结合在一起,创造出一种两全其美的组合。我想当下的教学革新也正面临这样一个充满不确定因素的环境,既然如此,借助混合理论我有了一个教育方案的设想:当今国内有许多中学一味追求升学率,被戏称为工厂学校,这类学校的教学归根到底就是严管严教,办学也形成一套流水化的操作步骤,学生就像商品一般被强制完成许多"生产"步骤,最终步入名牌大学,但实则已丧失自主学习能力,只会一味地等待被灌输,而这也就是在传统教育中常称的"题海战术"。题海战术短期效果显著,而长期则影响终身学习能力。所以我设想的方案能够借助混合理论来优化题海战术,题仍然得刷,但是可以依靠互联网平台和大数据定制个性化、差异化的刷题方案。传统教学中所有学生完成的习题都是一样的,其实对于大部分人而言,有些题目重复做是在浪费学习时间,所以可以借助在线学习和测试的方法获取学生的学习状况,依据每个人不同的知识掌握情况建立专属的题库。两者合二为一之后便可形成一套有针对性的、高效的专属题海战术。这也正是混合式学习的延续性所在:其一,在大量学生的解题数据上可为后续建立完备的测试提供参考,建立更加公平和稳定的考试方案;其二,让固定的题库流动起来,并在学生错题的基础上不断扩大题库容量。当然,这一方案的最终目标是摒弃题海战术,形成一个兼具学习评价和指向性学习的平台。混合是一个过程,最终要转换成完全的、成熟的创新体系,同时教育也从工厂模式向以学生为中心的体制转变。

三、新技术在课堂中应用的问题

混合式教学就像是烹饪中进行的调味,每种单一的调味品各有自己的风味,只有按一定的比例融合在一起才能使味道出彩。而这个比例就需要依靠长期的实践和专家的指导。

有这样一个案例:在美国夏威夷的一所小学,家长们筹措资金为学校所有的教室配置电子白板,希望通过触屏技术让孩子能体验更加丰富的教学活动,让教师的教学也更加多元和高效。可是在投入大量资金购置完设备后却面临一个问题,有一大部分老师需要学习如何使用,需要专业人员在使用遇到问题时提供帮助;少数刚学会使用的教师却只用来播放视频和写板书,因为自己也没有能力开发交互式的配套课件。最终电子白板占据了教室的空间,占用了教师的精力和时间,却几乎没有教育回报。

　　放眼我们今天的学校,教育部门同样投入大量资金配备电脑、投影仪、大型屏幕、电子白板,甚至可以为学生每人配置一台像 iPad 这样的移动设备来满足教学需求,可最终同样收效甚微。二十年前,学生上一节计算机课要保证每人一台电脑是很困难的事情,而如今,这已然是基本配置。有人将这种现象称为"设备的填鸭"。我自己也在尝试完全采用 iPad 进行授课,因为苹果应用商店中有许多教学相关的应用软件能够提供多元化的互动式体验,但是如果离开了这些应用,那其实 iPad 也就沦落为一台播放PPT 和视频的设备。但教师毕竟不是专业的互联网技术开发者,我们没有能力去按照自己的教学需求开发应用软件,所以如果想持久运行下去,只能与软件公司谋求合作。教师提供的是教学理念和需求,软件公司解决一切技术问题。学校不能过分迷恋技术,特别是与教学相关的技术是基于传统教学理念和方式进行研发的。一味追求硬件的到位也是不可取的,核心的关键还是配套的软件和长期维持运行的保障。

　　在"互联网＋"的大环境下,要充分发挥创新技术对教育的推动和改革作用。混合式学习并不是一种完全的颠覆式创新,它可以说是一个过渡阶段的产物,但同样也为教师的转变和技能提升提供一个过渡期。跨越因循守旧的教学方式,为这样一个长期的改革做好充足的准备。混合式学习的理想教师其实是从教师向导师的转变,除了本职的教学工作,还要教会他们如何建立积极的人际关系等,这些是在线课程所不能教授的。但是在线课程为教师们节省了许多原本重复消耗的时间,让他们更好地担任导师这一角色。混合式学习对教师的考验还不止如此,互联网技术让教师可以接触到更多的学生,当然大部分是陌生学生,学生对于某位老师所开设的在线课程会提出更多评价和要求,大部分应该都是客观的,所以受到学生欢迎的优秀教师,其影响力会被扩大;相反,不出色的教师自然就会丧失他的

"客户群"。一般而言,混合的技术总是最为复杂的。对于油电混合动力汽车的修理工而言,他不仅要熟悉燃油车的系统,同时需要了解电动车的系统。混合式学习也向教师提出了更高的要求。要想设计出一套优秀的在线课程方案,依靠个人的力量是远远不够的,学校支持是一方面,教师间的专业合作是另一方面。一个团队学习任务的确定、实施方案的策划、在线课程的制作、学习反馈的统计等都需要有相关技能的教师去完成相应的工作。如果工作单位能够减少管控,明确责任,那么人们在工作责任心和成就感方面就会高涨起来。"互联网＋"时代正在示意学校加强机制创新,这让学校领导有更强的动力来为教师提供更多的发展机遇。

四、总结

时下非常流行的虚拟现实(VR)技术,若运用在混合式学习中将发挥很大的作用。混合式学习混合的不仅仅是教育理念,还有教育技术。用虚拟技术去描述、呈现、演绎实体,这是一个潮流趋势。然而,无论是虚拟还是现实,重要的还是学生的参与,因为一切的活动都是为了激发学生在主动参与过程中的兴趣,最终获取知识。毕竟这是一个物质的社会,实体不可能被虚拟技术替代,但是却可以在虚拟技术的帮衬下展现得更直观和全面。

【参考文献】

［1］ Michael, B, Horn. Using disruptive innovation to improve schools［M］. New Jersey：John-Wiley&Sons, 2015.

［2］ John, Hattie. Visible learning for teachers［M］. Britain：Routledge, 2015.

［3］ 赵中建. 与大数据同行［M］. 上海：华东师范大学出版社,2015.

【作者简介】

殷思源,任教物理学科,教龄 2 年。

曾获上海市中小学(幼儿园)见习教师规范化培训展示活动一等奖、黄浦区见习教师"萌芽杯"教学比赛一等奖。

本文写于 2016 年 9 月。

在生命科学课堂教学中提高学生思维品质

杨雪峰

《国家中长期教育改革和发展规划纲要(2010—2020 年)》指出:"把提高教育质量作为教育改革发展的核心任务。"高中生命科学教育的主渠道是生命科学课堂教学,通过课堂教学来培养学生的生命科学素养,提升学生的思维品质。而现在的生命课堂教学还是存在着注重知识传授,忽视学生能力的现象,为此,上海市教委也推出了"一师一优课,一课一优师"的网络教学活动,旨在通过推动优质教学,通过提升教师的素养,来真正落实"培养全面发展的人"为核心的新课改理念。可如何在课堂教学中提升学生的思维品质,这是个值得探讨的问题,本文是从课堂教学策略方面进行了一些研究。

一、提升学生思维品质的课堂教学应具备的基本特征

1. 核心思想主导,精髓内涵支撑

一节或一个单元的有思维品质的课堂教学应该有一个主干核心思想,这意味着教师上课前不仅要把教材内容分析清楚,而且还要透过现象看到本质,从中挖掘出教材的精髓内涵。教师把教材钻得深、钻得透,悟出来的道理就深刻,这样讲起课来就能言简意赅、深入浅出,甚至还能发人深省;

学生听起课来就轻松,感悟也到位,甚至还能从教学中寻找到刻骨铭心的印迹。如《三大营养物质的转换》一节中,教师能挖出教学内容的核心思想是"转换",培养学生的健康饮食观是落脚点。因此,教师通过分别介绍糖类、脂类和蛋白质三大营养物质的代谢,巧妙利用它们代谢的中间产物之间的转变,将三大营养物质的相互"转换"这个核心主干知识联系起来,水到渠成地为学生构建了"合理膳食、均衡营养"的健康理念。

2. 创新性与独特性交相辉映

教师的创造性教学来源于教师自身的独创性思维。教师对教材内容的理解要有自己独到的见地,对课堂教学也要有一定的创新理念,能够于平凡之中见新奇。同时,课堂教学还应能激发学生的创新性思维,能让学生展示自己的思想和观点。如《内分泌系统中信息的传递和调节》一节的引言:1902 年,生理学家在研究小肠的局部运动反射时发现:用盐酸刺激狗的小肠上段,会引起胰液的分泌。切断连接这段小肠的所有神经,只保留与身体其他部分相连的动脉和静脉,重复以上实验,仍然会出现胰液分泌现象,这个结果说明了什么问题?学生根据实验现象可提出多种猜测:(1)胰液的分泌与神经无关;(2)小肠和胰腺之间不是通过神经系统联系的;(3)可能是与其他部位相连的动脉和静脉中的血液中有某种物质的刺激引起胰液的分泌……学生的思维就可被充分调动起来,学习的积极性和热情度也会极度高涨。

3. 蕴含生命价值的感悟

生命科学本身就蕴含生命的意义,生命教育无论是显性还是隐性,都能在生命科学教材中找到立足点,因此,教师应该深刻挖掘教材中的生命教育素材,将生命教育渗透到每一节课堂教学中,对学生潜移默化,让学生在生命的感悟和体会中展开思维的层次。如现代生命科学发展和生物技术的应用日新月异,在试管婴儿教学过程中与学生共同讨论有关代孕现象存在的伦理上的争议,通过讨论建立学生正确的价值观。

二、提高学生思维品质的课堂教学的实施策略

1. 精心设计教学环节,提高思维品质

（1）搭建知识架构,拓展学生的思维深度

一节课的主线是课堂教学的核心,围绕主线搭建知识架构,架构合理了,主干方能清晰。

如我在讲《植物生命活动的调节》的公开教学中,试讲时由于没有找到本节的教学主线,只是就实验而实验,虽然每个实验都讲解得面面俱到,但每个实验应用了什么科学方法,科学家为什么要做这些实验,我却没做任何的交代。后来经过多次磨课,我发现这节课的主线是科学方法的落实,因此,每一个实验我都让学生清楚地知道科学家采取了哪些科学方法来控制单一变量,对照实验是如何设计的,还让学生明白了每一个实验之间的联系,科学家为什么会有这样的想法等。这样学生的认识思维就有了一定的深度。如果每一节实验探究课都能让学生强化、突出、落实科学方法,相信学生的科学思维品质会有一个质的飞跃。

（2）合理设置问题目标,激发学生的主动性和创新性

教师设置学习目标通常是从问题入手的,学生的思维活动也是从疑问开始。教师设置的问题目标是学生思维的起点和延伸,也是整个教学活动的核心和精髓。设置合理的问题目标既有利于教师很好地把控教学氛围,又能帮助教师及时客观地评价自己的教学效果,并能使学生根据目标的达成度发现新的问题,调整思维角度。当问题不断解决、思维不断深入时,伴随着成就感和幸福感的增强,学生的求知欲望也会逐渐增强,学生学习的主动性和创新性就会被强烈激发。例如,在《细胞分化和植物细胞全能性》一节的教学中,教师提出的问题有:1)什么是细胞分化;2)细胞分化的根

本原因是什么;3)细胞分化的特点和意义;4)已经高度分化的细胞是否还能继续发育成一个个体;5)植物细胞全能性在生产实践中怎样应用;6)动物细胞是否也具有全能性？伴随着一个个问题的解决,学生的成就感逐渐加强,随着问题的升级,学生的探究欲和创新性思维也被强烈地激发。在教学中经常会碰到学生突然提出一个令老师意想不到的新问题。这说明学生的思维与教师的思维相互碰撞,学生的思考层次又上了一个台阶。教师要鼓励学生这种不断地质疑和探究的精神。

（3）挖掘教材知识内涵,渗透生命的理念

教师在进行生命教育时,要立足教材但不拘泥于教材,教师应根据自己学生的具体情况,在忠于课程标准的基础上延伸教材的内涵,充分发挥教材育人的资源作用,从而体现出生命科学自身的学科特点。

如在《动物体对外界信息的获取》一节中,人和动物体是通过感受器来获取外界信息的,感受器的结构和功能很好地体现了结构与功能相统一的观点。在教学过程中,教师以生命教育为主线,通过让学生体验、观看视频、做游戏等活动认识感受器的功能,进而认识相应的结构,从而在情感上认同"生物体结构与功能相统一"这一生物学核心观点。同时,还能帮助学生树立正确的人生观、世界观、价值观,生命科学的学科特色和价值也得到了充分的体现。因此,我认为,体现生命科学特色的生命教育更有助于激发课堂教学的生命力,更能体现"以学生发展为本"的理念,更能彰显生命的意义和价值。

2. 创建民主、平等、和谐的课堂氛围

民主、平等、和谐的课堂教学环境就是要创设一个师生关系融洽、平等对话的课堂教学环境。新课程改革提出学生是课堂教学的主体,教师是主，要求教师以平等的态度、赏识的目光、开放的胸怀激发学生的参与热，以宽松的氛围、真实的情景、多样的手法促进学生的参与度。

如在《基因工程》的教学中,教师与学生共同讨论转基因食物的安全性

问题,以学生为主体展开课堂辩论,尊重学生的观点,对学生一些偏激的想法,教师巧妙地设计问题,让其自我反思、自我领悟,从而引导学生正确认识转基因与食品安全的关系。一个民主、平等、和谐的课堂氛围,能让学生在尊重教师的同时,感受到教师对自己的尊重以及同学们的相互信任和尊重,从而营造出心情愉悦、敢于表达自己想法的课堂氛围,这样也有利于教师更好地了解学生的真实情况,推进后续的教学。

3. 反思引领,教学相长

教学反思是指教师以自己的教学活动过程为思考对象,对自己所做出的教学行为、决策以及由此所产生的结果进行审视和分析的活动。美国著名学者波斯纳提出,教师成长的公式为:教师成长 = 经验 + 反思。教学反思的内容是多方面的,本文主要是针对课堂教学的反思,包括即时性反思和总结性反思。通过即时性的教学反思,教师能根据课堂中学生的表现即时调整自己的教学内容和教学方法,使整个教学过程更接近学生的实际情况。

如我在讲《蛋白质的合成》一节时,一位学生在我刚讲完转录时突然提出:为什么DNA不作为信使,而是RNA作为信使呢?当时我考虑:为了完成教学进度,这个问题放在课后回答吧。当我发现很多学生的眼神也充满了好奇与疑惑时,我意识到这个问题可能会成为学生继续学习的障碍,于是我改变教学进程,满足学生的求知欲。我让学生通过DNA与RNA结构的比较分析,顺理成章地得出只能是RNA作为信使的结论。这个突然出现的变故,虽然改变了原来的教学进程,但极大地满足了学生的学习积极性和求知欲。我从中反思:对学生提出的似乎"穿越"但能拓宽思路的问题,简单地以"没时间"为由而不去涉及,容易影响学生独立思考和钻研的积极性。对一些重要的知识和方法,应适时地鼓励学生通过对比、归纳、总结,使其条理性、结构化,学生才会有深入、概括的理解,并激发学生的思维火花。同时,我还反思到,教师不仅需要丰富的专业知识,而且要有临场应变的能力,才能真正做到"以学生的发展为本"。

　　总结性教学反思,需要教师即时地对自己刚上的课的教学内容、教学过程、教学策略以及教学技术手段等各个环节进行反思,每一次经验的小积累,每一节课的小进步与小提高,日积月累,教师的教学能力和教学素养会得到极大的提升。因此,教学反思是教师进步的阶梯,是教师进步的重要途径。

　　综上所述,一节优质的课堂教学,应该是一节有生命灵魂的课,是能让学生感知生命意义的课,并能真正提升学生思维品质的课。同时,也是促进教师成长、成熟的课。因此,我们要不断学习先进的教育教学理论,合理运用优质、高效的、富含高质量思维品质的教学策略,努力提高和发展学生的学习能力,才能培养出具有创新素质的人才,才能使教育成为学生幸福成长的奠基石。

【参考文献】

　　[1] 谢利民,郑百伟.现代教学基础理论[M].上海:上海教育出版社,2003:154－158.

　　[2] 林进材.有效教学——理论与策略[M].台北:五南图书出版公司,2000:25.

　　[3] 罗明东,和学仁,李志平,等.教育技术学基础:现代教学理论与信息技术整合的探索[M].北京:科学出版社,2007:387.

　　[4] 叶澜.“新基础教育”发展性研究报告集[M].北京:中国轻工业出版社,2004:236.

　　[5] 崔允漷.有效教学[M].上海:华东师范大学出版社,2009:48.

　　[6] 彭兴顺.做卓越的教师[M].天津:天津教育出版社,2010:36.

　　[7] 李晓文,王莹.教学策略[M].北京:高等教育出版社,2000:5.

【作者简介】

　　杨雪峰,任教生物学科,教龄23年,高级教师,教育硕士。

　　曾获上海市教学比赛一等奖、上海市教学设计比赛一等奖、华东赛区教学设计比赛一等奖、上海市教学论文比赛三等奖以及上海市“金爱心教师”等荣誉称号。

　　本文写于2016年1月,发表于《现代教学》2016年3月刊。

"生命科学探究与实践"拓展课教学
有效性的实施策略

常　婧

当前,高中生课业繁重已是普遍存在的现状,拓展课不应该再成为增重的负担,让学生能在轻松有趣的课堂氛围中快乐探索,解放思想,提升理念,通过多途径多方法,在不感到过大压力的状态下学习知识和培养能力,显得尤为重要。所以,教师有必要提高拓展课教学的有效性。基于此,我选择在高一年级开设"生命科学探究与实践"拓展课,并努力在提高教学有效性方面做出一些尝试。

一、课程定位与学情分析

"生命科学探究与实践"作为一门拓展型课程,在我校高一年级中开设。课程定位是:以现有中学生命科学教材中涉及的实验技能为主线,在基础实验之上,围绕课本核心概念,进一步拓展实验思路,开展探究活动。

由于生命科学基础型课程的教学活动要在高二才开展,所以对于高一的学生来说,还尚未接触高中的生命科学教材,对生命科学探究的基本方法和步骤,尤其是高中生命科学实验中所涉及的基本设计原则和操作技能等都不甚了解,这就为本课程的实施带来一定困难。基于这样的学情分析,我认为,在课堂中要做到以下几点:不仅要为学生铺垫学科的基本知识,还要留给学生充分发挥和拓展的空间;不仅要指导学生学习现成的理论知识,还要让学生通过实践来体验知识的产生、发展和形成过程;不仅要淡化教师的权威,还要解放学生思想,培养学生的科学精神、科学方法和创新素养。

二、课程实施的步骤与策略

结合高一学生对生命科学已有的认知水平和从初中生命科学学习中获得的基本技能,在与学生做了初步沟通之后,兼顾价值性、科学性、创新性和可行性等选题的基本原则,我选定了"光明中学校园内与马路边的瓜子黄杨叶下表皮气孔指数的比较研究"作为本课程的第一拓展模块。围绕该课题,我引导学生主要通过实验法对采集的材料进行观察、统计、比较,从而激发学生自我反思、团队交流、自己得出结论。在实施过程中,我针对生命科学实验课常见的问题进行反思、调整、总结和深化,结合拓展课的课程特征及学生的实际情况提出适合各层次学生、适应各实验阶段的有效对策,并积极实施,取得了一定的成效。整个拓展过程分为以下几个阶段:

1. 掌握技术,夯实基础

在课题研究之前,学生首先应该掌握显微镜的正确使用方法,其次还应该具备一定的对生物组织进行加工处理制作临时装片的能力。高一的学生在初中阶段已经接触过显微镜的使用,但大多数学生并不记得正确的操作步骤,更谈不上熟练应用,因此教师先要教会学生利用显微镜观察细胞,然后才能正常开展后续探究活动。

在拓展课上,学生以利用显微镜观察各种叶下表皮细胞为载体,通过多次实践和反复操作,"在游泳中学游泳",逐步掌握有关技术。整个过程中,以学生自主操作为核心,教师就某些注意事项稍做点拨和提醒,学生凭借已有的基础进行摸索,并借助合作学习,最终完成任务。

2. 隐藏理论,强调体验

鉴于基础型课程和拓展型课程的标准有所差异,我认为,教师不应把教材中的"学会利用显微镜对细胞进行观察和测量"的实验完全按照传统上课的程序全套照搬过来,况且学生选修本课程时也怀有一种莫大的期待,希望能从中获得与平时上课不一样的新鲜感和成就感。所以,为了提高学生学习的积极性,也为了更好地服务于课题的探究,经过反复多次的分析、思考、推理和调整,我把原先的实验内容修改处理成两个实验:蚕豆叶下表皮的观察和其他植物叶片下表皮的观察两部分,舍弃了测量细胞的环节,强调了观察表皮细胞和气孔结构的环节。

同时,在学案设计上我也做了很大的修改。在学生拿到的实验报告上,我舍弃了原有的实验报告的常规结构模式,并没有按部就班地呈现所谓"实验目的""实验原理""实验步骤""实验结果"及"注意事项"等,而是一切从简,尽量让学生能够一目了然,在最短的时间里弄明白做什么和怎么做。

3. 反复实践,满足好奇

如果只是为了帮助学生熟练掌握显微镜的使用,或者只是为了帮助学生能够分辨表皮细胞和保卫细胞及气孔结构,那么,只保留一个实验即蚕豆叶下表皮的观察即可,但这是不可取的。在这个实验中,首先要求学生学会使用显微镜,其次要求学生在高倍镜下观察固定装片并绘出细胞简图。学生虽然可以直接利用现有的固定装片来进行表皮的观察,但是学生是好奇的,这样做将导致其无法体验撕取下表皮制作临时装片的过程,而且也不可能进一步通过活细胞的吸水和失水来观察气孔的开闭现象,但这些都可以在另一个实验即其他植物叶片下表皮的观察中得到补充。由此可见，两个实验的设计可以体现出一定的梯度。

4. 反思评价，主客相辅

在学生的实验报告中我还设计了"课堂反馈"和"课后思考"。其中，"课堂反馈"由一系列主观问题构成，多为反省型问题，如"通过本节课的体验，你学到了哪些知识"，这样的提问方式与基础型课程不同，并不要求学生把知识要点一一罗列，只需要回答出"我"学到了什么即可。而"我"学到的知识就不同学生而言可能是不尽相同的，这样做既有利于学生自我总结和反思，也顾及了不同个体的层次差异。又如"你对自己今天的表现感到满意吗？为什么"，这样的提问要求学生根据学习活动记录档案，对完成作品过程的记录或结果进行自我评价，有利于学生认识自己、教育自己和提高自己，是培养学生主体意识最为有益的途径。

"课后思考"由一系列客观问题构成，以学科知识为主，如"气孔是由叶片表皮成对的保卫细胞以及它们之间的缝隙组成的结构。大多数植物的保卫细胞呈_____形，也存在_____形保卫细胞"，这些问题大都是对课堂知识的补充和扩展，往往需要学生在课外通过查阅文献资料或者思考讨论后得出结论，有利于培养学生的自学能力。

5. 活跃科学思维，提升人格品质

在正式开始课题研究之后，学生还需要面对两件难事：一是制作瓜子黄杨下表皮临时装片；二是统计视野内气孔和表皮细胞的数量，这是对学生细心和耐心的极大考验。自然界中有许多植物的叶片用镊子直接撕取表皮有较大难度，瓜子黄杨也属于这类植物。因此，为了能够清晰地观察下表皮细胞及气孔的分布，可以利用透明指甲油、琼脂等物质的印拓方法来显示细胞轮廓。在本课程中，在教师的指导下，学生主要采用薄膜印迹

法来制作临时装片,即在瓜子黄杨叶的下表皮指定区域涂抹适量的透明指甲油,待晾干后撕取指甲油所形成的薄膜,并在事先滴加清水的载玻片上展平,盖好盖玻片,完成装片制作。通过印拓方法,有效地解决了表皮细胞难撕取的问题,但是,学生在实践过程中还会遇到其他问题,如指甲油的涂抹量和等待晾干的时间等,都会不同程度影响最终的装片效果,导致有些装片细胞轮廓清晰易辨,而有些装片细胞轮廓模糊难辨。学生必须通过反复尝试才能发现问题,分析原因,并找到对策。在这个过程中,学生不仅提高了生命科学的学科思维能力,而且培养了动手能力和做事的仔细与耐心。

6. 利用先进技术,增强专利意识

利用数码显微镜系统,可以将学生作品进行保存和分享。数码显微镜系统由一台带高像素摄像系统的教师显微镜和若干台内置高像素的学生数码显微镜构成。该系统能够提供清晰的显微镜视野画面,并实时显示在电脑上。其优点在于,通过教师的多功能数码显微镜把下表皮细胞及气孔的显微图像投影到屏幕上,使全部学生能同时观察,对所示范的内容有一个高度统一,避免造成认识上的误差,师生间的交流变得非常直观而有效。此外,该系统设有拍照按键,可随时将需要留存的图像拍摄下来,方便保存研究记录。

7. 小组合作,和谐共赢

气孔指数的计算工作量十分巨大,经过师生协商,我们都认为这个任务主要通过学生之间的合作来完成。为了排除偶然因素导致的实验误差,该实验必须先采集一定数量的样本,制成临时装片后随机选取理想视野拍照保存,按照所采集的瓜子黄杨信息分别来自校园内还是马路边,将照片分成两组,统计两组照片中显示的下表皮气孔指数,并分别求出两组数据的平均值,再进行比较研究。由于学生操作技能从生硬到娴熟,需要一个过程慢慢养成,所以,临时装片的制作和显微图像的录入工作通常就需要三课时以上来完成。这其中,每位同学都要参与到为该课题的研究提供原始资料的活动里来。

总之,提高"生命科学探究与实践"拓展课有效性的根本在于,还课堂给学生。学生通过体验和反省,使知识与自己的生活境遇和人生经验融合在一起,不仅感受到了知识的内在意蕴,也获得了精神的丰富和人格的发展。

【作者简介】

常婧,任教生物学科,教龄 14 年。

曾获得 2014 学年黄浦区中小学教师教学评比活动二等奖。

本文写于 2014 年 6 月,发表于《现代教学》2015/10A(总第 337 期),并在黄浦区中小学实验教学优秀论文与案例评选活动中获得三等奖。

让学生主动参与教学过程

黄　琼

"学生参与教学过程"是体现学生主体性的一种教学策略。

"参与"是发挥人的主体性的一种表现形式。"人的主体性从根本上说,就是人在同客体的相互作用中所表现出来的能动性、创造性和主动性。"(《人的哲学》)在教学过程中,提倡学生充分发挥其主体性——即主体参与意识与主体参与行为,在教师指导下积极参与教学过程,内化教材中的知识,从而能够在智能和非智能方面保证得以全面发展。

苏联当代教育家阿莫纳什维利把现代教学过程的性质看作是在教师指导下学生积极参与的"亚研究"过程,是师生共同进行创造性劳动的过程,它既不排斥教师的主导作用,又充分肯定学生的主体作用。因此,我提倡的是学生积极参与教学过程,而不是由学生主宰教学过程,如何教会学生学习,把学生当成学习的主人,以使走出校门的学生能适应瞬息万变的社会,便成为教育改革的一个主题。

一、创设适应调动学生主体性的教学环境

教学环境是软环境,只有当教学活动开展时才得以实现,它是一种特定的课堂气氛。一个积极健康的课堂教学环境有助于学生主动地、活泼地投入

教学过程。良好的课堂气氛是强化和促进学生主体性发挥的重要因素。

1. 创设民主的和谐的教学环境,使学生敢于参与,乐于参与。

作为一个学生,教学过程是在班集体中进行的,因此课堂便成了学生生活其间的环境,学生能否参与教学过程,取决于课堂教学的气氛,而课堂气氛的形成主要取决于两个因素:一是师生关系,二是生生关系。

学生有着交往的要求,学生在与成人的交往中掌握人类历史发展的成就。在现代生活中,互相合作取代了独善其身,参与意识与参与能力是在合作中形成的。

要建立良好的师生关系,必须树立正确的学生观,相信每一个学生都存在着潜能。没有发展不了的学生,只有尚未发展的学生,要相信和尊重每一个学生。只有确立了良好的师生关系和生生关系,课堂教学充满了民主的气氛,学生才会敢于并乐于参与教学过程。

教学过程中除了师生交往外,另外还有学生之间的交往。这种交往带有广泛、交错的情境。在教学过程中人人参与学习讨论,在争论中相互激发思维,相互质疑,取长补短,加深理解。信息交换不同于物的交换,不会在交换后彼此失去什么,只会双方都增加收获,智慧的碰撞在某些时候可以走向创造,特别是学习有困难的学生,在与同学的交往中心境容易放松,容易接受同学的帮助,从同学处获益。

2. 创设探究的教学环境,使学生善于提问,勤于讨论。

探究的教学环境的形成基于民主的氛围之上。

学起于思,思源于疑。问题是造成探究环境的焦点。设疑、质疑和释疑的过程就是探究的过程。问题是人们思想的产物,也是思想的原动力。在问题面前能够孜孜以求是形成积极的学习态度的前提。利用问题发挥学生的主体性主要有两个方面:一是使学生产生问题、提出问题;二是教师建立一定的问题情境,学生通过探究找到解决问题的方法。期间,教师和学生或学生之间就某一问题形成的交锋就是问题的讨论。

建构主义的课程观强调用情节真实复杂的故事呈现问题,营造问题解决的环境,以帮助学生在解决问题的过程中活化知识,变事实性知识为解决问题的工具。它通过设计各种类型的问题,不断开拓学生的思维、创新和实践的空间,以支持学生在学习与生活中的成功。在课堂教学实践中,我们可以通过教师提问,请学生带着问题阅读教材并思考、讨论,或由学生提出课前预习或当堂发现的问题,让同学们共同讨论、解答。

教师的提问必须富有启发性,是能对教材起阐释和说明作用或者有助于学生理解教材、掌握知识重点和难点的。教师提问的目的在于指导学生,引导学生的探究兴趣,并进而逐步引导学生达到解决问题的目的。

鼓励学生勇于提问,培养学生善于提问是发挥学生主体性的最佳途径。学生具有强烈的求知愿望,具有当众表现的欲望,但往往有的问题会脱离主题,有的问题又显得幼稚可笑。教师必须做到既不讽刺打击学生,又能启发学生善于提问。学生提出的问题必然是其知识结构中的空缺处。因此,发现问题的过程就是学生筛选已有知识并经过思考找出空白点的过程,这个过程没有学生主体性的参与显然是不能完成的。提出问题之后的进一步思考以求得到解决问题的过程更是一个主体积极地与客体发生相互作用而获得新的认识的过程。

3. 创设奋进的教学环境,使学生公平竞争,真诚合作。

现代社会是一个竞争的社会,这必然反映到作为小社会的课堂中来,适当的竞争可以激发学生的学习动机,但也要看到竞争可能带来的消极作用,那就是学生表现欲的过分膨胀而导致的不择手段,或者是那些在竞争中失败的学生可能会产生的心理上的不良影响。因此,我们应提倡公平竞争。竞争的结果应是合作。为此,我们可以在教学中尝试以小组为单位进行学习竞赛。这样,既在课堂上形成紧张奋进的学习空气,又将合作精神带入竞争之中。

二、调动学生积极向上的情感力量

赞可夫指出:"教学法一旦触及学生的情绪和意志领域,触及学生的需要,这种教学法就能发挥高度有效的作用。"罗杰斯"以学生为中心"的教学理论更注重情感的功能,认为教学是一种情感活动的过程,它在很大程度上取代了认知活动。因此,在教学中应重视调动学生的情感力量,以达到发挥学生主体性的目的。

1. 教学心理上,沟通师生情感。

人们常说"亲其师,信其道"。心理学中也有过学生对某门学科的好恶取决于这门课的任课教师与其关系好坏这样的实验结果。学生对教师采取肯定态度时,就会产生爱、满意和尊敬等内心体验;采取否定态度时,就会产生厌恶、不满等内心体验。学生对老师的爱会迁移至对教师所教课程的喜好。因此,教师要注重与学生的情感沟通、理解、信任,尊重学生的主体地位,公正平等地对待每一个学生。

2. 教学内容上,多姿多彩。

学生学习兴趣和求知欲的主要来源是学科内容本身所带来的。我们应在学科教学中通过多种途径激发学生的求知欲望。

3. 教学形式上,生动活泼。

处于不同年龄阶段的学生,其学习兴趣的源泉侧重点有所不同。一般来说,高年级学生的学习兴趣多来自于学科知识本身,即以内容为本;低年级学生的学习兴趣多产生于学习活动的趣味性,即以形式为主。因此,教学形式上可以采用诸如游戏、智力竞赛、小组讨论、交流、课本剧等,使学生愉快地接受知识,激发学习兴趣。

4. 教学手段上,广泛多样。

可以采用多媒体辅助教学。充分利用计算机的图像、声音、动画功能,扩充课堂教学的内容,提高课堂教学的直观性。也可以充分利用网络资源,实现合作学习、探索式学习。

三、培养体现学生主体性的自主学习能力

自主学习能力的培养,其形成背景在于"学会生存"的思想,学生学习

生活是有限的,而需要学习的东西是无限的,这两者的矛盾导致了学生必须学会学习的方法,才能立足于瞬息万变的社会。在自主学习能力的培养上,叶圣陶说过:"我想,教任何功课,最终目的都在于达到不需要教。假如学生进入这样一种境界,能够自己去探索、自己去辨析、自己去历练,从而获得正确的知识和熟练的能力,岂不是就不需要教了吗?"

1. 把学习能力的培养贯穿于各科教学之中。

学生学习能力的强弱直接影响到他们所学知识的数量和质量。为了使学生学会自主学习,必须有系统地加以培养。主要培养学生组织学习活动的能力、阅读书本的能力、听说能力、搜集资料和使用资料的能力以及智力技能。

2. 从重教轻学到教知授法。

传统的教学方法重教轻学,教师对教学任务的关注点在于学生对知识的掌握程度,而忽视学生自主学习能力的培养。这种模式易导致学生被动地应付学习,思考问题的余地和范围狭窄,学生不可能掌握学习方法,更谈不上创新能力的培养。因此,我们的教学应强调教知授法,让学生在掌握知识的同时学会学习的方法,变单纯的"教本"为"学本",设计具有挑战性的开放的学习环境与问题情境,诱发、驱动学生的探索、思考,提供机会并支持学生对学习内容和过程进行反思和调整。

【作者简介】

黄琼,担任光明中学副校长,任教信息科技学科,教龄 27 年,高级教师。

曾获"上海市学校国防教育先进个人""黄浦新秀""黄浦区园丁奖""黄浦区科研先进工作者""黄浦区优秀青年教师""黄浦区优秀大队辅导员""黄浦区学习成才奖"等荣誉称号,曾获全国非智力因素研究专业委员会学术论文评比二等奖、首届全国学校国防教育科研论文评比一等奖,主持的两项市级课题获得上海学校德育研究课题优秀成果三等奖。

本文写于 2015 年 3 月。

关于高中信息科技学科作业有效性的思考

曹　韫

一、研究背景

从 2010 年开始,高中信息科技成为高中学业水平考试的学科之一,这对信息科技学科教学提出了新的要求。而教师往往对教学三维目标的把握、教学内容的设计等方面比较重视,但对于如何有效布置作业及批改反馈等环节思考甚少,这就造成教师虽然花了大量的时间批改作业,可学生相对重视程度不够,订正不及时,缺乏有效性。作业的作用是检测教学效果的一个非常重要方面,它不仅是巩固知识的一种手段,同时也是课堂教学的一个延伸。作为教师,如果能够设身处地为学生着想,提高课堂效率和作业布置的有效性,那么结果肯定会事半功倍。因此,如何提高作业的有效性是一个值得深思的课题。

二、信息科技学科作业现状分析

1. 学生作业中有抄袭现象

分析原因:其一,学生进入高中后,学业科目明显增多,每门功课都有作业要求,作业的形式也完全不同。有部分学生在小学和初中没有养成良好的学习习惯,导致做作业时间过长,虽然信息科目作业量不多,但还是常常被忽视。而信息科技学科由于一周只有两节课,与学生交流时间相对较少,因此学生往往不重视,加上学生睡眠长期受到影响,上课效率低下,问题积少成多,久而久之,作业困难就越明显,只有抄袭才能应付老师。其二,有的老师在作业上往往采用"一刀切"的方式,作业重复机械的较多,好的学生吃不饱,有困难的学生吃不了,导致学生对老师布置的作业没有兴趣,更缺少自觉研究学习的热情。

2. 学生作业订正不及时

分析原因:其一,部分学生不重视错题订正,认为听懂了就可以了,没有必要再写下来,疏于对错题的分析和反思,这和学习的态度和习惯有一定的联系。其二,由于教学任务繁多,课时不足,有的教师分析错题后急于开展新的教学内容,对学生的订正反馈也疏于管理,造成学生认为订不订正都一样。长此以往,学生掌握的知识点没有得到落实,在以后的测评中,往往作业或练习出现过的内容,错误率仍然居高不下。

三、作业有效性的改进建议

1. 增加趣味性和实用性,调动学习热情

教师在作业的设计上要多下功夫,增加趣味性和实用性,要以学生发展为目的,设计形式多样、接近生活、学生乐于接受的作业。要有课堂当堂完成的作业,也要有课后需要学生巩固或思考的作业,也可以布置阶段性的作业(如章节的知识整理等)。既要有知识的识记、运用,又要有能力的训练、培养,要多种形式合理组合,适当搭配。如在《算法》第一章节的教学

中,我布置了一道趣味游戏"家庭过河"作为课后作业,题目要求家庭成员5人在晚上提油灯过河,但木桥只能承受两个人的重量,油灯则只能点亮30秒。注意:每个人的步速都不同,过河需时分别是(哥哥)1秒、(弟弟)3秒、(妈妈)6秒、(爸爸)8秒以及(爷爷)12秒。要求学生用上课所学的"自然语言"法,描述"过河"的步骤。这次游戏作业引发了学生的兴趣,因为游戏是学生乐于接受的方式,学生通过思考挑战的任务,自然有了成功的喜悦,因此作业的达成度就比较高。又比如在《分支结构》一章的教学中,请学生设计了一道"房贷还款计算器"的作业。学生首先需要了解现实生活中房贷还款的几种常见的方式,然后根据所学的知识完善房贷还款计算器的设计。由于本作业是一道紧密贴近生活的作业,在完成该作业的过程中,学生充分体会到信息科技知识与具体生活的紧密联系性,体会到学好本学科知识的重要性和迫切性,因此对待信息科技作业的态度也有了明显的改善。

2. 针对不同的学生,分层设计

孔子的儒家思想告诉我们"因材施教"是教育永恒的法宝。在作业方面体现在教师需要根据学生的学习能力、态度分别布置不同层次的作业。这四个字说起来简单,真正操作起来,难度巨大。但我们不能因为难度大而不为之。学生的差异是由于来自各个不同的家庭,受到先天的遗传、后天因素等多方面影响而形成的,在短时间内不可能立刻改变,而我们教师要做的,就是努力缩小这些差异。比如在枚举算法的教学中,需要同学们建立枚举的思想解决问题。我布置了"寻找奇妙的水仙花数"的作业,针对较好的同学,要求他们独立思考,用多种方法解题并通过程序验证;对中等的学生,则帮助他们分析,让学生有了解题的思路后,用流程图描述;而对学习上有困难的学生,则帮助他们搭建解题的流程框架,请他们思考其中的某几个关键性步骤,将流程填写完整。同一道作业通过分层的作业设计,不同层次的学生都体验到成功解决问题的快乐,作业的有效性得到了验证。

3. 建立跟踪机制,确保及时订正

教师对学生的作业不仅要及时认真批改、正确评价和反馈,而且还要对每位学生的作业订正情况做好相应的记录,如建立作业订正跟踪表,并在作业本上通过做一些标记符号提醒学生,让学生明确订正作业也是一项必须完成的作业,跟踪表与他们平时成绩挂钩,这就在制度上确保学生对作业订正的重视程度。教师对学生作业中共性的问题,须在整班范围内及时订正。对一些学习能力较差的学生的作业问题,则要经常与学生开展个别交流,了解学生的学习情况,帮助他们及时做好订正。通过长期坚持,学生自然养成主动订正作业的好习惯,作业的有效性也发挥出来。

4. 运用现代化的科技手段,及时评价反馈

每次在批改信息科技作业时,总有些共性的问题值得讲评。在批改作业时,我常常及时将学生做错的题目运用手机等设备拍摄下来,并通过互联网和云盘传递到电脑中,并分门别类地建立好各班级错误作业档案,在讲评时及时播放学生的作业照片,并请学生自己进行分析点评。由于是自己作业中的问题,学生在分析问题时会用心很多,错误的地方也就自然而然记住了。

作业设计只有真正做到以学生发展为本,才能让学生在作业与评价中获得成功的体验和有效的反思,才能使学生对后续学习更有信心。提高作业布置和评价的有效性,真正让学生走出繁重学业负担,自觉有效地学习,是我们每个老师应尽的职责。

【参考文献】

[1] 教育部.关于印发《上海市中小学信息科技课程指导纲要(试行)》的通知

［C］.教基〔2000〕35 号,2000.

　　［2］王荣良.上海市中小学信息科技课程标准解读［M］.上海：华东师范大学出版社,2006.

【作者简介】

　　曹韫,任教信息科技学科,担任教研组长,教龄 21 年,一级教师。

　　曾获黄浦区课堂教学比赛一等奖。

　　本文写于 2015 年,并在校教学论文评比中获三等奖。

浅谈通过艺术教育提升学生思维品质

杨晓蕾

人的思维活动从年龄特征来看,高中学段正是抽象逻辑思维发展处于"初步定型"或成熟的时候。所以对于高中生来说,平日课业繁重、学习压力大,相较于"动",他们则更爱去"想"。然而"想什么""怎么想",则成为提高自身思维品质的关键所在。

作为美育学科的代表——艺术,此时则应发挥它内在不可取代的作用。在艺术课程与艺术活动的共同感召下,不仅仅是让学生的高中生活变得不乏味、不枯燥,摆脱精神束缚,而更是利用艺术审美的特性,培养良好的发散性思维、创新性思维,让思维插上艺术的翅膀,去飞、去翱翔!

一、让艺术课堂成为培养学生思维品质的主阵地

我认为课堂教学是一个动态生成的过程,诸多细节构成了教学活动的和谐整体,而这些效果则决定着学生思维品质的发展。

1. 发挥艺术教学资源整合的最大能效,让思维灵活

在多年的经验积累后,"合理整合教学资源,发挥教学最大能效"成为

艺术教学的一大特色。每一次的教学实践与反思也都切实验证了这一方法确实对开拓学生艺术思维、激发学生艺术创想有着良好的作用,尤其反映在对思维品质灵活性的表现上,即我们平时所说的"运用自如"。

具体来说,首先,艺术学科涉及音乐、舞蹈、美术、戏剧、影视等多个门类,是一门综合性极强的课程,所以对师资力量提出了新的要求。而事实上术业有专攻,仅仅依靠教师具备的现有自身专业是较难完成如此多样性的教学活动的,因此必须充分整合现有教师资源,互补并发挥每位教师的专长,才能优化教学过程,灵活创意思维。例如我的一些像《刘三姐》《神话音乐会》等成功的公开课例背后,都离不开教师资源的共同协作。以高峰论坛上的"桂林山水"主题教学为例,学生通过对《刘三姐》的作品赏析,引发对传统与现代艺术相结合的思考,进而开展即兴歌词创编活动。也通过体验与感悟桂林山水的艺术美,理解自然与艺术的关系,进而现场创作山水画小稿。正是由于共同的单元整合教学设计,才建构起学生综合的艺术思维和构想,让学生从不同的角度思考问题,从分析到综合,从综合到分析,从归纳到演绎,从演绎到归纳,灵活地发挥艺术想象。

其次,高中的《艺术》教材中的内容丰富多彩、涉及面广,有一定的时代特征,其中也不乏一些经典作品。但也由于"面"太广,使得"条理"略欠清晰,学生今天谈音乐、明天讲绘画、后天学舞蹈,会扰乱其系统的思维秩序,最后导致什么都没有印象、没有学会。所以我们将教材内容进行自主、有机地梳理与整合,以艺术模块式开展,使其更符合我校的学科安排和高中学生的思维特点,让学生的智力方向可以系统并灵活地做综合性的分析,同时打造具有光明特色的艺术校本课程体系。这在一定程度上也体现了思维的整体性。

另外,随着时代的更替,艺术也呈现出多样的变化。要培养学生创新的思维品质,教师的教学思路就必须是活跃的,不受作品限制的。所以,我们既依托于教材,又不盲从和受限于教材,而是紧跟时代的多元变化,符合学生的审美情趣,将有限的教材内容灵活地进行放大和延伸,适当、合理地补充与拓展教学资源,做到资源配置的优化组合,这样更能激发学生无限的艺术遐想。

2. 提升艺术学习积极能动的主体地位,让思维独创

培根说:"知识就是力量,但是方法也是力量。"在艺术教学的过程中,如何提升学生的艺术学习兴趣,发挥其积极能动的主体地位,培养一双独特的、审美的眼睛,丰富学生的艺术想象力和创造力,是有效提高其思维品质的重要方面。尤其反映在对思维品质独创性的表现上,每一个学生都与生俱有无限的创造潜能,但是繁重的课业压力和自身的惰性可能会影响其表现。这时,好的教学方法就是让思维发挥艺术想象、开展艺术创造的有效途径。

首先,必须利用有效的教学手段和方法去激发学生的学习兴趣,开展教学互动,探求学生的认知规律,即发现问题、思考问题。有了兴趣之后,则要注重熏陶和感受,注重想象和创造,注重独特和个性,为学生艺术思维和素养的培养创造良好的环境,即能创造性地解决问题。另外,可以充分利用艺术教学课堂,为学生搭建各种体验的平台,如交流与分享的平台、欣赏与体验的平台、拓展与探究的平台,平等参与、交互合作、自由表现,使学生从被动变为主动,从"要学"变为"乐学",在丰富的艺术学习中发现思维活动的创造精神,随即用艺术的美去启迪智慧。

二、让艺术活动成为提高学生思维品质的优平台

我认为,学生的思维不能仅仅局限在课堂之内,除了日常的艺术课堂教学外,搭建更多平台,开展丰富多彩的艺术活动,是提高学生思维品质的重要组成部分。

这些活动不仅充实了高中生的校园生活,丰富了他们的精神世界,而且使他们的思维也更有深度和内涵!

除了每年定期举办学生文化艺术节、社团文化艺术展演,我校还不定期举办各类学生艺术展示、迎新文艺演出等艺术活动。我校有许多专项指导的学生艺术社团,并积极参与各种对外辐射活动,形成了由点到面、由普及到提高的艺术教育良性循环。这些优秀的平台为提升学生艺术素养,开拓学生艺术思维提供了广阔的空间。尤其反映在对思维品质深刻性的表现上,学生在感悟艺术的过程中,不仅发现美、创造美,也在思考美的内涵!由此,我校具有品牌效益的两大文化艺术活动在多年积累下应运而生,蓬勃发展。

1. 校园文化品牌——京剧普及教育,让思维深刻

我校积极响应市委宣传部、市教卫党委、市教委、市文广局提出的"高雅艺术进校园"的号召,同时也作为"中国风·民族魂"这一学校德育品牌活动的延伸和发展,在传播和普及京剧艺术方面做了很多工作。由校长穆晓炯亲自领衔,利用"高中艺术课程"开设京剧知识的普及讲座,已坚持数年,让每一届学生都有机会接触、了解国粹艺术。

学校开设的京剧讲座、艺术欣赏课中的京剧专题、京剧拓展课,为学生了解京剧创设了机遇,在提高学生京剧鉴赏力的同时,也加深了学生对京剧的兴趣和热爱祖国传统文化的情感。另外,通过教师的亲自示范、与京剧院专业演员的同台互动表演、校京剧之友社团的建立等,光明学子走出课堂,走出学校,走近京剧,更走进了京剧,并感悟到"台上一分钟,台下十年功"的学习态度乃至积极的人生态度。每每活动之后,学生都会书写下他们的感想与感悟,从中能够看出京剧活动的普及对学生思维认识和发展深度上的帮助。

2. 校园文化品牌——书法特色教育,让思维深刻

自我校被成功评为市级和全国书法教育实验学校以来,就确立了以"练好书法、懂得欣赏"为主线的书法特色教育定位。高一、高二年级每个

班每周都有一节书法特色课，同时各类书法活动也在蓬勃开展，如成功举办并参与了"中日高中生书法交流活动""祝福世博、情系玉树"现场书法表演活动及"书法教育市级展示活动"。我校书画印社每周定期开展由教师辅导讲座、学生交流展示、外出参观考察多种形式组成的社团活动，并在全国、市区各级各类比赛和展览中崭露头角。

我校书法教育的成功开展受到了多方关注。2008 年，我校书画印社的学生受邀参加了"舞动青春·唱响未来——沪台两地中小学生才艺交流"活动，四位学生的书画作品在刘海粟美术馆展出。2010 年，我校师生受上海教育新闻网《教育会客厅》栏目之邀录制了专题节目。在 2011 年上海市中学生艺术展上，我校选送的三件书法作品均成功入展。全国权威专业报刊《书法报·硬笔书法》更是来信约稿，在 2012 年第 8 期的《名校采风》专栏中特别刊登了我校近年来硬笔书法的教育成果。

有人问，开展京剧和书法等活动对提高学生思维品质有作用吗？当然有！当代学生对中国传统文化艺术越发淡漠，尤其是思维发展已到成熟阶段的高中生，连自己的国粹都不了解，只知一味地追崇新鲜感和冲击力，这已然不是该具备的优秀思维品质。同样的，当我们认识了自己的文化，就是找到了自己的文化之根。有了根、有了本，才能从思维本质上提升一个高度，以一颗包容之心看待艺术、看待文化、看待生活。我们惊喜地发现，通过这些艺术品牌活动，学生能够深入思考问题，善于抓住艺术的本质和规律，善于预见艺术的发展进程，对传统艺术的现在和未来、传承与发展有了比别人更深层的思考。正是有了这样深刻的思维品质，我国的传统文化艺术才会有未来。

艺术教育是影响人一生的教育。我校提出的"和谐发展、人文见长"的办学理念，正与艺术教育关注学生艺术人文综合素养、提升学生良好的思维品质的目标不谋而合。就让艺术成为美的载体，滋养着真、善、美、爱的心灵，充实着想象、创意、深刻的思维，在广阔的天地用艺术的思维去看待、去传播、去追寻！

【作者简介】

杨晓蕾,任教艺术学科,担任教研组长,教龄 12 年,一级教师。

曾获得由上海市总工会、上海市教委举办的"首届上海基础教育青年教师爱岗敬业教学技能竞赛"综合学科类一等奖,并被授予"上海市教学能手"荣誉称号。获得教育部"一师一优课、一课一名师"活动的部级"优课",获得黄浦区园丁奖。

本文写于 2015 年 6 月,发表于《现代教学》2016 年总第 362 期。

浅谈中国古典舞"圆"在教学中的重要性

金昕莹

对于"中国古典舞"的诠释,李正一教授曾这样说:"中国古典舞并不是古代舞蹈,而是以古典美学和传统舞蹈为基础而创造的符合现代人欣赏品位的新的舞蹈形式。它的成形包含了民族美学中的戏曲、武术和舞蹈等多种元素,也吸收了诸如芭蕾等西方舞蹈艺术的精华,它是中华民族特有的舞蹈体系,是民族文化发展的产物,具有民族性与时代性的特征。"由此可见,中国古典舞是中华民族文化的艺术结晶,在中国舞蹈史上占有极其重要的地位,堪称中国舞蹈的代表舞种。循着其独特审美特征,我们不难看出,中国古典舞总体上呈现为一种"圆"的状态,万变不离其"圆",这是中国古典舞形体动态的主要特征。"圆"不仅包含着我国民族舞蹈含蓄的韵律风格,还体现了中国人传统思维的方式、传统文化的精髓、传统艺术的审美核心,蕴藏着中华民族几千年的传统文化。

一、"圆"在中国古典舞中的重要性

1. "圆"是中国古典舞身韵的基本特征

中国古典舞"身韵"是"身法"与"韵律"的总称。"身法"属于外部的技法范畴,"韵律"则属于艺术的内涵神采,二者的有机结合和相互渗透,体现了中国古典舞的风貌及审美的精髓。从整体上讲,"身韵"就是"身心并用,神形具备,内外兼修,完整统一",这是中国古典舞的灵魂,也是中国古典舞的典型标志。只有深入研究和学习古典舞的身韵,才能更好地展示舞蹈的艺术魅力。然而在这精髓之中,无一不蕴含着一个永恒的规律及特征——圆。

"圆"指什么? 它不是有棱有角的,是由曲线所构成,且动作不仅仅指线条,更重要的是指艺术精神的圆浑完整,动作与动作之间的变化与联系,浑然一体、柔和自然、玉润珠圆,意味着和谐、适度、流畅与平衡。在舞姿中"圆"的迹象会让人感到一种独特的美,因为它在舞姿中所体现的是饱满和完整。在动作中,它的美可以照顾到各个方面,在各式各样的手、眼、身、法、步里都采取曲线弧线,给人的视觉感既是有分量的又是干净利落的。"圆"被运用到中国古典舞的动作和意境之中,散发出独特的灵气与韵味。当然,"圆"绝非中国古典舞的唯一特征,但离开了"圆"的形态、"圆"的精神、"圆"的境界,就不能称其为中国古典舞。因为这"圆",包含着我国民族舞蹈含蓄的韵律风格。正是这"圆",蕴藏着中华民族几千年的传统文化。围绕这个中心,我们也就可以看出中国古典舞"身韵"最基本的特征。

2. 中国古典舞中"圆"的体现

在中国古典舞的舞姿当中,我们可以发现无数圆的轨迹,因为"圆"可以比作动作之"源",它是由某物体旋转运动形成的完美曲线。在中国古典舞的舞姿造型中包括圆、曲、拧、倾等各种形体美,它们是由身体的各个部位综合协调而形成圆润、流畅的形态,使每个舞姿造型存在于圆的美感之中,构成独有的、和谐统一的舞姿造型,进而反映出不同的审美风格。"圆"在中国古典舞身韵中分为三种形态,即"平圆""立圆""八字圆"。"圆"对动作的发展空间影响很大,在一个圆形的球体中,我们可以找到无数条发展的路线,它的每一个点都有发展的空间,"圆"是可以千变万化、无限扩张的。如"山膀"从手的运动路线,到最后的舞姿造型,始终围绕着圆。山膀的动作要求是:藏肘、压腕、肩部放松。藏肘是指肘部不要凸显,大臂与小臂应呈圆形;压腕是指手掌应向外撑开,腕部呈圆形。另外,在拉山膀时手臂的运行路线也呈圆形。先是向下的弧线,再由手指带领向上的弧线,最后形成山膀舞姿。又如"云手",这是手部的动作,它是以肩带肘,肘再带腕,走的是一个平圆的路线。再如"小五花",它是一个典型的"八字圆",两手背相靠,手腕相贴,以平圆轨道旋转。由此,我们可以看出中国古典舞中"圆"的多样性体现,其意义也是不言而喻的。

二、"圆"在中国古典舞教学中的影响

在中国古典舞的教学中,"圆"流连绵延,体现了舞蹈动态的灵活和生动的审美意韵,它是民族精神意识在形体运动中的高度反映。圆形既是美的,也是善的,故有完美、圆满、完善之类的说法,给人以饱满、对称、柔和、稳定又不失动感的印象,使造型更加丰满翩然、气象万千。同时,"圆"是中国所有传统文化最重要的特征之一。"圆作为一种代表和谐圆满的理想境界,在中国文化传统中甚至明显地成为一种精神崇拜,一种文化图腾",体现了中国古代对"天"的崇拜以及"天道圆"的观念衍生出以"圆"为完美的艺术观。在以"圆"为美的审美崇拜中,我们仿佛看到了佛学的"轮回",体验到道教"万物负而抱阳、冲气以为和"的观念,感受到儒家思想的"中和",以圆为美的审美取向更是集中体现了生生不息、循环往复的《周易》内涵。所以无论中国古典舞怎样变化与发展,都离不开"圆",而"圆"作为中国传统文化的一种体现形式,点明了无论古典舞将来怎样变化和发展,都必须以中国传统文化作为依据,紧抓时代脉搏,紧跟时代步伐,才能做到符合中国古典舞的审美特点,符合中国文化的审美特征。以中国古典舞中的"圆"作为教学内容,结合学校艺术特色与学生的实际情况,了解学生的需求,与学生平等交流,关注学生的学习方法,从而引领学生去探究与发现中国古

典舞内在的文化内涵,激发对中国优秀传统文化的学习兴趣。对于没有舞蹈基础的学生而言,虽然他们仍站在舞蹈的门槛外徘徊,但通过课堂教学的实践与体验,学生都积极参与课堂,加强自身的肢体协调性与能动性,感受多彩多姿的中国古典舞给人带来的美的享受,提高对中国古典舞的审美能力。

总之,中国古典舞的舞姿是根据不同"圆"的变化转变而来,再配合不同高低强弱的节奏,使舞蹈的肢体语汇既统一又丰富,在舞台上具有很强的视觉效果,且欣赏中国古典舞时,也能深深地感受到波浪起伏、连绵不断、应接不暇的美感。同时,在进行中国古典舞教学时,也必须把握以"圆"为规律的核心来展开,这样才能抓到其本质,才能将学生领入"圆"的艺术境界中去,使学生深深地体会到我国优秀传统文化的魅力。

【参考文献】

[1] 施旭升.中国戏曲审美文化论[M].北京:北京广播学院出版社,2002.

[2] 闫月珍.对中国古典美学"圆"范畴的文化解读[J].华南师范大学学报(人文社会科学版),1998.

[3] 陈苗.中国古典舞的文化内涵与审美理念[J].江汉大学学报,2007.

[4] 于平.中外舞蹈思想概论[M].北京:人民音乐出版社,2002.

【作者简介】

金昕莹,任教艺术学科,教龄5年。

曾获上海市首届中小学艺术教师基本功大赛艺术学科一等奖,黄浦区教育科研成果三等奖,上海市学生舞蹈节艺术教育科研论文二等奖。

本文写于2016年5月。

课堂探微

课堂问题设计提升学生思维品质

张　琼

一、对思维品质的认识

思维品质,实质是人的思维的个性特征。它反映了每个个体智力或思维水平的差异,主要包括深刻性、灵活性、独创性、批判性、敏捷性和系统性六个方面。显然,如果教师只是一味向学生灌输知识,进而机械地让学生进行模仿操练是无法从根本上提升学生的思维品质的。而这种长期训练所培养的学生不但思维僵化,缺乏独立的判断能力,更是无法适应不断发展的社会需求。

二、数学教学中如何提升思维品质

数学的最本质特点就是思维,数学课堂就是对学生进行思维训练的最有效场所。问题是思维的源泉,更是思维的动力。有效的课堂提问能充分体现学生的主体地位,激发学生的思维。同时,课堂提问是师生进行信息交流,学生体验学习过程,教师获得教学反馈的有效途径。因此,教师只有精心设计好课堂上的每一个问题,明确每一个提问的目的,把握好提问的时机,有层次、有步骤地向学生提出问题,才能使课堂的教学获得最大效益。

在教学中,给学生提供自主探索的空间和余地,让学生体验数学知识的形成过程,让学生经历观察、分析、猜想、抽象、概括、归纳、类比等发现和探索的过程,在教师的指导下将现成的数学变为学生亲自"发现"的结论,这种亲身经历的过程,不仅可以培养学生良好的数学思维方式,而且为以后适应社会发展,解决面临的新问题、新情况做好基础的铺垫。

三、课堂提问的一般原则

1. 问题的提出要贴近学生原有的认知水平

苏联教育学家维米茨基的"最近发展区理论"将人的认知水平划分为三个层次,即已知区、最近发展区和未知区。他认为,人的认知水平就是在这三个层次间螺旋式上升。因此,太难或太易的问题都没有探究价值,都不能有效地激起学生的思维活动。那些与学生已有的知识经验有一定联系,但仅凭已有的知识经验又不能完全解决,也就是说"在新旧知识的结合点上"产生的问题,最能激发学生的认知冲突,也最能有效地驱动学生展开积极思考。

【例1】"函数奇偶性"的教学问题设计

问题1:观察下列图案,有什么特点?

问题 2：观察下列函数图像，有什么特点？

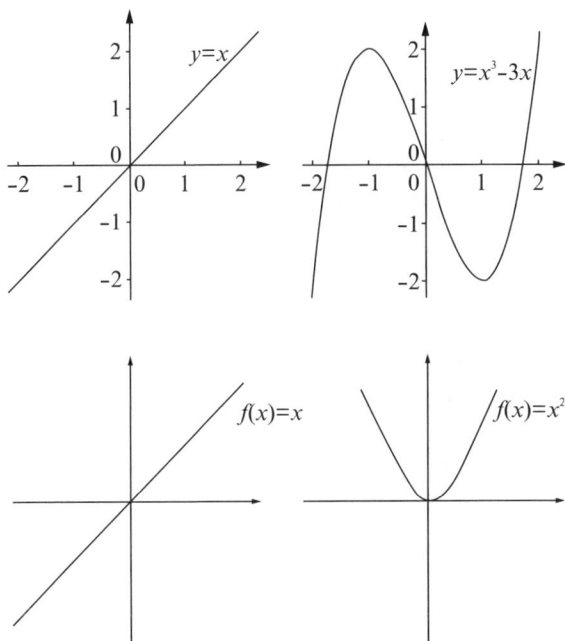

问题 3：你能用数学语言描述函数 $y = x^2$ 的图像的对称性吗？

（1）图像是由点组成的，如何描述函数 $y = x^2$ 的图像上某一特殊点及其关于 y 轴对称的点之间的关系？

（2）对其他的点，这一关系成立吗？

（3）如何用数学语言描述这一关系？

（4）对其他的关于 y 轴对称的函数，也能有类似的描述吗？

对函数奇偶性的认识，从图形的直观感受上升到数量关系的精确描述，符合学生的认知规律。因为自然界的对称美无处不在，可以以身边熟悉的图形为基础，引导学生尝试利用抽象的符号语言刻画这类函数的数量关系。问题 3 是一个较难的问题，对高一学生来说很难直接说到位，因此根据学生程度进一步设计一些小问题也是非常有必要的。这样不仅让学生学习了函数的一个性质，而且潜移默化地指导学生在面对陌生问题时有一种从特殊到一般的思考方法。

2. 问题的设计要给学生留下思维空间

课堂提问的好坏并不是以提问的数量为标准的。有时看到的课堂好像很热闹,教师提问不断,但深入分析后发现这些问题给学生留下的思维空间并不多。所谓思维空间,是指思维的深度和广度,也就是问题应具备一定的开放性,这样有利于调动学生思维的积极性和主动性。从思维的深度来看,它应该是学生通过自己的独立思考才能解决的问题,而不是简单地让学生将记忆中的信息原封不动地提取。从问题表达形式来看,思维容量较大的问题大多是以"为什么""怎么样""如何"等启示性语言开头的,而非诸如"是不是""是什么"这样简单回忆再现的问题。

【例2】"解三角形"的教学问题设计

问题1:我们已经研究了直角三角形中的边角关系,如在直角三角形中,

有 $\sin A = \dfrac{a}{c}, \sin B = \dfrac{b}{c}, \sin C = 1 = \dfrac{c}{c}$,

所以 $\dfrac{a}{\sin A} = \dfrac{b}{\sin B} = \dfrac{c}{\sin C}$,

上述结论对任意三角形都成立吗?

通过这个问题,得到猜想——正弦定理,但此时不忙于证明猜想。

问题2:要在河岸的两侧 A、B 两点间架起一座桥。由于环境因素,不可直接测量 A、B 两点间的距离,站在与 A 同侧的河岸,可用的工具有直尺和测角仪,你能间接测量出 A、B 两点间的距离吗?

通过讨论,可在河岸上选一点 C,测得 $\angle CAB = 75°$,$\angle BCA = 60°$,及 AC 的长 100,这样就将上面的问题化归为:在 $\triangle ABC$ 中,已知 $\angle CAB = 75°$,$\angle BCA = 60°$,$|AC| = 100$,求 $|AB|$。

通过以上两个问题发现,如果问题1的猜想是正确的,就可以解决问题2,也可以先假设猜想1成立,利用猜想解决问题2,再回过头来证明猜想

1,这样为学生解决问题留下了更大的活动空间。

四、课堂提问的几点注意事项

1. 问题需要精心设计

课堂提问是一门艺术。要使课堂中那些看似不经意的问题对学生思维品质的提升有帮助,教师则需要精心设计,要充分挖掘教材上每部分知识的内涵和外延,提高驾驭教材的能力。教师对学生在每一个知识点上会有什么疑问、会遇到什么困难要了如指掌,并设法通过一句话的过渡、一个小知识的回忆、一个小问题的情景创设等不同的方式、方法,轻松得以突出重点、突破难点,使学生接受知识有一种水到渠成的感觉。同时,对于每个问题的所有可能要有足够的估计,提出的问题要明确、具体、难易适度。

2. 提问要面向全体学生

高中的课堂上,学生一般不会主动举手回答问题,通常是由教师指定。因此,请谁回答问题、回答什么样的问题、回答问题的目的是什么等也应该是教师事先要考虑的,而不是灵机一动,更不能为难学生,让学生难堪。一般来说,简单的记忆性问题可请成绩较差的学生回答,这样也可以了解学生成绩不理想的原因是思维的问题还是对知识点的记忆模糊;较难的问题请思维能力强的学生回答。总之,提问的目的不仅为了教授新知识,更应该在这个过程中让学生收获自信,体验成功。学生通过参与学习过程,提高学习积极性。

3. 对学生的回答要有积极的评价

对大部分人来说,被关注、被肯定无疑是调动积极性的最有效手段。

要调动学生的学习热情,最好的办法是让他们在学习上有成就感。难题也能回答正确的学生,不用教师的语言表扬,课堂上同学们羡慕、佩服的眼神就是最好的肯定。困难的是如何评价回答问题错误的学生。教师应宽容地对待学生的答案,但也不能回避回答中的错误。因此,最好能找到学生答案中的闪光点加以肯定,同时指出回答中的不足。当然,如果能当堂课上再提问,或是降低问题的难度,对提高学生克服思维上的惰性不失为一种有效的方法。

总之,课堂提问既是一种教学策略,又是一门充满智慧的教学艺术。课堂环境的多变性,使课堂提问表现出更大的独特性。教师如果能有效地进行课堂提问,不仅能创造积极的课堂气氛,更能激发学生的学习兴趣。因此,教师只有从根本上掌握课堂提问的方向,精心设计课堂提问,才能在实践中发挥出教师的主观能动性,使课堂提问真正起到促进学生思维发展的作用。

【作者简介】

张琼,担任教师处教导主任,任教数学学科,教龄 23 年,高级教师。曾荣获上海市园丁奖。

数学问题错解成因浅析

舒舍予

数学问题解题中,不少高三学生对所学知识一听就懂,可解题时一做就错,有时还一错再错。本文就解题易错原因进行归类分析,期望引起广大师生的共同关注。

一、概念理解不深刻,感性思维难过渡

【例1】 在 $\left(x^3 + \dfrac{2}{x^2}\right)^5$ 的展开式中,x^5 的系数为_____。

错解:$T_{r+1} = C_5^r \cdot 2^r \cdot x^{15-5r}$,令 $15 - 5r = 5$,得 $r = 2$,所以 x^5 的系数为 $C_5^2 = 10$。

评析:二项式展开式中项的系数与二项式系数是两个概念,容易混淆,此解错误的原因是概念不清所致。

正解:$T_{r+1} = C_5^r \cdot 2^r \cdot x^{15-5r}$,令 $15 - 5r = 5$,得 $r = 2$,所以 x^5 的系数为 $C_5^r \cdot 2^r = C_5^2 \cdot 2^2 = 40$。

【例2】 已知两个等差数列 $\{a_n\}$、$\{b_n\}$ 的前 n 项和分别为 S_n、T_n,且 $\dfrac{S_n}{T_n} = \dfrac{7n+1}{4n+27}(n \in \mathbf{N}^*)$,求 $\dfrac{a_5}{b_5}$。

错解：$\because \dfrac{S_n}{T_n} = \dfrac{7n+1}{4n+27}$，可设 $S_n = (7n+1)k$，$T_n = (4n+27)k$，$k \neq 0$，

则 $a_5 = S_5 - S_4 = (7 \times 5 + 1)k - (7 \times 4 + 1)k = 7k$，

$b_5 = T_5 - T_4 = (4 \times 5 + 27)k - (4 \times 4 + 27)k = 4k$，$\therefore \dfrac{a_{11}}{b_{11}} = \dfrac{7k}{4k} = \dfrac{7}{4}$。

评析：由 $\dfrac{S_n}{T_n} = \dfrac{7n+1}{4n+27}$，设 $S_n = (7n+1)k$，$T_n = (4n+27)k$（k 为常数，

$k \neq 0$），这种设法是错误的。因等差数列的前 n 项和 $S_n = \dfrac{d}{2}n^2 + \left(a_1 - \dfrac{d}{2}\right)n$

（$d \neq 0$），在公差 $d \neq 0$ 时是关于 n 的二次函数且常数项为零，不是关于 n 的

一次函数。而此设法虽然可以保证 $\dfrac{S_n}{T_n} = \dfrac{7n+1}{4n+27}$ 成立，但把 S_n、T_n 变成了 n

的一次函数，从而改变了公式的本质特征而导致错误。

正解 1：设 $S_n = (7n+1) \cdot kn$，$T_n = (4n+27) \cdot kn$，$\dfrac{a_5}{b_5} = \dfrac{S_5 - S_4}{T_5 - T_4} = \dfrac{64}{63}$。

正解 2：由等差数列的性质有：$\dfrac{a_5}{b_5} = \dfrac{\dfrac{a_1+a_9}{2}}{\dfrac{b_1+b_9}{2}} = \dfrac{\dfrac{a_1+a_9}{2} \times 9}{\dfrac{b_1+b_9}{2} \times 9} = \dfrac{S_9}{T_9} =$

$\dfrac{7 \times 9 + 1}{4 \times 9 + 27} = \dfrac{64}{63}$。一般地，有 $\dfrac{a_m}{b_m} = \dfrac{\dfrac{a_1+a_{2m-1}}{2}}{\dfrac{b_1+b_{2m-1}}{2}} = \dfrac{\dfrac{a_1+a_{2m-1}}{2} \times (2m-1)}{\dfrac{b_1+b_{2m-1}}{2} \times (2m-1)} =$

$\dfrac{S_{2m-1}}{T_{2m-1}}$（$m \in \mathbf{N}^*$）。

二、题意理解不透彻，关键条件少琢磨

经过几年的学习，大部分学生已经积累了不少解题思路与思考方法，形成了不少数学模型，不少习题还留下了较深的印象，这就极易产生思维

定式,形成负迁移,对解题带来不良的影响。

【例3】 设 $A = \{x \mid x^2 - 8x + 15 = 0\}$, $B = \{x \mid ax - 1 = 0\}$,若 $A \cap B = B$,则实数 a 组成的集合的子集有____个。

错解:由题意,得 $A = \{3,5\}$,由 $A \cap B = B$ 知 $B \subseteq A$,所以 $B = \{3\}$ 或 $\{5\}$,代入方程 $ax - 1 = 0$ 得 $a = \dfrac{1}{3}$ 或 $\dfrac{1}{5}$,所以 a 组成的集合为 $\left\{\dfrac{1}{3}, \dfrac{1}{5}\right\}$,故其子集共有 $2^2 = 4$ 个。

评析:上述解法错误的主要原因就是思维定式,认为 $ax - 1 = 0$ 为一元一次方程,而对 a 没有进行讨论,遗漏 $B = \varnothing$ 的情形。

正解:由题意,得 $A = \{3,5\}$,由 $A \cap B = B$ 知 $B \subseteq A$,故(Ⅰ)当 $B = \varnothing$ 时,即方程 $ax - 1 = 0$ 无解,此时 $a = 0$ 符合已知条件;(Ⅱ)当 $B \neq \varnothing$ 时,即方程 $ax - 1 = 0$ 的解为3或5,代入得 $a = \dfrac{1}{3}$ 或 $\dfrac{1}{5}$。综上满足条件的 a 组成的集合为 $\left\{0, \dfrac{1}{3}, \dfrac{1}{5}\right\}$,故其子集共有 $2^3 = 8$ 个。

【例4】 已知等比数列 $\{a_n\}$ 的首项为 a_1,公比为 q,且有 $\lim\limits_{n \to \infty}\left(\dfrac{a_1}{1+q} - q^n\right) = \dfrac{1}{2}$,则首项 a_1 的取值范围是_____。

错解:由 $\lim\limits_{n \to \infty}\left(\dfrac{a_1}{1+q} - q^n\right) = \dfrac{1}{2}$ 得,$\lim\limits_{n \to \infty} q^n = 0$,且 $a_1 = \dfrac{1+q}{2}$;由 $-1 < q < 1$ 且 $q \neq 0$,得 $a_1 \in \left(0, \dfrac{1}{2}\right) \cup \left(\dfrac{1}{2}, 1\right)$。

评析:此题错解的主要原因是受教材中极限 $\lim\limits_{n \to \infty} q^n = 0(|q| < 1)$ 的影响,由 $\lim\limits_{n \to \infty}\left(\dfrac{a_1}{1+q} - q^n\right) = \dfrac{1}{2}$ 得 $\lim\limits_{n \to \infty} q^n = 0$,且 $a_1 = \dfrac{1+q}{2}$,这里得到 $\lim\limits_{n \to \infty} q^n = 0$ 有问题,而应是 $\lim\limits_{n \to \infty} q^n$ 存在,从而 q 的范围应是 $-1 < q \leq 1$,$q \neq 0$,即没有 $q = 1$ 的情形。

正解:① $q = 1$ 时,$\lim\limits_{n \to \infty}\left(\dfrac{a_1}{2} - 1\right) = \dfrac{1}{2}$,$\therefore a_1 = 3$;

② $-1 < q < 1, q \neq 0$ 时，由 $\lim\limits_{n \to \infty} \left(\dfrac{a_1}{1+q} - q^n \right) = \dfrac{1}{2}$ 得，$a_1 = \dfrac{1+q}{2}$；

由 $-1 < q < 1$ 且 $q \neq 0$，得 $a_1 \in \left(0, \dfrac{1}{2} \right) \cup \left(\dfrac{1}{2}, 1 \right)$；

综上，a_1 的取值范围为 $\left(0, \dfrac{1}{2} \right) \cup \left(\dfrac{1}{2}, 1 \right) \cup \{3\}$。

三、解题思路不严密，思维过程欠反思

学生往往对高中数学问题显现的条件比较重视，而对那些隐含的条件发现不了，从而解题不严密导致出错。

【例5】 设 α、β 是方程 $x^2 - 2kx + k + 6 = 0$ 的两个实根，则 $(\alpha - 1)^2 + (\beta - 1)^2$ 的最小值是（　　）。

A. $-\dfrac{49}{4}$　　　　B. 8　　　C. 18　　　D. 不存在

错解：利用一元二次方程根与系数的关系易得：$\alpha + \beta = 2k$，$\alpha\beta = k + 6$，

$$\therefore (\alpha - 1)^2 + (\beta - 1)^2 = \alpha^2 - 2\alpha + 1 + \beta^2 - 2\beta + 1$$
$$= (\alpha + \beta)^2 - 2\alpha\beta - 2(\alpha + \beta) + 2$$
$$= 4 \left(k - \dfrac{3}{4} \right)^2 - \dfrac{49}{4}$$

$k = \dfrac{3}{4}$ 时，所求最小值为 $-\dfrac{49}{4}$，选择 A。

评析：此题出错的原因是学生挡不住 $-\dfrac{49}{4}$ 的诱惑，未加思考就选择了 A，这正是思维缺乏批判性的体现，对 k 能否取到 $\dfrac{3}{4}$ 没有产生怀疑。如果能以反思性的态度考察问题的条件以及各个选择答案的来源和它们之间的区别，k 的取值应保证方程有实数根，从而调整解题思路。

正解：利用一元二次方程根与系数的关系易得：$\alpha + \beta = 2k, \alpha\beta = k + 6$，

$$\therefore (\alpha - 1)^2 + (\beta - 1)^2 = \alpha^2 - 2\alpha + 1 + \beta^2 - 2\beta + 1$$
$$= (\alpha + \beta)^2 - 2\alpha\beta - 2(\alpha + \beta) + 2$$
$$= 4\left(k - \frac{3}{4}\right)^2 - \frac{49}{4}$$

$\because$ 原方程有两个实根 $\alpha \text{、} \beta, \therefore \Delta = 4k^2 - 4(k + 6) \geqslant 0 \Rightarrow k \leqslant -2$ 或 $k \geqslant 3$，

当 $k \geqslant 3$ 时，$(\alpha - 1)^2 + (\beta - 1)^2$ 的最小值是 8；

当 $k \leqslant -2$ 时，$(\alpha - 1)^2 + (\beta - 1)^2$ 的最小值是 18。

这时就可以做出正确选择，只有 B 项正确。

【例 6】 在 $\triangle ABC$ 中，已知 $\cos A = \dfrac{5}{13}, \sin B = \dfrac{4}{5}$，求 $\cos C$。

错解：$\because \cos A = \dfrac{5}{13}, \sin B = \dfrac{4}{5}, \therefore \sin A = \dfrac{12}{13}, \cos B = \pm\dfrac{3}{5}$

$\therefore \cos C = -\cos(A + B) = \sin A \sin B - \cos A \cos B = \dfrac{12}{13} \times \dfrac{4}{5} - \dfrac{5}{13} \times$

$\left(\pm\dfrac{3}{5}\right) = \dfrac{33}{65}$ 或 $\dfrac{63}{65}$

评析：上述解法忽视了 B 的取值范围。这种失误不能简单地认为是答题者基础知识、基本技能存在问题，从思维的角度来看，是答题者不能迅速地将题设定性的描述"在 $\triangle ABC$ 中"转化为定量的表达"$A + B + C = \pi$"，进而发现 B 只能是锐角。

正解：$\because \cos A = \dfrac{5}{13}, \therefore A$ 为锐角，$\sin A = \dfrac{12}{13}$

又 $\sin A > \sin B, \therefore A > B \quad \therefore B$ 为锐角，$\therefore \cos B = \dfrac{3}{5}$

$\therefore \cos C = -\cos(A + B) = \sin A \sin B - \cos A \cos B = \dfrac{12}{13} \times \dfrac{4}{5} - \dfrac{5}{13} \times \dfrac{3}{5}$

$= \dfrac{33}{65}$

总之,如果我们在教学中重视学生错解成因的分析,就会大大降低学生解题出错的概率,提高解题的正确率,优化学生思维的品质,让我们为之共同努力吧。

【作者简介】

舒舍予,任教数学学科,教龄 19 年,一级教师。

本文写于 2016 年 8 月,发表于《上海中学数学》2016 年第 7、8 期合刊。

高中数学"存在性"与"任意性"问题的处理策略

范圣逸

近几年来,上海对高考数学的命题进行了一系列的改革,从高考数学命题的理念到具体实践都发生了深刻的变化,特别是加强了学生对数学问题本质的理解。近几年来的高考数学试题当中关于"存在性"与"任意性"的问题时常出现,这就要求学生对于"存在性"与"任意性"问题要有深刻的认识。本文就"存在性"与"任意性"的问题处理谈几点看法。

一、"存在性"与"任意性"的理解

"存在性"指的是考察对象是客观存在的;"任意性"则可以理解为事物发展的普适性。针对两者,教材中出现了一系列有关的数学概念,如在集合中,子集的定义(对于集合 A 与 B,对于任意的 $x \in A$ 有 $x \in B$,则 $A \subseteq B$),真子集的定义(对于集合 A 与 B,对于任意的 $x \in A$ 有 $x \in B$,且存在 $x \in B$,$x \notin A$,则有 $A \subsetneqq B$);在函数中,函数单调性的证明(在给定区间上任取两个变量 x_1, x_2,且 $x_1 < x_2$,对 $f(x_1)$、$f(x_2)$ 作差比较),函数奇偶性的判断(如果对于函数定义域内的任意一个 x,都有 $f(-x) = f(x)$,则这个函数叫作偶函数;如果对于函数定义域内的任意一个 x,都有 $f(-x) = -f(x)$,则这个函数叫作奇函数);数列的极限的定义、平面向量的基本定理、解析几何中的

纯粹性与完备性的证明等都对"存在性""任意性"进行了刻画。特别是高等数学中的极限概念更加注重学生对于"存在性""任意性"的理解。设 $\{a_n\}$ 为数列，a 为定数，若对任给的正数 ε，总存在正整数 N，使得当 $n > N$ 时，有 $|a_n - a| < \varepsilon$，则称数列 $\{a_n\}$ 收敛于 a，定数 a 称为数列 $\{a_n\}$ 的极限，并记作 $\lim\limits_{n \to \infty} a_n = a$。对此定义的理解是：

1. ε 的任意性：定义中 ε 的作用在于衡量数列通项 a_n 与定数 a 的接近程度，ε 越小，表示越接近；而正数 ε 可以任意地小，说明 a_n 与 a 可以接近到任意程度；

2. N 的存在性：一般地，N 随 ε 的变小而变大。对给定的 ε，比如当 $N = 100$ 时，能使得当 $n > N$ 时有 $|a_n - a| < \varepsilon$，则 $N = 101$ 时或更大时，此不等式自然也成立。这里重要的是 N 的存在性，而不在于它的值的大小。

如果学生在学习数列极限的概念时，能对它的精确定义有所理解，那么对于理解"任意性""存在性"问题会有很大的帮助。

二、"存在性"与"任意性"问题的处理

在日常教学中，"任意性"与"存在性"问题常以恒成立问题和存在解问题出现。恒成立中使用的量词是全称量词，如"任意、所有、全部、恒、都、总"；而存在解问题中使用的量词是特征量词，如"存在、有、至少一个、有解"。两者在等价转化上有区别。

1. 对于一边是常数 a，一边是函数 $f(x)$ 的情形：

$a > f(x)$ 恒成立 $\Leftrightarrow a > f(x)_{\max}$，

$a < f(x)$ 恒成立 $\Leftrightarrow a < f(x)_{\max}$；

$a > f(x)$ 有解 $\Leftrightarrow a > f(x)_{\max}$，

$a < f(x)$ 有解 $\Leftrightarrow a < f(x)_{\max}$，

$a = f(x)$ 有解 $\Leftrightarrow a \in f(x)$ 值域。

2. 对于两边是不同的函数 $f(x)$ 与 $g(x)$ 的情形：

（1）存在 $x_1 \in D_1, x_2 \in D_2$，使得 $f(x_1) = g(x_2)$，等价于函数 $f(x)$ 在 D_1 上的值域 A 与函数 $g(x)$ 在 D_2 上的值域 B 的交集不是空集，即 $A \cap B \neq \varnothing$。

（2）对于任意的 $x_1 \in D_1$，存在 $x_2 \in D_2$，使得 $f(x_1) = g(x_2)$，等价于函数 $f(x)$ 在 D_1 上的值域 A 是函数 $g(x)$ 在 D_2 上的值域 B 的子集，即 $A \subseteq B$。

（3）已知 $f(x), g(x)$ 是在闭区间 D 上的连续函数，则对任意的 x_1，$x_2 \in D$，使得 $f(x_1) \leqslant g(x_2)$，等价于 $f(x)_{\max} \leqslant g(x)_{\min}$。

近几年来，上海高考真题中有关"存在性""任意性"的问题如下：

（1）【2015 年上海春考卷第 24 题】设集合 $P_1 = \{x \mid x^2 + ax + 1 > 0\}$，$P_2 = \{x \mid x^2 + ax + 2 > 0\}, Q_1 = \{x \mid x^2 + x + b > 0\}, Q_2 = \{x \mid x^2 + 2x + b > 0\}$，其中 $a, b \in \mathbf{R}$，下列说法正确的是（　　）。

A. 对任意 a，P_1 是 P_2 的子集；对任意 b，Q_1 不是 Q_2 的子集

B. 对任意 a，P_1 是 P_2 的子集；存在 b，使得 Q_1 是 Q_2 的子集

C. 存在 a，使得 P_1 不是 P_2 的子集；对任意 b，Q_1 不是 Q_2 的子集

D. 存在 a，使得 P_1 不是 P_2 的子集；存在 b，使得 Q_1 是 Q_2 的子集

（2）【2015 年上海春考卷第 29 题的第二小问】已知函数 $f(x) = |2^{x-2} - 2|, x \in \mathbf{R}$，数列 $\{a_n\}$ 满足 $a_n = f(n)(n \in \mathbf{N}^*)$，$S_n$ 为 $\{a_n\}$ 的前 n 项和，对 $n \geqslant 4, S_n + \dfrac{1}{2} \geqslant ka_n$ 恒成立，求实数 k 的取值范围。

（3）【2015 年上海高考理科卷第 23 题】函数问题为本卷的压轴题。第二、三问难度较大，偏重于证明，并且对于"任意性"这类题型做了着重的考察。

三、"存在性"与"任意性"问题的试题研究

1. 直接叙述

【例 1】设 a 为实常数，$y = f(x)$ 是定义在 $\mathbf{R}$ 上的奇函数，当 $x < 0$ 时，

$f(x) = 9x + \dfrac{a^2}{x} + 7$。若 $f(x) \geqslant a + 1$ 对一切 $x \geqslant 0$ 成立,则 a 的取值范围为

_____。

分析:我们利用函数的奇偶性求出函数 $f(x)$,得到 $f(x) =$

$$\begin{cases} 9x + \dfrac{a^2}{x} + 7, & x < 0 \\ 0, & x = 0 \\ 9x + \dfrac{a^2}{x} - 7, & x > 0 \end{cases}$$;要使得 $f(x) \geqslant a + 1$ 对一切 $x \geqslant 0$ 成立,则当 $x = 0$ 时,

$a + 1 \leqslant 0, a \leqslant -1$ 成立;当 $x > 0$ 时, $f(x) = 9x + \dfrac{a^2}{x} - 7 \geqslant 2\sqrt{9a^2} - 7 \therefore$

$f(x)_{\min} \geqslant a + 1, \therefore a + 1 \leqslant -6a - 7, a \leqslant -\dfrac{8}{7}$。综上可知 $a \in \left(-\infty, -\dfrac{8}{7} \right]$。

此题为 2013 年上海市秋季高考理科第 12 题。这道题首先利用函数奇偶性求出函数的解析式,对于 $x > 0, x = 0$ 分别去求 $f(x) \geqslant a + 1$ 对一切 $x \geqslant 0$ 恒成立问题。特别地,对于 $a < f(x)$ 恒成立问题,我们可以转化为 $a < f(x)_{\min}$。

【例2】 已知方程 $-x^2 + x + a = 0$ 在 $(1,2)$ 有解,求实数 a 的取值范围。

分析: a 是参数, x 是变量。函数 $f(x) = -x^2 + x + a$ 在 $(1,2)$ 单调,故 $f(x) = 0$ 在 $(1,2)$ 有解 $\Leftrightarrow f(1) \cdot f(2) < 0$, 解得 $a \in (0,2)$。 "$f(a) \cdot f(b) < 0$" 是 $f(x)$ 在 (a,b) 内有零点的充分非必要条件,只有 $f(x)$ 在 (a,b) 上单调时是充要条件,所以在解"有解问题"时,首先看 $f(x)$ 在 (a,b) 上是否单调,如果单调,则 $f(x)$ 在 (a,b) 内有零点可以得到 $f(a) \cdot f(b) < 0$。

2. 转换语言

【例3】 已知不等式 $x + | x - 2a | > 1$ 的解集是 **R**,求实数 a 的取值范围。

分析：首先我们可以将这道题转化成不等式 $|x - 2a| > 1 - x$ 对 $x \in$ **R** 恒成立的问题。这里可以令 $f(x) = |x - 2a|$，$g(x) = 1 - x$，画出两者的函数图像。

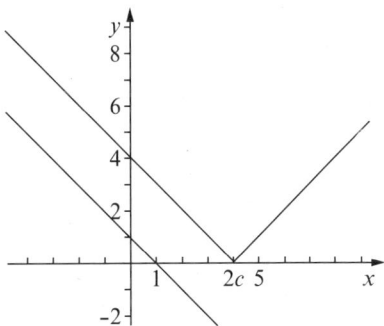

如图，$f(x)$ 的图像是以 $(2c, 0)$ 为顶点开口向上的折线，$g(x)$ 的图像是斜率为 1 在 y 轴上截距为 1 的直线。要使函数 $y = f(x)$ 的图像在 $y = g(x)$ 的图像上方，只需要 $2c > 1$，即 $c > \dfrac{1}{2}$。

一般采用的是分类讨论的方法，而这道题我们采用转化成恒成立问题，通过数形结合避免了分类讨论的烦琐解法。

3. 综合问题

【例 4】是否存在实数 k，使得不等式 $k^2 + tk + 1 \geqslant \sqrt{a^2 + 8}$ 对于任意的 $a \in [-1, 1]$，$t \in [-1, 1]$ 恒成立？若存在，求 m 的取值范围；若不存在，请说明理由。

分析：要使 $k^2 + tk + 1 \geqslant \sqrt{a^2 + 8}$ 对任意的 $a \in [-1, 1]$ 恒成立，则 $k^2 + tk + 1 \geqslant (\sqrt{a^2 + 8})_{\max}$，即 $k^2 + tk + 1 \geqslant 3$。

由题意可知不等式 $k^2 + tk - 2 \geqslant 0$ 对于 $t \in [-1, 1]$ 恒成立。

令 $f(t) = kt + k^2 - 2$，则有 $f(t) \geqslant 0$ 对 $t \in [-1, 1]$ 恒成立。

所以 $\begin{cases} f(1) \geqslant 0 \\ f(-1) \geqslant 0 \end{cases} \Rightarrow \begin{cases} k^2 + k - 2 \geqslant 0 \\ k^2 - k - 2 \geqslant 0 \end{cases}$,解得 $k \geqslant 2$ 或者 $k \leqslant -2$。

有些问题里套有两个独立的变量,在解决时要逐个处理,但要注意区分常量和变量。

【例5】高中数学有两个重要数学逻辑词——"任意"与"存在",例如在直角坐标平面内的任意一个点,总存在一组有序实数对(坐标)与之相对应。

(1)我们知道 $\mathbf{N}^* \subsetneqq \mathbf{N}$,请用"任意"与"存在"分析这两个集合间的逻辑关系;

(2)已知集合 $A = \{x \mid (x - t)(x - t^2 - 1) > 0\}$,集合 $B = \{x \mid y = \sqrt{-x^2 + 6x - 8}\}$,若集合 A 中任意一个元素都不是集合 B 中的元素,求实数 t 的取值范围;

(3)若给出两个有理数 a 和 b,问:是否会存在有理数 c,正好介于 a, b 两数之间?若没有的话,请给出你的证明;若有的话,会有多少个 c 存在呢?说明你的理由。

分析:问题(1)考察的是如何描述一个集合是另一个集合的真子集的问题。任意取 $x \in \mathbf{N}^*$,此时 $x \in \mathbf{N}$;存在 $0 \in \mathbf{N}$,此时 $0 \notin \mathbf{N}^*$;因此这两个集合间的逻辑关系是 $\mathbf{N}^* \subsetneqq \mathbf{N}$。问题(2)只要将集合 A 中任意一个元素都不是集合 B 中的元素转化为 A, B 没有公共元素,该问题就可迎刃而解。问题(3)的本质考察的是有理数的稠密性问题,不妨设两个有理数 $a < b$,则 $\dfrac{a+b}{2} - a = \dfrac{b-a}{2} > 0, b - \dfrac{a+b}{2} = \dfrac{b-a}{2} > 0$,所以 $a < \dfrac{a+b}{2} < b$,记 $c_1 = \dfrac{a+b}{2}$,可知 $a < c_1 < b$,即存在有理数 c_1,正好介于 a, b 两数之间。同样记 $c_2 = \dfrac{a+c_1}{2}$,可得 $a < c_2 < c_1 < b \cdots$ 依次推得这样的 $c_i (i = 1, 2, 3, \cdots)$,因此这样的有理数 c 会有无穷个。

"存在性"与"任意性"问题近年来常在各地高考数学卷中出现,成为一大热点。我们应充分理解"存在性"与"任意性"所蕴含的数学含义,结合其他数学语言等辅助工具增强理解,解开问题的神秘面纱,通过步步转化来解决此类问题。但愿此文能让读者有所启迪。

【作者简介】

范圣逸,任教数学学科,教龄 3 年。

曾连续两年获得上海市"智力助残"优秀志愿者。

本文写于 2016 年 9 月。

高考新政下高三数学复习的几点思考

向宪贵

上海市从 2017 年开始实施新的高考方案,就数学学科而言主要精神有两点:一是不分文理科,二是对教学内容做了调整。那么在新的方案下,如何搞好高考数学复习是摆在我们高三数学教师面前的一个重大问题,本文想就如何搞好高考数学复习谈几点想法。

一、当前数学复习教学中存在的主要问题

1. 容量虽大,总体效度不高

教师课堂容量是课堂效度的基础已形成共识,但在部分教师心中往往以知识点数、习题个数作为课堂容量的主要指标,这样的结果是教师讲得累,学生学得苦,消化不良,效度不高。在新的课程理念下,衡量课堂容量的主要指标是以学生主体参与度、教师如何组织多层面的有效教学活动为主要考量指标。因此,课堂容量就不应局限于课堂教学内容的"数量",而应更多地关注和追求课堂教学内容的"质量"。

2. 就题论题,数学感知不够

关于例题教学,部分教师只停留在这个例题怎么解,缺少必要的总结归纳,不能升华为这一类问题怎么解,不能升华为与其他问题怎么联系渗透。新课程标准强调学生"经历了什么""体会了什么""感受了什么"。有时虽有师生交流,但往往是浅层次的,达不到解一题、会一类、通一片的目的。著名数学家波利亚曾说:"教学生解题是意志的教育,如果学生在学校里没有机会尝尽为求解而奋斗的喜怒哀乐,那么数学教育就在最重要的地方失败了。"因此,高三数学复习要引导学生通过主动参考、亲身实践、独立思考、师生合作探究、发展能力,使学生真切地感受到自己的价值。

3. 知识网络,完善整合不力

布鲁纳指出:"知识如果没有完满的结构把它连接在一起,那是一种多半会被遗忘的知识。"而当前有些高三数学复习课仍有"知识回炉""冷饭重炒"之嫌。这样的课使学生的兴趣得不到激发,"知识网络"得不到建构与完善,认知疑惑得不到澄清,知识的统筹整合能力得不到提升。而高考是考查运用知识体系解决问题的能力,能否建构便于提取运用的知识网络,是高考复习的关键要素之一。较好的知识网络可以让学生很快地确定解题思路,迅速调集头脑中储存的信息进行选择、组织,然后判断思路,推理答案。应该把整理加工过的知识,依附在思维线索上,方能举一反三、触类旁通。因此,怎样建构完善、科学的知识网络,怎样设计巧妙、合理的典型例题,是我们每位数学老师都应着力思考、尽力解决的问题。

二、搞好数学复习教学，教师应具备的几个意识

1. 服务意识

高考不分文理科，将导致学生在数学基础知识、基本技能、数学素养等方面的差异扩大。针对如何面向全体学生，如何最大限度地激发学生主体参与的积极性，如何让每个学生得到充分的发展等问题，教师应树立为学生服务的意识，教学的每个环节应以学生为中心展开，自觉调整自己的角色，有意识地调查研究学生的"已知"和"未知"，并依据学生的"已知"和"未知"寻找教学的"起点"与"生长点"，在学生的已知和未知之间构建一个最近发展区。教学过程中把控好复习的深度与广度，实施不同的要求，在复习过程中既要让质优生吃得饱，又能让基础薄弱的学生吃得好，有学好数学的信心。

2. 问题意识

问题意识是指在人们的认识活动中，活动主体对既有的知识经验和一些难以解决的实际问题或理论问题所产生的怀疑、困惑、焦虑、探究的心理状态，并在其驱动下，不断提出问题和解决问题。教师的问题意识成为影响教学设计质量的一个重要因素。教师的问题意识主要表现在两方面：其一，追溯问题产生的背景和缘由的意识；其二，不断提出新问题的意识。问题产生的背景主要有两种情形，即现实背景和数学背景。现实背景指数学概念、命题、问题对应某种现实模型，是对现实模型的一种抽象。数学背景则指数学概念、命题、问题对应某个数学模型。问题产生的缘由可能是为了解决一个现实生活中的问题，也可能是问题的自然逻辑延伸，而这种问题的自然逻辑就是不断产生新问题的过程。另外，挖掘各知识之间内隐的

联系,也是产生新问题的根源。因而在教学设计中,要求教师有将一个数学概念或数学命题还原为一个现实问题的意识,有探究知识间的联系、对问题进行逻辑延伸与自然推广的意识。

【例1】若关于 x 的方程 $x - a = \sqrt{1 - x^2}$ 有解,试求实数 a 的取值范围。

如果我们对此例题只停留在解法上,似乎意犹未尽,对此问题可进行如下的变式与引申,以提升学生对这一类问题的认识,弄清问题的本质。

变式1:若关于 x 的方程 $x - a = \sqrt{1 - x^2}$ 无解,试求实数 a 的取值范围。

变式2:若关于 x 的方程 $x - a = \sqrt{1 - x^2}$ 有两解,试求实数 a 的取值范围。

变式3:关于 x 的不等式 $x - a \leq \sqrt{1 - x^2}$ 恒有解,试求实数 a 的取值范围。

在教学中引导学生对原有问题进行广泛地变换引申,尽可能引申出更多相关性、相似性、相反性的新问题,对发展学生的创造性思维,加深学生对知识的理解与掌握是十分有益的。

3. 反思意识

反思是立足于自我之外的批判地考察自己的行动及情境的能力。反思意识即教师自觉产生对自己的活动目的、活动计划、活动策略、活动过程及活动评价的反思欲望和信念。反思不是单纯的事后行为,还包括事前和办事过程中的反思。

第一,设计者要对教学目标进行反思。一个教学设计应反映出教学目标的多维性。数学知识的建构、数学技能的形成、数学能力的发展、数学思想方法的渗透、数学精神的领悟、数学知识产生过程的体验等,都是数学教学的目标,而且这些宏观的教学目标又可以进一步细分,譬如要训练学生的何种技能、要培养学生的何种能力。因此,教学设计中就应认真分析教学内容,确定多个教学目标,有的是主要目标,有的是次要目标;有的是直接目标,有的是间接目标,设计者对此应当有统筹的把握。

第二,要对教学设计的理论基础进行反思。例如反思在教学设计中,自己所持有的数学观是什么,是以哪种教育或心理学理论作为基础,为什么要这样做,等等。

第三,对教学程序的设计及教学策略的选择的反思。反思知识展示的顺序是否合理;选择的教学策略是否恰当;例题与习题的搭配是否符合教学目的的要求;采用的媒体是否能真正发挥辅助教学的功能;为什么要这样设计教学程序;为什么要选择这样的教学策略,等等。

第四,教学实施后的反思,主要是对教学效果评价的反思,如何改进教学设计的反思。

【例2】 若 $0 < x < \pi, \sin x + \cos x = \dfrac{1}{2}$,则 $\cos 2x = $ _____。

一学生解法: 由 $(\sin x + \cos x)^2 = 1 + \sin 2x = \dfrac{1}{4}$,得 $\sin 2x = -\dfrac{3}{4}$;

$\because 0 < x < \pi, \pi < 2x < 2\pi, \therefore \cos 2x = \pm \dfrac{\sqrt{7}}{4}$

另一学生解法: 由 $\begin{cases} \sin x + \cos x = \dfrac{1}{2} \\ \sin^2 x + \cos^2 x = 1 \end{cases}$,消去 $\cos x$,得

$\sin x = \dfrac{1 + \sqrt{7}}{4}$(负值舍去),

$\therefore \cos 2x = 1 - 2\sin^2 x = -\dfrac{\sqrt{7}}{4}$

比较两种解法,第一个学生的解法有问题,须进一步缩小 x 的取值范围。事实上,

$\because \sin x + \cos x = \sqrt{2} \sin \left(x + \dfrac{\pi}{4} \right)$,由图像可知:

当 $x \in \left(0, \dfrac{\pi}{2}\right]$ 时, $\sin x + \cos x \in \left(1, \sqrt{2}\,\right]$;

当 $x \in \left(\dfrac{\pi}{2}, \dfrac{3\pi}{4}\right]$ 时, $\sin x + \cos x \in [0, 1)$;

当 $x \in \left(\dfrac{3\pi}{4}, \pi\right)$ 时, $\sin x + \cos x \in (-1, 0)$;

由 $\sin x + \cos x = \dfrac{1}{2} \in (0, 1)$, 得 $x \in \left(\dfrac{\pi}{2}, \pi\right)$,

$\therefore \ 2x \in \left(\pi, \dfrac{3\pi}{2}\right)$, $\therefore \ \cos 2x = -\dfrac{\sqrt{7}}{4}$

通过对解答的反思,我们对已知某一三角函数值求其他三角函数值这类问题有了更进一步的认识。

三、给数学复习教学的几点建议

1. 重视教材考纲,把准复习方向

教材是实现课程目标、实施教学的重要手段。教材是课标中规定的内容的直接显现,考纲是高考命题的直接依据,考纲因明确了高考具体考试范围而作用凸显。高考命题的质量标准要求高考的每一个测量目标都必须依托相应的行为特征目标,高考根据这些行为特征来判断考生培养目标的达成度。在复习过程中要努力克服重视复习资料轻视教材的现象,要重视研究教材,指导学生用好教材,挖掘教材中的例题和习题的考查价值和功能,更充分地发挥教材的功能。实际上,数学高考中的许多问题都会在课本中找到原型和出处。

明年是高考新方案实施的第一年,研究好《上海市中学数学课程标准》是搞好高考数学复习教学最关键的第一步。认真研读《上海市高中学科课程标准调整意见》,比较新旧考纲在教学内容、教学能级要求上的差异,有

的放矢,方能百战百胜。

2. 重视例题选择,提高复习效益

复习课离不开例题教学。习题教学的首要任务是精选例题,良好的开端是成功的一半。选择典型、适度、逻辑结构清晰、针对性强的例题,是提高复习有效性的关键,是值得教师下功夫做的事情。如复习抛物线单元,需要对抛物线单元进行整体分析,考查知识点有抛物线定义、标准方程及其基本性质、直线与抛物线的位置关系等。主要问题有求抛物线方程、弦长、弦中点、弦的斜率、焦点弦、定点定值、定点最值等问题,须对整个单元的题目进行分析研究。教师还要从思想方法、解题策略、题目关系、题目源流等高度研究题目,更要从学生角度理清哪些是不会的,哪些是会而解不对或易错的等。下面通过一道例题的分析,感受如何选择例题。

【**例3**】已知抛物线 C:$y^2 = 8x$ 与点 $M(-2,2)$,过 C 的焦点且斜率为 k 的直线与 C 交于 A、B 两点,若 $\overrightarrow{MA} \cdot \overrightarrow{MB} = 0$,求斜率 k 的值。

复习功能:在知识点方面,考查了抛物线的性质、直线方程、一元二次方程根与系数的关系、平面向量的数量积;在思想方法上,考查了转化思想、方程思想、数形结合思想;在解题入手方面,可从代数角度入手,设直线 AB 方程的方程(含参数 k),并与抛物线方程联立,消元 y 得到含参数 k 的关于 x 的一元二次方程,通过韦达定理和题目条件转化为 k 的方程求解;从几何角度入手,由于问题中点 $M(-2,2)$ 在抛物线的准线上,由 $\overrightarrow{MA} \cdot \overrightarrow{MB} = 0$,可知 $\angle AMB$ 为直角,联想到以抛物线的焦点弦为直径的圆与准线相切;又 $90°$ 的圆周角所对的弦是直径,可知点 M 就是切点,设弦 AB 的中点为 P(也就是圆心),则 M 与 P 的纵坐标应该一样,再利用点差法就可轻松求出斜率 k 的值。

拓展功能:该问题可变式为:已知抛物线 C:$x^2 = 8y$,直线 $y = kx + 2$ 与抛物线 C 相交于 A、B 两点,过线段 AB 有中点 P 作 x 轴的垂直交抛物线 C 于点 M,过 C 的焦点且斜率为 k 的直线与 C 交于 A、B 两点,(1)问是否存在

实数 k 使得 $\overrightarrow{MA} \cdot \overrightarrow{MB} = 0$ 成立？若存在,请求出 k 的值;若不存在,请说明理由。(2)证明抛物线 C 在点 M 处的切线与直线 AB 平行。这个变式通过抛物线开口方向的改变以及把点 M 移到抛物线上某点,巩固了通过根与系数的关系利用"设而不求"的解题策略。第二问综合了直线与圆锥曲线的位置关系、点差法以及斜率公式等知识的灵活运用。此题充分体现了高考从知识交汇处命题的立意。

高三复习学生要做大量练习,难免会觉得单调乏味。因此教师要精选习题,尽量避免题目的形式重复出现,可适度改变条件形式、变化问题背景、转换考查角度等,使题目新颖,提高学生的新鲜感,开阔学生视野,提高解题的信心和能力。同时,教师要创造学生参与出题和题目变式的机会,让他们愿意积极地参与到复习的过程中,既提高其发现问题、提出问题、分析问题、解决问题的能力,又突出学生的主动性,提升复习的效果。

3. 重视问题识别,拓展复习能级

问题识别是指根据问题所提供的信息和自身已有的知识经验,发现问题的结构,构建自己问题空间的过程。问题识别是问题解决的核心环节,对同一个问题,不同的人从不同的角度可以得出不同的识别,做出不同的判断。即使同一个人,在问题解决过程中,随着对问题的进一步理解,他的识别能力也在不断提升。因此,在高三数学教学中,教师要注重引导学生把握问题识别取向,要加强学生数学问题识别的训练,提高问题识别的准确性。

培养学生数学问题识别能力可从以下几个方面入手:

(1) 加强数学问题的完整表达训练,提高识别的准确性

学生内心的问题识别是通过实际的语言完成的,所以注重学生对数学问题的完整表达是培养学生识别问题能力的重要途径。表达的准确体现在概念表述正确、条件转化等价、知识联想合理等方面。

【例4】(1)若二次函数 $f(x) = ax^2 + 2ax + 1$ 对任意实数 x 图像都在 x

轴上方,求实数 a 的取值范围;(2)若函数 $f(x) = ax^2 + 2ax + 1$ 对任意 $x \in$ $[1,3]$ 的图像都在 x 轴上方,求实数 a 的取值范围。

对问题(1),本题的关键表述是"图像都在 x 轴上方",可识别为"抛物线开口向上且与 x 轴无交点"。进一步识别为方程 $ax^2 + 2ax + 1 = 0$ 的判别式小于 0 且 $a > 0$ 的思路,但是如果没有讨论二次项系数的正负,会导致解题错误。对问题(2)的识别有两点:一是函数 $f(x) = ax^2 + 2ax + 1$ 不一定是二次函数,要对二次项系数进行讨论;二是图像在 x 轴上方与问题(1)有何区别,问题(1)是对任意实数 x 图像都在 x 轴上方,而问题(2)只是抛物线在 $x \in [1,3]$ 的部分图像都在 x 轴上方,只考虑判别式小于 0 要求太苛刻了,而是要对 a 的取值以及对称轴与区间的位置进行讨论。

如果在数学教学中,教师能够有计划、有目的地进行问题识别的训练,发展学生数学语言转换能力,学生的解题能力就会得到提升。

(2)注重从不同角度看问题的训练,提高问题识别的灵活性

有意识地从不同角度识别问题是解题思路产生的源泉;从语言上识别是理解问题的前提,准确的数学符号识别有助于问题解决的相关信息的获取,通过图表识别有助于问题的形象直观思考,合理的模式识别有助于简化问题解决的思维长度。如识别符号 $\dfrac{y_1 - y_2}{x_1 - x_2}$ 的结构联想直线的斜率,识别 $(x_1 - x_2)(f(x_1) - f(x_2)) < 0$ 联想函数的单调性。因此,在教学过程中,教师要做到通过"你能否根据自己的联想,用适当的方式将问题进行重新识别""在遇到困难的情况下,你能否变换问题的识别形式,调整解题思维方向"等言语的提示,激活学生原有的知识块,通过联想,诱发学生进行多维识别,并能根据解题的需要与情境的变化做出灵活的变换,从不同角度去解决问题。

【例5】对于任意角 θ,都有 $\dfrac{\cos\theta}{a} + \dfrac{\sin\theta}{b} = 1$,则下列不等式中恒成立的是(　　)。

　　A. $a^2 + b^2 \leqslant 1$　　　　　　　B. $a^2 + b^2 \geqslant 1$

$$\text{C. } \frac{1}{a^2} + \frac{1}{b^2} \leqslant 1 \qquad\qquad \text{D. } \frac{1}{a^2} + \frac{1}{b^2} \geqslant 1$$

此题涉及多块知识点,是解析几何、三角函数、不等式等知识的综合,思考维度多,对该问题的识别常见的有以下几种路径:

路径 1:把 $\frac{\cos\theta}{a} + \frac{\sin\theta}{b} = 1$ 看成点 $M(\cos\theta, \sin\theta)$ 在直线 $\frac{x}{a} + \frac{y}{b} = 1$ 上,而点 M 又是单位圆上的任意一点,所以问题识别为直线与圆有公共点来解决;

路径 2:把 $\frac{\cos\theta}{a} + \frac{\sin\theta}{b} = 1$ 看成 $\frac{1}{a}\cos\theta + \frac{1}{b}\sin\theta = 1$,联想到三角函数的辅助角公式化为 $\sqrt{\frac{1}{b^2} + \frac{1}{a^2}}\sin(\theta + \varphi) = 1$,问题识别为函数 $\sin(\theta + \varphi) = \sqrt{\frac{a^2 b^2}{a^2 + b^2}}$ 的有界性问题来解决;

路径 3:由已知条件 $\frac{\cos\theta}{a} + \frac{\sin\theta}{b} = 1$ 左边的结构联想到向量的数学量积,构造两个向量 $\vec{m} = \left(\frac{1}{b}, \frac{1}{a}\right)$,$\vec{n} = (\cos\theta, \sin\theta)$,则 $\vec{m} \cdot \vec{n} = 1$,问题识别为 $\vec{m} \cdot \vec{n} \leqslant |\vec{m}| \cdot |\vec{n}|$ 来解决;

路径 4:由已知条件 $\frac{\cos\theta}{a} + \frac{\sin\theta}{b} = 1$ 解出 b,代入 $\frac{1}{a^2} + \frac{1}{b^2}$ 转化为函数的最值来解决。

由此可知,通过对数学问题的多维识别,有助于学生更好把握问题的特性,辨析数学问题的实质,启迪思维,提高学生思维的灵活性,进而获得合理的解题方案。

总之,2017 年的高考新政对我们提出了新的要求和挑战,回避是徒劳无益的,只有积极应对,才能抓住高考复习的主动权,为减负增效做贡献。以上几点想法只是抛砖引玉,仅供读者参考。

【作者简介】

向宪贵,任教数学学科,教龄 35 年,高级教师,黄浦区学科带头人。

曾担任中学数学教研员,在报刊上发表教育教学论文四十余篇,主编《高考数学双基能力精练》,合作主编《智慧数学》《高考数学全攻略》《中学数学自主学习与检测》等多部著作,参编高教社沪版新课标数学教材,主持过江苏省省级和黄浦区区级教育科研课题。

本文写于 2017 年 5 月,发表于《上海中学数学》2016 年第 7 期。

调动学生参与活动，上好物理复习课

徐元秀

如今的物理课堂中，教师都非常重视激发学生的学习兴趣。由于物理学科的特点，教师往往在新课的导入环节中会想尽一切方法，发掘身边的各种新奇元素来激发学生的学习兴趣，调动学生参与各环节的活动，学生的眼球也很快会被那些新奇的元素所吸引。但是在随后教师想要教授重点、难点的时候，就很难维系学生们刚才的学习兴趣了，更不用说在以知识巩固为主的一整堂复习课中要持续激发学生的学习兴趣。所以现在的物理课教学就出现了这样一个现象：当课堂上出现演示实验的时候，学生大多都是聚精会神的，学习兴趣是爆满的，然而到了教师讲解知识或者知识复习巩固阶段，画风随即转为学生提不起精神，或抓耳挠腮，或趴课桌上，或目光呆滞，甚至对教师一遍又一遍地重复知识产生反感。最为突出的是在复习课上，为了将知识点落实到位，教师往往会把知识点归纳好，按部就班地灌输给学生，然后学生反复训练习题，从而达到复习巩固的目的；为了将知识点落实到人，教师会偶尔提问，主要以提问个别学生的形式为主。如若被提问的学生回答不正确，该学生便会产生挫败感，而教师也会因为赶进度，很少引导学生回答，往往就自问自答了。学生学得很枯燥、很厌烦、很疲惫，长此以往，最终导致对物理学科的兴趣一点点消失殆尽。

我认为真正有效的物理课，尤其是复习课，应该打破原有的教学模式，在原有的大容量、快节奏基础上,转变为立体式的、互动式的,即让学生能够亲身实践、观察、思考以及交流经验的体验式学习。

一、依据心理学理论,设计物理复习课

心理学中有两个重要的理论,分别为结伴效应理论和角色效应理论。

(1)结伴效应理论是指两个人或几个人结伴从事相同的一项活动时相互之间会产生刺激作用,提高活动效率。例如学生在一起做作业比独立完成作业的效率高。(2)角色效应理论是指现实生活中,人们以不同的社会角色参加活动,因角色不同而引起的心理或行为的变化。

在教学实践中,我发现总有一个角色是学生喜欢的,是学生能感受到快乐且乐于扮演的。于是我想运用上述两个理论来设计并实施一节复习课,即让学生扮演老师归纳整理知识点,让学生像侦探一样寻找知识的"蛛丝马迹",让学生结伴出一些试题等。我以"将课堂还给学生"理念为指导,大胆地采用了"导学前置—课中分组展示—学生互助学习"的教学模式,把这种想法实践于《电场》的一节复习课中。

二、小组合作活动,激活课堂学习

通常在《电场》复习课中,学生的任务是跟随着老师,一起巩固已经学习过的电场知识,梳理出清晰的知识结构框架,整理出一些经典题型和易错题,从而达到复习的目的。

在这节复习课上,我做了大胆的尝试。学生课前进行了预习,事先完成了"导学案"中的课前预习部分,对本节课的内容已有了大致的了解,虽然学生预习的程度和理解掌握的程度会有很大的不同,但至少对课本知识有了印象,不至于一无所知。课中,我组织学生分组展示课前准备好的"知识梳理"，要求组长将提炼的知识点逐一板演在黑板上，形成知识结构图，并对全班同学进行讲解；同时，座位上的学生们找错补漏，课堂上诸如"写错了，应该……""漏了……"这些对话此起彼伏。在这个活动环节中，我意外地发现物理复习课堂上有了令人欣喜的变化：板演的内容虽有这样那样的错误或知识点的遗漏，底下的同伴并非如原来那样静观或者坐享其成，反而能够积极主动地帮助组长进行查缺补漏纠错，反应相当地灵活。这样，真正得到展示和训练机会的不仅仅是组长，还有整个团队，正可谓是"以点带面"，调动了大部分学生参与知识点的梳理。与此同时，组长上来演示的时候，不再觉得自己是孤助无援的，有同伴的力量和智慧助他一臂之力，他的自信心也自然倍增。

这样的课堂自然是比原来"一言堂"的课堂生动得多，课堂效率也有一定的提高。然而，通过这样的环节，我不禁又问自己，这样的模式是否激起了所有学生的学习兴趣呢？答案显然只是"绝大部分学生"。

三、角色扮演，调动全员学习兴趣

课堂中，如何让"个别"没有"动静"的学生动起来呢？我设计安排让学生"扮演"教师，自主创新出题。具体要求是依照先前整理出来的知识点让学生自行设计考题，题目可以是以前做过的，也可以是自己创新设计的，并将题目展示在黑板上。这个环节看似挺难的，其实不然，因为课前学生进行了预习，并且我也对部分学生进行了出题的指导，这样学生不至于觉得很难。

我会要求上一环节未主动参与活动的学生出题，虽然他们很不情愿，但是在同学们的鼓励下还是上台出了题。学生出的题有：(1)在一个已知电场线分布的电场中，判断某两点的电场强度大小；(2)在一个已知电场线分布的电场中，画出某点电场强度的方向和该点放置一个负电荷时，此负电荷所受电场力方向等。在这一环节中，作为教师的我并没有置身事外，而是积极地扮演好一个"帮助者"的角色,适时地引导出题的学生理清思路、表述清晰,同时反问其他学生:该同学出此题的依据是什么?解题方法是什么?这里,我感觉就像在带领孩子们猜谜,要想尽办法破解谜面,也就是读懂出题同学的想法和出题意图,并且运用自己所学知识破解他的谜。

慢慢地,座位上的学生想出来的题目越来越多,而我就指派男生出题目,女生来破解,然后互换角色。学生们像"打擂台"一样地问与答,甚至有学生开始将多个知识点整合出了综合性比较强的题目。当然,也有一些题目有错误,被同学们一下就找出知识点漏洞的,同学们也进行了很好的纠正。学生在这样的活动中,扮演的角色不是"设谜者"就是"破解者","玩"得不亦乐乎。学生在"玩中学,学中玩",这也是我所期望的物理课堂本应有的"生动""互动"和"活动"。虽然学生出的题较为稚嫩,但是能够参与出题,说明学生已经对知识点的认知达到了一定的水平,这也是倒逼学生对知识点要理解透彻,也达到了复习的目的。

四、以点带面,广泛运用

《电场》复习课后我一直在反思,学生在这节课中为什么会觉得学得开心、学得轻松、效果很好。我发现,这背后其实是很好地运用了心理学的原理。我设计的学习活动是在了解、分析的基础上,迎合了学生的心理和口味,创新一节复习课为一个游戏,合理地运用心理学中的"结伴效应"和"角色效应",让学生自主整理知识点、出题、解题,让学生在体验和创造的过程中学习。学生在游戏中合作,在合作中激发兴趣,在兴趣的牵引下快乐学习,提高了学习效率。

纵观物理复习课,无非有以下几个特点:(1)知识的归纳整理。无论是哪一类型的复习课,都要将所学的有关知识进行归纳、整理,进行纵向、横向的归类,进而对知识的系统做整体综合,形成结构化的知识。(2)知识的迁移训练。复习不是简单的重复,其最终目的在于培养和提高学生运用知识、解决问题的能力。在复习的过程中，应该选一个与本知识紧密相关的话题为主线，加强知识的迁移训练，培养学生举一反三、触类旁通、运用所学知识解决问题的能力。所以我认为，要达到上述效果，教师的引导起了关键性作用。这里所说的引导，可以是语言的引导，也可以是活动设计的引导。通过引导，让学生有目的性地学习，有目的性地角色扮演及合作学习，而非真正地"散养"。

如在复习摩擦力时，我设计的小组合作活动任务是：课前通过"门口学习网"再一次观看摩擦力的探究实验，复习摩擦力的知识，同时要求每个小组设计关于摩擦力的问题，包括判断题、选择题、作图题和计算题各一题，并且要配有答案分析。我则是把关题目内容和答案是否正确。课中，我设计了组与组之间交流的活动。按照课前的任务单，全班组际交流摩擦力的知识，并且展示自己组设计的问题，以打擂台的方式展示各组对于问题的解决策略、解决过程和解决结果，达成深层次的理解，起到复习巩固的效果。正如布鲁纳为"发现"所下的定义："发现不限于寻求人类尚未知晓的事物，确切地说，它包括用自己的头脑亲自获得知识的一切方法。"学生通过观察实验、整理知识、设计问题、语言交流，再一次增强了对摩擦力的体验与感受，巩固了原有的知识，同时也培养了他们的知识迁移能力、发散思维和创造性思维。

如在复习学生实验时，小组合作任务是：课前通过"门口学习网"再一次重温学生实验，整理知识内容包括实验原理、实验器材、实验步骤、实验误差分析方法、实验结论，同时要求每个小组针对每个实验设计一道题用于展示交流，并且还要配有答案分析和相应的评分标准。我则是把关整理的知识点、题目内容和答案是否正确，评分标准是否得当。课中，每个小组都安排一个学生实验作为本组负责的实验，各个小组的学生实验不重复。每组的组员可以去其他任意组那里做实验，并且回答相应设计好的问题，以"踢馆"的形式复习实验。负责该实验的组要监督来"踢馆"的同学，包括实验操作和问题的回答，并且根据评分标准予以分数。学生通过整理知识、设计问题、语言交流、实验操作、评判打分，再一次增强了对学生实验的体验与感受,巩固了原有的知识,同时也培养了学生的实验操作能力、知识迁移能力、发散性思维和创造性思维。

　　复习课所独有的特点导致了教师如今教学现状的尴尬和困惑,也使得如今的学生无法适应课堂学习,甚至对这门学科无所适从。倘若学生缺乏亲身实践,没有经历观察、思考以及交流经验的体验式学习,这对于学生学习理科是很痛苦的,尤其是对于物理学科的学习是非常不利的。翻阅近几年的教育教学文献,不难发现,物理教学的众多学者早就重视激发学习兴趣问题,并且在这方面也已做了相关的调查和研究。上海市物理教研室汤清修、赵伟新、刘忆婷老师曾做过一个《中学生对"物理、物理课、物理教师"偏好倾向的调研报告》的调查,其中指出:在"不喜欢"物理课的高中生中,除了"对物理缺乏兴趣"外,感觉"太难学"的比例也达到了69.32%。而感觉"太难学"的原因恰恰大多是来自复习课和习题课。学生看见题目就头痛,遇见运算就想逃避。因此,如何提高复习课的学习兴趣是攻克"太难学"的有力武器。如何增加物理复习课程的吸引力和趣味度,是有很多文章可以做的。用学生的话来说:"物理很有趣,不希望因为教学和做题把物理学死,希望让我们开心的不是解出一道多难的难题,而是我们在做题的过程中,逻辑思维能力得到提高,能够把物理真正应用于我们自己。"所以,合理运用心理学原理,科学设计物理复习课,有利于激发学生的学习兴趣,让学生在课堂活动和参与体验中主动思考,积极学习。这样,可以大大提高课堂学习效率。

【参考文献】

　　[1]　汤清修,赵伟新,刘忆婷.中学生对"物理、物理课、物理教师"偏好倾向的调研报告[R].2012.

　　[2]　戴维·迈尔斯.心理学[M].黄希庭,译.北京:人民邮电出版社,2013.

　　[3]　张竞红.中学体育教学中学生存在的心理问题及其对策[J].黔西南民族师范高等专科学校学报,2007(1):78-81.

［4］万春.语文教师在教学中的角色效应［J］.四川文理学院学报,2008,18（F06）：33－34.

［5］游旭群,王鹏,晏碧华.不同平面心理旋转的角色效应［J］.心理学报,2007,39（1）：58－63.

【作者简介】

徐元秀,任教物理学科,教龄 10 年。

本文写于 2015 年 12 月,曾获 2015 年上海物理教学论坛论文评比三等奖。

如何合理搭建议论文事例与事理之间的桥梁

——从课文《简笔与繁笔》谈起

李敬东

　　学生进行议论文写作,反映出来的最大毛病往往是论证乏力,只呈现大量烦琐事实,不会就事实围绕观点进行巧妙说理。该如何化解这一教学难点,引导学生轻松学会构建事例与事理之间的桥梁呢?我在执教沪教版高三语文教材选编课文《简笔与繁笔》时,得到几点文本写法的启示,并由此展开,试图归纳某些搭建议论文事例与事理桥梁的有效方法。

　　不妨先来看看周先慎先生在《简笔与繁笔》中是如何就事例围绕事理展开议论的。文章在提出了"简笔与繁笔,各得其宜,各尽其妙"的观点后,在接下来的五段文章主体部分分别用了《水浒传》中"武松打虎""林教头风雪山神庙""鲁提辖拳打镇关西"和鲁迅先生的《社戏》四个事例来说明。四个事例各尽其妙,各显其法。

一、化用定论,强化态度

　　在《简笔与繁笔》第二段"武松打虎"和"林教头风雪山神庙"事例中,作者巧妙化用鲁迅关于金圣叹的评价:难怪金圣叹读到这里,不由得写了这么一句："我当此时，便没虎来也要大哭。"然后用了"最出色的""境界全出""当之无愧"三个直接表明自己褒贬态度的语词。

其中，在化用金圣叹的评价前，有一"难怪"和"不由得"对事实进行巧妙强化。我们不妨想想，如果这里直接用"金圣叹对此评价：'我当此时，便没虎来也要大哭'"，力度有没有？有！哪一句更强？毋庸置疑是前者。一个"难怪"所起到加强语气的作用是不容忽视的，加上了一个"不由得"，强调自发地受到感染，这就将所要表达的态度鲜明地亮出来了。而"最出色的""境界全出""当之无愧"三个语词的出现，更将作者的态度表达得淋漓尽致。

这告诉我们：在所用的事例前后，加上能够直接表明自己态度的语词，能起到强化作用，使自己的态度更鲜明，使倾向更强烈。写作时，学生只需要在行文中加上几个表鲜明态度的词或短语，如"真令人击节叫好""最令人欢欣鼓舞""真令人扼腕叹息"等，就能使所作文章更显力度。比如有篇关于《马英九会见陈云林》的报道写道：

陈云林再与马英九"见"的时候，不需要多说什么了。陈云林不发言，自然也没有称谓的问题，一举解决了最大的难题，令人击节叫好！为此充满智慧的安排叫绝。大陆尊重马英九、尊重台湾的心情，在无声之中透发出来。真正叫作此时无声胜有声！

二、反向假设，巧妙推论

在《简笔与繁笔》第三段"鲁提辖拳打镇关西"事例中，有一句若是单从字面上求简，这三拳只需说"打得鲜血迸流，乌珠迸出，两耳轰鸣"，便足够了。然而简则简矣，却走了"神韵"，失掉了原文强烈感染读者的鲁智深伸张正义、惩罚恶人时那痛快淋漓劲儿。

　　这句中用"若是"来引起假设,得出"便足够了"的结论;又用"然而"再推论出"走了神韵""失掉了……淋漓劲儿"的论断。这一巧妙假设令人深思,也告诉我们:对陈述事物或现象的语段,我们可以从事物或现象的反面假设分析,并推出假设条件下的错误或荒谬结论,从而来论证论点。也即运用"假设分析法"来深化说理。例如有学生表达"缩小痛苦,人生才能璀璨"的观点时用了杜甫的事例:

　　　　"甫者少年日,早充观国宾。"身怀用世之心的杜甫,命途多舛,颠沛一生,但他始终以仁圣襟怀观人视物,将挫败与坎坷当作人生的历练,即使在忧郁的深渊中仍不懈追求,终于以字字句句饱含生命力的诗作,成为唐诗这一宏丽壮伟的琼宇中巨实的一柱栋梁,享有"诗圣"的称誉。

　　这一语段,直接陈述了杜甫的人生态度及成就,其间融入了简单的原因分析,应该说还不错,但不够透彻。细读语段发现它是从事例的正面陈述的,那么我们不妨从事例的反面进行假设。可做如下修改:

　　　　假如杜甫在那个时局纷乱的年代不堪命运的捉弄而随波逐流,假如他无法正视如黄叶般飘摇孤寂的生命而丧失人生的意志,假如他无法承担失意、离索的痛楚而放弃了"治国平天下"的理想,那么他怎能吟出不朽的"诗史"之作而震古烁今? 正是那份对痛苦的淡然,成就了他的璀璨人生!

　　修改语段从事例的反面"杜甫无法正视人生痛苦"进行假设,从而推出杜甫不可能吟出"诗史"之作的结论。这就从反面证明了"缩小痛苦,百折不挠"对于"璀璨人生"的重要性,深化了说理。而建设事例与事理关系的关键点是:从陈述的事例反面进行假设。即如果举的是正例,那就可以从反面来假设分析;如果举的是反例,那就可以从正面来假设分析。行文中不妨多用"如果……那么……""譬如……然则……""假如……那么……"
"设若……然而……"等。

三、辩证分析,顾及全局

在《简笔与繁笔》第四段《社戏》事例中,作者写道:"在通常情况下,如果有谁像这样来说话、作文,那真是啰唆到了极点。然而在这特定的环境、条件、气氛之下,鲁迅用它来表现一种复杂微妙、难以言传的心理状态,却收到了强烈的艺术效果。"

这一论断是对论点的引申与补充,为了避免认识上的片面与绝对,作者对繁简问题作进一步的论说,用小叫天出场的例子精当有力地说明在特定情况下用艺术上的繁笔,起到难以言传的强烈艺术效果。作者所论,重点在于"在通常情况下"和"在这特定的环境、条件、气氛之下",这其实使用到了辩证法中"联系的发展的一分为二"的观点。这告诉我们:对事物或现象有所褒贬的事例,应引导学生运用辩证思维,用"联系的发展的一分为二"的观点去重新审视,进行辩证分析,这样可以使说理全面深刻,而避免片面孤立、绝对地看问题。比如学生用到孔子的事例:

孔子是自学成才的典范,勤奋不倦的学习是贯穿孔子一生的主题。正是通过刻苦的学习,孔子才掌握了渊博的知识,并授徒讲学,成为一位大教育家、大思想家。人民感激他,爱戴他,以各种方式表示着自己的感情,崇拜他甚至神化他,各地都有考生在高考前到孔子像下顶礼膜拜,求孔子保佑。

这一语段表达的是今人对孔子的爱戴之情,属对事物的"褒扬"。那么我们就可以引导学生,运用辩证法中"一分为二"的观点,对民众"褒"的程

度、"褒"的情感、"褒"的方式进行客观审视,然后得出中肯的看法,从而达到证明论点的目的。为此,修改如下:

> 人民对孔子的这种爱戴之情是完全可以理解的。从"圣人"的一面看,他能在平凡的现实生活中磨砺自己、勤奋不倦,实在令人敬佩;但从"人"的一面看,我们不能盲目"崇拜"他、"神化"他。因为"感情"不等于"理智",更不能取代对真理的认知,须知"金无足赤,人无完人"。他也有"务农者皆是不思进取的顽愚之辈"和"支持并维护封建制度"的错误认识。所以对于孔子,说其白璧微瑕可以,说其美玉无瑕,那就不客观、不公允了。

这段修改文字围绕民众的"褒"进行了"一分为二"的分析:先认同民众"褒"的情感是可以理解的,再对民众"褒"的程度加以否定,然后举例佐证自己的看法,最后得出结论。如此的说理,全面、公允、客观、严谨,使人信服。运用辩证分析时,要注意用"联系的发展的一分为二"的观点去看问题,避免绝对、片面。导引词的运用也应兼顾两面,行文中不妨多用"诚然……但是……""固然……可是……""我们姑且承认……但从另一角度看……""通常情况下……特定情况下……"等。

以上是课文《简笔与繁笔》中就事例与事理之间搭建桥梁的方法。在实际写作过程中,我们还可以用到其他一些方法。

四、类比引申,感悟哲理

所谓"类比引申",就是凡是运用的事例属客观事实的,可以展开类比,引申到人生,从而得出某种生活经验或道理,使文章富有哲理意味。这里要强调的是:事例不再是某人做某事,而是客观事实,可能是某种生活现象,可能是某种自然常识,不管如何,一定要挖掘其中蕴含的哲理意义。比如有学生习作写"找准自己的位置"的开头段：

> 蓝天、白云、大海、小溪都有自己的位置，作为万物之主，人也应该有自己的位置。在人生长河中，找准自己的位置尤其重要。

这一开头虽简洁明了，但是语言干瘪、淡而无味，缺乏从自然到人生哲理的自然过渡。为此，可修改成：

> 没有蓝天的深邃，可以有白云的飘逸；没有大海的壮阔，可以有小溪的优雅；没有原野的芬芳，可以有小草的翠绿！人生不也是如此吗？尽管我们不可能都是伟人，但我们总可以找准自己的位置，自己的光源，自己的声音。

修改文字围绕"找准自己的位置"这一中心论点，先以三组自然现象进行排比，马上以"人生不也是如此"来过渡，引申到人生哲理，得出"尽管我们不可能都是伟人，但我们总可以找准自己的位置，自己的光源，自己的声音"的论点。行文中最重要的就是以一句"人生不也是如此吗……"来展开。比如写"知足"，可以组合文字如下：

> 溪流知道满足，一路上才留下潺潺的欢歌；鸟儿知道满足，天空中才能够自由翱翔；花儿知道满足，阳光下才绽放出多彩的笑脸。人生也是如此：我们知道了满足，生活中才能减少烦恼，感受欢乐。

不难发现：类比引申是将性质、特点在某些方面相同或相近的不同事物加以比较，从而引出结论的方法。类比推理既可以形象生动地引出要论证的问题，又可以增强语势，增加文采。此法用在议论文的开头更有吸引读者眼球的作用。学生写作时可以多用"人生也是如此""人生不也如此吗"来引领。

五、因果对举,揭示本质

如果事例是陈述原因或结果的,那么我们可以引导学生进行结果或原因的探究说理分析,也即运用"反用因果法"进行"因果对举"。例如有学生这样写"猪八戒照镜子"的事例:

> 记得《猪八戒照镜子》的故事吗? 它写的是猪八戒抡起了铁耙,将映出自己那张丑脸的镜子打得粉碎,结果每片镜子中仍有自己丑陋的脸。猪八戒这种闻过则怒的做法实在是不可取。

简单分析这个例子的结构,是一个事例之后强加一个道理,比较别扭。那该怎样搭建起事例和事理之间的桥梁呢? 阅读语段,我们发现事例的结果——"猪八戒打碎镜子"已经告诉了我们,但对于"打碎镜子的原因"则只字未提,为此,这里可修改如下:

> 猪八戒之所以要打碎镜子,无非是因为镜子如实地照出了自己的丑陋,而这恰恰是他不愿意看到的,于是他愤怒地抡起了铁耙。这种不敢正视自己的缺点、闻过则怒的做法实在不可取。既然容貌丑陋是客观存在的,为什么不接受镜子直接真实的反映呢? 并且猪八戒完全可以在镜子的指引下正确认识自己,施粉黛、正衣冠甚至做整容手术,从其他方面弥补自己相貌上的不足。

这段修改文字针对"猪八戒打碎镜子"的结果,用"之所以……无非是因为"的句式来剖析其原因及应该有的正确做法。这一说理的桥梁的搭建,使"闻过则怒的做法实在不可取",我们需要的是闻过则喜的精神这一观点的得出顺理成章。值得注意的是,我们在添加因果分析的议论文字时,如果例子陈述的是结果,那么就可以分析其产生的原因;如果例子陈述的是原因,那么就可以推出其结果。行文中最好用上关键词"之所以……是因为……""为什么……就因为……""追究根源……无外乎……"等。比如写"善于发现",就可以组合文字如下:

> 要想取得不凡的成就,我们需要睁开犀利的双眼,去探索和发现。道尔顿之所以发现色盲症而填补医学空白,是因为他善于在异常中发现;瓦特之所以发明蒸汽机而推动工业革命,是因为他善于在平常中发现;牛顿之所以发现万有引力定律引起科学革命,是因为他善于在偶然中发现。
>
> 邓小平之所以提出走有中国特色的社会主义道路,是因为他在寻求中国富强之路时善于发现;张衡之所以能制造出地动仪,是因为他在观天象时善于发现;贝尔之所以能发明电报,是因为他在潜心研究时善于发现……

总之,采用因果对举方式说理,使观点更加鲜明,论证更加有力。而且这种形式,使论据叙述简练有力,能增强文章的气势。

六、巧妙阐发,解证道理

对于所用之事例的"现象"和"结果"之间跳跃性大的叙例语段,我们可引导学生做解说分析,进行巧妙阐发,以让读者明了事例和结果之间的关联。例如学生写"放下负担"时,用到蝜蝂的事例:

> 学会放下负担,人生才会有旷达。柳宗元在《蝜蝂传》中说:"蝜蝂是一种喜爱背东西的小虫。爬行时遇到东西,总是抓取过

来,抬起头背着这些东西。东西越背越重,即使非常劳累也不停止,最终往往被背上的重物压死。"

上述事例中,蝜蝂被压死的结果与"放下负担,人生才会有旷达"之间有较大的跳跃。这中间有怎样的关联呢? 如果能够填补解说,不但文气贯通了,而且原因也揭示出来了。这样"理"就透了,读者也就"信服"了。为此可在文后添加一段:

　　自古贪得无厌之人,见到钱财就捞一把,用来填满他们的家产,不知道财货已成为自己的负担。等到一旦因疏忽大意而垮下来,吃尽苦头。然而一旦被起用,他们又不思悔改,变本加厉地贪取钱财。虽然他们的名字是人,可是见识却和蝜蝂一样,实在可悲!

除上述方法外,还可以用"判断强调法""反问强化法""对比说理法"等来搭建事例与事理之间的桥梁。总之,议论文以阐述道理见长,对事例的选用一定要与事理巧妙关联,在"精辟"与"深刻"中走向极致,方能为人信服。

【参考文献】

[1] 徐锟.学作文和教作文[M].北京:科学普及出版社,2008.

[2] 柳泽泉.流淌心灵的泉水[M].上海:文汇出版社,2008.

[3] 葛惠霞.就例说理　蹊径新辟——议论文写作教学难点化解的尝试[J].中学语文教学,2007(4):37-39.

【作者简介】

李敬东,任教语文学科,教龄22年,高级教师。黄浦区骨干教师、上海市"名师后备基地"学员。

多次荣获黄浦区教师征文大赛一等奖,曾荣获上海市教育科研成果二等奖。

本文写于 2014 年 4 月,发表于 2014 年上海教育出版社出版的《让写作教学回归到"人"》一书。

文言文个性化教学尝试

——以《鸿门宴》教学为例

沈琼瑛

文言文的教学往往比较模式化：先介绍作家作品，再介绍作品写作的时代背景，接着逐字串讲全文、梳理字词、分析文言现象，最后分析内容和写作手法，理解文章主旨情感。久而久之，似乎一提起我们的文言文，就在于那么些枝枝节节的活用字词、特殊句式……而教学的模式化所引发的后果可能就是学生思维的模式化。

那么在文言文的教学中，就不能有些个性化吗？一次课堂上的意外令我的想法改变了许多。

一、突如其来的"曹无伤事件"

这是文言文《鸿门宴》的教学。课一开始，我按部就班地疏通了字词，讲完了文言知识点，准备进行人物分析。先提到曹无伤，我说："此人在文中笔墨最少，开篇告密，结尾被斩，实乃咎由自取。"正打算略过不展开，一个学生忽然插话："我觉得曹无伤这不能叫咎由自取。"我眼前一亮，于是让他继续说，"人往高处走，水往低处流，良禽择木而栖，这本是人之常情。何况在那个战乱年代，有才能的人给自己谋个好出路更是理所应当。只是这曹无伤没选对主子罢了。自古成王败寇,失败的未必就是咎由自取。"

听完他的话,我和同学们的兴趣都被调动起来了。"照你这么说,曹无伤的告密也是他反复斟酌的? 那我们能不能想象下当时的具体情况呢?"几分钟的讨论后,当场有同学给曹无伤配了这么一段心理描写:

> 如今天下,当属项羽实力最强,项羽拥有四十万精兵;再看刘邦,只不过是一个地痞流氓,手上也就只有十万的兵马,拿什么去和人家项羽争夺天下? 如此一来,跟着刘邦岂不是没有未来? 跟着项羽将来说不定还能飞黄腾达! 可万一东窗事发,被发现了怎么办? 这可是要杀头的死罪啊! 说不定还要把家中妻老一起牵扯进去……可是,古往今来,成大事者,怎可拘小节? 这点风险算什么? 若不冒这个险,将来等项羽夺得天下,我们也必死无疑。这个险,值得去冒! 如今刘邦军队驻扎在霸上,不如我派人去项羽那里,说刘邦想在关中称王,夺走所有珍珠宝器,如此一来,项羽必派兵攻打刘邦,刘邦必输无疑!

鸿门宴中一个最不起眼的曹无伤,竟然在分析中成了同学们第一个关注的对象,而且大家还结合当时的具体形势,读出了一个不一样的血肉丰满的曹无伤,这是我始料未及的。

二、个性化教学的理性思考

在"曹无伤事件"的冲击下,我迅即陷入深思:《史记》,作为一部史书,其遵循的首要原则就是"实录",虽然太史公笔法已然在其中加入了不少他本人的褒贬情感,但毕竟不像小说那样对史实进行艺术的加工。文中人物主要通过语言、行动、神态的描写来展现,并在激烈的矛盾斗争中凸显人物性格。而我们对文本的分析也多是基于这些现有的内容,却甚少关注作者所没写的"空白部分"——人物的心理活动。而这些"空白部分"恰恰是教师激发学生理解力、召唤学生想象力的关键所在，也正是教师进行个性化教学的空间所在。

我一直尝试在文言文教学中融入个性化教学，却常常不得要领。每个学生的兴趣、学习能力、知识储备、个性特点、道德观和价值观等都不相同，面对相同的文本又怎么能读出相同的感受来呢？然而，这次的"曹无伤事件"在我的课本、教案里加入了很多的"……"，让我终于找到了一种可行的个性化教学方法——空白补充法。

当然，这也不算是什么新鲜的名词，"意义空白"的概念早在接受美学理论中就有提出。这个理论批评了以往文学理论把文学研究的重点放在文学作品本身的"本体论"观点，明确提出了文学史不仅是作家创作的历史，更是读者阅读和反映的历史。接受美学理论认为，作家写出来的作品，还不能称之为作品，应称之为"文本"。因它还只是潜在的文学作品，而真正的文学作品，则是读者阅读后的文本文学作品。一部真正称得上有意义的文本都具有未定性，它们仅仅是一个未完成的、本身并不能产生独立意义的图式结构。这个结构像蜂房一样，像海绵体，中间有许多"空白"。这些"意义空白"往往激发读者的理解力，召唤读者去发挥想象力，通过主观想象和补充完成作品的创作。

如果将这个理论运用到语文教学中的话，就是充分挖掘课文的"空白"，然后启发引导学生运用自己颇具个性化的学识、经验去补充这些空白，并形成自己新的课文解读。这一过程既实现了课文的学习掌握，更激发了学生自我的阅读兴趣，通过对课文"空白空间"的再生成，强化了学生个性化的阅读体验，还能促进学生的自主学习能力，从而实现个性化教学的目的。

三、个性化教学的尝试与实践

在得了一个"曹无伤"后，我抛弃了原来设定的人物形象分析方法，改成了为文中的人物补写心理活动。文中人物有不少,剧情发展也是跌宕起伏,只须任选一处写人物心理,管你是爱咸还是喜淡,都能找到自己的菜。

于是,鸿门人物在学生笔下开始鲜活起来了,一个个富有学生个性特点的人物也跃然纸上。大多学生选择的自然是两位领军人物——项羽和刘邦。

有写项羽的,例如沛公旦日见项王,谢曰:"……令将军与臣有郤……"对于这个情节,有学生写道:

> 项王心想:"看来此时刘邦确实不能杀。若是昨日趁其把守函谷关时,确是他想独吞胜利果实,我大可一举灭了他,那众诸侯倒还无话可说。但如今这刘邦已登门致歉,言语中明里暗里也都尊我为上,此时再击杀他无理由啊! 不但会给众诸侯落下个口实,且阴谋暗算绝非大丈夫所为,还让天下人如何看我项籍! 我如今已可兵不血刃进入咸阳,况且这秦天下是我打下的,我已是天下之主,这区区刘三,有何能耐威胁到我! 至于那个曹无伤,哼! 此等卖主求荣的小人,我项籍不屑用之,赠还与你刘邦又如何。"

于是乎,我先前期望的通过人物形象分析法要得出的结论,即项羽的自矜功伐又妇人之仁的性格在学生笔下得到了自然而然的表现。谁能说学生读不懂文本?

有写刘邦的,例如在"项庄舞剑"时,有学生写道:

> 啊哟喂,项庄这家伙杀气腾腾地盯着我干啥……还要舞剑? 等等! 舞剑?! 我的乖乖舞你个头啊! 这不摆明了冲我来的嘛?! 不行,不行,不能慌张! 项将军这怎么就默许了?! 啊哟喂小良你别光皱着眉,你倒是给我想想办法啊! 早知道把大哙也带来了! 罢了罢了,我刘邦当年在我那条街好歹也是一霸,操得了板砖舞

得了菜刀。实在不行就跟这货拼了然后隐姓埋名归隐山林。不过没想到项羽这小子也有杀我的意思……哼！想当年我老刘在道上混的时候还没你呢！不行，越想越憋屈，越想越不爽。项羽你等着，老子要是能逃过这一劫，日后就跟你没完！这天下，还不一定姓项呢！

读完此段，我暗自点头：这段文字将刘邦写得惟妙惟肖，不但写出了刘邦的痞气，还融入了现代的气息。虽然有些用语有点不登大雅之堂，但此时用在刘邦身上，倒也不算太过分。

除了这两位大人物，还有部分学生选择了两大谋臣。

有写范增的，有学生这样刻画多次举玉玦的范增：

项羽这个小子，我举了那么多次玉玦，竟然都装作没看见！这也太不把我当回事了吧！平日里好歹也叫我一声亚父，也把我看作长辈，真正要做事了，却不信任我！太狂妄了！现在再不动手除了刘邦，何时才会有这良机？今日我要除掉那刘邦，等灭了刘邦，统一了全国，称了王，看项羽这毛头小子怎么感谢我！既然项羽靠不住，我还是赶紧把项庄叫出来吧！项庄有勇无谋，对我言听计从，正好为我所用，只是让我再想一个计策灭了刘邦，让项羽不想做也得做。

有写张良的，有个学生充满滑稽意味地这样写道：

今日之宴，要是刘邦这小子命大能活下来，那这往后的天下便是刘家的了。就看项羽够不够心狠手辣了。嗯，看项羽这口气还没有想要撕破脸，好，看来能全身而退了。咦，范增这是……不好，这老小子是在给项羽划翎子，这帐外一定有埋伏，完了完了，看来我等要葬身于此了，哥还年轻啊。爹，娘，孩儿不孝，来世再做牛马报答你们了。不行不行,我不能表现得那么慌张,以后史书上还要记着呢,我一定要注意形象,让以后的人都觉得哥心里一点都不慌。嗯,淡定,淡定! 赶紧想想等下临死之前要说句什么台词好死得帅一点。吾命休矣,这句好像用的人太多了,没什么个性。二十年后又是一条好汉,也不行,太没涵养了,不符合我一向温文尔雅足智多谋的形象。人生自古谁无死……好像年代有点不对……

这一段心理活动虽说不太符合张良谨慎机智的形象,但其漫画式的夸张笔调非常有现代感,也不可谓不精彩。这个学生平时就爱看漫画,说话总带调侃的味道,可以说,这个"戏说的张良",根本就是他个人的"张良"。这次的个性化教学也算给他提供了一个新空间。

然而对于樊哙和项伯,几乎没有人选择。课后我和同学们交流了想法,大家普遍觉得对此二人没感觉,一是他们都算武夫,本就不精于算计,心理活动难写;二是已有更好的人物选择,何必选此二人! 这当然也符合学生的个性特点和学习实际。

四、再次的深思与总结

实践结束,我再次陷入了深思:

首先,这次的"空白补写"尝试,与传统的人物形象分析方法比较起来,显然更能深入学生,且更生动可感。因为这样的补写形式是允许个性化特点存在的,其结果也不仅仅是一个概括性的人物性格呈现。同时,这再生成的过程要求学生自己对文本有细读过程,一定程度上可取代教师的引导阅读和分析总结,因此反而更能使学生贴近文本。

其次,学生选择人物的不同比例能基本反映学生的学习实际与个性心理,因此,教师的学情分析要贯穿整个教学过程,而不能仅仅是课前分析一下了事,使学情分析更像是装饰。此外,我们还要时时关注不同个性的各类学生,绝不能因为个性化教学而忽视了任何一部分学生。

再次,这样的个性化教学虽有不少好处,但也有一定难度,作为教师,还必须独具"慧眼"和胆识。首先,我们要有一双发现"空白"的眼睛,自己不能被文本淹没、被习题吞噬,才能在课堂中引领学生坐上他自己的小舟,在文字间徜徉。其次,我们还要敢于去尝试不同的教法,个性化教学不应该是某一篇课文中的尝试,而可以成为一种系统的教学方法,但这非经历几番探索和修正是做不好的。

【作者简介】

沈琼瑛,任教语文学科,教龄 14 年,一级教师。

曾获黄浦区"萌芽杯"教学比赛一等奖、黄浦区教育科研成果二等奖。

本文写于 2013 年 9 月,发表于《现代教学》2014 年增刊第 298 期,并获优秀教学论文二等奖。

《球面距离》一课教学反思

徐彦琳

2010 年 10 月 25 日下午第一节课,我在本校高三(2)班开设了《球面距离》这节课参加上海市中青年教学大奖赛。回想起来,从定课题到准备、打磨这节课,前前后后花了四个月左右的时间,区教研员与专家以及我校数学教研组的所有同行都为我出谋划策,高三年级的学生被我来回试讲了多次,可谓前期准备充足。当 10 月 25 日这个日子过去后,我如释重负,没有马上静下心来对这节课进行反思总结,而事实上,一节再怎么精心准备的课也都有值得反思的地方,所以现在,让我再拾起这节课来反思,在回忆中总结一些心得。

一、对教学理念的反思

新课程标准指出,学生是教学的主体,教师是一个引领者。教师的教学设计要基于学生的认知规律。我期望的数学课是气氛活跃、思维碰撞、师生对话、生生对话的课堂,这种气场将使学生不害怕数学进而热爱数学。根据这样的理想以及课改要求、学生实际、教学内容等,我把本节课的教学方式确定为在师生对话的氛围中形成新的概念,解决具体问题,归纳一般方法。

从实际效果来看,我估计这种设想的达成度只有60%。一方面,这一教学内容虽然贴近生活,但是相关的立体几何知识比较困难,学生自主探索的机会较少,基本是以教师引导教授、学生跟着教师设计的思路作答、解决问题为主。另一方面,由于时间所限,对学生很想拓展出去的问题没办法在课堂上畅所欲言。比如一位学生猜测球面上两点的距离是一段抛物线,别的同学与他辩驳,我只好打断他们。事实上,用现阶段学生所掌握的知识无法严格证明球面距离是一段圆弧。现在反思感到,可以把有关的数学资料在课后印发给学生,作为课外拓展内容,使有兴趣的学生开阔视野,这样也使课显得更完整了。当理想的教学理念与现实的课堂效率产生矛盾时,考验教师驾驭课堂能力的时候到了,教师应在完成教学目标的前提下做到尽可能多地与学生互动,如果时间有限也完全可以借助阅读资料解决课堂知识广度与深度无法使部分学生满足的问题。

二、对教学内容与教学构思的反思

《球面距离》这节课是上海二期课改新教材第15章《简单几何体》的最后一节课,学生在学习了球的相关概念、大圆、小圆的基础上,继续学习球面上两点之间的距离。学习球面距离的定义,是对中学阶段已学过的七种"距离"概念的一次拓展,球面"距离"拓展为圆弧长度,看似发生了质的变化,实质上在"存在性、唯一性、最短性"这些方面与已学的七种距离是统一的。同样,球面距离的计算,是对第14章中线面成角、二面角与第15章中球的截面性质、大圆、小圆等知识和地理学科中经度、纬度概念的沟通与综合运用,也是对学生空间想象能力、数学建模能力与分析问题能力的一种提升,是数学源于实践又服务于实践的体现,也是二期课改中学科整合思想的重要体现。

但是由于课程标准中,对空间图形的要求有所降低,学生空间想象能力有一定退化。学生对空间线线成角、线面成角、面面成角等问题的解决能力比较薄弱,导致无法熟练地把经度、纬度等概念转化为数学知识,计算球面距离(尤其是同纬度两点的球面距离)变得非常困难。再者,数学建模能力本身就是学生比较缺失的,这样一来,这节课就尤为难上,课堂也将沉闷起来。幸好这节课有个优势,即课题比较能激发学生的探索欲望,在这种内驱力之下,难关被一层层攻克了。这不由使我反思,在数学课堂上,大多数概念是抽象与枯燥的,定理与性质的推导与运用蕴含一堆字母,对学生而言显得十分深奥与棘手。如果教师能把数学概念与实际生活联系更紧密一些,应用生活实例引入概念,学生会更有兴趣学下去,记忆也变得更牢固。二期课改数学教材的概念课基本上都用了实例引入课题,但有时也比较牵强,留给教师在备课中完善的余地。

《球面距离》这节课以同纬度城市上海与开罗两地间的距离引入,给学生在 PPT 上演示直观图,请学生猜测是哪段弧长。预设学生基本上有两种观点:一种猜想是从直观感觉出发,猜测纬度圈小圆上的弧长,另一种猜想是大圆上的弧长。教师先不做评论,请学生计算,激起学生好奇,以算带讲的模式相对先讲透概念再巩固练习的传统模式效率高,这得益于特级教师穆晓炯校长的指点。这样一来,把一个较大的计算问题分解成两个小问题,与此同时,也在新知与旧知的碰撞中引出了需讲授的概念,我认为这招真妙。可是,答辩时专家们还是提出了一些质疑,有专家感到,一上来就求解同纬度两点在纬度圈上这段小圆弧长在难度上是否没有铺垫,一下子拔得很高,到后面再去求同经度两点的球面距离反而简单许多,没有循序渐进。而我认为,教案设计不是完全按题目难度来安排顺序,更应该关注学生思维上的循序渐进,这样的引入与破题更符合学生的思考顺序。我想,只要教师能对自己的教学构思自圆其说,那么上起课来就会更有自信、更有激情。

三、对教学对象与教学方法的反思

这节课的教授对象是高三地理、政治班学生(其中地理班 32 人,政治班

12 人），其劣势在于文科学生数学基础薄弱，特别是分析能力、计算能力较弱，优势在于选修地理的这部分学生熟知经度、纬度等概念。因此，重点安排在通过解决计算问题深化对新概念的理解，进而再应用于实际计算问题，让学生既能抓住概念的核心，又能正确解决计算问题，从而获得成功的体验。实际上，我设计这节课的教学目标已经超出了高考考纲对本节内容的要求，但是在高三年级开设概念课作为比赛课，无奈之下只好把概念深化，加大了理解与计算的难度。课后与学生交流，得知他们对此课题还是挺感兴趣的，学生感到难得在数学课堂上学习跨学科的知识，觉得比较有新鲜感。这样看来，这节课还算是一堂受学生喜欢的课。只是选修政治的 12 位学生由于对经度、纬度这些基本概念较陌生，感到课堂虽有意思，自己动手做题却困难重重。我应该把这 12 位学生的座位安插在地理学生之中，事先请地理学生为他们讲解一下有关地球的一些常识。教师只有关注到每一位学生的情况，课堂才会是公平教育的场所。学生的话也反映出高中阶段数学课的现状——枯燥抽象却不得不重视，如何在紧扣大纲要求的前提下，提高数学与其他学科知识的整合度、数学知识与实际生活的关联性，使我们的课堂变得更丰富、更有价值，还有待我们教师去探索实践。

在教学方法上，我的设计注重概念的形成过程。这节课的重点是理解球面距离的定义，只有先理解定义，才能运用定义解决计算问题。由于对"球面距离"这个定义的证明不要求学生掌握，教材的处理是较为直接的阐述。我的设计是紧扣大纲要求，略去证明。我想，如果只花一分钟让学生记住定义，那么虽然大部分学生能背出来，但学生心底有太多的不服气，这样的课堂显然与课改理念相违背，学生也只能成为背定理、背公式的机器。为此，我鼓励学生大胆猜想，通过计算探索，至少比较具有说服力地否定了直观感觉，但也必须向学生说明现阶段我们无法严格证明这一猜想，强调数学的严密性。学生有过猜想、探索，再来看书学习新的概念，对定义的理解比直接灌输要深入多了。教师向学生讲解球面距离仍和空间欧氏距离一样，具有"最短性"的特性，即新概念与旧知识是可以统一的。学生对球面距离这个概念的理解再上一个层次，他们领略到了数学的统一美、和谐美！

另外一个颇有争议的话题是公开课用黑板还是电脑,我认为形式要视内容而定,千万不能为追求形式而形式。这节课须探索计算两种情形下的弧长,解决情境问题以及两个巩固练习题,整个过程中还蕴含形成概念、归纳方法、动手练习、课堂小结等环节,应该说课堂容量较大,我采用多媒体课件与板书相结合来提高课堂效率。多媒体的一部分作用是充当板书,但更大的作用在于这节课中立体图形作图较多,徒手作出图形势必耗费较多时间,使用多媒体课件不仅节省时间,而且能辅助学生更直观地理解数学概念。对于具体计算过程则需要在黑板上一步一步地演绎,让学生的思维能充分跟上节奏,也达到培养学生严谨规范的数学表述的目的。数学课堂上的课件绝不能成为板书的替代品,而要发挥多媒体课件优势,化静态符号为动态效果——以形辅数,又把动态演示凝结成数学永恒之美——以数助形。学生的思维随之从抽象到形象再回归抽象,经历数学概念形成过程,体验数学美感。

以上对《球面距离》这节课的反思使得这节市级比赛课更完整了,希望无论是经验还是不足都能给自己日后的教学带来收获。

[附录]

15.6 球面距离

上海市光明中学　　　徐彦琳　　　执教班级　　　高三(2)班

教学目标

1. 知道球面距离的概念,会在简单情形下计算球面上两点的球面距离;

2. 在解决具体问题的过程中,领会计算球面距离的关键是求出两点所在大圆的劣弧所对的角;

3. 在解决实际问题的过程中,认识数学的应用价值,感悟实际问题数学化的思想方法,增强应用数学的意识。

教学重点

理解球面上两点的球面距离的定义。

教学难点

确定同纬度两点所在大圆的劣弧所对的角。

教学方式

形成概念,解决问题,归纳方法。

教学过程

一、形成概念

1. 提出概念

我们初中学习过"平面上两点间的距离"这一概念,这里的"距离"是指连接两点的最短路径,这条最短路径是存在的,它是一条直线段,而且它是唯一的。

问题情境:已知中国上海的位置约为东经121°,北纬30°,埃及开罗的位置约为东经31°,北纬30°,求开罗到上海的距离。(结果精确到1千米)

思考1:开罗到上海的距离是不是平面上两点间的距离?

我们若把地球看成半径为6 371千米的球,上海与开罗看成球面上的两个点 A、B,上述问题就转化为在球面上找到联结 A、B 两点的最短路径,并计算这条路径的长度,此时的"距离"是球面上两点之间的距离。

2. 猜想探索

思考2:请同学们大胆猜想,在球面上,连接 A、B 两点的最短路径是怎样的曲线?

在球面上,经过 A、B 两点的圆有无数个,我们不妨取两种特殊情况加以探索、比较:

(1) A、B 两点所在纬度圈小圆上的劣弧长;

(2) A、B 两点所在大圆上的劣弧长。

经过计算比较,发现 A、B 两点所在大圆上的劣弧更短。

现阶段无法严格证明球面上联结 A、B 两点的最短路径是经过 A、B 两点的大圆劣弧长,只须先记住这一结论,这就是今天学习的课题——球面距离。

3. 概念定义

球面距离的定义:在联结球面上两点的路径中,通过该两点的大圆劣弧最短,该弧的长度叫作两点的球面距离。

当球面上两点 A、B 与球心 O 三点不共线时,经过 A、B 两点的大圆是唯一的,大圆上的劣弧长度也是唯一的,即 A、B 两点的球面距离唯一确定;当球面上两点 A、B 与球心 O 三点共线时,经过 A、B 两点的大圆虽有无数个,但它们都是等圆,此时 A、B 的球面距离即为大圆半周长,因此 A、B 两点的球面距离唯一确定。

4. 解决开始问题,归纳计算方法

有了球面距离的精确定义,A、B 两点所在大圆上的劣弧长即为开罗与上海两地间的距离。

回顾上述探索过程,计算球面上两点的球面距离的关键是求出两点所在大圆的劣弧所对的角。

二、巩固练习

已知中国上海的位置约为东经 121°,北纬 30°,中国台北的位置约为东经 121°,北纬 25°,美国亚特兰大的位置约为西经 84°,北纬 30°。设地球的半径为 6 371 千米。

1. 求台北到上海的距离。(结果精确到 1 千米)

2. 亚特兰大到上海的距离约是台北到上海的距离的多少倍?(结果精确到个位)

三、归纳小结

1. 什么是球面距离?

2. 计算球面上两点的球面距离的关键是什么?

四、布置作业

1. 必做题

(1)已知球 O 的半径为 R,A、B 是球面上的两点,$\angle AOB = 120°$,求 A、B 两点的球面距离;

(2)已知球 O 的半径为 R,A、B 是球面上的两点,$AB = \dfrac{R}{2}$,求 A、B 两点的球面距离;

(3)完整求解巩固练习(2);

(4)课本书后练习题 1;

(5)课本书后练习题 2。

2. 选做题

(1)长方体 $ABCD - A_1B_1C_1D_1$ 的顶点均在同一个球面上,$AB = AA_1 = 1$,$BC = \sqrt{2}$,求 A、B 两点的球面距离;

(2)习题册 15.6 A 组 1;

(3)习题册 15.6 A 组 3;

(4)习题册 15.6 B 组 1;

（5）习题册 15.6 B 组 2。

【参考文献】

［1］上海市教育委员会.上海市中小学数学课程标准(试行稿)［M］.上海：上海教育出版社,2010.

［2］数学(试用本).高中三年级第一学期［M］.上海：上海教育出版社,2006.

［3］高中三年第一学期数学教学参考资料［M］.上海：上海教育出版社,2006.

【作者简介】

徐彦琳,任教数学学科,教龄 14 年,一级教师。

曾荣获"黄浦区新长征突击手""黄浦区园丁奖"荣誉称号,获教育部和上海市"一师一优课、一课一名师"活动"优课",获上海市中小学中青年教师教学评选活动二等奖、上海中学数学教研论文一等奖、黄浦区高中数学教师"信息技术与课堂教学整合"教学比赛一等奖。

本文写于 2012 年 5 月,发表于《黄浦区高中数学高级研修班(第二期)课题研究报告集》,并在黄浦区高中数学高级研修班论文评比中获得一等奖。

应用 DIS 通用软件培养学生物理学科思维品质

——以《气体压强与体积的关系》展示课为例

王一奇

物理是实验的学科,随着科学技术水平的提高,物理实验教学研究设备也在不断地更新换代。目前上海各大中学所使用的朗威 DISlab 就是一套比较成熟的教具系统,对于每一个书本上要求的 DIS(Digital Information System,数字化信息系统)实验,都有配套的专用软件供学生使用,非常方便。但一段时间使用下来,本人认为此实验系统在专用软件的设置上制作得非常"详尽",详尽到一点给学生发挥的"空间"都没有,只要按照相应的操作步骤"按部就班",就能够得到相关的实验结论,这是典型的为了实验而实验,是不利于学生思维品质和实验能力的提高的。为此,我有幸在高一开设了一节《气体压强与体积的关系》的实验区公开课,尝试利用 DIS 实验系统的"通用软件"来探究定质量气体的压强与体积的关系,一节课下来,感觉学生确实比使用现成的"专用软件"在思维品质的提高方面有很大的不同。下面本人就本节课的一些教学环节来谈谈感受与收获。

一、DIS 专用软件与通用软件的对比

本实验利用的实验原理为波义耳定律:当温度不变时,一定质量的理

想气体,其压强与体积的乘积(PV)为常量,即体积与压强成反比。

实验装置图如图1所示:

通常使用 DIS 专用软件进行实验,实验操作界面如图2所示:

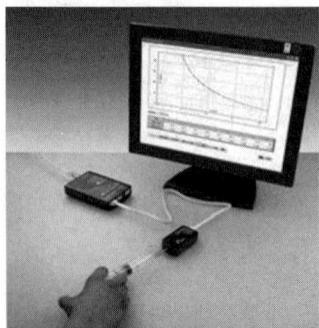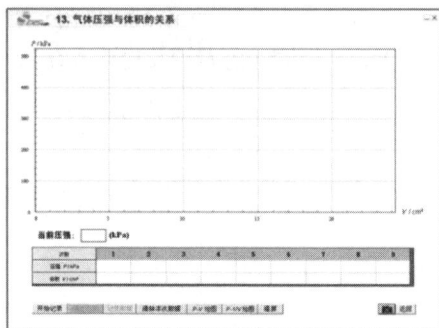

图1　　　　　　　　　　　　　　图2　软件界面

按照相应的实验操作步骤,可以得到多组已知气体体积时的压强数值,并且可以通过软件自身携带的拟合曲线绘制出相应的 $P-V$ 图像(见图3)和 $P-1/V$(见图4)图像,验证气体实验定律。

但是,针对这个实验的专用软件在设计上有以下几个方面的缺陷:

1. 坐标轴不能缩放,导致学生做实验时若初始体积选取太大,则显示出的 $P-V$ 图像过于远离坐标轴,不利于实验结论的清晰获得。

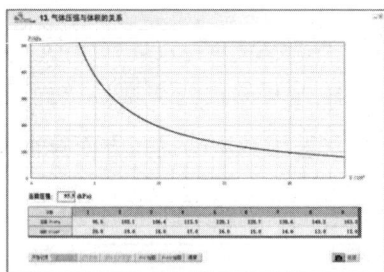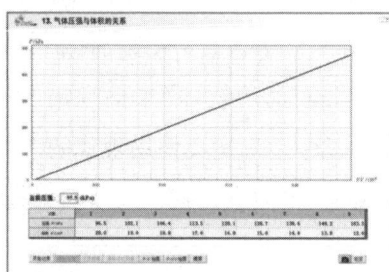

图3　气体压强与体积关系曲线　　　　图4　气体压强与体积倒数关系曲线

2. 因从注射器刻度读出的气体体积没有算上传感器与注射器之间部分的气体体积,所以此时 $P-1/V$ 的关系并不是严格呈线性关系的(数学推导过程省略),应该使用 $V-1/P$ 关系来研究较为妥善,但专用软件里没有这个预设的数据处理选项。

相应的 DIS 通用软件,打开后其实验界面如图 5 所示:

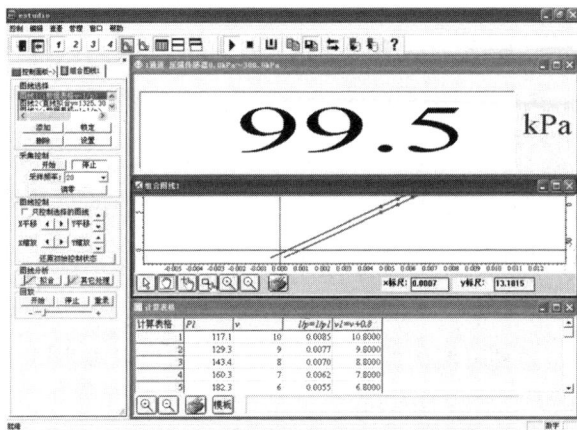

图 5

软件的界面要比专用软件复杂得多,接了压强传感器后,就会即时显示压强传感器测到的压强值,另外还可以自定义建立变量的测量表格,可以把传感器测得压强值以及自定义的变量值(记录)输入在表格中。

丰富的界面按钮设计,使得软件的使用本身成了学生可以探究的内容,对于能力较强的同学是很好的实验探究前的"开胃菜",教师可以适当地引导学生明确如何获得自己所需要的数据,如如何记录压强值、如何建立变量表格、如何利用表格的数据进行数据拟合作图等。通过教师适当引导,学生自主探究,可以让学生在短暂的时间内经历挫败与成功,并在这个过程中产生问题意识,为之后的主题实验探究做好充分的准备。老师不必太担心学生不会使用新软件,因为在当前信息科技高速发展的今天,学生接受新事物的能力是远远超出我们教师的想象的。

二、在使用 DIS 通用软件探究规律中提高学生的思维品质

1. 在熟悉实验器材过程中提高思维的灵活性、敏捷性

在情景引入环节，我先请一位同学上台完成在一个可以封闭的容器中吹气球的对比实验，一次打开容器，一次关闭容器，目的是吸引学生的注意力。同时问在座的同学：为什么同样的气球在打开的容器中可以吹大，在密闭的容器中就不能吹大？激发学生在观察不同现象中引起思维冲突（如图6），从而思考各种可能的原因，并且把问题的焦点逐步过渡到定质量气体在体积发生变化的过程中压强会发生变化的结果上来，为之后的 DIS 实验探究做好足够的铺垫，同时也是激发学生思维的灵活性，让学生进入到探究的状态之中。

图6

之后让学生用手封住一个注射器，感受在推拉注射器的过程中封闭端对手的作用情况，即注射器内封闭气体的压强变化，并猜测定质量气体压强与体积的反比关系，为接下来的 DIS 实验探究做一个无缝衔接。之后我就顺势让学生观察眼前的实验器材，在不做任何提示下请同学尝试连接桌上的仪器形成实验装置，学生中有部分同学没有把注射器拉开就和压强传感器连接在了一起（如图7）。我立即让所有同学进行辨析，学会在思考中明白必须在初始状态下拉开注射器，才能和压强传感器连接（如图8），以

此得到定质量气体作为研究对象。有了尝试和思辨,学生的思维敏捷性、操作中的问题意识得到提高。

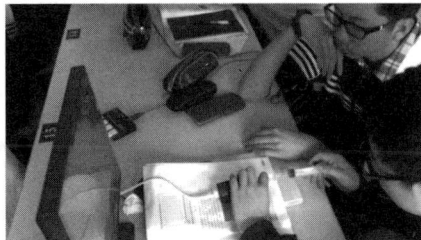

图7 图8

2. 在实验方案的实施过程中培养思维的深刻性、独创性

和专用软件界面不同,DIS 通用软件需要让学生明确自己在实验中需要测量的物理量的同时,去思考怎样在软件界面中把需要的实验数据组准确记录下来。此时,教师可以适当引导学生如何去建立数据记录表格,包括与压强传感器相连的压强数据栏,需要自己建立变量的体积数据栏,可以引导学生尝试自主探究。实践下来,大部分同学都能够想到建立压强 P 和体积 V 两列数据(如图9),在老师的提示下,也有少数同学组想到了建立 P、V、压强倒数 $1/P$、体积倒数 $1/V$ 等综合变量(如图10),为验证定质量气体在温度不变时压强与体积的反比规律提供了直接的数据支持。而这些步骤,都只能在 DIS 通用软件的开放环境下完成。通过学生开放性的尝试和对实验的改进,我看到了他们思考问题过程中思维的独创性,在此过程中我不断把不同小组尝试的实验测量方案进行全班共享,让大家在思考自己方案是否合理、能否改进的同时训练思维的深刻性,这些都是 DIS 专用软件在做本实验"千篇一律"的过程中所不能实现的。

另外,我还发现在开放的探究环境下,有部分学生不满足于给定的体积减小量进行状态量的测量,有一组同学就在选定了初始体积后分别推拉注射器多次,记录了体积变化量不同时的多组数据,体会到了更一般的实验探究过程,而通常使用专用软件,实验上要求学生每次都在确定的初始体积上减小相同的量,记录压强的数据,两种实验方式在学生思维的深刻性提高上,效果大相径庭。

计算表格	P1	v		
1	117.1	10		
2	129.3	9		
3	143.4	8		
4	160.3	7		
5	182.3	6		
6	212.7	5		

图9

计算表格	P1	v	Y=P1*v	k=1/v
1	77.8	20	1556.0000	0.0500
2	82.4	19	1565.6000	0.0526
3	86.7	18	1560.6000	0.0556
4	92.1	17	1565.7000	0.0588
5	97.6	16	1561.6000	0.0625
6	104.3	15	1564.5000	0.0667

图10

3. 在实验结果的分析总结中激发思维的批判性

在大部分学生都得到了测量数据后,接下来要做的就是数据的分析和处理,进而得到相关的规律。根据之前对于压强 P 和体积 V 之间的反比关系的猜测,有多种方式可以验证,如数值法(验证不同状态下压强 P 和体积 V 的乘积是不是定值)、图像法(包括验证压强 P 与体积 V 的反比关系或者 $P-1/V$、$V-1/P$ 的正比关系)(如图11)。

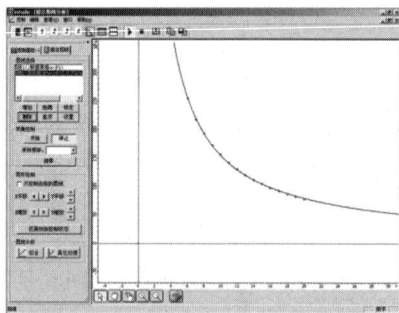

"P-V"数据点拟合图线　　　　　　　"P-1/V"数据点拟合图线

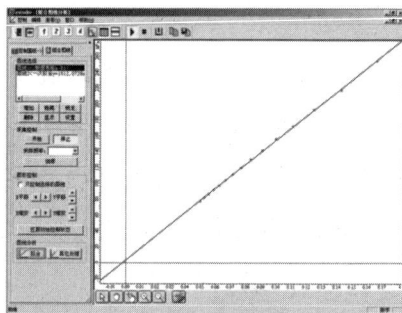

图11

课堂上,学生都倾向于用图像的方式来验证结果,认为图像能够更直观地表达规律,并且经过课堂探讨和思辨,认为应该用 $P-1/V$、$V-1/P$ 的正比关系图来验证猜想,这样的过程可以激发学生思维的批判性,在不同观点的碰撞中得到公认最正确的结果。

在验证过程中,学生对于到底选择 $P-1/V$ 还是 $V-1/P$ 图像来验证拿不定主意,普遍认为若压强 P 和体积 V 是成反比的话,那么两者的价值就是等价的。在我的引导下,学生们有意识地去做 $V-1/P$ 拟合图像,几乎所有小组都得到了一条在 V 轴负半轴上截距几乎相等的直线,并且通过教师电脑把所有小组的实验拟合图像用屏幕广播的形式展现出来,引起了学生的轰动。之后我问了学生以下的问题:

(1) $V-1/P$ 是严格呈正比关系的吗?

(2) 大家做出来的图像截距都几乎相同,说明了可能不是由于物理量测量上的偶然误差引起的,那么这个误差可能是什么原因引起的呢?

经过深入思考和讨论,大家最终把目标锁定在了注射器和传感器之间的一段小管子上,其中气体的体积也应该计入封闭气体的实际体积中,而通过注射器表面的刻度读出的封闭气体体积显然没有把这部分体积算进去。学生通过对自己以及他人实验结果的对比与分析,经历了批判与反思的过程,通过自身的思考以及与伙伴合作,否定了自己原本看似正确的结论,这种对于真理的追求方式,恰恰反映了应用 DIS 通用软件进行探究实验,可以很好地激发学生的批判性思维,使他们的质疑能力得到有效提高。

至此,学生自然会想到如何修正实验数据。DIS 通用软件界面中也能够提供这样的便捷,只须在已经记录下来的体积数据旁再建立一组数据,把传感器前端的管内体积加到每一次的体积数据中,从而重新建立 $V'-1/P$ 图像。最终,大部分同学都得到了修正数据后的图像,都是基本过原点的正比例图像,学生的猜想得到了最终的验证,他们的情感体验达到了这节课的高潮(数据图和拟合对比图像如图 12)。

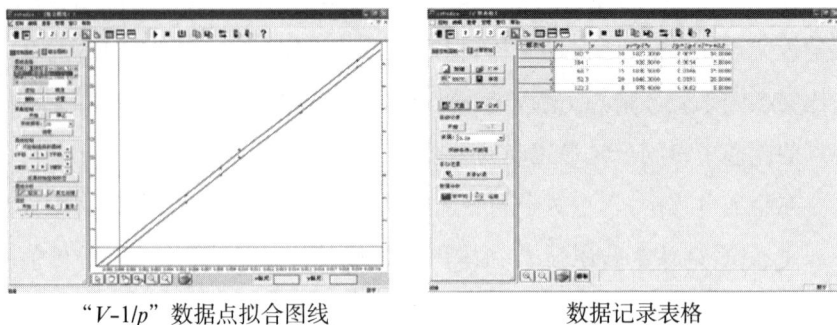

| "V-1/p"数据点拟合图线 | 数据记录表格 |

图12

三、反思与感想

　　思维能力是区分人和动物的重要分界线之一。当教育被急功近利的思想侵蚀时,思维能力的培养便受到了轻视,教师们也比较不容易沉下心来潜心研究提高学生思维能力的方法。特别是作为物理老师的我们,更多的可能会把精力放在研究试题上,把学生会做题当成是教育的主要目标。这对于提高学生思维能力是不利的。

　　DIS 实验系统作为新时代科技的产物,对物理实验教学、物理规律的理解可以说是革命性的,目前学业水平考试和高考中也一直涉及 DIS 实验的考察。由于时间和精力有限,我们物理教师往往会为了省事,按照课本上的 DIS 专用软件操作步骤把一个个需要学生完成的实验让学生去做,但这样仅仅只能起到让学生摸一摸实验器材,知道操作步骤是什么,而弱化了对于误差的来源分析、测量原理的深层理解等提高思维层面的内容。好在 DIS 软件公司在设计的时候给我们留了"通用软件"这一块宝贵阵地,使得传统 DIS 实验的特色开发成为可能。

　　作为物理老师,我想面对 DIS 通用软件的实验教学,今后有几个方面是可以努力的:

1. 教师首先要去做实验，只有自己体会了，才会知道哪些点可以深入挖掘，才能对学生的思维发展起促进作用，所以教师要敢于尝试并不断学习。

2. 面对未知事物，教师也要摆正位置，要敢于放手给学生充足的时间去尝试，并且也需要积极从学生身上获得灵感，促进教学。

3. 把握教师在实验课堂上的角色转换，在实验理论教学中，教师可以是引导员；在探究实践过程中，教师可以是团队成员，也可以是团队导师。教师必须重视团队合作的价值，它可以是团队成员之间的合作，也可以是不同学习团队之间的共享。

我想，做到了以上几点，我们就能够更好地利用身边的 DIS 实验器材，为学生思维品质的提高服务。

【参考文献】

［1］严明.中学物理现代实验室管理与实验教学［M］.上海：华东师范大学出版社,2015.

［2］沈正杰.如何在物理实验教学中提升学生思维品质与创新能力［J］.物理通报,2014(11)：50－53.

［3］韩廉.物理教学中批判性思维的培养［J］.中学生数理化·教与学,2015(4).

［4］姜炜星.运用物理模型提升学生物理思维品质［J］.物理教师,2015(4)：32－34.

【作者简介】

王一奇,任教物理学科,教龄 10 年,一级教师。

曾获上海市中小学青年教师教学评选活动中学物理学科一等奖。

本文写于 2015 年 9 月,曾获上海市物理教学论坛论文评比二等奖、黄浦区中小学实验教学优秀论文一等奖。

谈《算法与程序设计》教学中如何培养学生的计算思维

——以《分支结构的应用与实现》一课教学实例为例

沈敏洁

计算思维(Computational Thinking)是美国卡内基·梅隆大学的周以真(Jeannette M. Wing)教授在 2006 年 3 月的计算机权威期刊 *Communications Of the ACM* 上提出的概念,它是指运用计算机科学的基础概念进行问题求解、系统设计以及人类行为理解的思维活动。计算思维的本质是抽象和自动化。"抽象"体现于将一个具体实际问题转化为完全使用符号系统,甚至形式化语言来描述。"自动化"体现于算法最终是"机械式"地按步骤自动执行。要实现这个特征,就需要进行精确的算法描述和严格的符号表示。

同时,在《中小学信息科技课程指导纲要》中明确指出,中学信息科技课程的任务之一就是发展思维,培养解决问题的能力;在《上海市中小学信息科技课程标准》中也明确要求,信息科技课程是以学生信息素养的形成和提高为主要目标,其中包括使用信息技术解决问题的能力,即用正确的思维方式去批判性和创造性地思考,提出并分析问题,设计问题解决方案并进行决策。具体落实在《算法与程序设计》的教学中,学生的学习目标不应该仅仅具有扎实的编程能力,而是应该具备擅长抽象和分解问题的计算思维能力,即依托计算机的编程环境,对所要求的问题进行分析研究,将其抽象成数学模型,写出计算步骤,编程加以实现,并能进行反思与优化。

本文就以《分支结构的应用与实现》一课的教学实践为例,从六个方面来阐述《算法与程序设计》教学中如何培养学生的计算思维。

教学过程的简要介绍:

1. 创设情境,激发兴趣

(1)开展"试一试运气"的游戏。先后让三位学生在放有"恭喜你,中奖了!"和"很遗憾,没中奖!"两个选项纸条的抽奖箱中抽取奖项。

(2)过渡:若没有抽奖箱、抽奖券这些实物,那么如何设计一个计算机程序,来达成抽奖的效果? 进入下一环节。

2. 引导抽象,构造模型

(1)学生在教师提供的两个程序中,选出与"实物抽奖"效果相同的程序(记录选项):

第一个程序功能:用户输入数值0,计算机呈现恭喜中奖信息;用户输入数值1,计算机呈现未中奖信息;

第二个程序功能:用户点击"抽奖"按钮,计算机随机呈现中奖或不中奖信息。

(2)学生列出模型程序的主要步骤,并交流与修正(记录步骤及修正内容)。

(3)学生用流程图描述问题算法,并交流与修正(记录设计及修正内容)。

3. 组织探究,编写程序

(1)组织学生互助活动:利用教师提供的学习材料完成以下内容,并做交流(记录学习结果)。

A. 巩固随机函数的使用(完成3道检测题)。

B. 学习分支结构语句的使用(完成1道检测题)。

C. 使用VB图像与标签实现输出(完成1道检测题)。

(2)学生完成"抽奖"程序的编写与运行(保存程序)。

4. 指导深析,优化方案

（1）根据学生编制的"抽奖程序"，探讨中奖概率、分支条件设置的合理性与准确性。

（2）学生修改程序，优化编程（再次保存程序）。

5. 总结评价，推广应用

（1）学生总结分支结构特点及语句。

（2）组织学生根据课堂记录情况完成评价。

（3）课后完成：用流程图和程序实现"四选一"抽奖实例。

一、创设情境，开启计算思维兴趣之门

爱因斯坦说过，"兴趣是最好的老师，热爱是永恒的动力"。学生如果在初遇任务时感到兴致盎然，就会有更多的动力去努力、去思考。所以在教学中，教师应尽量使用与学生学习生活紧密相连的、趣味性强的实例作为教学材料，以起到训练计算思维的作用。本课以"抽奖（二选一）"为例，使学生对自身的运气充满好奇，富于幻想，因此很乐于参与到教学中来。同时，把开发出"一款实用的'抽奖'程序"作为目标，对他们来说也很有吸引力，完成时会非常有成就感。有了兴趣，思维就变得活跃，教学目标也就会更容易实现。

二、抽象构建，发展计算思维能力之本

计算思维的本质之一就是"抽象"，所谓培养学生的计算思维，核心内容之一就是要提升学生"抽象构建"的能力。而从一个具体的生活实例抽象构建成用符号系统或形式化语言来描述的计算机算法，对于初涉算法与程序设计的中学生来说并非易事。教学中，教师应该为学生的"抽象构建"过程设置一些坡度，并遵循自顶向下、逐步求精的原则进行。本课中，如果在完成了"试一试运气"游戏之后，直接要求学生用流程图设计一个能达成"抽奖"效果的算法，那么学生根本无从下手，就会气馁，教学目标也就达不到了。

　　本课的第一步是让学生选出与"实物抽奖"效果相同的程序，这就使学生先完成从实例到计算机表征的抽象，在这个过程中运用了计算思维中的"相似联想"方法。第二步是学生列出模型程序的主要步骤，通过对模型程序的使用与观察，发现其运行规律并加以概括总结，再将结论运用到构造中，这运用了计算思维中"直接构造法"的建模思维方式。学生在这个阶段构造出三个步骤：(1)产生一个随机数；(2)根据随机数判断，产生中奖结果；(3)输出中奖结果。第三步是学生用形式化的语言(流程图)来描述三个步骤。在这个环节，学生除了要注意选用正确的流程图符号来表示这三个步骤外，更重要的是对第(2)步进行细化抽象。学生需要运用计算思维中的"分类"方法，把可能产生的所有随机数分为"中奖"和"未中奖"两大类。通过三轮抽象，实现了对"抽奖"问题的构建，学生的计算思维也就在这抽象构建过程中得以发展。

三、探究编程，体现计算思维解题之实

　　计算思维的另一个本质就是"自动化"，也就是算法最终要转换为计算机能识别的"机械式"步骤，由计算机自动执行。本课中，教师通过提供三个学习材料与测试题，帮助学生化解难点。

　　第一个学习材料是随机函数的使用。实例中要求学生能准确无误地表示出所需要的随机数。随机函数在前期课程中已学习，本课通过练习题(表示$[0,100)$的整数；表示$[0,100]$的整数；表示$[1,100]$的整数)做复习巩固之用。

　　第二个学习材料是分支结构语句。这是本节课的一个重点内容。学习材料说明了"If … Then … Else … End If …"语句格式，并提供了样

例。学生通过互助学习和"有意义的样例学习—练习—反馈"模式提高构建知识的效率。第三个学习材料是使用 VB 图像与标签实现输出。虽然输出并不是必须使用这些语句,但运用之后能增强设计的美感,激发学生的兴趣。学生通过阅读与完成一道检测题(说出所示语句 Image1. Picture = LoadPicture(App. Path & "\x. jpg")和 Label1. Caption = "恭喜! 中奖了!"的作用)来了解 VB 中不同的输出语句。在难点解决之后,学生互助式根据流程图编写及运行程序,根据计算机的运行结果可见整个解题过程中计算思维的实效。

四、深析优化,提升计算思维周密之质

众所周知,"算法有优劣""程序常会有 Bug"。这就需要在编写运行程序后,对算法与程序进行反思与完善。本课的实例虽然简单,但在教学中仍会出现以下两个问题。问题一,学生算法的多样性与高效性的取舍。学生会产生不同范围的随机数(x),然后根据这个范围设置不同的分支条件。有的产生 $[0,1)$ 的随机数,分支条件设置为 $x < 0.5$;有的产生 0 和 1 两个随机数,分支条件设置为 $x = 0$ 或者 $x = 1$;有的产生 $[0,10)$ 整数随机数,分支条件设置 $x < 5$ 或者 $x \bmod 2 = 0$ 或者 $x = 0$ or $x = 2$ or $x = 4$ or $x = 6$ or $x = 8$ 等。问题二,学生算法的错误性。比如,有的产生 $[0,1)$ 的随机数,而分支条件设置为 $x \leqslant 0.5$;有的产生 $[0,10)$ 整数随机数,分支条件设置为 $x = 0$。所以,在学生运行编写的程序貌似都正确之时,还是有必要来共同探讨中奖概率、分支条件设置的合理性与准确性。通过探讨可知,在需要中奖概率为 50% 的情况下,问题二罗列的情况都不准确;而问题一中罗列的最后一种设置条件的表达方式较为烦琐,效率较低。通过这个环节,学生能在可能的解决方案中进行识别、分析和实施,找到最有效方案,用周密的思考提升计算思维的质量。

五、记录评价,构建计算思维发展之路

计算思维在不断有效地解决问题过程中得以发展。如何体现当前的计算思维水平,如何为今后的发展提供方法与依据,这就需要评价。美国著名教育评价学专家斯塔弗宾曾说过:"评价的目的不在证明,而在改进。"本课中,学生在解决问题过程中自然而然地记录下了整个学习过程,而教师也就这些重点环节及学生学习兴趣与态度设计了评价指标。如下表:

环节	评价指标	达成	部分达成	未达成
抽象构建 (37分)	选出与实物抽奖效果相同的程序	7分	—	0
	列出模型程序的主要步骤	15分	8分	0
	流程图绘制正确	15分	10分 (分支结构表达正确)	0
探究编程 (28分)	随机函数学习	5分	3分 (仅1题正确)	0
	分支结构语句学习	10分	—	0
	VB输出语句学习	3分	—	0
	编写与运行程序正确	10分	10分 (需分支结构语句完成)	0
深析优化 (10分)	分支条件设置准确、简洁、高效	10	5 (条件设置正确)	0
推广应用 (15分)	正确完成作业	15	8 (流程图正确或程序正确, 或流程图及程序主体正确)	0
兴趣态度 (10分)	积极思考,乐于探索,参与教学	5分	—	0
	友好互助,献计献策,合作愉快	5分	—	0

在课堂总结评价环节,要求学生根据记录下的课堂情况予以评价(其中,对推广应用环节的评价需在得到作业反馈时再进行)。通过这张评价表,学生记录下了运用计算思维的历程,也就是用计算思维求解问题的一般过程,同时也记录下了每个学生计算思维的质量(包括优势与薄弱点),为今后学生发扬优势、强化训练弱点提供了依据。

六、推广应用,释放计算思维创造之力

推广应用,就是运用已有的计算思维能力解决新问题,起到举一反三的作用。这样做,不仅是为了巩固学生已有的知识与能力,还要释放出学生的创造力。美国心理学家马斯洛认为,创造力有两种:一种是"特殊才能的创造力",另一种是"自我实现的创造力"。日常教学主要开发第二种创造力,本课则通过课后作业设计一个"四选一"的抽奖程序来实现这一目的。对于初涉算法与程序设计的学生而言,这个作业相较于全开放的命题,如"设计一个具有分支结构特征的生活实例程序",要容易实现许多。原因是:这个问题的算法的主要结构就是分支结构,是本课学习的知识;它的形式("抽奖")又相同于课堂的实例。但是,学生深入分析后会发现它又不同于课堂实例,它比课堂实例复杂——不能仅用一个分支结构来解决问题中的四个选项。它抽象构建出来是需要多个分支结构来完成的。那么,多个分支结构如何用流程图表示?如何用 VB 语言实现?这些对学生而言都是新的、前所未有的,需要通过自身努力来完成的。根据作业情况,教师发现学生的解决方法多样:有用四个单分支列出四个区间解决的;有先对分划出两个区间,然后分别再对分各划分出两个区间解决的(两重分支嵌套);也有用第四个区间是通过逐个排除其他三个区间而成的(三重分支嵌套)。可见,学生在解决这个新问题的过程中,进一步促进了计算思维能力的发展,尤其引发了创造力。而创新能力正是这个时代对学生的要求。当然,这是《算法与程序设计》前期课程中的一节课,因此课后练习不宜过于

复杂,对学生创造性要求也就不会过高。而在后期课程的作业练习中,一方面可以增加抽象的复杂度,另一方面也可以增加开放性。比如,可布置学生一项开放性作业:"开发一个综合应用的生活实例程序",这样学生在运用计算思维解决问题时能释放更多的创造力。

在实施前述步骤与方法的《分支结构的应用与实现》一课,课堂及时达成率为92%,所有学生在课后均自觉地完成了课堂任务,作业正确达成率为85%。

当然,计算思维作为当代社会人们必须具备的三大科学思维之一,不是哪一门课程的教学就能解决,更不可能通过一节课而形成。本文通过对一则教学实例的阐述,旨在构建一种在《算法与程序设计》教学中可施行的有利于培养学生计算思维的教学模式(如下图所示)。

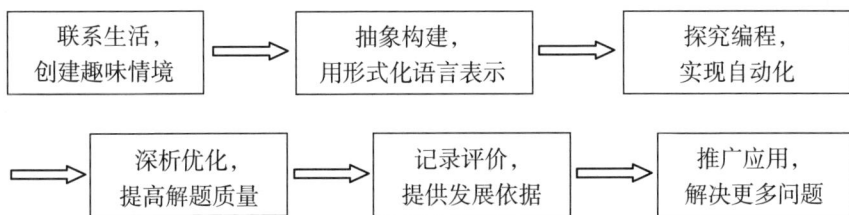

学生经历这样的教学模式,学会计算思维的方法,做到解答实际问题能得心应手时,也就达到了提升学生信息素养,让学生获得在信息化环境下学习能力的目标。而这个过程"任重而道远",需要教师不断地在实践中反思与完善。

【参考文献】

[1] 陈杰华.程序设计课程中强化计算思维训练的实践探索[J].计算机教育,2009(20):84-85.

[2] 王挺,李梦君,周会平.对编译原理课程教学中计算思维培养的探讨[J].计算机教育,2009(21):11-13.

[3] 易虹,徐振强,张红梅.程序设计基础教学改革实践与创新[J].计算机教育,

2010(8):46-49.

　[4] 杨男才.基于计算思维的高中信息科技《算法与程序设计》教学探究[D].上海师范大学,2013.

　[5] 吴文虎,王建德.世界大学生程序设计竞赛(ACM/ICPC)高级教程(第一册).程序设计中常用的计算思维方式[M].北京:中国铁道出版社,2009.

　[6] 项志康.关于课堂教学中创造教育的几个基本概念[J].上海教育科研,2001(5):54-56.

【作者简介】

沈敏洁,任教信息科技学科,教龄18年,高级教师。

曾获上海市中小学中青年教师教学评选活动二等奖、黄浦区中小学教师教学评选活动一等奖。

本文写于2017年3月。

评价研究

运用多元智能理论进行地理学习评价的研究

朱锐清

一、研究背景

教学评价是教学过程中不可或缺的一个重要环节。一方面,它对学习活动具有反馈、调控、改进等功能;另一方面,它对学生起着约束和激励的作用。因此,对学生进行科学的评价,既是检测学生智能发展的重要手段,也是培养学生多元智能的必要途径。

传统的学生评价,忽视了学生的全面发展,评价的内容狭小,只注重语言和数学逻辑智能方面,而忽视了其他方面;评价的方式单一,只是量化式的测验、考试,而忽视了质性评价;评价只重结果,而忽视了过程;评价主体只限于老师,而忽视了学生的自我评价、学生间的互相评价以及家长的评价。这样的评价完全抹杀了学生的个性和差异。在实施素质教育的今天,重视发展学生的智能优势、挖掘学生的智能潜力、满足每一个学生的发展需求、促进每一个学生的全面发展已是迫在眉睫,因而正确的评价观对于"以学生发展为本"的教育理念具有深远的意义。多元智能理论为我们开启了一扇门,也给了我很大的帮助和启迪。

多元智能理论是由美国哈佛大学心理学家霍华德·加德纳在 1983 年出版的《智力的结构:多元智能理论》一书中提出的。他认为,人的智能是由语言智能、数学—逻辑智能、运动智能、视觉—空间智能、音乐智能、人际关系智能、自我认识智能、自然观察者智能等八种智能构成。每个人都同时拥有这八种智能，只是这八种智能在每个人身上以不同的方式、不同的程度组合存在，使得每个人的智能构成各具特色，而且即使是同一种智能，其表现形式也是多种多样。所以，每个人都有自己的智能长项，每个人都可以通过生活来展示自己的聪明才智。因此，根本不存在适宜于任何人的统一的评价模式和评价标准。所以，经过两年多的实践与探讨，以多元智能理论为指导，对学生进行地理学习的多元评价，即评价的内容多元化（既对学生进行语言和数学逻辑智能的评价，也对学生进行运动智能、视觉—空间智能、音乐智能、人际关系智能、自我认识智能、自然观察者智能等的评价）、评价的方式多元化（量化与质性评价相结合、过程性评价与终结性评价相结合）、评价的主体多元化（学生自评、学生互评、教师及家长的评价相结合）。现将自己的实践和研究总结如下，希望同仁提出宝贵的意见和尖锐的批评。

二、对学生进行地理学习多元评价的实践

1. 评价内容多元化

地理学科具有独特的综合性、实践性等特征，在进行地理学习评价中，根据不同的自然或人文地理的内容，尝试不同的学习内容，侧重不同的智能发展，采用相应的评价学生多元智能的方案，从而发现每个学生的智能强项，充分发挥学生的个性特长，以促进学生发展的正确评价。

（1）语言智能的评价

语言智能包括听、说、读、写等能力，在地理学习中则涵盖了回答问题的能力、讨论和辩论的能力、阅读课文及复述的能力以及写作（地理小论文）的能力。

在地理教学过程中，老师要用非常生动的语言吸引学生，并且启发学

生对老师提出的问题加以思考,学生要学会从课本、网络或报刊上寻找资料,而后加以理解化为自己的知识。教师可以在有些专题的学习中先列出问题,诸如"人口数量对中国经济的影响""民工潮对沿海城市发展的利弊探讨""上海首家沃尔玛为何选择在浦东",让学生以小组形式加以讨论,然后小组派出代表进行阐述,学生在阐述的过程中,其他同学也可以提出问题或异议让发言同学解答。在这样的活动中,学生的语言智能可以得到锻炼和培养,使得有较高语言智能的同学可以展示得淋漓尽致,得到较高的评价,而那些在活动中积极参与的同学同样可以得到充分的肯定。

写作能力是语言智能中较高层次的能力。在高中地理学习中,地理小论文的写作是非常重要的组成部分。开学第一周,我即请同学以三到五人为单位组成一个写作小组,小组以自由组合为原则,而后根据本组同学的兴趣爱好、个性特长、能力大小选择一个切合实际的课题,定下研究内容、研究计划和实施步骤,在与老师的共同探讨下开始实施,一直到第二学期中部完成初稿,在不断修改和完善后定稿。在这个过程中,学生的语言智能得到了训练和展示,因而这篇小论文的成绩在整个学年总评中是举足轻重的。

(2)数学—逻辑智能的评价

数学课中培养和检查学生的数学—逻辑智能的例子很多,地理课同样如此。地理学习中的各种地图、地理图表的绘制,对一个地区的调查结果进行统计分析,还有时差、正午太阳高度角、比例尺、昼夜长短等的计算,都属于此范畴。在高中地理学习中最多的就是地理图表的阅读和绘制。例如在学习专题"季风"这一内容时,教师首先罗列出不同地区1至12月份的气温和降水量的数据,请同学绘制成气温变化的曲线图和降水量变化的柱状图,然后请同学分析出不同地区的气温和降水量的变化特点,从而得出三种季风气候的基本特征。

地理学习中的数学运算内容也很多,例如时差、地方时的换算、正午太阳高度角的测量和计算、比例尺的计算、比例尺大小的比较、昼夜长短的计算等,有些学生可能地理的识记能力不强,但地理运算能力却很棒,因而要给予学生这一方面的正确评价。

(3)运动智能的评价

在学习过程中,身体的活动可以使学生集中注意力,并体验所学的内容。地理学习中有很多活动可以评价学生的运动智能,包括实地考察、地理课件、模型的制作、作品的展示、地理游戏等。

地理游戏是地理课常见的课堂活动之一,我们在学习了大量文字性的材料之后,偶尔穿插一两个小游戏(如拼图游戏、地震来了怎么办、工业布局等),可以使学生立刻融入想象和挑战的情景之中,思想高度集中,情绪高度亢奋,有些平时上课萎靡不振的同学可能遇到地理游戏会精神百倍、跃跃欲试。老师此时应给予这些同学鼓励,由此可以激励他们以同样的热情投入到地理学习中来。

地理学科的有些知识需要一些教具或模型才能增强教学效果,而有些材料市场上是买不到的,这就需要我们自己做一些地理模型,有些动手能力相当强的同学会设计并制作出简易的模型,从而达到教学效果。

(4)视觉—空间智能评价

所谓视觉—空间智能,就是指人们利用三维空间进行思维的智能。很多地理活动可以评价学生的这种智能,例如辨别不同的地貌类型、地理图表的绘制与判读、摄影、绘画和素描等。

某些学生在语言智能和数学—逻辑智能方面可能不及其他同学,可是在视觉—空间智能方面却表现非凡。例如高二年级的许同学,在诸多文化课的学习中均不尽如人意,在高三选科时选了一门她自认为最简单的地理。一次上课,我发现她注意力不集中,与旁边同学在看着什么,走近一看,他们在欣赏一幅非常漂亮的山水画,一打听是许同学在业余时间画的。我没有对此事做任何评论,只是提醒他们认真上课。课后我与许同学交流,希望她能够尝试把这种兴趣特长运用到地理学习中来。没过多久,她的第一幅地理绘画作品交到了我的手里——《中国铁路交通图》,图中不但清楚展现了中国纵横的铁路干线,而且在每一条铁路线上都画上了最具特色的旅游景点,非常美观且实用。为此,我给予她高度的评价。之后,她又画了《中国水系及水电站的分布图》《世界主要海峡位置示意图》《非洲乞力马扎罗山的迷人风光》等。她能够把形象化的信息、资料或概念整合于视觉—空间隐喻中,证明了她具有非同一般的视觉—空间智能。在本次高考中,许同学以绘画专业分的绝对优势,考入了工程技术大学。

(5)音乐智能的评价

音乐是人类精神力量的体现。加德纳在《智力的结构》一书中指出,任何正常人只要经常生活于音乐环境中,就能够掌握音乐的三要素:音调、节奏和音色,并能用某种技能参与音乐活动,如唱歌、作曲、演奏。而且音乐与情绪有着密切的联系,教室里的音乐可以为学生创造一个有益于学习的积极情绪环境,增强教室中的温暖和欢乐的气氛。

地理课的教学可以与音乐结合起来。例如在高中地理专题"地域文化之中国地域文化景观"的学习中,学生学东北黑土文化,放一段东北二人转的录像,提高大家的兴趣;学江南水乡文化,请一位音乐爱好者唱一段沪剧或越剧,活跃课堂气氛;在学习新疆荒漠、绿洲文化时,请校舞蹈队成员跳上一段热情奔放的维吾尔族舞蹈,让学生在轻松、愉悦的气氛中完成学习内容,也使有音乐特长的学生得到了才能的展示。

(6)人际关系智能的评价

罗斯福曾说:"要使文明延续不衰,我们必须极大地发展人类关系的科学——所有人、所有民族和平地共同生存于同一世界的能力。"因而人际关系智能的培养对于与别人沟通、表露心声、集体合作都具有极其重要的影响,所以在一些集体活动中常常可以评价学生的这种智能。

地理学习中有很多活动可以评价学生的人际关系智能,如在地理问题的合作讨论、地理调查、地理访问、地理小论文的合作完成等活动中,学生是否是一个积极的参与者,是否能与他人有效地沟通和合作,是否能够赢得他人的尊重。

地理教学中,我常要求学生课前做相关资料的收集工作,通过整理资料能够制作成课件,展现给其他同学,并与同学交流探讨。制作课件的过程是一个合作的过程,学生根据个人爱好、特长,分工协作,取长补短,在交流的同时也是一种分享的过程。

(7) 自我认识智能的评价

自我认识智能是指能够建立准确的自我模型和在生活中有效地使用这个模型的能力,是认识自己和对自己的生活和学习承担责任的一种能力。例如能找到表达自己情感和想法的途径,能够独立工作,能努力挖掘与理解内在的经验等。

例如在地理小论文的写作中,教师可以设计自我评价表格,从中了解学生的自我评价智能。

活动开始前,设定个人目标:

描述自我参与小论文写作的具体目标	
我完成这一目标所具备的条件	
我可以达成这一目标的理由	
我面临最大的困难	
我可以寻求协助的资源和人	

活动结束时,回答下列问题:

我达到或未达到目标的原因	
通过这次活动,我学习到了	
我所完成部分的满意程度	
我对这一计划的感觉是	

（8）自然观察者智能的评价

加德纳的多元智能理论认为,自然观察者智能是早期人类在生存竞争过程中演化而来的。它包括识别有益或有害的物种、气候的变化以及粮食资源,也就是说,当人们辨认人、动植物或环境中的其他特征时,每个人都已经应用到了自然观察者智能。

地理学科是一门自然性、实践性很强的学科,在地理教学中可以培养学生的自然观察者智能。教师可以巧妙地创设一种轻松的、活跃的教学氛围,激发学生的观察兴趣,使学生不是靠外在的压力进行观察,而是内心燃烧起对观察的渴望,从而在不知不觉中提高了观察能力。

例如在学习高中地理锋面雨时,先放一段暖锋、冷锋的 flash 动画,让学生观察后说出这两种锋面雨的异同点。又如可以组织学生调查、考察学校周边的噪声来源、环境污染状况,探讨学校教室布置的合理性问题;通过对学校固体废弃物的排放调查,探讨固体废弃物分类回收的有效措施等。学生在开展这些活动的时候,教师可以对他们的自然观察者智能进行正确的评价。

2. 评价方法多元化

传统的评价方法就是考试和测验。过去一直习惯于把考试和测验作为衡量学生学习优劣的主要甚至仅有的指标,用一次考试、几张试卷的成绩来决定学生的命运,而且考查的大多是一些机械记忆为主的语言和数学—逻辑智能,以分数来评价学生,也就是我们通常说的"量化评价"。这种评价标准僵化统一,忽视了学生的个性发展,而且这种评价往往是终结性评价,反映的只是结果,忽略了旨在帮助学生持续发展的过程性评价,所以不利于学生发展。

为了能够充分发挥学生的智能潜力,提高学生的学习自信心和自尊心,对学生学习地理的评价采用多元化,即量化评价与质性评价相结合、过程性评价与终结性评价相结合是极其有利的。在学生学习的过程中,首先给予口头或书面描述性的评价,例如学生在写小论文的过程中,教师可以对某一同学做如下评价:积极主动地与同学合作,愿意交流自己的想法;积极参与调查活动,能够独立设计调查表;基本学会运用地理知识解决实际问题;对所收集资料的筛选能力有待提高等。然后附加量化评价的结果。

表1　地理小论文写作活动评价表

学生活动过程	质性评价	量化评价
写作小组组成	能否遵循自由组合、取长补短等原则	
课题确立	选择是否切合实际	
设立研究计划	计划是否合理、可行	
收集资料、调查访问	是否收集到相关资料,调查是否真实	
整理资料,完成小论文	资料的筛选能力强弱及写作能力强弱	

同样,在评价过程中,注意动态的发展,即过程性评价与终结性评价相结合,既关注结果,更注重学生成长发展的过程。

3. 评价主体多元化

由于每个学生的智能优势不同、智能特点各异,因而对学生评价就不是教师的绝对权利,学生在学习过程中的表现以及他所认知的都可以超过老师本人。为了发挥评价的正确导向,达到激励和自省的效果,改变评价主体单一的状况,我们在对学生进行地理学习评价时采用了学生自评、小组成员互评以及教师、家长评价相结合的原则。这样,学生在认识了自己优势和劣势的情况下,就能确定今后的发展方向,有助于学生将来自主终身学习。学生通过互评,可以相互学习,取长补短,也为教师对学生的正确评价提供了非常有力的证据。

表 2　地理学习评分表

项目	分配比例	自评	互评	教师评价	家长评价	特长加分 20%	平均分
测验、考试	30%	—	—		—		
小论文	10%						
课堂表现	10%				—		
平时作业	10%						
课件制作	10%				—		
信息收集	10%						
累计							

三、对学生进行地理学习多元化评价的效果分析

1. 促进了学生的个性发展

运用多元智能理论对学生进行地理学习评价,可以从各个角度去了解学生的特长,并采取适合其发展的相应的教学方法,扬长补短,使学生特长得到充分发挥。因为教育的根本任务就是创造有利条件,使每一个学生都能充分发挥其潜能。再者,一个社会不仅需要作家和数学家,也需要画家、作曲家、运动员、建筑师、服装设计师、天文学家、考古学家等,所以,我们只有在教学中重视学生智能发展的多样性和广泛性,才能挖掘每个学生的发展潜能,唤起他们的自主意识和自信,促进个性发展。学生不一定要考上海交通大学、复旦大学的数学系、中文系,也可以考上海音乐学院、上海大学美术学院,将来同样可以在不同的岗位上做出杰出的贡献。

2. 增强了学生解决问题的综合能力

运用多元智能理论对学生进行地理学习评价,评价的方法多元化,过程性评价与终结性评价相结合,既看结果,更重过程。教师可以在平时学生进行地理观察、讨论分析、课件制作、解决问题时给予实时评价,这有利于发展学生的思维判断能力,增强学生分析问题和解决问题的综合能力。

3. 提高了学生学习地理的主观能动性

运用多元智能理论对学生进行地理学习评价,评价的主体多元化,学生自评、互评、家长、教师评价相结合。通过自评,学生可以进行反思,提高自主意识和突出主体地位,从而对地理知识的理解更深入。通过互评,学生间可以相互鼓励、相互促进、相互补充、取长补短,在互评中不断进步和提高。通过家长的评价,可以让家长对学生在家中的学习习惯进行评价,便于与家长的沟通,这也无疑扩大了教育资源。

四、多元化评价带来的思考

由于学业考、高考指挥棒不变,对于基础知识与开发智能的关系始终无法处理得当,这也是实现多元评价的障碍。由于课时的有限,业余时间的不允许,班级的人数太多,而实施多元化评价又要花大量的时间和精力,因此实践起来有较大的困难。所以我还要不断地努力,争取摸索出更具实用性、可操作性的地理多元化评价体系。

【参考文献】

[1] 吴志宏.多元智能：理论、方法与实践[M].上海：上海教育出版社,2003.

[2] 坎贝尔.多元智能教与学的策略[M].王成全,译.北京：中国轻工业出版社,2001.

[3] 林宪生.多元智能理论在教学中的运用[M].北京：开明出版社,2003.

[4] 康月霞.以多元智能理论,构建多元学生评价体系[J].学习指导研究,2004(1-3).

[5] 易凌峰.多元教学评价的发展与趋势[J].课程·教材·教法,1999(11)：10-12.

[6] 上海市教育委员会.上海市中学地理课程标准[M].上海：上海教育出版社,2004.

【作者简介】

朱锐清,担任光明中学教师处教务主任,任教地理学科,教龄32年,高级教师,黄浦区学科带头人。

曾获上海市中青年教师教学比赛一等奖、全国教学展示评比一等奖、上海市地理学科说课比赛一等奖,被评为华东师范大学免费师范生优秀导师,获"全国优秀地理教育工作者"等荣誉称号。

本文写于2006年,获黄浦区学科论文比赛二等奖及黄浦区科研成果三等奖。

重视教学评价,提高教学质量

周学来

现代社会对于教育有了越来越多的关注,对学校教育的质量有着越来越高的期望与要求,因此我们需要重视教学的各个环节,才能在不加重学生负担的前提下提高教学质量。教学评价是教学活动设计和实施的重要组成部分,科学地实施教学评价对于调控教学活动,提高教学质量具有重要的意义。

一、教学评价的概念和作用

1. 教学评价的概念

教学评价是指在一定的课程与教学直观的指导下,依据确定的课程与教学目标,使用一定的技术与方法,对教学活动的过程、要素、结果进行信息搜集和科学判定,促进教学质量的提升。

2. 教学评价的对象

既包括教师的"教",也包括学生的"学"。

3. 教学评价的作用

教学评价具有诊断和调节作用。经过一段时间的教学,教学效果如何？学生掌握的知识水平是否达到了教学要求？及时的教学评价不但可以对学生现阶段的知识储备与已有能力做出合理诊断,而且能够对这段时间内的教学展开和学生的学习状态进行评估和反思,从而调整或改进教学方式和策略以及学生的学习方法,实现对教学质量的保障。

教学评价具有导向作用。教学的重点在哪里？难点是什么？学生需要掌握哪些技能与方法？科学、合理的教学评价可以充分地体现出知识的范围和体系,难易度和重难点的要求以及综合型能力的追求,对于教学的有效开展和学生的学习目标都有明确的指导意义。

教学评价具有激励作用。恰当、适度的评价及反馈对于学生的学习动机具有很大的激发作用,使努力学习、取得进步的学生获得成功的喜悦,尚有不足的同学也会受到触动,有利于学生进一步有热情地投入到学业中。

二、教学评价的原则与分类

1. 教学评价的原则

发展性——以发展的观点看待教学活动中的教和学,以教学工作的发展为重心。

全面性——评价内容要全面,评价信息要全面。

差异性——教师个体的工作和教学的对象是有差异的,在评价过程中,也应考虑到"区别性"。

多元性——根据教学活动的多因素与综合性,在评价中可以从多维度、多视角,尝试多种方式综合进行。

2. 教学评价的分类

测试性评价、即时性评价、表现性评价等。

三、教学中如何进行教学评价

1. 测试性评价的想法和建议

（1）认真研究课本和教学大纲。测试试题内容要全面，要涵盖这一时期内学生所学的各个知识点和技能方法，突出知识技能的重难点。制订好命题计划和双向细目表是做好测试性评价的基础。命题计划包括测试的内容范围、试题的要求、试题的分布规律等。

【例1】 双向细目表

题号	知识考点	目标层次				预估难度			分值
		了解	理解	掌握	应用	易	中	难	
1	区间的符号表示	√				√			4
2	不等式的性质		√			√			4
3	不等式的解法			√			√		4
…	……								…

（2）题目设计难度适中，既符合高中教学要求和高考要求，又切合学生的实际情况。题目过难，容易打击学生的自信心和学习兴趣，也不利于循序渐进的教学展开；题目一味迁就部分学生而导致过于简单，会使学生对自身情况和高中数学要求产生错误认识，甚至盲目自大，产生副作用。

（3）题目安排有梯度和区分度。从简单问题（一个或两个知识点）到中档问题(三个或四个知识点)，再到难度较高问题(多个知识点融合或能力型问题)，注意不同难度问题的搭配比例。

【例2】问题的难度设置

【问题1】函数 $y = \cos^2 x - \sin^2 x$ 的最小正周期 $T =$ _____。

解析：这是一道基础型题目，题目包含两个知识点：二倍角公式和三角函数周期。

【问题2】已知向量 $\vec{a} = (3, -4)$，$\vec{b} = (0, -1)$，则向量 $\vec{a}$ 在向量 $\vec{b}$ 的方向上的投影是_____。

解析：题目包含四个知识点：投影概念、向量数量积的两个公式($\vec{a} \cdot \vec{b} = |\vec{a}| \cdot |\vec{b}| \cos\langle \vec{a}, \vec{b} \rangle$ ，$\vec{a} \cdot \vec{b} = x_1 x_2 + y_1 y_2$)和向量模的坐标公式，属于中档难度。

【问题3】已知向量 $\vec{a}$，$\vec{b}$ 满足 $|\vec{a}| = |\vec{b}| = \vec{a} \cdot \vec{b} = 2$，且 $(\vec{a} - \vec{c}) \cdot (\vec{b} - \vec{c}) = 0$，则 $|2\vec{b} - \vec{c}|$ 的最小值为_____。

解析：题目包含多个知识点：数量积公式、三角比知识、向量的运算、建立平面直角坐标系及涉及的坐标公式、向量的模、数形结合思想方法等，对知识的运用能力有较高要求。

根据考试的类型、目的和要求等，在命题计划中注明基础题、中档题、提高题的分配比例，有利于命题的合理安排。

(4) 命题时也可以兼顾学生的差异性，尝试分层式题目、选做题或附加卷，以满足各层次学生的实际情况和需求。

【例3】分层式题目

已知函数 $y = f(x)$ 是定义域为 **R** 的偶函数，且对 $x \in \mathbf{R}$，恒有 $f(1 + x) = f(1 - x)$。又当 $x \in [0, 1]$ 时，$f(x) = x$。

(1) 当 $x \in [-1, 0]$ 时，求 $f(x)$ 的解析式；

(2) 求证函数 $y = f(x)(x \in \mathbf{R})$ 是以 $T = 2$ 为周期的周期函数；

(3) 解答本小题考生只须从下列三个问题中选择一个写出结论即可(无须写解题步骤)。注意：考生若选择多于一个问题解答，则按分数最低一个问题的解答正确与否给分。

①　当 $x \in [2n-1, 2n]$（$n \in \mathbf{Z}$）时，求 $f(x)$ 的解析式。（4 分）

②　当 $x \in [2n-1, 2n+1]$（其中 n 是给定的正整数）时，若函数 $y = f(x)$ 的图像与函数 $y = kx$ 的图像有且仅有两个公共点，求实数 k 的取值范围。（6 分）

③　当 $x \in [0, 2n]$（n 是给定的正整数且 $n \geqslant 3$）时，求 $f(x)$ 的解析式。（8 分）

解析：题目的分层设计体现在第（3）问，学生可根据自身能力选择答题，同时难度更大的问题对应的分值也相对更高。

2. 即时性评价的想法和建议

（1）即时性评价的概念与特点

即时性评价是指在特定的情形下，教师对学生的行为表现给予即时鼓励、调控及引导的评价活动。

反馈及时：一般的阶段测试需要在几个星期和几个月的教学后进行评价，对过程的把握还是欠缺的。而即时性评价可以不受时间、空间的限制，随时进行，操作简单，有利于对教学效果及时评估，保证教学质量。

形式多样，更有针对性：即时性评价涉及的内容非常广泛，针对当前的教学内容，借助多种多样的形式灵活地进行，能够更好地考虑到学生的差异性和个性化。

情感的互动：即时性评价不是简单的对与错，还包含了丰富的情感，如表扬、询问、质疑、鼓励等，在交流情感的过程中促进学生发展。

（2）即时性评价的实施

融合于教学活动中，清晰表达评价意图，营造和谐氛围，尊重学生差异。

【例4】即时性评价的实施

（1）回顾旧知："上节课我们学习了二倍角公式，并布置了课后作业，现在请同学回答：二倍角公式有哪些？是如何推导得到的？"

（2）层层提问：

【问题1】 如图 $\triangle ABC$ 是直角边等于 4 的等腰直角三角形，D 是斜边 BC 的中点，$\overrightarrow{AM} = \dfrac{1}{4}\overrightarrow{AB} + m \cdot \overrightarrow{AC}$，向量 $\overrightarrow{AM}$ 的终点 M 在 $\triangle ACD$ 的内部（不含边界），则实数 m 的取值范围是_____。

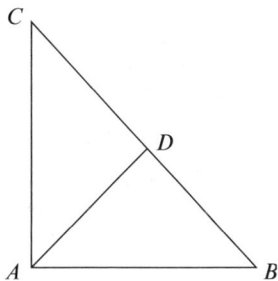

教师提问：在这道题目中，包含了向量的哪些知识点？

学生 A：向量的运算、向量的分解定理。

教师：你能想到利用什么方法解答？

学生 A：画图，将向量 $\overrightarrow{AM}$ 分别沿着 $\overrightarrow{AB}$ 和 $\overrightarrow{AC}$ 方向进行分解。

教师：非常好，那么你认为点 M 的轨迹应该是什么样的？

学生 A：应该是竖直的线段，两个端点是它与 CB 和 AD 的交点。

教师：由此，你得出的答案是什么？

学生 A：$\dfrac{1}{4} < m < \dfrac{3}{4}$。

教师：回答正确，谢谢。

教师：还有什么解决方法吗？

学生 B：建立平面直角坐标系，利用向量的坐标运算。

教师：非常好，你能说明一下解答过程吗？

……

（3）变式练习："我们已经应用今天所学的知识解决了例1中的问题。接下来请动笔完成两道变式练习，检验一下自己对新知识的掌握程度，我会请两位同学在黑板上展示他们的解答过程。"

【问题2】 解不等式 $\dfrac{4x + 1}{x - 2} > 1$。

变式练习1：解不等式 $\dfrac{1}{x} > 1$。

变式练习 2：解不等式 $\dfrac{3x-1}{2-x} \geqslant 1$。

（4）作业反馈："在昨天的作业中，很多同学对于这样一道题目感到困难。我选了两位完成较好的同学，他们的解答方式也是不同的。我们先请这两位同学展示他们的解题思路和过程，再请其他同学进行评价和补充。"

（5）随堂测试：课堂上利用 15 分钟的时间进行一次小测试，对于前三节课（集合的运算）的知识及其基本应用进行检测，及时了解学生的掌握情况。

随堂测试

1. 若集合 $A = \{x \mid -1 < x < 2\}$，$B = \{x \mid 1 < x < 6\}$，则 $A \cup B = $ _____。

2. 若集合 $P = \{(x,y) \mid y = 2x, x、y \in \mathbf{R}\}$，$Q = \{(x,y) \mid x + y = 4, x、y \in \mathbf{R}\}$，则 $P \cap Q = $ _____。

3. 若集合 $A = \{y \mid y = -x^2 + 1\}$，集合 $B = \{y \mid y = x^2 - 1, x \in \mathbf{R}\}$，则 $A \cap B = $ _____。

4. 设全集 $U = \{x \mid x > 0\}$，集合 $A = \{x \mid 3 < x \leqslant 5\}$，$B = \{x \mid 1 \leqslant x < 4\}$，则 $\complement_U A \cup B = $ _____。

5. 已知 $M = \{2, a^2 - 3a + 5, 5\}$，$N = \{1, a^2 - 6a + 10, 3\}$，且 $M \cap N = \{2, 3\}$，则 a 的值是 _____。

（6）小组讨论：在《幂函数的图像和性质》一课中，将同学分为三个小组，分别研究下列幂函数的图像和性质，总结其中的规律，并在班级中汇报展示，由教师和班级学生给予评价和补充。

第一组：$y = x^2$、$y = x^3$。

第二组：$y = x^{\frac{1}{2}}$、$y = x^{\frac{1}{3}}$。

第三组：$y = x^{-\frac{1}{2}}$、$y = x^{-2}$。

3. 表现性评价

（1）表现性评价的概念与特点

表现性评价是指通过观察学生在完成实际任务中的表现，对学生的知识、技能及发展水平等做出价值判断的活动。它强调在实际任务中进行，而不是要求学生回答出唯一正确的或最佳的答案。表现性评价不仅能反映出学生的知识技能，还可以判断学生在创新能力、实践能力、合作能力以及健康的情感、正确的价值观等方面的发展情况。

（2）表现性评价的实施

表现性任务的设计是表现性评价的核心。表现性任务可分为简短评价任务、事件性任务和持续性任务等。分析和确定任务中的知识和能力，清楚明确地陈述任务，做好任务的指导语，公平合理地进行评价。

【例5】　事件性任务

在某次阶段测试后，教师分析试题和学生答题情况，整理出其中十二道疑难题或易错题，分配给班级中的四组同学，任务布置如下：

（1）研究分配的题目，明确包含的知识点，分析其中的难点或易错点，找到恰当的解题方法（可以一题多解）；

（2）寻找与其同类型的问题（一道或两道）作为巩固练习；

（3）每组推出一名代表在课堂上分享本组的研究成果，分析讲解题目，并将准备的巩固练习部分布置给同学们；

（4）接受教师和同学们针对题目的随堂提问，并给予回答。

教师根据小组准备情况、代表讲解情况和学生互动情况等做出评价。

【例6】　持续性任务

"数列"是高中数学重点和难点章节，在学习期间，布置"知识脉络与题目整理"任务，内容如下：

（1）任务时间："数列"这一章节的学习期间；

（2）整理所学知识，形成知识脉络，可用知识脉络图表示；

（3）从课堂例题、课后练习中选取典型题目,梳理解题思路,形成复习资料;

（4）将学习过程中容易出错或经常做错的题目整理出来,重点突破,形成错题集;

（5）在规定时间内完成后,由教师检查和评价。

教师根据学生完成任务的态度、质量和有效性等进行评价。

测试性评价反映结果,即时性评价注重过程,表现性评价体现学生多方面能力。教师应该多种形式相结合,综合、全面地进行教学评价。

四、教学评价后的反思

对于每一次教学评价和反馈,我们还应与评价前的预期估计进行比较,做出反思,例如:

1. 此次评价的内容是否科学合理,难度是否合适,能否有效地反映出学生的学习水平,还有哪些方面需要进一步完善。

2. 教师的教学是否达到预期目标,教学方法能否体现出优势和效果,评价中反映出哪些不足,如何制订相应的措施优化教学。

3. 学生的学习是否达到预期要求,对于优秀学生的学习精神和方法可以表扬和推广,对于评价中表现不佳的学生要认真分析原因。学习态度不好的学生应及时教育,帮助其正确对待学业;学习方法不当的学生应加强针对性指导;能力不够的学生应多鼓励,帮助其树立信心,取得进步。

4. 在评价中还可以看出师生关系是否和谐,班级环境是否积极向上,同学之间是否互帮互助,从而思考如何将班级管理和学风建设做得更好。

5. 评价结果还应及时反馈给学生家长,教师与家长保持良好沟通,更加全面地了解和评价学生,与家长共同努力,促进学生发展。

教学评价是教学的组成环节,是教学研究的重要内容。教师应遵循教学评价的原则,根据教学的实际情况采用多元化的评价方法。科学、合理的教学评价既是不断提高教学质量和学生素质的有力保障，又是教师反思教学过程、改进教学策略的有效途径。

【作者简介】

周学来，任教数学学科，教龄 10 年。

本文写于 2017 年 1 月。

信息化条件下的高中物理课堂
及时评价反馈策略研究

杜 娟

一、研究背景

在上海新的高考改革背景下,物理学科作为"3+3"其中的一门,地位有所下降,课时相对减少,学生面对六门学科,主次的倾向性不言而喻。此外,学业水平考成绩也取消了等第,只有"合格"与"不合格"的区分。无论学生选修物理与否,都不可能花大量时间在这门学科上,物理学科面临着前所未有的双重尴尬境地。作为物理教师,我们必须考虑如何在不加重学生课业负担的前提下,有效提升物理课堂教学效果,让物理知识尽可能落实在课内。

在高中物理课堂中,教师对学生的学习情况做出评价反馈是一种普遍现象,也是教师与学生互动的重要形式。研究者瓦勒瑞·舒特认为,反馈是"传递给学习者的信息,学习者用这些信息来改善他的想法和行为从而达到提高学习成绩的目的"。可见,在课堂中适时加入评价反馈,可以使教师更好地掌握学生的学情,及时调整教学内容;可以使学生及时了解自己对知识点的理解是否正确,从而能够有效地进行接下来的学习。

在传统的教学模式下,教师采取的课堂评价反馈方式有:请学生发言、请学生在黑板上板书、随堂测验等。尽管这些形式都起到了一定的作用,但是效率和效果并不是太理想。比如请学生板书,只能兼顾到个别典型学生,而且板书时间过长,效率低;再如随堂测验,成绩不能当堂给出,讲评更是要等到下节课,效果差。

总之,在传统的教学模式下,课堂评价反馈的频率和及时性并不强,教师对学生学情的掌握只能停留在定性层面。在信息化条件下借助于互联网、多媒体技术等手段,可以使课堂评价反馈更为及时,学生的参与度更高,教学变得更具针对性,大大提高课堂教学的有效性。

二、理论支持

1. 建构主义理论中的知识观

建构主义认为,学习的过程不是将知识由外部向内输送的过程,而是学习者根据自己原有的知识经验主动构建新知识体系的过程。也就是说,学生对于教师所传授的知识并非照单全收,而是需要一个消化和理解的过程。这就是一个逐步建构的过程,学生根据自己的实际情况将老师教授的新知识与自己原有的知识和经验逐步建立联系,构建新的知识体系。

在学生建构知识的过程中,教师及时给予评价反馈,不仅可以让学生及时了解自己的学习情况,还可以启发学生的思维,调动学习积极性。

2. 形成性评价理念

美国著名教育心理学家布卢姆在1968年把"形成性评价"的观点用于学生的学习,将其作为"掌握学习"的基石。即在学生学习的形成性阶段就对学生的学习进行必要的检测,诊断学习中存在的问题,通过必要的矫正来实现掌握。布卢姆认为,教师要想帮助学生摆脱学习困难的困扰,除了要树立正确的教学观、学生观,正确对待学生之外,还应建立及时反馈—矫正机制。

三、信息化条件得以实施的可行性分析

1. 物质保障

目前上海高中教室里基本都配备了电脑、电视机或投影仪等设备,这为实现信息化教学提供了必要的硬件条件。例如,我校教室里配有电视机、电脑、音箱等设备,并有稳定的连接,教师对设备的使用非常熟悉,学生也习惯于借助电视机观看 PPT、视频等上课方式。

此外,在"互联网＋教育"大背景和趋势下,很多运营商开始投资教育领域,开发了一些适合课堂教学的 APP 软件,为实现信息化教学提供了有效载体。

2. 人员保障

成长在二十一世纪的教师几乎人手一台平板电脑,能熟练地应用各种office 软件,能快速地掌握一款最新出产的 APP 软件,平板、手机、台式机等电子设备之间切换自如。而出生在二十一世纪的学生对电子产品的使用可谓无师自通,且拥有良好的信息化思维。这些都为借助信息化手段进行教学提供了人员保障。

四、具体实施及效果

1. 在物理新课教学中借助信息化手段及时评价反馈

比如,在进行《波的干涉、衍射》一课的教学时,当干涉的概念、干涉的必要条件、干涉图样等知识讲授完，不急于进行接下去的衍射知识教学，而是要配合典型例题来进行评价反馈，了解学生的掌握情况。此处，我放置了如下例题：

如图所示，S_1、S_2是两个相干波源，它们振动同步且振幅相同，实线和虚线分别表示在某一时刻它们所发出的波的波峰和波谷。关于图中所标的 a、b、c、d 四点，下列说法中不正确的有（　　　）。

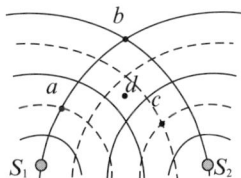

A. 该时刻 a 质点振动最弱，b、c 质点振动最强，d 质点振动时弱时强

B. 该时刻 a 质点振动最弱，b、c、d 质点振动都最强

C. a 质点的振动始终是最弱的，b、c、d 质点的振动始终是最强的

D. 再过 $T/4$ 后的时刻，a、b、c 三个质点都将处于各自的平衡位置

如果按照传统的教学模式，可以叫一两个学生发言阐述自己的观点，教师以点概面地来判断学生的掌握情况，这种评价反馈方式既低效又片面，不能全面了解学生的学情。

在信息化条件下，借助于 Plickers 软件可以全面了解学生对此题的掌握情况。具体操作如下：事先为每位学生发放一张由该软件生成的纸质二维码（二维码与学生的学号对应），学生思考后举起二维码相应的方向做出选项，教师用手机或者平板对全班学生的二维码进行一次性扫描，只需要 5 秒钟左右的时间，全体学生的答案都被记录下来，教师可以马上知道此题的得分率以及典型错选项，并且可以知道哪些学生选错。

本节课高二选修物理班的学生做该题的情况如图 1 所示。由此可以看出，66% 的学生已经初步理解了干涉的主要知识点。但是对于干涉现象中的加强区和减弱区相互间隔、稳定分布这个知识点，还需要进一步落实。

借助于平板电脑与台式机、电视机所建立起来的局域网，平板里的 PPT 可以投影在电视机中，学生不仅可以观看 PPT，还可以修改 PPT，通过这种方式又建立了一种及时反馈的途径。在讲解此题的过程中，我请做错该题

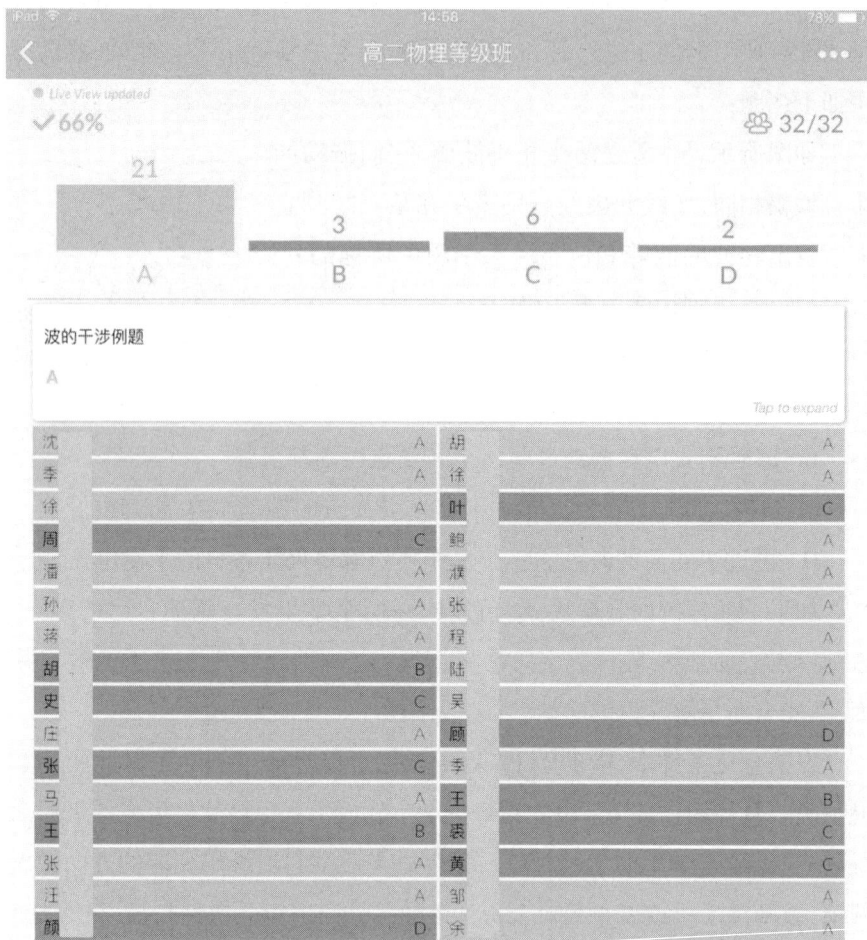

图1

的学生在平板电脑上画出过 a、b、c、d 四个点的加强区和减弱区的连线,借助于连线再来分析选项。学生作图情况如图2所示。在这个过程中,通过对干涉图样的分析,帮助学生进一步理解干涉的概念,构建起关于干涉的知识体系。

再如,在进行"机械能守恒定律"一节的教学时,教授完该定律后必须配有典型例题,让学生掌握使用该定律的方法、步骤、书写规范等。于是此处放置了如下例题:

例：如图所示，S_1、S_2是两个相干波源，它们振动同步且振幅相同，实线和
　　虚线分别表示某一时刻它们所发出的波的波峰和波谷。关于图中所标的
　　a、b、c、d四点，下列说法中不正确的有(　　)

A.该时刻a质点振动最弱，b、c质点振动最强，d质点振动时弱时强

B.该时刻a质点振动最弱，b、c、d质点振动都最强

C.a质点的振动始终是最弱的，b、c、d质点的振动始终是最强的

D.再过$T/4$后的时刻a、b、c三个质点都将处于各自的平衡位置

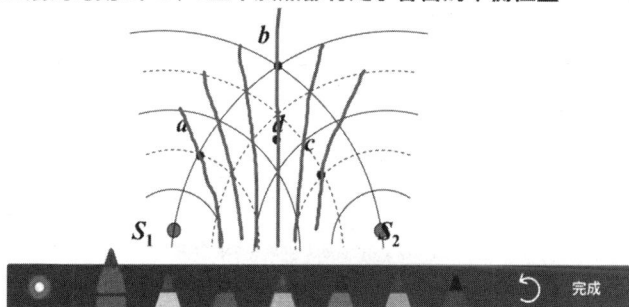

图 2

　　某一运动员站在滑板上，从光滑坡面上的 A 点以 4.5 m/s 的速度沿着斜
坡滑下，如图所示，到达 B 点时的速度为 7.5 m/s，问：

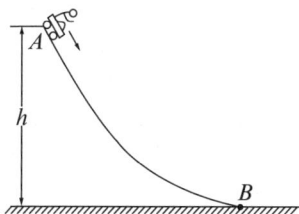

　　(1) A、B 两点间的竖直高度 h 为多少？

　　(2) 如果该运动员要从 B 点沿坡面向 A 点运动，并且恰好能到达 A
点，则运动员在 B 点时至少应以多大的速度向坡上运动？

　　按照传统的教学模式，可以叫个别学生上黑板展示书写过程，老师根

据板书进行规范化讲解。这种方式导致台上的学生很紧张,台下的学生很放松。台上的学生要写两遍,效率低;而台下的学生可能一遍也没有完成,效果差。

借助于平板电脑里的 Paper 软件,可以将学生的书写情况拍照投影在电视机上,教师进行圈涂、讲评。学生们时刻处于被关注的状态,思维更紧张、兴奋,效率更高。图 3 是本节课讲解某位同学解题的痕迹。通过观察学生解决该道例题的情况,可以看出学生对于机械能守恒定律的理解情况较好,但是做计算题的书写规范较差,只注重公式,不注重对于公式使用条件、临界情况分析等必要的文字说明。通过规范的示例反馈,不仅强调了计算题的解题要领,更让学生感受到物理是一门严谨的学科,培养了学生的物理思维和素养。

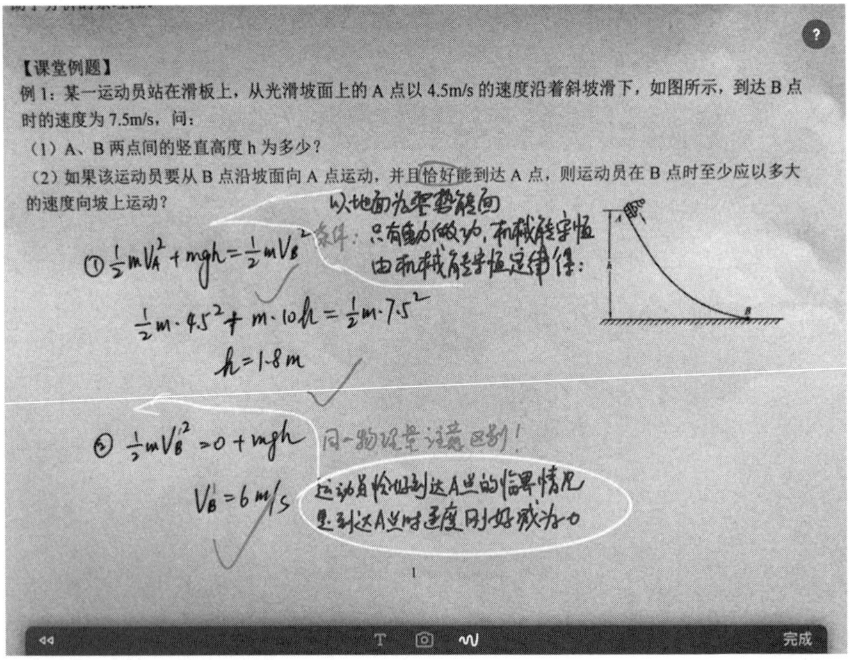

图 3

2. 在物理复习课中借助信息化手段及时评价反馈

物理学科在进入高二会考和高三高考复习阶段,教师们总是会面临这样一个难题,就是怎样才能把讲练结合起来,高效地进行章节复习。按照传统的做法,教师们会在第一节课帮助学生梳理知识点,然后安排一些小练习进行巩固,再到下节课讲评练习。这种做法一定程度上可以做到使学生及时对复习过的知识进行强化巩固,起到了较好的复习效果。但是如果借助于信息化条件,可以更大程度地缩短"讲解—练习—评价—反馈"的时间,使效果更优化。

比如在高二年级按照会考要求进行"描述物体运动的基本概念"章节复习时,先把质点、参照物、时间和时刻、位移和路程、速度和速率、加速度等基本概念用思维导图的方式点击一遍,然后马上发给学生一份含有25道选择题的练习卷,当堂检测。借助于"门口学习网"的APP软件,学生将答案做在由该软件生成的答题纸上,教师用平板电脑或者手机可以快速对每位学生的答案进行扫描。约3分钟的时间,所有学生的成绩都可以记录下来,并且当即生成各种评价报告。

根据"试题报告"(图4)和"试题分析报告"(图5)讲评得分率较低的题目,并对错选率高的选项有针对性讲评,矫正学生的错误理解;根据"知识点报告"(图6)调整接下来的教学,对得分率低的知识点进行针对性教学;根据"班级报告"(图7)和"比较报告"(图8),可以了解对本章知识掌握较弱的个人和集体,便于进行个性化教学。在40分钟里,完成了章节知识梳理、当堂检测与反馈,并及时查漏补缺,教学环节更加紧凑,学生对于暴露的问题能进行及时的矫正,有利于下一阶段学习的开展。

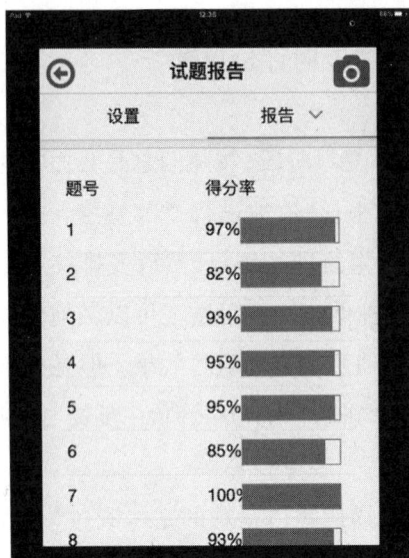

图 4

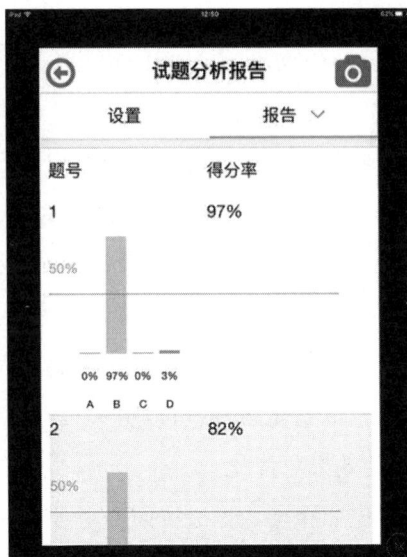

图 5

图 6

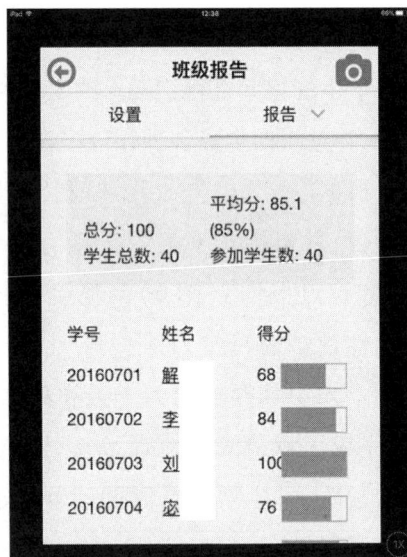

图 7

图8

五、困难及解决方案

1. 教学环节更加紧凑,评价反馈频率增强,课堂容量变大,使学生消化知识的时间变短。

借助于信息化条件,使得"讲授—评价—反馈"时间压缩,反馈的频次提升了,教学环节更为紧凑,一节课的教学容量变得很大。对于基础较好的学生来讲,这是好事,但是对于基础一般或者薄弱的学生来说,消化、吸收的时间变少,有可能对知识"嚼不烂"。所以,这需要教师对教材一定要进行再处理,将知识点拆分,每节课针对一两个教学重点进行教学,加之及时的评价反馈,教学效果才能大大提升。

2. 反馈途径更加科学,教学更具针对性,致使部分低分段学生的问题没有及时解决。

借助于信息化条件中的统计功能，教师对学生得分率、错题率等数据的掌握情况更为科学，使得教学更具有针对性，提高了效率，对于大多数学生来说这是好事。但是对于处在低分段的学生来说，他的问题没有得到及时解决，反而越积越多。这需要教师一定要关注分数处于尾部的学生，并在必要的时候配合课后个别辅导。

【参考文献】

［1］罗伯特·J.玛扎诺，黛布拉·J.皮克林，塔米·赫夫尔鲍尔.学习目标、形成性评估与高效课堂[M].邵钦瑜，冯蕾，译.北京：中国书籍出版社，2012：88.

［2］李婵.表现性评价在中学物理教学中的应用[D].陕西师范大学，2012.

［3］冯翠典，高凌飚.从"形成性评价"到"为了学习的考评"[J].教育学报，2010（4）：49－54.

［4］王毓馨，吴瑕，林钦.论翻转课堂反馈的及时性[J].物理教学探讨，2015（4）：78－80.

【作者简介】

杜娟，担任光明中学教师处人事主任，任教物理学科，教龄14年，高级教师。

曾获全国中学物理教学创新大赛一等奖、全国中小学实验教学优秀案例展演一等奖、教育部"一师一优课、一课一名师"活动"优课"、上海市优秀共青团干部、"智力助残"特别荣誉奖、黄浦区园丁奖。

本文写于2016年8月，发表于《教育发展研究》，并被评为"关注学情　为学而教"专题征文评选优秀论文。

高中物理学习评价方式的现状与思考

朱徐栋

学习评价是对学生在整个学习过程中的表现和能力的反馈,整个学习过程包括学生在学习过程前提出的疑问、预设、解决方案等,学习过程中的学习探究、实验动手、交流合作等,以及学习过程后的知识掌握、知识应用。随着课程改革的不断深入,学习评价已经不再仅仅是体现某一门学科掌握情况的一个简单分数或是一句可有可无的概括性评语,而是一个可以让所有人都能通过这个学习评价了解被评价者在整个学习过程中具体在什么阶段、什么方面的表现或能力到底如何又有无继续提升的空间的综合评价系统。而在高中物理学科教学中,学习评价能否有效开展,在很大程度上影响着物理教学目标的实现,因此明确学习评价的目标和需求对学习评价的制订有至关重要的作用。

一、物理学习评价内容要全面

物理课程的学习内容不仅仅局限于对理论知识的理解,还需要在实践技能、探究方法、表达能力等多方面进行学习,因此学习评价的内容应该覆盖整个学习的过程。

1. 基本理论知识

基本理论知识是高中物理学习的重要组成部分,《上海市中学物理课程标准》(以下简称《课程标准》)指出:"对基础知识的评价,应以各学段的具体目标和要求为标准,考查学生对基础知识的理解掌握程度,以及在学习基础知识过程中的表现。"根据《课程标准》的要求,对于基本理论知识的考查应结合学生的学习目标,在高中物理的《课程标准》中,针对不同知识点,《课程标准》向学生提出了"知道""理解""掌握"和"运用"四个不同层次的学习要求,老师应当根据学习目标中的相应要求对学生基本理论知识的学习成果进行相应评价。

对于基本理论知识的评价方式有很多,测验是最常被用到的一种方法。而测验又可以分很多种,有对物理量概念理解的检测、对物理过程定性分析的检测、对物理数据定量计算的检测。这些检测在对学生基本理论知识的学习评价中互相补充,老师可以根据课程学习进度安排不同针对性内容的测验,从而丰富评价的内容,找到学生的具体薄弱环节。

除了测验法,老师与学生间的问答是对基本理论知识评价更加便捷的方式。问答法不受时空约束,老师只要和学生面对面,就可以通过简单的问题对一些基础的物理知识进行提问,整个过程只需半分钟。这一方法在较多情况下被运用在课后,是对课堂知识学习及时反馈的实用方法。

2. 基本技能

随着课程标准改革的深入,学生在高中物理学科中的创新能力、自主学习能力、团队合作能力和实践能力受到越来越多的关注,对这些能力进行评价也得到越来越多老师的认可。

对于学生创新、自主学习和团队合作方面的能力进行评价并不像对学生知识点掌握情况进行评价那样,每一道题目都拥有标准答案,不同的学生可能会面对同一个现象做出不同的反应,老师要凭借自身的专业知识,根据学生的表现对其不同方面的能力进行判断并评价。为了确保评价的客观性和公正性,老师对学生能力进行评价之前需要对学生有持续一段时间的观察。为了给学生的基本技能有一个更加客观的评价,老师可以事先列举部分学生行为表现和行为成果,每一种行为表现或成果都对应一种基本技能的体现,学生在观察时间内所有的行为表现和行为成果的总和即学生综学习合能力的学习评价。

实验是物理学科的基础,对于实践能力的评价更多地倾向于对学生实验能力的考察。老师可以针对某一个实验课题要求学生完成整个实验并对相应实验数据进行分析,得出实验结论,并就学生在整个实验过程中的行为表现和最终的行为成果进行评价。

表 1　基本技能评价表

	行为表现	得分	行为成果	得分
创新能力	关注科技前沿 发现、提出问题 敢于质疑、超越		有自主设计产品 有创新比赛获奖	
自主学习能力	查阅、处理资料 独立思考		完成自主学习报告 科研论文	
团队合作能力	参与课题小组 帮助同学答疑		有团队比赛获奖 团队研究成果	
实践能力	明确实验目的、步骤 仪器准确操作 数据合理分析 合理避免误差		得出实验结论 完成实验报告	

3. 学习态度

学生的学习热情和学习态度不但是学生自身素质的一种体现,而且很大程度上会影响学习的效果,因此对学生的学习态度进行评价也是很有必要的。

对学生学习态度的评价方式和评价内容可以借鉴很多学校对学生学期平时成绩的打分方法和原则,打分内容涉及课堂表现情况、作业完成情况、课后答疑情况等。对于每一项打分内容,老师可以结合自己班级的情况,事先制订出评分细则,在体现评价公平、公开的同时,也便于自己统计和评分。

4. 思维活动与实践活动表现

对学生活动表现的评价由两方面组成,其一是对学生在一个学期的活动过程中的表现变化进行评价,老师需要每隔一定的周期对每个学生的思维和实践活动能力做出评价。在对该学生能力做出变化趋势曲线后,老师再结合学生日常的思维和实践活动表现,对该学生进行综合评价。该评价只体现学生在本学期末相对自己在学期初思维和实践能力的变化,与其他同学无任何联系。其二是对学生的活动表现变化在班级中进行排序,相对班级或年级的其他学生,进步越多的学生可以获得更高的评价。也许一位基础非常薄弱的同学通过一个学期的努力,无论在思维活动还是实践活动方面都有了明显的进步,进步程度名列班级前茅,但是由于历史遗留原因导致了他目前的活动能力仍旧落后于其他同学。作为老师,不仅我们必须看到,也要让学生自己看到虽然对他目前的能力评价还不高,但是对他的活动表现有非常高的评价,这是他通过努力学习所换来的成果。相反,一位天资聪颖的学生也可能因为短期内的自我放纵导致自身进步缓慢,虽然考试成绩并没有明显退步,但是他的相对进步程度远远落后于全班,这样也会导致他获得一个比较低的活动表现评价。

这两项评价内容在评价标准上相互补充,它们的结合在为老师清晰展现学生能力和学生日常学习表现情况的同时,也给学生一个更加公正的评价,从而促进学生进一步的发展。

5. 其他

学习评价的内容不可能完全齐全,但是尽量多角度的学习评价可以展现一个学生较为全面的特点,因此在学习评价内容的选择中,除上述评价内容外,老师还可以根据自己对学习评价的理解,从制订学习评价目的的思想角度出发,针对学生在学习过程中其他被认为可以体现出学生素质的方面上的表现制订属于老师自己的个性化的评价内容。

二、物理学习评价主体要多元

在学习过程中,评价主体是指具备一定评价知识和能力的,能参与评价活动的,并且根据评价结果能为改善学习结果而采取相应措施的人或组织。在传统的教育模式之下,评价主体单一成为教育发展的短板,评价者的位置永远被老师占据,而作为被评价者的学生也永远只有接受所有评价的权利。

在单一评价主体的学习评价模式中,对于学生的评价,老师仅能从自身对学生了解的角度出发,而对学生在课后的表现、老师不在时候的表现无法做到直观了解,鉴于此类情况存在,老师所做的评价可能是片面的,是无法将评价做到客观和公正的。如果能将老师、家长、同学甚至学生自己都纳入学习评价的主体之中,那么学生在更多时间里、更多环境下、更多方面中的表现可以被评价所覆盖。同时,不同的评价主体也可以发现学生在学习过程中存在的不同问题,对学生的表现提出不同的见解,使得评价更加全面和有效。

其次,多元评价主体还可以发挥家长、同学、学生自己的主体功能。在学习过程中,学习主体仍旧是学生自己,老师仅仅是对学生的学习过程起到引领和辅助的作用。当作为被评价者的学生也被纳入评价者的行列时,学生可以在看到自己的学习评价之前,先参照评价标准对自己的学习表现做出评判。这样的自我评价不但可以避免学生对于一般评价的心理排斥,增加对评价的认可度,还更具有对学生进行自我反思的促进作用,这样的评价相比单纯教师给出的学习评价更有意义。

除此之外,家长和同学在学生学习过程中的重要作用不可小视。家长和同学在学生的学习过程中充当了陪伴者和监督者的角色,他们中的很多人都认为:学习是学生自己的事情,和他们没多大关系。殊不知,他们的存在对学生的心理产生着巨大的影响。如果他们可以参与到评价学生的活动中来,他们会更加了解自己的小孩或同伴。这样,他们可以通过学习评价给学生更多正面的建议,也给学习评价带来更多的积极意义。

三、物理学习评价要结合学生个体差异

学生间的能力差异是在教育公平化道路上必须引起重视的现实,针对不同层次的学生,分层教学势在必行,而其中一个重要环节就是分层评价。对于学习评价的分层可以从评价方式、评价内容和评价标准三个角度入手。

学习评价的方式有很多种,老师在选择评价方式的时候除了要兼顾多种评价方式的互补性以外,更要将该评价方式是否能充分体现出学生的真实能力加以考虑。假使一位同学生理上有缺陷,无法做出平常人轻而易举就能完成的动作,在实验操作考试的时候,老师就应该将该同学的身体情况充分考虑。学生不能完成实验并不是因为物理知识的不足,而是因为身体缺陷,老师可以寻找另一种评价方式,比如小组实验,该同学负责讲解实验原理和操作步骤,由另一位同学帮助他完成实验。这样的评价方式不但可以使评价过程变得更加人性化,使评价结果变得更加真实,还可以增加学生对老师以及所学科目的认可度和自信心。

对评价内容的分层已经在各个学校有较好的落实。根据中国国内的

课程设计,绝大多数学生在高中阶段对物理科目的学习分为"高考难度"和"会考难度",二者在课程目标和学习难度上有着明显的区别。另一部分同学在国际学校就读,学习物理国际课程,其教材完全不同于国内教材,学生对物理国际课程的学习目标与国内相比更是差之千里。针对以上三种群体的学习评价显然不能相同,评价的内容应该结合他们的求学规划和学习内容,老师应该制订出具有课程特色、能对他们各自课程学习带来帮助的评价内容。

学习评价的标准可以有多种,根据学生个体的差异,老师应该为学生量身定做评价标准。面对一位思维能力并不强的同学,他的考试成绩也许并不如班级里的其他同学,但是老师在学习评价中不能忽视他在学习过程中的努力。为了不给学生形成"努力学习了还是不及格"的消极思想,老师可以适当地调整一下评价标准,给学生一个更具有发展性的评价,让学生知道他的努力是被老师及众人所认可的。这样的做法并不会因为班级内的评价标准不统一而被人觉得不公平,因为学习评价早已淡化了选拔、排名的功能,而是将促进学生未来的发展作为学习评价最重要的目标。

四、物理学习评价要关注学生的发展

学习评价是教育环节中的一环,它本身也是一种教育方式。为了达到教育的目的,老师所给出的学习评价必须具备以下几点:

1. 肯定学生在学习过程中的优点

学习评价不仅仅是为了指出学生的不足,因为学生在整个学习过程中会有许多做得比较好的地方。其中有些行为是学生的努力换得的,还有些优秀的行为是学生不经意而为之。当老师去肯定了学生因为努力而获得的优秀表现,学生会因此而获得成就感,认可自己的付出,从而会进一步努力,进入良性循环。相反,如果老师对学生的努力视而不见,学生很快便会失去继续努力的动力。此外,当学生一些不经意的细节被老师表扬后,学生会对这些细微之处变得在意。当学生在意细节了,那么他们离成功也不远了。

2. 指出学生在学习过程中的不足之处

学生的不足不只是针对一些很严重的问题,还有一些微小的细节问题。大家都知道小洞不补大洞吃亏的故事,也都明白不积跬步无以至千里的道理,因此,学生在学习过程中的所有细节都会直接决定学生将来的成败。当老师发现了学生在细节上的不足时,应当及时在学习评价中告知学生,这样的评价看似批评,却对学生的发展更有价值,学生看到这样的评价才能不断前进。

3. 给出专业性的指导意见

就像医生为病人开处方一样,老师的专业不但体现在发现学生的问题,更应该体现在对问题的分析和为问题学生给出专业性的指导意见。教育过程中的每个环节是环环相扣的,学生在某一环节上的问题很有可能是其他环节出问题所导致的。老师对问题的分析应该一针见血,让学生知道自己在学习过程中到底是哪一环节出了问题从而影响了整个学习效果。同时,老师给出的改进意见建议对学生帮助非常大,他可以告诉学生在学习道路上更多成功的经验和失败的教训,帮助学生改正缺点,放大优点。

4. 提出对学生未来的发展期望

寄语可以是一种希望,也可以是一种鼓励,为学生寄语未来体现了老师对学生的期望,也是认可学生的一种表现。学生可以从老师的寄语中看到经过若干年努力后自己成功的模样,同时可以进一步获得前进的动力。

【参考文献】

[1] 陈晓平,殷春芳,李长杰.高校课程学习评价体系改革的探讨[J].中国电力教育,2008(22):31-32.

[2] 刘健智,毛婷.高中生学习评价现状及改进策略——基于对湖南省高中物理教师的调查[J].教育测量与评价(理论版),2013(9):56-60.

[3] 樊泽恒.素质教育评价的应然性及其现实化[J].煤炭高等教育,2002(5):37-39.

[4] 贾保方.学生学习评价主体多元化初探[J].牡丹江教育学院学报,2012(1):64-65.

【作者简介】

朱徐栋,任教物理学科,教龄5年,在职研究生。

曾获黄浦区"萌芽杯"教学比赛一等奖。

本文写于2016年9月。

"人情味"英语口试

王 芳

高中英语新教材把学生交际能力的培养作为英语教学的最终目的,并把这种观念体现在教学大纲、教法和课堂教学中,把学生作为认识的主体、发展的主体和处理信息的主体。正如英语新教学大纲讲:"英语测试既要考查学生的英语基础知识,又要考查学生运用英语进行交际的能力。测试的形式包括听力、笔试或口试。"而目前依据高中英语新教材进行的英语常规考试却忽略了口试。然而事实上,口语测试能以反馈的方式及时调整老师的教学方法和学生的认知策略,加深师生相互认知与交流,使学生更深层次参与教学过程。因此,本课题组在日常教学中,尝试了"人情味"英语口试,以作为"人情味考试"研究的一部分。

首先,口试对象有取舍。考试毕竟是手段,不是目的,为了激励学生开口说英语,组内每位老师视各班学生平时课堂口语训练上的表现而定,给予一定的免考名额。凡是在平时积极主动参与课堂教学并且表现优秀的同学,可免考,口试成绩为 A,这样一来,口语测试带动了口语训练,提高了学生课堂上开口的主动性及参与度,化被动的"要我说"为主动的"我要说",学生们课后认真准备,课上积极争取表现,真正实现了我们设定"人情味"英语口试的初衷,即不学"哑巴英语"。其次,口试形式一对一。我们坚持采取教师与学生一对一的形式进行测试评价,并给予一定指导。而之后到了高二阶段,随着学生口语水平的提高,我们加入了聊天式主题讲话这一考核部分,一方面能缓解紧张的考试气氛,另一方面也切实启发了学生,拓宽了思路。这样一来,我们的口试结合了启发式的有效指导,让学生真正体验到口试的"人情味"。再次,试题设计要学生参与。为了提高学生的积极性,我们还让学生也参与到口试试题的设计中来,让他们学得主动,练得主动,考得主动。最后,口试过程分层次,按步骤,有阶段。根据学生的具体情况,我们的"人情味"英语口试是在高一、高二分层次、按步骤、有阶段地进行的,具体如下:

一、高一阶段

A. 口试时间:高一下学期期末(1~2周)

B. 方法与内容:

1. 朗读检测。由单词辨读及课文朗读两部分组成。测试之前,先收集学生认为书中有难度的易错单词,将这些词列入单词辨读的测试范围。至于课文朗读,事先给学生一定的范围,由学生当场抽签决定朗读的短文。检测内容为语音、语调、连读、断句,老师当面评分。

2. 主题讲话。根据教材中的功能意念表,紧密结合所学课文的主题,选择学生熟悉的、感兴趣的主题,并事先给定,让学生准备。要求学生运用平时所学的基本知识,根据语境有所创新,对某些常见事物或现象发表看法、表达观点。

C. 评分标准:

1. 朗读检测:学生发音要准确、清晰,语调自然流畅,朗读时能恰当地运用意群断句,连读自然正确。

2. 主题讲话:语言正确、清晰、自然,观点明确,内容充实。

D. 评分级别:按 A、B、C、D 四个等级给学生打分。

E. 反馈:首先,测试时老师逐个进行评价,并给予一定指导。对问题突出的学生及时提出改正意见。其次,测试后一周内把成绩反馈给学生。

F. 口试的二次给分：如学生对自己表现不满意的可以申请第二次考试，选较好成绩作为口试成绩，把成绩连同期末考试成绩一同计入学生手册。

二、高二阶段

A. 口试时间：每学期期末（1～2周）

B. 方法与内容：

1. 朗读检测。朗读材料为 *Shanghai Students Post* 中的短文，范围由学生推荐和老师给定相结合，由学生当场抽签决定朗读的短文。检测内容为语音、语调、连读、断句，老师当面评分。

2. 聊天式主题讲话。在内容上，除了结合所学课文的主题外，我们还从学生中征集他们在 *Shanghai Students Post* 上看到的一些感兴趣的话题加以选取，事先给定。在形式上，为了缓解紧张的考试气氛，以相对轻松的方式与学生就某一话题聊天。教师根据学生所述的内容，有针对地启发引导，考查的同时，也帮助他们完善自己的主题讲话。——这一部分旨在考查学生思维的敏捷性，语言的流畅性、变通性和创造性。

C. 评分标准、评分级别及反馈：同上。

D. 口试的二次给分：同上。

坚持进行口语测试只是保障口语训练的一个有效措施。不学"哑巴英语"，关键是在平时的操练。除了课堂训练，为加强学生课后的口头操练，我组对口头作业的检查和评估方式进行了改革，取得了一定的成效。不少家长反映："我们不懂外语，不知孩子在念什么？更不晓得他念得对还是不对？"于是我们要求学生在每上完一课后就将课文单词以及课文的朗读录制下来，一周交一次录音带。我们在对每周收上来的录音带认真收听的同时，做好记录，进行跟踪分析。对于像连读、失爆、句型中出现的语法错误，可及时在下一节课上给予纠正。并且,我们常常利用午休时间,拎着录音机到教室去播放录音带。有时选几盘录音质量较高的放给大家听,以此激励他们;有时放几盘质量不高的录音带,让他们自己找出问题所在,以此复检。对于口头作业完成得不理想的同学,我们还常常给予个别辅导。除了课文的朗读,我们还根据课文内容,有选择地要求学生背诵段落或课文,按小组进行抽查。两年来的持之以恒,不仅减轻了同学们期末考的压力,更重要的是学生在语音、语调的模仿及大胆开口操练方面都有了显著的进步。

两年来,在"以学生为本"的理念下,我组实施的"人情味"英语口试切实激发了学生开口的主动性。学生从被动的"要我说"变为主动的"我要说",而且学得主动,练得主动,考得主动。此外,在口试中融入启发式的有效指导,更是培养了学生运用语言的能力,促进了学生思维的敏捷性以及语言的流畅性、变通性和创造性。总而言之,"人情味"英语口试改变了学生对考试的看法,一定程度上扭转了学生对考试的偏见,降低了学生对考试的恐惧心理,促进了学生的有效学习。

【作者简介】

王芳,任教英语学科,教龄 14 年,一级教师。

曾获上海市"金爱心教师"二等奖。

本文写于 2007 年 5 月,发表于上海科学普及出版社 2007 年出版的《人情与考试——中小学富有人情味的考试与评价探索》一书。

心理健康

【课题】积极心理学视野下高中生
心理抗逆力的现状及培养研究
——上海中小学德育研究协会"健生杯"德育课题

黄　琼　沈晓燕　秦周青　田秋华

一、研究背景

1. 国内外研究现状述评

二十世纪初,"心理卫生运动"在全球范围内蓬勃开展,儿童身处压力和逆境的经历与不同形式的心理疾病和精神失调之间的联系问题受到了广泛关注。这期间,心理学研究者将处于逆境中的儿童看作同质群体,认为其发展皆遵从"高危环境—压力—适应不良"的模式。不仅如此,研究者通过对比研究,还找出了某些导致儿童行为问题的危险因素,如父母离异、贫穷、犯罪家庭背景等。

到了七十年代,部分学者开始注意到同一消极处境中群体内的个体差异。路特(Rutter)首先于 1972 年在对有关母爱剥夺的研究中证实了个体差异的存在。此后,更多的学者将研究焦点转向这里,也都发现了暴露于不利环境中的某些个体的确比另一些个体更能克服困难、对抗压力。这促使他们猜测,这些发展良好的个体是否具备某种"保护因子",使其在压力或挫折情况下免除身心障碍的危机。如今,青少年抗逆力发展的研究已逐渐成为一个独立的研究领域,其研究重点也已转到个人与环境交互作用的动态过程上来。

2. 课题研究背景与意义

经济全球化背景下的中国青少年面临着积极因素与消极因素并存的外部世界和社会文化环境。一方面,人类基本价值观的趋同化,例如关于自由、平等、民主、公正的观念,以人为本、不同文明对话、和谐共处的理念等,对于学生的人格发展和能力培养具有积极的影响。另一方面,日益复杂和充满竞争的社会、价值的多元、社会阶层的分化、家庭结构的变化等都会对青少年产生消极影响,青少年在学校、生活中面对的各种各样的学业问题、人际问题、行为问题和情感问题,都对他们的抗逆力提出了挑战,抗逆力已经成为他们生存和发展的关键能力。

积极心理学视野下的青少年抗逆力培养,是在积极心理学理论指导下,关注青少年心理潜能与人格特质,充分挖掘个体内在的积极力量和优秀品质,积极主动优化个体成长环境,使家庭、学校、社区的各种资源和谐匹配、优势互补、扬长避短,推动青少年以正向心理能量与周边资源良性互动,达到适应性、抗压性、胜任力等方面的综合发展。

二、研究目的

本研究依据抗逆力模型理论及其作用机制,对光明中学学生进行抗逆力问卷调查,旨在了解当前学生抗逆力水平,并根据调查结果提出有针对性的培养建议,从而制订进一步的干预计划,提升他们的心理抗逆力,帮助他们顺利地开展学习和生活,促进他们积极人格品质的形成,为其健康成长与终身幸福奠定基础。

抗逆力,是指主体在面临使自己身心失去平衡的逆境时,理性地表现出正面的、建设性的适应能力。

三、研究过程

根据研究目标,使用《中小学生学习与生活情况调查问卷》进行当前学生的心理抗逆力水平调查,初步了解当前在校学生的抗逆力。量表共36道题,为6点量表,学生在"完全不符合""比较不符合""有点不符合""有点符合""比较符合"和"完全符合"六个选项中选择一项,其中有9题反向计分。通过对当时的情况进行调查,对学生的抗逆力做了前测。随机选取高一四个班学生、高二四个班学生共303名,其中男生160名,女生142名。

积极心理学与抗逆力契合的全新视角,为青少年抗逆力培养提供了积极的理论范式。培养积极的情绪体验和人格,优化个体内在保护因子;构建积极的社会环境,优化环境中的保护因子,是积极心理学视野下青少年抗逆力培养的有效途径。

经过对内在和环境因子的培养和构建,一年后,我们再对这些学生的抗逆力进行后测,做了数据对照。

四、研究内容

1. 优化学生内在的保护因子

（1）心理讲座,全面覆盖

以心理讲座为例,它是除了每周的心理课外,能够给全校学生带来的一场心灵饕餮盛宴。利用校会课,我校心理教师、国家二级心理咨询师秦周青老师为全校学生带来了一场心理讲座——"何以 Young 我心"。

Young？年轻我的心？养？养心？一语双关的一个字,揭晓了"情绪对身心健康的影响"这个话题。

在看了一段视频和几张图片后,老师考了考大家上学期学过的情绪小常识:过度的喜、怒、思、忧、恐会对人体哪些器官造成影响呢？同学们踊跃抢答,也知道了原来有很多的疾病是情绪造成的心身疾病。为了更好地解释这个问题,秦老师提到了曾经接受过的一则咨询案例:"如果有一个人考了60分,他觉得考得特别差很难过,你们是怎么认为的呢？"现场的同学们热烈地讨论起来,有人认为他考得不算差,没必要难过;也有人表示理解这种心态,但是应当适当调整心情。通过老师对于五因素模式的介绍,同学们了解到改变自己的认知可以改善我们的情绪,在认知调整中让自己在沮丧状态中改善心态,悦纳生活。此外,老师还特别提到了在认知过程中的"不合理信念",例如选择性关注、任意推断、以偏概全等。讲到这里,台下许多同学都纷纷点头,结合自己身边的生活事例找到了共鸣。

再例如,全校学生聆听了由心理老师秦周青主讲的心理健康教育讲座——"教你如何'时'来运转"。秦周青老师先请在场的同学谈了"拖延表现的种种",并通过一段视频,请大家找到了"拖延症"的共同特点。那么如何让自己克服当前的"苹果"诱惑,战胜拖延呢？通过一段视频,有的学生找到了其中的关键之一:先做对的事,把事情做对。也有同学提到了将大目标分解成小目标的方法。秦老师补充了将创造性劳动转化成机械性劳动、让作业的种子飞一会儿、让一个人变成一个群体、结构性拖延等方法。

最后,秦老师希望学生们能够灵活运用这些方法,战胜拖延,使自己"时"来运转。通过本次讲座,同学们认识到了"挖掘自身能量"与"合理规划时间"是播种幸福人生的重要前提。

(2)主题班会,内化提升

"快乐,其实很简单"是班主任精心设计的一节班会课,学生们正在逐渐走向成熟,对各方面的关心程度增强,有一定的评价能力并逐渐转化为决定自己的动机与行为。他们的自我意识进一步增强,要求别人了解、理解和尊重自己。但这个时期的学生思维容易片面、偏激,往往强调事物的某一方面而忽视另一方面,克服困难的毅力还不够,遇到挫折会有种种消极情绪,易出现困惑、苦闷和焦虑。

进入高中的他们面临着更多的学科、更难的知识、更复杂的人际关系,压力比初中大得多,烦恼增多,但又不知如何解决。他们往往感受不到生活、学习中的快乐,需要及时地给予正确的引导,指导他们无论遇到什么事情,都要保持一种乐观的心态,积极去应对,即使情况很糟,但也说不准会"山重水复疑无路,柳暗花明又一村"。

解决烦恼一：压力太大

活动名称	活动内容	活动目的
活动一：走进魔法小屋	小品：《上帝,我不想做人》,由写下该烦恼的同学参与表演小品中的"人"	使学生意识到压力无处不在,压力无时不有,每个人都必须学会面对
活动二：开启魔法钥匙	魔法师(教师)赠予学生心情语录：每个人都有自己的喜怒哀乐,但人们往往只看到自己的忧愁痛苦、别人的快乐,为此埋怨,其实人人都一样,谁都有压力,痛苦与快乐并存,就看你如何选择了	使学生明白之所以面对压力,不同的人有不同的感受,关键是自身面对压力的态度
活动三：品尝魔法点心	心理小测试：你走在路上,一颗椰子掉下来,砸在你的头上,砸得很疼,你会怎么想、怎么做？(引导学生回答虽然很疼,但可以免费得到一个椰子。)	引导学生用积极的心态面对问题

解决烦恼二：不想考试

活动名称	活动内容	活动目的
活动一：走进魔法小屋	心理小实验：吃柠檬(由写下该烦恼的同学参与)	通过亲身体验使学生发现观念和想象会对身体产生影响

（续表）

活动名称	活动内容	活动目的
活动二：开启魔法钥匙	魔法师（教师）赠予学生心情语录：心灵有它自己的地盘，在那里可以把地狱变成天堂，也可以把天堂变成地狱，既然不能改变考试，那就试着去改变心情吧	告诉学生考试前可以暗示自己：我复习得很好，一定可以考出好成绩；或者这次我比以前更努力，一定会比以前考得好。那么积极的情绪就会帮助自己很好地通过考试
活动三：品尝魔法点心	请其他同学谈考前复习经验	分享不同的学习经验，吸收他人好的学习方法

解决烦恼三：我总比不上别人

活动名称	活动内容	活动目的
活动一：走进魔法小屋	寓言故事表演：《黄金床》	使学生明白：人和人不一样，一个人不可能十全十美
活动二：开启魔法钥匙	魔法师（教师）赠予学生心情语录：每个人身上都有着震惊世人的强大力量，若想唤醒这种力量，需要的不是羞愧之心，而是自豪之心	使学生意识到每个人都有自己的优点，树立信心，发挥自己的优点才能获得成功
活动三：品尝魔法点心	活动：大家夸夸你	通过其他学生对该同学的夸奖，使学生感到自己也有很多优点，也是别人羡慕的对象

　　这节课所解决的烦恼是经常困扰学生的问题，"压力太大""不想考试""我总比不上别人"，这些是在课前的书面调查中大部分学生都有的烦恼。在活动的设计中，我设计了"走进魔法小屋""开启魔法钥匙""品尝魔法点心"的活动名称，给予学生新奇的感觉，使同学容易接受。在活动的形式设计中，我采用了参与小品表演、心理小实验、心理小测试、寓言故事表演、心情语录等多样的形式让学生感悟，从而解决烦恼。整节课学生的参与度和关注度都很高，也从活动中有所感悟，取得了较好的效果，完成了预设的教学目标。

　　班主任以魔法师的形象贯穿于整节主题班会，由于魔法师赠予心情语录是以声音的形式出现的,且前期录音做了变声处理,以至于魔法师的形象异常神秘,学生猜了一整节课,最后我站出来告诉同学我就是魔法师时,同学们都表现出惊讶,这也拉近了我和学生的关系。

整节课的学生参与率为100%,设计的活动趣味性强,学生参与积极性高。

（3）寻找大白,收获反馈

2015年6月22日,第2037期《东方教育时报》在第5版以《用真诚关爱他人,用行动温暖人心——光明学子开展寻找身边的"大白"活动》为标题特别报道了我校在心理月活动中开展的系列活动之——"寻找身边的'大白'"。在"互联网+"的时代,这样与新媒体互动的活动,既贴近学生的内心,也激发了校园里的正能量。

这起源于寻找身边的"大白"——暖心小故事征集活动,是光明心理月重推的一个全校学生均可自由参与的活动,也是新媒体"光明心理"微信平台运营后开展的第一个互动项目。

此次心理月的主题是"悦纳生活,积极成长",根据边际效应递减原则,生活中也许时常相伴的温暖会降低人的"感知度",让人习以为常,认为是理所当然的。对于别人偶尔一次的好,我们容易记忆深刻;而对于日夜相伴的付出,人们往往容易忽视。

而随着电影《超能陆战队》的热映,大家都被影片中白白胖胖总是一脸呆萌的卡通形象大白(Baymax)深深吸引。其实我们细细寻找便可以发现,生活中也有许多人像"大白"一样善良,不离不弃地陪伴着、温暖着我们。而我们也应当常怀感恩之心,常为感恩之行,不要直到失去时才想起那一抹阳光。

2. 优化环境中的保护因子

（1）教室布置,搭建幸福港湾

生命需要阳光,其实心态更需要阳光。阳光心态是一种积极、宽容、感恩、乐观和自信的心智模式。生活没有固定模式,但应该向着阳光的方向播种幸福。阳光心态能够调动一个人的心灵力量,让生命像花儿一样娇艳,也可以不断挖掘潜在的心灵力量,显出生命本应拥有的精彩!

班主任与学生共同布置班级环境并进行展示,营造幸福的校园氛围。在过程中,引导学生悦纳自我、肯定自我、欣赏自我、发展自我,做一个心态阳光的健康人。

(2)心理沙龙,提升教师素养

有心理老师为我校青年班主任工作坊开设了"我和'心理'有个约会"的心理健康教育互动培训活动,增长我校教师的心理健康知识。每个教师都有责任关心学生的心理健康,构建更积极、更安全的心理环境,也为学生提升心理抗逆力提供外部保障。

秦老师针对高中学生心理问题和品行问题进行了探讨。从一则"强迫症"说起,打开了大家的话匣子,在一番热烈的讨论后,大家找到了关注学生"未满足的需要"这一核心。由此,秦老师采用一则心理案例——"小干部怎么会变成'小偷'",与在场的青年班主任们一起进行了分析和解读。之后,秦老师又与在座的老师们展开了关于"拒学"和"逃学"差异以及学生"拒学"原因的探讨。最后,秦周青老师分享了高中学生典型的心理问题和品行问题,梳理了其中的共同点和不同点,为本次活动画上了圆满的句号。在整个与"心理"约会的过程中,青年班主任工作坊的老师们都热情地参与其中。通过大家的探讨和分享,在座的每位老师都有了不同程度的收获。

此外,我校心理老师还为全体班主任开展了心理健康教育专题培训——"心理健康教育主题班会的开展"。

一堂好的心理主题班会能沟通班主任与学生的情感,增强班级凝聚力,促进学生心理健康发展,提高学生心理素质。秦老师以文献助读的方式与各位班主任分享了两则具有较强操作性和实践性的心理健康主题班会案例,并各影印了一份分发给每位班主任参考。同时,她还介绍了心理班会渗透的教育理念、心理班会的实施方法和流程。在主题的引入方法和形式上,秦周青老师也分享了一些用于激发学生体验,走进学生内心的心理游戏,以便班主任选择用于不同主题的心理班会。

培训结束后,沈晓燕主任指出,尽管因为五月的各项安排,本次心理月的活动内容并没有将各班开展心理健康主题班会的环节纳入其中,但班主任有责任关注学生的心理健康。而此次培训后,班主任便可以早做准备,结合班情,有针对性地选择在合适的时机,自行开展心理主题班会,帮助学生度过成长的"关键期"。

五、研究结果

通过心理课堂教学、学生主题活动,帮助学生更好地了解自己,培养积极的态度,优化个体内在的保护因子。通过学校活动、教师培训构建了积极的社会环境,优化了环境中的保护因子。我们对这批学生再次进行了后测,并进行了比对。

1. 我校学生的抗逆力现状前后测

通过对当前高中生的抗逆力现状进行调查,我们了解了学生的新特点。在经过主题班会、社会实践、社团活动以及心理辅导咨询等一系列干预后,我们进行后测,并与前测的结果进行对比,结果见图1。

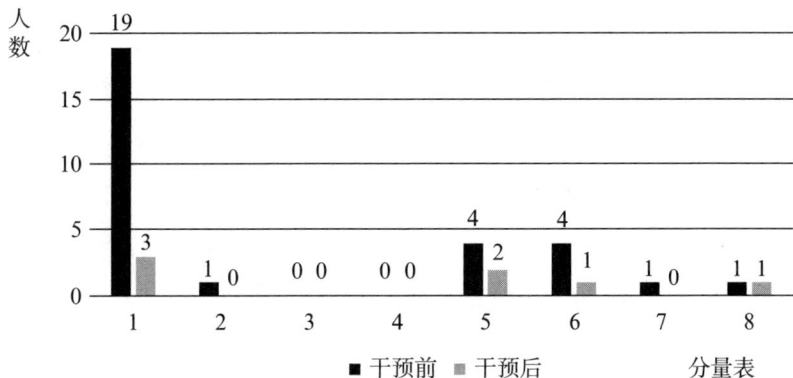

图1 干预前后各分量表高分的学生人数

如图 1 所示,横坐标上的为 8 个分量表维度;纵坐标表示相应分量表高分的人数。可以看到,干预后学生在应对逆境时,产生的心理压力、焦虑、不安全感等,几乎都低于干预前的人数。

2. 实验组(高一)与对照组(高二)的数据差异

表 1　干预前后总量表分的配对样本差异 t 检验[①]

组别	人数	平均数	标准差	自由度	t	p
实验组	150	45.74	3.09	152	54.60*	0.031
对照组	153	30.91	2.68			

如表 1 所示,高一学生经过了一学期的心理课、心理社团等系统训练,而高二年级学生在这一整年没有将心理课排进课表,在 0.05 水平上,对照组的总量表分明显低于实验组的总量表分。由此可见,在我校各项提升抗逆力的活动后,实验组整体抗逆力成绩有所提高。

3. 学生对外部因子的感受体验

关怀和支持是抗逆力形成的基础。研究表明,他人各种形式的积极关注能促进个体的自尊和自信。对青少年而言,与社会的接触有限,同伴关系和师生关系在青少年的社会关系中占主导地位。同伴间的谈心、教师适时地表达对他们的期望和信任,对增强学生的抗逆力有着重要作用。以下是在心理月的"寻找'大白'"活动中,我们得到的反馈。

故事一:

小沈是我们班公认的热心肠,她乐于助人、真诚可爱。有一次我的修

---

① 这里的分值都用他们前测与后测后的差值,以排除因为年级、年龄而产生的系统误差。

正带摔坏了,沈淑婧主动过来帮我修理,折腾了一中午,当我看到完好如初的修正带再一次躺在我的桌上时,心里充满了感动。而当我在运动时受了伤,她也总会跑来关心安慰我,告诉我怎样才能更快痊愈。不论什么时候,只要你向她寻求帮助,她总会尽其所能、不厌其烦地帮助你,正是因为她,我的生活充满了爱和阳光,让我感受到了生命的美好。

——来自高一(1)班黄同学

故事二:

小罗是一名非常负责任的物理课代表,总是会及时地把物理小练习的正确解题过程张贴在我们班的学习园地里,方便同学们交流、订正。同时,他还是我们班的"百宝箱",大大小小各类学习用品都会慷慨地出借给我们。每天早上,教室里总能看见他东奔西走忙忙碌碌的身影。不得不承认,他就是我身边的"大白"。

——来自高一(7)班奚同学

故事三:

最暖大白,我推荐舒舒老师! 教学上他一丝不苟,兢兢业业。每次去答疑他都认真回答,直到我懂为止。上课活跃风趣,然而有时会发火,但是我们都知道是为我们好。总之,他就像大白一样包容我们,教育我们,是我们的开心果,也是我们的好老师。

——来自高一(3)班胥同学

六、本研究的建议和展望

虽然高一学生目前拥有较好的抗逆力,但是,高中生活和以往的初中生活毕竟有诸多不同,随着年级的增高,学生必然会面临以往很少经历过的问题。因此,学校应该搭建积极的外部因子。

本研究对当时的高一和高二进行了一年的跟踪研究。其实,每个年级的学生都可能面临各式各样的问题,如高一新生的适应不良,高三学生的压力过大、情绪易波动等。教授学生诸如人际沟通、问题解决、情绪管理、自我减压等知识、技能，是我们正在做的，而学生也需要通过对知识的系统整理，并在面临问题时尝试使用，从而内化为自身力量，不断提升抗逆力。

随着上海新高考政策的深化改革，综合素质评价的推行，我区也在各项活动中对学生综合素质提出了新要求。一个人的幸福不光在家庭，还在校园，在社会。因此，学生自身的抗逆力，也在其间相互促进和成长。抗逆力是依靠个人与环境互动而发展的，也需要逆境来激发。

我校已在近一年来增加了各种校外实践活动、志愿者服务等活动。这一方面能让学生在广阔的天地中经受锻炼，激发学生的抗逆力；另一方面也能使学生开阔视野，体验与学校生活不同的精彩，从而获得良好的外部保护因子。

【参考文献】

[1] 席居哲,桑标,左志宏.心理弹性研究的回顾与展望[J].心理科学,2008,31(4)：995－998.

[2] 颜苏勤.中职生抗逆力现状与提升的实证研究[D].上海师范大学,2009.

[3] 沈之菲.青少年抗逆力的解读和培养[J].思想理论教育,2008(1)：71－76.

[4] 周碧岚.复原力研究的进展与方向[J].求索,2004,10：132－134.

[5] 许渭生.心理弹性的结构及其要素分析[J].陕西师范大学学报(哲学社会科学版),2000,29(4)：136－141.

[6] 向翔.学校因子影响初中生抗逆力水平的策略研究[J].思想理论教育,2011(4).

[7] 杨莉锋.网络成瘾中学生的抗逆力探究及学校社会工作跟进初探[D].首都师范大学,2008.

【课题】高中生学习焦虑的心理疏导实践研究

黄　琼　沈晓燕　秦周青　张奚斌

田秋华　杜　娟　张　静

引　言

　　"90后"学生常被称为"草莓族",看上去都很娇嫩,但稍微碰一碰就可能会快速变质。"90后"学生,是我们学校教育面临的一个新课题。这一代学生家庭教育的主流价值观偏向于"快乐教学法"和"拇指教学法",即为学生提供一个欢快愉悦的教育环境或家庭环境,对学生以鼓励为主,时常为他们竖起大拇指表示赞许,从而导致学生抗逆能力比较差。高中生正处于身体快速成长、知识结构迅速提升的重要时期,更是人格完善和价值观形成的关键时期。然而,这期间随着学习内容深度广度的增大,学业水平考试和高考压力增大,心理也受到极大的考验和挑战。如果身心的健康状况不能与大环境相适应,将出现焦虑等问题。

　　焦虑是指一种缺乏明显客观原因的内心不安或无根据的恐惧。学习焦虑常表现为心神不宁、自卑自责、头疼头晕、惶恐急躁等。高中生是一个特殊的群体。他们正处于令人羡慕的花季,可繁重的学习有时会压得他们喘不过气来,而且每学期还要参与各种考评,承受着因排名次所带来的内心恐慌和失落感,这种内心情感有时甚至是成人所难以想象的。久而久之,便产生了焦虑情感。焦虑对人的精神生活有严重影响。焦虑持续或频繁发生会导致身体全面衰弱、食欲减退、睡觉不良和过度疲劳;恐惧、紧张和无力感加剧,注意力涣散,记忆力减退,思想慌乱,无所适从,易产生极端念头,夸大自身无能,顾虑重重,灰心丧气,有时对恐怖的预期还会导致易怒和暴躁、怨天尤人和厌烦。过度的焦虑使得注意力难以集中,干扰记忆的过程,影响思维的活动,而且对身心健康产生很大的危害。学习焦虑不仅是学习优异的拦路虎,而且是我们生命中的一种慢性自杀。焦虑如果得不到有效的咨询和帮助将进一步发展成比较严重的焦虑症和恐惧症,引发各种躯体症状,从而延长治疗时间,给学生和家庭带来痛苦和负担。这样不仅影响到学生的长远发展,甚至影响到家庭和社会,严重的还会发展到抑郁,进而危及生命。

根据这样的新环境和新问题,我们需要对学生焦虑状况重新调查并寻找有效干预途径。而传统的心理咨询模式,主要借助语言的沟通,花费时间比较长,回访率低。因此,本研究意在探索以思维导图为工具的心理疏导方法在帮助学习焦虑学生过程中的作用,试图寻找一条比传统干预策略更有效的新途径。这不仅可以给心理咨询和治疗的同行一个启示,更希望找到这样的方法,引领班主任参与心理疏导,指导家长成为孩子的家庭心理咨询师。学校和家庭的共同参与,将更有助于学生焦虑问题的有效解决。

一、研究方法与过程

根据研究目标,我们选择了对焦虑比较有针对性的华东师范大学周步成教授于1991年翻译并修订出版的量表《中学生心理健康综合测量》。量表共100道题,它由一个效度量表与八个内容分量表构成。八个内容量表分别是学习焦虑、对人焦虑、孤独倾向、自责倾向、过敏倾向、身体症状、恐怖倾向和冲动倾向。通过对当前高中生的焦虑现状进行调查,以了解学生焦虑来源的新特点。此次调查随机选取高一学生40名、高二学生37名，合计77名为对象。

　　经过统计，找到全量表分最高，同时在学习焦虑和对人焦虑两个单项分数比较高的同学作为本次研究的干预对象。通过经典咨询理论的分析，寻找到更适合学生特点并节约时间的方法。把思维导图工具应用到咨询关系的建立及认知调整的实践中。本研究期望能寻找到更有利于学生缓解焦虑、提升心理素质的省时高效的新方法。

　　对于量表分数较高的学生，我校针对性地进行个案咨询与疏导，主要采取导图式认知疗法和体验式参与疗法。以下列举其中的两则：

1. 导图式认知疗法

　　求助目标：学生A初三考试前常拉肚子，吃药也没有用。自己觉察到可能是心理因素导致的症状，前来求助。

　　背景资料：小A的学习成绩一直都排在班里前五名，老师和家长都对她寄予了厚望。小A不仅学习好，是班里的学习委员，而且人又长得美丽大方，人缘好。进入初三，学习开始紧张起来，学校的各种考试也接连不断，第一学期期中考试开始前的两三天，小A开始莫名其妙地拉肚子，差点误了考试。结果当时考试的成绩不太理想，父母和老师都安慰她，只当是意外。但自从这以后，只要考试小A就会拉肚子，后来居然逐渐发展到平时的单元测验也会如此，奇怪的是只要考试一结束，拉肚子的病又不治自愈。就这样反反复复，学习成绩因此大受影响，最差的时候甚至考到了班里的三十多名。妈妈非常着急，带着小A到医院反复检查，但查不出任何毛病来。

　　原因分析：小A一考试就拉肚子，但反复检查的结果是哪里也没有毛病，可以初步推断，拉肚子的根源不是消化道出了问题。小A的学习成绩一直在班级排前五位，老师和家长都对她寄予厚望，可以想见，小A是老师和家长的宠儿，平时一定得到了他们更多的关注。由于从小到现在她一直生活在赞扬声中,这无形中给她增加了非常大的心理压力,而中考的即将来临,使这种压力到了一定的极限,面对越来越多的考试,小 A 担心自己考不好,让老师、家长失望,在小 A 的潜意识中产生了逃避的反应,最终导致考试焦虑,进而引起了消化系统功能紊乱——拉肚子。不是自己没有进步,是拉肚子影响了考试成绩,这样的事实,一方面,小 A 心理上觉得容易向老师家长交代,另一方面,在老师和家长面前,小 A 仍然能够保持好学生的形象,从而得到他们更多的关注。其实,小 A 潜意识里是用拉肚子的方式逃避考试,从而逃避失败的可能,表面上看是小 A 自信心不足的表现,其实小 A 是无意识地选择了一条可以保护自己自尊和维护自己形象的途径,而这样的选择在意识层面是连小 A 自己都不十分清楚的。以上的这些分析在和小 A 面对面咨询的过程中得到了很好的验证。

　　导图式认知心理咨询:咨询过程采用认知调整和放松咨询。在形式上采用思维导图,当来访者陈述问题、背景及自我感受的时候,咨询师在旁边辅助绘图。绘图结构:第一分支,根据来访者倾诉求助目标、背景和症状发生的时间特征进行描绘;第二分支,帮助来访者澄清其对考试的认知(合理的与不合理的,对不合理的部分进行认知式提问和辅导);第三分支,当焦虑来临的时候,来访者可能想到的应对办法;第四分支,与来访者一起讨论是否还有其他可行途径;第五分支,帮助来访者练习呼吸和肌肉放松训练。

2. 体验式参与疗法

　　小 J 上课时,总是眼睛睁得大大地看着老师,是一个认真听讲的学生;下课时,他总是拿着课本问东问西,有问不完的问题;考试前,他总是紧锁着眉头,觉得自己很多东西都不会;考试时,他总是觉得紧张,心跳加快,甚至觉得脑子一片空白。考试后,他总是说,我学习那么努力,为什么还是考不好。

　　根据小 J 的表现和问卷调查的结果,小 J 属于学习焦虑较严重的学生。他的学习态度认真,学习成绩也较好,但他总是觉得学习压力大、紧张、焦虑。对于这样一个学生,我们刻意安排他参与了一系列活动,逐渐调节他的情绪,陶冶他的性情,以便促使他的过度焦虑反应早日减轻或排除。

其中,我们让小 J 参与了主题班会中的小品演出:《上帝,我不想做人》。在活动中,我们让小 J 体会到了这个道理:"这个世界上谁都有烦恼、有压力,不要纯粹羡慕他人的自由快乐,要知道有快乐就会有痛苦,二者是并存的。只有认认真真地做自己,才是最快乐的事!"我们发现,通过上述方式所达到的效果,远比直接告诉学生来得有效。

二、结果

1. 干预前后焦虑现状的差异

表1　干预前后总量表分的配对样本差异 t 检验

组别	人数	平均数	标准差	自由度	t	p
干预前	77	45.74	3.09	152	54.60*	0.031
干预后	77	30.91	2.68			

如表1所示,77 名学生干预前后的焦虑现状存在显著的差异。在 0.05 水平上,干预后的总量表分显著低于干预前的总量表分。由此可见,我校在进行焦虑干预的各种措施后,学生的整体焦虑现状有所改善。

2. 个案的干预效果

在第一则焦虑案例中,小 A 通过与心理老师在思维导图中的沟通,逐渐找到了自己"拉肚子"的潜意识原因。通过一系列的放松训练,学会了在考试前的自我调节,并渐渐找到了面对压力的正确方法,选择了正面应对,而不是通过"拉肚子"来逃避。值得高兴的是,在最近的几次考试中,小 A 都发挥出了正常的水平。

　　在第二则焦虑案例中,小 J 在体验中扮演的鱼、鸟被同学扮演的鲨鱼、毒蛇、老鹰、猎人追得满场跑,惊恐万分。参与完这个活动,班主任请小 J 谈谈想法,当时他说道:看样子不管干什么都不可能安逸,干什么都有压力。既然没有办法选择没有压力,那就选择面对压力吧。同时,班主任、心理老师也不时地和小 J 谈谈心,帮助他认识到考试的目的之一就是查漏补缺。并且,平时小 J 的成绩还是比较好的,成绩偶尔下降也并不是什么坏事,不理想的成绩可以帮助我们找到不足,弥补缺陷,迅速提高。

打开心灵的枷锁

——一例新生适应性问题的心理辅导

秦周青

逸鹏(化名)是去年以较不错的成绩考入我校的,并进入了我校的特色班。他原本在一所民办的初中学习,该校教学质量高,每年有大批的学生进入较好的市实验性示范性高中。在进入高中这个新环境后,面对陌生的同学和老师,逸鹏原本以为也会像曾经小学进初中一样地顺利。开学后,逸鹏自信满满,但第一次数学和物理的周测成绩就使他处于班级的下游,其他科目也平平,这让逸鹏感到很有挫败感。于是他开始变得更努力,可是理科的题目似乎越来越难,他总是看书解题到凌晨,但是也做不了几道题,同时第二天上课的精神也不好。他渐渐发现班中的同学几乎人人都是优等生,在努力了一段时间后,月考中他的理科成绩还是没有进步,回家的作业却越做越晚,有时琢磨几个小时不动笔,等到写完已是凌晨。此外,因为前一晚上休息得晚,第二天起不了床,上学迟到,为此班主任也说过他。他的父亲和母亲商量,试图给他找学科的辅导老师,让他感到有些压力。逸鹏感到非常苦恼,但在新的学校他也没交到知心朋友可以诉说和交流,面对以前的同学,他又觉得有些自卑,这些困扰都憋在心里,更使他心烦气躁,无法安心学习。

一、简要分析

通过与逸鹏的接触,我发现他有以下几点表现:(1)性格不算外向,对自己的要求和期望较高。(2)面对到了高中后的成绩落差,产生挫败感,情绪有些低落,想改变现状,但对于自己的要求有些力不从心。(3)与老师和同学的交流较少,但渴望得到高中老师和同学的肯定。(4)食欲正常,睡眠时间少,但没有出现失眠的情况。

通过初次的面谈,我横向比较了他各个学科的成绩和作业情况,以及除了学习外的其他表现,例如与老师和同学的交往等。根据主诉,他从他认为最基本的作业开始抓起,却越做越晚,效率越来越低,有时会因睡得太晚而早上起不来,导致上学迟到。进入高一后,尤其是理科方面,数学和物理因为难度的上升,让他特别头疼;语文和英语作业的速度还可以。但他在这个新集体里还没有知心朋友,也很少主动融入集体活动。我也从纵向对比他入学前的情况,初中时是个成绩不错比较上进的学生。结合《卡特尔16种个性测验》以及《中学生在校适应能力诊断》这两个量表显示的结果,由此判断,他遇到的是高一新生的适应性问题。

二、过程记录

1. 干预方案

通过耐心的倾听和沟通,我与逸鹏达成了共识,制订了以下的咨询目标:

(1)采用倾听、同感等技术,改善来访者的不良情绪,了解高中与初中的区别,客观分析自己的优势和弱势,帮助逸鹏重新自我定位。

（2）采用认知等技术，帮助逸鹏调整对自己的高期望，以及认为只有作业做得全对或者学习成绩好才能获得老师和同学认可的非理性信念，确定合理的学习期望，走出挫败，恢复自信。

（3）通过参加社团活动等行为训练，改变逸鹏在人际交往中的被动地位，与同学和老师主动建立较好的互动关系，在活动中学会从多个角度评价同学和自己。

2. 辅导过程

第一阶段：（两次）主要改善来访者不良情绪，建立良好的咨询关系，制订咨询目标。

第一次的咨询中主要是运用倾听、共情、自我表露等技术引导来访者释放焦虑、不安的情绪，使他感受到有人关注他的感受，建立良好的咨访关系。并通过《卡特尔16种个性测验》以及《中学生在校适应能力诊断》这两个量表，完成诊断。

第二次的咨询，是第二天中午。逸鹏如约而至，在他的叙述中，我对他的现状、家庭背景和性格特点和他面临的困惑有了更多的了解，给他分析了高中学习和初中学习的区别，帮助他客观分析自己的长处和短处，在新环境中重新自我定位。鼓励他只要我们一起努力，问题一定能解决。在与逸鹏的共同协商中，我们制订了咨询目标与计划。

第二阶段：（两次）主要采用认知技术，调整来访者对自己的高期望，改变诸如作业一定要做得全对才能证明自己的优秀，以及认为只有学习成绩好才能获得老师和同学认可的非理性信念。

第一次咨询采用认知技术，调整逸鹏因对自己的高期望而产生的非理性信念，例如：作业一定要做得全对才能证明自己的优秀，由此带来不恰当的时间管理产生的困扰。通过家庭作业，让逸鹏自己记录，并进行自我辨析。

咨访记录（节选）

来访者：我想作业都做得全对才交上去。

咨询师：为什么呢？

来访者：这我不知道。我觉得我和他们不一样。我开学的考试已经落后了，老师上课也不太点我名，特别是难的题目，从不叫我回答，肯定是觉得我没有那个水平，所以我一定要把难题都做出来，证明给老师看。

咨询师：噢，为什么要证明给老师看呢？

来访者：恩，我想通过这种方式告诉他们不要小看我。

咨询师：看得出来你一向都很上进。但是，现在的状况是因为作业拖拉到很晚，休息也不好？

来访者：是的。作业题目很多又很难，我是想快点完成，但是结果总是到很晚才开始动笔，特别是理科。所以无论怎样，我总是要搞到凌晨才上床睡觉，有时候作业还没完成，我就已经没精神了。

咨询师：是啊，这样子身体支撑不住。如果一回家先做完大部分会做的作业再查漏补缺，你觉得怎样？

来访者：老师，这样完成作业的速度会快一点，只是质量可能没法保证。我是想都做得全对，不想和其他人一样随随便便地完成。可惜，我最近几次晚上都没来得及写完，妈妈催我快点睡，然后我早上起来再做的，都是匆匆完成，我真的好累啊！

咨询师：我能够想象你的辛苦。有句话叫："好的开始是成功的一半。"如果我们一到家，就抓紧时间动笔，不管我们是否会遇到难题，我们可以选择特别难的先跳过，但是至少所有的作业都做过了一遍。到最后，如果时间有多，我们再来一项项攻破不太会的比较难的题目，有精力的情况下再把作业的质量提高一些，你觉得呢？

来访者：嗯，这样压力会小一点吧。但是如果没有把难的题目做出来,我心里就不舒服,我觉得自己不优秀。

咨询师:老师知道你初中时成绩不错,也挺优秀的。但是到了高中,作业难度和量都增加了,有些题目没有做出来也挺正常的,不代表你不优秀啊。回头搞懂了下次会做,并且举一反三每天进步一点也是不小的进步呢。这样休息也得到了保证,你也在慢慢变得更优秀,你觉得呢?

来访者:是的,休息不好的我,上课精力不足也很难保证听课质量,这样回家死做题目,只会恶性循环。

咨询师:是啊,老师当初进了高中后,也有过和你一样的经历,觉得高中作业一下多了,难度也在增加,有些作业不太会,后来发现班级里的同学也都有不会做的题目,我们会在第二天的课间交流。作为老师,看到你有思考和探索的过程,如果是我,会觉得你挺好学和努力的。

来访者:的确,高中的作业不像初中那么简单,也许这样才是常态吧。原来优秀不是这样绝对的。

咨询师:是啊,让我们来试着制订一张计划表,每天回去都做一个规划,比如几点到几点完成哪项作业,严格按照表格来执行,看看效果会怎么样吧?

来访者:好的,谢谢老师!

我的每日安排

开始时间	结束时间	任务	完成度

通过这一次的咨询,逸鹏的心结似乎解开了一些,不再盲目地去死做题目,有些悟出了高中学习状态和初中的差异,慢慢调整自己的期望和规

划,特别是每天回到家后的作业时间安排。

第二次的咨询通过交谈,寻找出逸鹏的另一条非理性信念,即只有成绩好才能得到老师和同学的认可。我请他寻找自己和周围同学的闪光点,每天记录一条,试试从多个维度地看人看己。看看除了学习成绩好可以吸引别人的关注外,还有哪些闪光点也同样夺目。在此期间,也鼓励逸鹏改变在人际交往中的被动与自我,帮助他与同学和老师建立积极的互动模式,和身边同学相互学习,共同进步。

第三阶段:(两次)在巩固前一阶段咨询效果的基础上,我鼓励逸鹏参加社团活动,主动结交志同道合的朋友,走出挫败感,恢复自信。

通过前两个阶段的辅导,逸鹏已经渐渐适应起高中的生活和环境。我鼓励他扩大交往圈,在活动中恢复自信,增强组织协调能力。逸鹏很珍惜参加社团的机会,每周五放学后都早早到活动教室,帮着其他社员和老师一起做准备工作。在之后的一次由他负责的沙龙中,他和一位搭档配合默契,给社员们呈现了一堂非常精彩的主题沙龙,得到了伙伴们的一致好评。他逐渐在社团中找回了过去自信乐观的自己⋯⋯

三、个案评价

经过近三个月共六次的辅导,到期末考试前,逸鹏已基本打开了锁住他心灵的几条非理性信念,融入了新学校新生活,且精神状态良好。他积极地罗列着期末考试的复习计划,还在班级和社团中找到了几位好伙伴。并且他能在几次周测时,调整好自己的心态,恢复了往日的自信,不再为了某一次的考试失利而钻牛角尖,并且作业的质量也较之前有提高,上学自然也没有再迟到了。高一第二学期刚开学,逸鹏很高兴地找到我,告诉我第一次学期的期末考试发挥得不错。

逸鹏在我的辅导下,打开了自己,取得了一些成功,我真心为他感到高兴。而作为一个心理辅导的新手,我也在探索更好的咨询技巧。在本案的咨询过程中,我也一直在思考一个问题:学生的一些问题,一定程度上也有家庭的原因。本个案中,母亲在逸鹏的成长过程中一直扮演着"严母"的角色,对他的要求比较高,尤其是在逸鹏中考"失利"之后,母亲对逸鹏的学习增加了关注度。而作为大学教授的父亲,也开始按捺不住,打算为逸鹏寻找辅导老师,使得逸鹏进一步有了挫败感。这些都让原本就对自己要求很高的逸鹏开始感到烦躁,他渴望得到父母的鼓励与安慰,却遭遇了更大的压力。

从初三升入高中,高一新生无论是课程设置、学习内容、学习方法,还是人际关系、身心发育都会面临许多新的课题。新生若是由于对新学段的认识不足,不能根据高中学生生活的新特点进行调整,便会产生出种种不适应问题。对此项内容的辅导,开学初充分利用好班会课或心理课,对学生进行团体心理辅导,可以起到预防性的效果,也能够帮助大部分的学生平稳度过适应阶段。

【作者简介】

秦周青,任教心理学科,教龄 4 年,研究生学历,应用心理硕士,国家二级心理咨询师、上海市学校心理咨询师(中级)、家庭教育指导师(高级)、CCP 生涯规划师认证。

曾获黄浦区心理教师基本功大赛案例评比二等奖、黄浦区青年教师课题科研成果三等奖,并指导学生获上海市青少年科技创新大赛一等奖。

本文写于 2014 年 8 月,发表于《大众心理学》2015 年第 6 期。

教育：攻"心"为上

——中小学心理健康教育实践和问题

崔文倩

　　"教育，是忘却了在校学得的全部内容之后所剩下的本领。"爱因斯坦的这句话似乎在暗示教育的目的不是为了让学生掌握多少学科知识，而是希望通过学习学科知识对他们的心灵产生一些积极的影响，甚至是帮助他们拥有健全的人格。我认为，教育对于中小学生来说不应像高等教育那样偏重学科研究，而是应当攻"心"为上，将学生的心理发展作为教育的第一目标。根据埃里克森的人格发展八阶段，中小学生正处于身心发展极其重要的阶段。在小学阶段（6～12岁），学生主要面临"勤奋对抗自卑"的问题，如果顺利度过该阶段，学生将获得能力品质，反之将会体会到无能感。在中学阶段（12～18岁），心理发展处于"同一性对抗同一性混乱"阶段，在这个阶段最容易在学校学习、家庭生活、人际交往、自我意识和升学就业等方面出现冲突和矛盾，若不能顺利度过此阶段，可能会产生心理困惑或心理问题。大量研究表明，在面对各类压力时，青少年的心理问题频发，青少年犯罪、自杀、自伤和离家出走是目前教育出现问题的"铁证"。

　　由于考试、升学和就业压力，我国中小学校的教育焦点主要在知识和技能两个方面，而把德育和心理健康教育作为辅助的"工具"。因此，这项工作长期以来发展缓慢，在可以选择的情况下多让位于学科教育。对此，国家教育部在1999年提出了《关于加强中小学心理健康教育的若干意见》，并于 2002 年颁布《中小学心理健康教育指导纲要》，围绕"健康"和"科学"两个关键词开展中小学心理健康教育，并且提出要满足三大需要，分别是新时代人才培养的需要、推进素质教育的需要和学生的现实性需要。

经过多年的努力，目前学校心理教育不仅得到了多方的认可和支持，在我国一、二线城市中也有了一个相对完整的体系，包括学校心理教师的配备、心理咨询室的建立、心理活动课教材的设计以及心理学方向师范生的培养等。可喜的是，目前的心理教育不单单着眼于心理健康教育，更有一批优秀的研究者和一线教师正在探索一套完整的学校心理教育系统，它不仅包括心理健康教育系列课程的设立，还包括学校管理体制、校园环境布置、心理学渗透学科教学等"软件"方面的建设。相信通过不断的实践和思考，我国教育也将摆脱"应试"和"功利"的标签，真正成为"以人为本""攻心为上"的教育。

一、心理健康教育的基本内涵

1. 心理健康教育的发展脉络

心理教育并不是一个全新的理念，1903 年王国维教授在《论教育之宗旨》一文中就已经提出"心育"的概念，他说"心育"是相对体育而言，是德、智、美三育之和。南京师范大学班华教授对"心理教育"的阐述促成了心理教育理论框架的初步形成（见《心育论》）。随后，"心理健康教育"和"心理素质教育"两个术语应运而生，强调心理健康和心理素质对个性发展的重要性（刘本剑，2006）。"心育""心理教育""心理健康教育"和"心理素质教育"等提法先后出现。目前，除了"心育"之外，其他三种提法在我国并存、并用，政策文件中以"心理健康教育"为主。根据我国多数学者的理解，"心理健康教育"主要是指帮助学生形成健康的心理，从而更加适应社会，正常地成长和发展;"心理素质教育"主要是指培养学生形成良好的心理素质,帮助其成功和成才。"心理教育"则包括了这两者,因此"心理教育"的范围更大。现在,越来越多的研究者认为,"心理教育"才是更恰当的说法。

2. 心理教育的目标

从发展心理学的角度而言,人的发展体现出阶段性和连续性的特点。心理教育既要满足阶段性特点,也要符合一定的连续性。教育要遵循学生发展的"关键期",及时施教,也要培养学生自我学习的能力,使其爱上学习,从而终生学习。心理教育的目的是为了让学生拥有生活的热情,能正确认识自我,形成积极的自我态度,并做到自我悦纳;帮助学生获得人际交往的能力,建立良好的人际关系,能较好地获得人际支持;培养学生健全的人格,提高承受挫折和压力的能力,形成自尊自信、积极乐观的优良品质;同时,帮助学生获得一定程度的心理健康知识,从而在关键时刻学会自助、互助;学会识别心理问题,在困惑时主动寻求专业帮助,运用科学的心理学方法,采取有效的应对措施,尽快摆脱困境,实现自我调节,提高心理健康水平。

3. 心理教育的主要内容

根据中小学心理教育的目标和特点,心理教育的内容主要根据不同的年级进行细化。小学阶段的内容主要是从低年级的规则意识和行为习惯到中年级的自我认识和角色意识,再到高年级的学习动机和情绪养成;初中阶段心理教育的主要内容有:加强自我认识、发展学习能力、有效管理情绪;高中阶段的心理教育内容主要有:发展自我同一性、树立理想和信心、培养人际交往能力、提高承受挫折能力以及职业生涯规划等(参见《中小学心理健康教育指导纲要(2012年修订)》)。

二、中国心理教育的探索和实践

1. 国内中小学心理教育的模式

目前国内外的心理教育模式主要分为医学模式、社会学模式、教育学模式和心理学模式。教育学模式重在教育、预防和发展。目前我国中小学主要采用教育学模式来满足中小学生心理健康教育的实际需要和发展。该模式主要有五个观点，包括教育辅导式、"四结合式"、"五结合式"、"六结合式"以及系统模式。

其中，教育辅导式遵循人本主义思想，认为学校教育应当关注学生生存环境，将心理教育全面渗透到各个学科中去。"四结合式"则认为心理教育应当包含心理测量、心理咨询、行为矫正，并与班主任管理工作相结合，注重预防和发展。"五结合式"将心理教育与心理咨询、学生咨询、班主任工作、家庭治疗、修身养性相结合，帮助中小学学科老师都具备心理辅导的能力。"六结合式"则认为要将心理咨询与心理测量、心理教学与行为矫治、心理治疗与心理护理、班主任工作与家庭教育、学习指导与心理素质优化训练相结合。"系统模式"提出中小学心理教育模式要有明确的目标、任务、原则、内容、方法、策略和途径；要以多种方式进行、多个主体参与、多个环节渗透，对学生进行全方位和多维度的心理教育；要以促进学生心理素质水平的提高为中心，注重学校、家庭和社区的合作（张冲，孟万金，2006）。

2. 我国学校心理教育的实践

（1）心理健康教育课程建设

在我国一、二线城市的中小学几乎都已配备了心理学教师。学校每周或每两周开设一次心理课。课程内容包含自我意识、人际关系、学习辅导、情绪管理等涉及学生发展的各个方面。然而,目前对心理教育是否需要专门开设学科课程仍有争议,因此并没有纳入国家课程体系。但是从学生反响来看,心理课普遍受到了学生的欢迎,即使一周一次的见面也能够让学生放松心情、收获颇丰。在心理课上,教师会根据各年级学生的特点进行多方面的指导。课程内容丰富,活动形式多样,是学生喜爱心理课的主要原因。此外,在大部分地区,心理课被称为"心理健康活动课","活动"设计的好坏是目前评价一节心理课是否优质的重要指标。

(2)心理教育系列活动

心理教育注重实践,因此中小学采用心理活动的方式,如思维训练、兴趣小组、创造力大比拼、社会实践、心理社团等形式,丰富学生的课余时间,通过游戏的形式,帮助学生放松心情,维护心理健康。每年的5月份被定为心理健康活动月,许多中小学校在5月份开展心理健康系列活动,丰富校园文化,同时也引起了社会各界对于学生心理健康问题的关注。

(3)心理学渗透学科教学

研究者已经逐渐意识到心理教育应当渗透在学校教学的全过程。学科教师不仅要教会学生知识与技能,还要在教学过程中进行相应的心理训练和学习指导。目前,许多教师已经注重在教学过程中的心理教育。例如:某英语老师提出要把心理教育渗透至英语教学。①从兴趣着手,调动学生的积极性。作为一门语言学科,难以摆脱枯燥和乏味,但是该教师通过脑、耳、手、口以及联想记忆的方式让学生体会学习的快乐(如:ambition = "俺必胜" = "野心、雄心",pest = "拍死他" = "害虫"等联想型记忆方式)。②从效率入手,指导学生学会制订学习计划、组织预习、科学地记笔记、高效管理时间等。③从效果入手,进行智力训练,指导学生科学用脑,组织学生进行记忆力、想象力、创造力、感知力和注意力等多方面的训练。同时,良好的课堂氛围,是让学生心理愉快、提高学习效率的重要因素(韩彩萍,2011)。

(4)心理辅导与心理咨询

目前,在上海、北京等地的中小学都有完备的心理辅导或治疗中心,如心理咨询室。在上海市卢湾高级中学等学校设有专门的心理宣泄区域,在上海市光明中学等心理达标校中设有专门的沙盘设施和放松仪器设备等。学校心理咨询室的建立不仅可以对学生进行个别辅导，还能通过专业的量表甄别出一些需要及时转介的学生。此外，有条件的学校还把心理咨询室变成了心理训练区，例如放松区、宣泄区、娱乐区和活动区。对场地进行专门的划分，可以让学生在这些区域实现翻阅心理健康图书和图片，对玩具或木偶发泄（此方法因涉及"暴力"，有待商榷和研究），进行团体心理训练等。

（5）教师心理技能培训

研究表明，教师的人格对学生的发展具有直接的影响，教师不仅要传道、授业、解惑，更需要影响学生形成积极的人格品质。然而，最近几年来，关于教师的负面新闻层出不穷（"校长开房"案、"幼教虐童"案等），社会对于教师的职业道德提出了质疑，令许多教师倍感压力。我国目前对教师的心理教育只在教师入职的前一两年开展（甚至是以职业考试的形式出现），持续时间短、效果差，是教师面临压力，面对学习困难学生、行为问题学生时不能妥善处理的重要原因。年轻教师由于缺乏教学经验，在面对"问题"学生时显得措手不及、惊慌失措；有经验的老教师面对新生代"00后""10后"的发展问题又略显心有余而力不足。因此，全面开展学校心理健康教育显得困难重重。

（6）校园环境布置

我国目前的校园环境布置重点在于加强安全和防范设备，强调校园文化，特别是校纪、校风和学风的建设。因此，我们可以看到高高的栅栏，在教室中挂在墙上的大字"今天你以学校为荣，明天学校以你为傲""高考还剩××天""只要学不死，就往死里学"等，甚至学生的考试成绩和名次也会贴在墙壁上。本以为是积极的心理暗示，但其实并不能给学生带来快乐的体验，反而会令学生厌烦和恐惧。可喜的是，已经有学校意识到环境对人的心理的重要影响，也尝试将心理元素融入环境布置中去。例如有的学校为学生提供了宽敞的场地，让学生能够长时间、从容地在那里停留、交谈，不受到他人的干扰。提供"校园一隅"给学生自由的空间。

此外,学校开始重视绿化环境,让学生可以在草坪上阅读书籍,在台阶上沐浴阳光,在湖畔的林荫小道谈笑风生,在传统的园林建筑中缓解紧张的学习气氛,这些恰恰是开展心理教育的积极助手。

(7)特殊的方法

在心理教育中,我国目前采用多种方式。例如心理训练法:包括观察力训练、学习训练、思维训练、想象力训练、注意力训练、敏感性训练、元认知训练、自信心训练、归因训练和放松训练等;角色扮演法:通过角色互换的扮演改善人际关系;优势强化法:通过游戏、表演和竞赛帮助学生发现自己的优势,并得到心理强化;榜样示范法:包括伟大人物、同伴、文学作品人物的榜样作用等。

三、中国心理教育目前存在的问题

1. 错误的观念

目前,不少中小学校对于心理教育仍存在较多误解,主要有以下几个方面:(1)将心理教育等同于心理测验。不少学校要求学生参加各种类型的心理测试,这种做法不仅给学生"标签化",甚至无形之中制造了学生新的心理障碍。即使要大面积施测,也应当遵循"自愿"原则,并减少对学生的消极"心理暗示"。(2)将心理教育等同于心理咨询。许多学校根据上级要求,投入大量资源建立了心理咨询室,要求心理咨询教师向学生逐一开展个别咨询活动。这种做法,表面上看来是对心理教育工作的重视,实质上是把实施学校心理教育的责任推卸到个别心理咨询教师身上(刘本剑,2006)。(3)将心理咨询师证书获得者等同于专业心理学工作者。资料表明,当前我国从事心理教育的人员只有少数人为心理学专业毕业的学生,许多学校的心理教育工作者都由班主任、大队辅导员或思想品德老师兼职。由于缺乏心理教育的专业背景和学生对他们的固有角色认定,心理教育工作很难开展。此外,目前学校对心理教师的资质认证宽松,普遍认为考出国家二、三级心理咨询师或学校心理咨询师证书之后,就能够承担心理工作。但实际上,学校心理工作远不止心理咨询这一块内容,心理咨询也只是心理教育中的一部分。

2. 心理教育工作"五化"

目前心理教育工作存在"五化"问题,分别是形式化、德育化、学科化、病理化、两极化。(1)形式化。许多学校由于缺乏对心理教育的重视,仅仅因为政策的缘故聘请了心理老师,建立了心理咨询室。然而,只注重形式,不重视实际效果,将咨询工作的数量等同于咨询工作的质量。(2)德育化。老师兼职心理教育工作的现象在我国中小学内非常常见。然而,德育是德育,心理是心理。德育的目标在于培养学生热爱祖国、拥护党的领导,具有服务人民、为社会奉献的使命感。许多学校把心理教育变成了思想政治的说教课,使学生缺乏兴趣。(3)学科化。许多地区已经出版了心理学教材,中小学也专门开设了心理课。然而,也存在操作不当的情况,如把心理学列入考试范围、平时交作业、背理论等形式让学生无从获得快乐和帮助。(4)病理化。由于社会文化原因,一些学校会把有心理困惑的学生看作是病态的,因此很多学生也不敢去心理咨询室。(5)两极化。心理教育工作在一、二线城市的发展稳步上升,然而在经济欠发达地区,大多数学校停留在片面肤浅或者未开展的状态。

四、中国心理教育的发展和走向

1. 针对观念

教育部门应当建立起从上至下的网络体系。首先加强对各级各类学校心理教育的统筹规划、组织安排、协调领导和监督评估,以确保心理教育的有效开展,但切勿走形式化的老路。此外,在学校内部应当建立起一套明确的分工合作制度,构建一个以班主任为领导,全体教员为参与者,心理教育工作者为指导的教育网络。要知道,在国外,十几名学生就配备一名心理教育工作者跟踪辅导。虽然目前国内无法实现,但至少可以令全体教师对心理教育有科学的认识,并参与其中。此外,重视对经济落后地区心理工作的援助,选派专业人士、志愿者前往落后地区帮扶,提高该处人员对心理教育的认识。此外,为该地区的校长和其他教育教学人员提供专业的培训,帮助他们客观而全面地看待心理教育。

2. 针对心理教育人员

提高心理教育人员的专业性,同时培养全校教师健全的人格和良好的人际交往能力。家长作为学生的重要他人,应当积极参与学校开办的专题讲座和家庭教育经验交流会等。学校应辅导家长全面了解自己的孩子,对孩子的期望客观恰当,保持良好的情绪状态,为孩子提供温暖而权威的家庭环境。社会机构应当与学校合作,为学生课余时间提供心理教育的服务。学校、家长和社会三位一体的合作关系,将是新时代心理教育的核心力量。

3. 针对其他方法

(1) 与班级管理相结合

班主任作为班级的直接管理者,要学会并尝试用心理辅导的方法去做学生的思想工作,从保护学生身心健康的角度出发,本着理解、尊重的原则去对待每个学生。例如:创建"民主型班级",教师为学生的主动发展提供机会和点拨,包括主动发现学生的发展空间,为学生提供唱响生命的机会,让学生感受到自我发现、主动发展的过程。另外,教师还应帮助学生逐步学会主动敞开自己的胸怀，主动关心他人，并在与人交往中共同创造美好的集体生活，让学生的心灵相互滋养，形成积极向上的班级环境。从生生关系上来看，让学生之间能懂得相互欣赏、相互合作；从师生关系上来看，让学生能理解老师的用心，从而和老师真诚沟通。心理健康教育与班级管理相结合，有利于形成和谐、融洽的班风，有利于班级工作的顺利开展。

（2）团体心理辅导

目前对中小学校主要采用个别心理辅导的方式开展工作，较少涉及团体辅导。开展团体活动，有利于甄别同一问题类型的学生，让这群"同质性群体"一起参加辅导，避免个体辅导带来的一些不足，例如：学生羞于寻求帮助或害怕别人的看法。团体心理辅导能较好地巩固咨询效果，并利于心理辅导老师开展后续跟踪，检验辅导效果。

（3）网络心理健康教育

建立心理教育网站，进行网络互动。随着互联网的发展，大多数学生从小就开始接触各类网站，获得的信息远比以前的人要多。心理网站能帮助学生较为便捷地得到帮助，同时也具有良好的隐蔽性，不必担心被他人知道。同时，心理网站也为教育人员提供了便捷，提高了效率。

（4）建立学生心理健康档案

目前心理档案内容不齐全，随意性大，不规范。据有关研究认为，中小学生的心理健康档案应包括以下内容：个人和家庭生活资料；个人的学业资料；个人的健康资料；心理测验结果及分析报告；重大的生活事件。条件允许的情况下，为每一个学生从小学阶段开始建立心理档案，持续到大学毕业，若在某一阶段出现心理问题，可以通过翻查档案了解学生的心理发展过程，提高判断的准确性和治疗的效率。

（5）心理环境建设

包括物质、文化和人际环境。例如：将学校里的每一个地方都赋予生命的意义；将校园中有"警示"的语言都换成人文化的语气，如把"禁止踩踏草坪"换成"小草会因为你的留情而成长"；将师生之间的心理差距缩小；将管理制度变得更加公开、更加人性化；提供学生户外教学的机会等。

　　中国中小学心理教育的发展存在两种趋势：一是现实方向,注重解决具体的问题,包括教学中学生的困难、不良行为等;二是发展方向,注重以培养学生个体发展为目标,提高心理准备度。无论如何,解决现今存在的问题是眼下最紧迫的任务。

【参考文献】

[1] Bruce Lubotsky Levin, Brian T. Beauchamp, and Leah A. Henry-Beauchamp. "Education and Training of Children's Mental Health Professionals: The Existing and Potential Role of Schools of Public Health." Journal of Child and Family Studies, Vol. 6, No. 1, 1997, pp. 131–136.

[2] Yueming Jia. "The Influence of Student Perceptions of School Climate on Socioemotional and Academic Adjustment: A Comparison of Chinese and American Adolescents." Child Development, 2009, Vol. 80, No. 5, pp. 1514–1530.

[3] Michelle M. Perfect, Richard J. Morris. "Delivering school-based mental health services by school psychologists: education, training, and ethical issues." Psychology in the Schools, Vol. 48(10), 2011.

[4] Joshua C. Felver, Gant·Sarah L. Levi. "Evidence-Based School Mental Health Services: Affect Education, Emotion Regulation Training, and Cognitive Behavioral Therapy." Journal of Child and Family Studies, Vol. 20, 2011, pp. 884–886.

[5] Joseph C. LaVoie. "School Psychology Research in the People's Republic of China." Professional School Psychology, 1989, 4(2), pp. 137–145.

[6] 申喆,周策. 从政策角度看我国中小学心理健康教育的发展特点及趋势[J]. 教学与管理(中学版),2013(3): 38–40.

[7] 吴晓双. 当前我国中小学心理教育的现状及影响因素思考[D]. 第三届中国心理学家大会论文选登.

[8] 左雪,朱斯琴. 当前中小学心理教育中存在的问题及其对策[J]. 内蒙古师范大学学报(教育科学版),2004,17(4): 103–104.

[9] 杨连有.对中小学教师心理教育知识、观念的调研[J].集宁师专学报,2003,25(3)：45-48.

[10] 焦其和.对中小学心理教育的一些思考[J].新疆教育学院学报,2007,23(4)：61-63.

[11] 王海荣.关于当前中小学心理教育的思考[J].保定师范专科学校学报,2003,16(3)：65-67.

[12] 潘福勤.关于提高中小学心理健康教育实效性的思考[J].教育探索,2008(5)：114-115.

[13] 崔景贵.关于我国中小学心理教育教材建设的思考[J].吉林教育科学：高教研究,2001(5)：12-15.

[14] 朴婷姬,刘惠善.关于中小学心理健康教育的研究[J].教育探索,2007(9)：115-116.

[15] 高思刚.关于中小学心理教育若干问题的探讨[J].中小学心理健康教育,2001(2)：12-14.

[16] 刘本剑.关于中小学心理教育中的几个认识问题的探讨[J].教育探索,2006(7)：86-88.

[17] 张冲,孟万金.国内外中小学心理健康教育模式述评[J].中国特殊教育,2006(3)：25-27.

[18] 孙永明.论中小学心理健康教育的几个问题[J].教育探索,2003(11)：91-93.

[19] 李大平.浅谈中小学校园公共空间的设计[J].黑龙江科技信息,2008(27)：284.

[20] 朱海.浅议中小学心理健康教育[J].中国教育学刊,2006(1)：39-40.

[21] 崔静.如何将心理教育渗透到中小学教学之中[J].读写算：教育教学研究,2011(35).

[22] 袁鑫.我国中小学心理教育存在的问题与应对策略[J].河南工业大学学报(社会科学版),2010,6(3)：127-130.

[23] 王金丽.我国中小学心理教育的现状与应对[J].教育导刊,2001(9)：28-29.

[24] 吴发科.校园心理环境建设的理论与实践——谈中小学的教育生态环境建

设[J].现代教育论丛,2004(3):24-28.

[25]刘荣宝.心理教育课程论的德育观[J].群文天地,2012(2):163-164.

[26]班华.与中小学心理老师谈心理教育(之一)[J].中小学心理健康教育,2007(7S):6-10.

[27]班华.与中小学心理老师谈心理教育(之二)[J].中小学心理健康教育,2007(9S):4-6.

[28]肖前玲.在学科教学中渗透心理健康教育[J].新课程(小学版).2010(8):81.

[29]刘本剑.中小学教师学科心理教育能力培养微探[D].湖南师范大学,2004.

[30]田学岭.中小学校心理健康教育现状的调查[J].周口师范学院学报,2006,23(5):125-129.

[31]梁芹生.中小学心理健康教育存在的问题与对策[J].教育探索,2004(5):85-87.

[32]励骅.中小学心理健康指导室的建设[J].现代中小学教育,2005(4):49-50.

[33]周守珍.中小学心理教育的若干思考[J].长江大学学报(社会科学版),2007,30(6):108-110.

[34]李运华.中小学心理教育应促进学生的学习[J].康定民族师范高等专科学校学报,2005,4(1):85-87.

[35]周建庆.中小学学校心理健康教育现状与对策研究[D].浙江大学,2000.

[36]韩彩萍.中小学英语教师学科心理教育初探[J].中国校外教育(中旬),2011(4):37.

[37]林建华.中学心理教育模式研究[J].心理科学,2001,24(1):90-91.

【作者简介】

崔文倩,任教心理学科,教龄3年。

曾获上海市学校心理健康教育活动课大赛二等奖,黄浦区中小学心理辅导教师基本功竞赛一等奖、案例评比三等奖,黄浦区青年教师课题三等奖,黄浦区优秀见习教师。

本文写于2016年9月。

师资培训

学思行并举，心智情共生

——充分发挥中小学党组织政治核心作用的思考和实践

邬雪洁

党组织只有充分发挥政治核心作用，才能增强持续不断发展的内驱力，激发凝聚力和积极向上的精神，不断聚集发展能量和释放能量的能力，不断超越、不断完善。光明中学党支部结合学校教育工作实际，紧紧围绕增强党组织的战斗力和凝聚力这个中心工作，加强和改进党的组织建设，实现学校内涵发展。

一、我们的思考与实践

1. 价值引领，聚心同德

党支部要通过思想引领把智慧和力量凝聚到实现学校教育的目标任务上来，因此要坚持以社会主义核心价值体系为重点，构建起具有自身特色的思想道德建设体系，开展多层面的思想道德教育。

为了发挥党员的先锋模范作用，体现"一个党员一面旗"，党支部开展了"坚守情怀，不忘初心"党员承诺践诺活动。光明中学全体党员庄严承诺：坚持党性，严守纪律；以身作则，榜样垂范；服务群众，敬业爱生；廉洁自律,履行职责;团结协作,服从大局;无私奉献,追求卓越。支部还把每一位党员的个人承诺及工作照制作成精美的图片,在学校二楼的长廊里展示出来,生动的照片、质朴的语言充满了感人的力量。很多学生和教师都驻足欣赏,品读老师们精心撰写的个人承诺,体会一种为师的情怀,每一句承诺就是一份沉甸甸的责任。例如,"扎根三尺讲台,奉献人生舞台。""目标牵引成长,过程充盈人生。""兴趣比成绩重要,成长比输赢重要。""立足本职,做一个有益于学生的教师。""严于己,而后勤于学生。""用音乐启迪智慧,用艺术点亮人生。""教学的艺术不在于传授的本领,而在于激励、唤醒、鼓舞。""永远用欣赏的眼光看学生,永远用宽容的心态面对学生。""我的成就感,源于学生的成就!""低调做人,高调做事。""真正的爱,应该超越生命的长度,心灵的宽度,灵魂的深度。""历练人生,品味成长的烦恼;关注过程,体验生活的快乐。""少说空话,多做实事。""严谨治学,身正为范。"通过承诺、践诺,激励每一位党员坚守情怀,不忘初心。

结合纪念建党九十五周年,党支部副书记上了一堂主题为"学习党章,重温誓言"的专题党课,并带领全体党员向党旗再一次庄严宣誓。大家通过重温誓言以实际行动向党的生日献礼——"做好党的人,做最好的党员"。支部动员党员教师参加"入党那一天"征文,进一步深入学习党章,增强自豪感和责任感。党员教师的征文令人动容,有的党员教师写道:"那一刻,我心潮澎湃,思绪万千;那一刻我热血沸腾,感慨万千。我感激党的教育,感谢党的培养,她将永伴我、激励我、鞭策我,矢志不移地体现党的先进性并成为自己为党工作的强大动力。"有的党员教师写道:"生日时,立下的入党誓言,使我铭记作为党员的责任;做学生时遇到的所有美好,坚定了我成为一名教师的信念。愿以我微薄之力点亮美丽心灵,以我火红青春践行教育梦想!"

2. 学而促思,聚识同进

我们引导干部、教师牢固树立工作学习化、学习工作化的新理念,真正把学习当成一种生活常态、一种工作责任、一种精神追求。党支部通过中心组学习不断提高干部思想理论素质，开展了"加强校园安全管理采取的主要措施及对策建议""向着第一个百年目标迈进——写在党的十八届五中全会召开之际""十八大以来党中央推进教育事业改革发展纪实""认真学习贯彻《中国共产党廉洁自律准则》《中国共产党纪律处分条例》""高考新政推动下的高中教育转型""价值观自信是保持民族精神独立性的重要支撑""永葆党的生机活力——热烈庆祝中国共产党成立九十五周年""加强特色发展　辐射光明品牌""中国特色社会主义法治道路如何走"等专题学习，坚持理论联系实际，高屋建瓴发挥理论学习对实际工作的指导作用。

为深入学习领会"两会"精神，党支部组织召开了以"学习两会"为主题的专题组织生活会；把人民日报刊发的《从严治党锻造坚强领导核心　协调推进"四个全面"》系列评论员文章发布在学校网页"党旗飘飘"栏目中，以供党员学习；鼓励大家研读十八届五中全会公报及相关文章，深入了解其历史背景、基本内容及重要意义。党支部召开"强师德　正师风　铸师魂——习总书记'七一'讲话专题学习会"，党员教师纷纷表示：作为教师，要不忘初心，不受浮躁社会的影响，在专业上不断精益求精，坚定育人信念，富有敬业精神，凝聚团队合力；要热爱学生、顾全大局、勇挑重担、共同奋进、不断进步，为光明中学美好的明天而共同努力！通过共同学习，培养前瞻、开阔的思考方式，充分唤醒教师的主人翁意识，激发群体智慧，满足发展自我、实现自我的精神追求，争做学生喜欢的教师，实现共同的抱负。

3. 培育文化，聚情同心

学校文化所体现出的价值观，使教职工在目标上达成共识。在理念的指引下，产生一种巨大的向心力和凝聚力，最终达到目标，实现组织价值最大化。

学校图书馆专门购买了习近平总书记的系列讲话书籍，支部召开了"阅读让生活更美好"系列活动，共同学习《平易近人·习近平的语言力量》一书；

鼓励每位党员推荐心目中的好书,并用一句话概括点评,利用网络进行分享交流。在支部的带动下,学校开展了每学期一次的荐书活动,老师们积极踊跃地为图书馆献计献策,大家在博库书城挑选书籍,为图书馆提供喜欢的书目名称。党员教师每人还撰写书评,并在学校"党旗飘飘"内展示交流,内容丰富,精彩纷呈,体现了党员教师良好的人文素养,营造了书香校园的氛围。党支部开展了"学习让人生更丰厚"活动,党员讲授国学,共同学习经典;开展了"笔墨书香添风雅　陶冶情操提素养"活动,进一步提升素养,增强底蕴;支部组织全体党员到上海展览中心参观"日出东方"大型主题展览,感悟中国共产党的伟大功绩,同时切身体会到今天的幸福生活来之不易;组织党员到逸夫舞台观看新编现代京剧《浴火黎明》,感受剧中人物将国家大义置于个人生死之上的崇高精神。通过参观展览和观看现代京剧,老师们对进一步强化党性修养、加强党的建设、推动教育改革有了更深入的认识和思考。

4. 提升境界,聚智同向

我们以全体教师专业发展需求为导向,以培养育德能力、创新精神、研究能力为重点,激发教师发展内驱力,努力做到讲政治、有信念,讲规矩、有纪律,讲道德、有品行,讲奉献、有作为。

光明中学党支部积极开展"两学一做"学习教育,激励广大党员不断加强自律,提高修养境界,做遵纪守法、明礼诚信、低调做人、努力做事的教师! 支部动员广大教师争做"四有"好老师,鼓励教师在专业上不断发展。党员教师积极进取,挑战自我,充分发挥了先锋模范作用。骨干教师队伍中党员占有很高比例,支委会成员中特级教师 1 名,工作室导师 1 名,名师基地成员 2 名;14 名区学科带头人、骨干教师中,党员占 8 名;10 名校级骨干教师中,党员占 6 名。

党支部组织党员观看于漪老师《生命与使命同行》纪录片和《怀念周小燕先生》的视频,通过学习"为人为师为学楷模"于漪老师的从教生涯和周小燕老师的人生经历,再一次深切感悟到:教师重要,就在于教师的工作是塑造灵魂、塑造生命、塑造人的工作。做好老师要有理想信念、道德情操、扎实学识和仁爱之心。党员教师以"一切为了学生发展"为理念，提高专业素养，不断提升境界。每年学校都打造以"幸福校园"为主题的教育活动，意在展示光明教师风采，弘扬教师爱岗敬业、教书育人、为人师表、关爱学生的职业精神。穆校长领衔开展区级课题《凝心聚力汇人才　肝胆相照谋发展——上海市光明中学党派队伍建设的思考与实践》的研究，凝聚各方力量，为创建"和谐校园"贡献智慧和力量。

5. 倾听民声，聚思同谋

对于学校来说，教师和学生组成了一个温暖而温馨的大家庭，要不断听取广大师生意见和建议，鼓励师生集思广益营造更好的从教和学习氛围，让教师爱自己的学生、爱自己的团队、爱自己的学校，不断开启教育人生的新篇章。

学校努力营造积极向上、温馨和谐的工作氛围，结合当前教育发展实际，凝聚师生的心，汇聚智慧共同管理学校。党支部组织党员认真学习习近平"七一"建党95周年讲话，每位党员写感悟和体会，同时结合教师节主题活动和光明中学130周年校庆，联系自身实际、师德师风等开展座谈交流，在党员教师的引领下，全校师生以丰硕的教育教学成果迎接学校130周年校庆。学校克服了办公室面积狭小等重重困难，听取了教师们的建议，调整了各学科办公室，并在积极改善办公环境的同时，在如何提升广大教职员工的身体素质上花费了心思。我校场地较小，但在各方的支持下，我们开放了健身房和乒乓房，安排了体育组老师轮流值班，让老师们在繁忙的工作之余健身健体，放松身心。

6. 履行义务，聚力同行

党章中要求全体党员坚持"全心全意为人民服务""党在任何时候都把

群众利益放在第一位,同群众同甘共苦,保持最密切的联系,坚持权为民所用、情为民所系、利为民所谋……党在自己的工作中实行群众路线,一切为了群众,一切依靠群众,从群众中来,到群众中去"。

　　光明中学每位党员积极履行党员义务,传递一份正能量,例如,党员教师到社区报到,在社区里、社会上开展各项志愿者服务活动,弘扬志愿服务精神,形成长效机制;党支部开展以"义务咨询乐奉献,志愿服务当先锋"为主题、以全校学生为服务对象的义务咨询活动,真正体现了"团结协作,无私奉献"的集体承诺;党支部"党员关爱制度",让在职党员与退休老师结对,送去温暖和关爱,让学校成为幸福温暖的大家庭;在130周年校庆之际,党员教师与中法时代老校友畅谈如何传承光明的优良传统。

　　教师们具有较强的社会责任感,积极参加校内外各类志愿者服务。党员教师姚静渝被授予"黄浦好人(敬业奉献)"称号,赵程斌被授予"黄浦好人(诚实守信)"称号。学校"青年敬老社"志愿服务项目被推选为黄浦区代表,参加"教师博雅"等新媒体平台宣传介绍上海市教师志愿者服务的展示活动。

二、我们的反思与提升

　　站在新的历史发展阶段,上海教育正在面临人民群众更高期盼的挑战,要进一步发挥党组织政治核心作用,尤其对育人核心价值、师生共同发展、学校内涵建设等方面进行深入思考,使教育过程更加丰富,师生关系更为和谐,多样化学习需求更充分满足。

1. 共绘愿景,实现追求

　　通过进一步发挥党组织的政治核心作用,深入推进学习型组织建设,树立正确的成才观和教育质量观,让教育回归其价值本源,践行"今天我以光明为荣,明天我以光明为傲"的育人理念,进一步打造以"幸福校园"为主题的教育活动,让我们的教育核心价值观深入每一位为人师者的灵魂,为创建"和谐校园"献智出力。

2. 打造团队,形成合力

要办人民满意的教育,就必须有让人民满意的教师。有了满意的教师才有满意的学校、满意的教育。要进一步打造学习型团队,以党员教师带动全体教师共同学习、提高,为每个成员创造一种归属感,激发教师的专业信心,唤醒专业自觉,形成持久的动力。

3. 共建共享,提高品位

优秀的组织文化反映出优秀的管理模式,具体表现为规范的管理制度、先进的管理理念、组织成员的科学行为方式等。"十三五"期间,我们将以建设学习型组织为重点,通过小组合作和数字化教学资源共建共享机制,形成多层次、全方位的网络,提升教育的整体质量和综合实力。

4. 聚合效应,形成品牌

学校品牌是学校文化的精华所在,也是活力源泉所在,要以共同价值观念、精神状态、理想追求使教师拥有持久的职业幸福感,在教育岗位上迸发出无限的教育热情和教育智慧。通过品牌的辐射力和感召力,实现良性循环,形成多赢的局面。

光明中学党支部将进一步教育引导党员坚定理想信念,努力用共同的目标、共同的追求激励、鼓舞广大党员和教职工,办好学生喜欢的学校,办好人民满意的教育。

【作者简介】

邬雪洁,担任光明中学党支部副书记兼副校长,任教语文学科,教龄 20 年,高级教师,教育硕士。

曾获"黄浦区青年园丁""黄浦区新长征突击手""黄浦区园丁奖"等荣誉称号。课题曾获上海市青年教师教育教学研究课题成果二等奖。

本文写于 2016 年 10 月,并获上海市普教系统党建研究论文三等奖。

探索教师专业化发展光明之路

徐明山

光明中学前身为"法文书馆""中法学堂"和"中法中学",是一所历史悠久、传统优良的百年名校。自1886年初创至今,哺育桃李万千。光明师生秉承"德育首位,和谐发展,因材施教,人文见长"的办学理念,遵循教育的内在规律,探索"大众化优质教育",使学校焕发出勃勃生机,教学质量连年提高,已连续九届十八年蝉联上海市文明单位的荣誉称号,形成了德育教育、人文教育、法语教育和艺术教育的办学特色。经过近年的严谨治校,学校造就了一支师德高尚、素质优良的教师队伍。

一、规划教师队伍建设

为促进我校师资队伍专业化发展,深化教育教学改革,不断提高教师的全面素质,特别是教育创新思维能力、学科知识拓展能力、信息技术运用能力和教育科学研究能力的形成,使教师在实施新课程的教育教学实践中,进一步提高教育教学水平,成为现代型优秀教师,学校非常重视对教师的培养,建立了一整套人才培养、选拔、使用、管理、考核制度。

学校坚持把教师队伍建设放在学校工作十分突出的位置,学校对教师实施有计划地培养,逐步提高教师的教育教学水平。

1. 探索教师教育理念

光明中学把强调"人文精神"和"人文素养"作为推进学校各项教育和管理改革的切入口。从2000年开始,我校就中学生人文教育培养展开一系列教学实践,并开展《普通高中优化学生人文素养的途径方法研究》的研究课题,探索教师成长,奉行"以人为本"理念,坚持以教师发展为本,尊重教师的个体差异,尽力满足教师的发展需要,既注重加强教师思想、行为的教育与管理,又注重启发教师的自我管理意识,通过制度约束、人文关怀和自我要求三者的合力作用,促进教师队伍的健康发展,并使之体现在学校建设的整体氛围和校园文化里。

我校行政干部积极探索教师成长规律与新时期教师教育理念,并取得了一定的成果,教导主任朱锐清领衔的《光明中学青年教师教学技能校本培训模式的探索与研究》课题获区级课题立项,课题研究的内容包括:青年教师教学技能校本培训管理机制的研究;青年教师教学技能校本培训课程模式的研究;青年教师教学技能校本培训实施效果的研究等。

负责教师培训的教师处主任徐明山《参与和分享——光明中学开展互动式校本培训》的论文,被编入上海三联书店出版的《校本研修共同体:构想与实践》一书。

2. 构建健全组织管理

我校成立了"教师培养工作领导小组",由校长担任组长,由教学副校长带领教导处、科研室具体实施。领导小组加强对教师培养培训工作的领导,把培养工作成效列为教研组、年级组、备课组的考核内容之一。

3. 制订培训计划制度

近年来我校形成了全体和分层相结合的教师培训机制，不仅有校内公共科目培训，还形成了分学科的教师教研，既有市、区级层面的骨干教师专业发展培训，也有学校组织的青年教师培训。学校还制订了《光明中学师资队伍建设规划》《光明中学骨干教师培养规划》《光明中学"十二五"校本培训计划》和《光明中学"十二五"校本培训计划》，每学期都有具体的工作计划。

4. 建立校本培训平台

（1）依托"光明链·储能中学校本研修共同体"，将校本研修和教学研究的问题拓展到校际合作的层面，校际之间的协作与交流，构建资源共享机制，促进学校间的合作与互动。

（2）集中教学方式。周五教工大会开展师德和教育教学业务培训，周一教研组长、班主任会议对教研组长和班主任进行培训。

（3）师徒带教方式。特级教师、学科带头人、骨干教师和其他教师结对带教；中老年教师和青年教师结对带教。

（4）组织"光明之星"青年教师读书班和班主任沙龙。

（5）教研组和备课组活动时培训。

（6）每学期开展一次"光明教育论坛"。

（7）开展全校性的教工读书活动。

（8）结对带教。

学校规定凡一年以下教龄的青年教师必须是紧密型带教，凡初次任教毕业班的青年教师必须有学科带教。带教过程和内容如下：

开学前定人选，在教师节庆祝大会上举行青年教师拜师仪式。

带教教师和被带教教师认真制订带教计划，填写带教手册。

带教教师和被带教教师根据不同的要求相互听一定量的课,被带教教师结合实际写出个人发展规划。

学年结束时召开带教总结会,由学校验收评定。

(9)开展教育、教学的课题研究。

二、提升教师专业素养

1. 实施教师队伍建设三项工程

优化教师结构,建设高素质教师队伍,是学校建设的永恒主题,是学校可持续发展的重要基础和可靠保证。在立足教师整体优化的基础上,按照"面向未来,重点选拔,梯次培养,合理分布"的原则,我们认真实施教师队伍建设三项工程,即"师德建设工程、源头工程、名师工程"。

师德建设工程:师德修养是教师整体素质的核心,主要措施是"三抓、三用、三个提高":抓学习,用先进的教育教学理论武装人,教师爱岗敬业精神显著提高;抓管理,用健全的制度约束人,教师道德水平、文化修养显著提高;抓典型,用榜样的力量影响人,教师自我规范的自觉性显著提高。坚持把师德要求纳入教师考核,实行一票否决制。

源头工程:教师队伍要从源头抓起,使新教师在较高起点上迅速进入角色。有计划地开展青年教师培养提高工作,成立了"青年教师读书班",坚持"青年教师带教制",切实搞好传、帮、带,倡导每一名新教师力争做到"五个一",即备一份好教案,上一堂好课,出一份好试卷,做一个好课件,写一篇经验总结或论文。

培训形式多样、活泼,深受青年教师喜爱。板书比赛、钢笔字比赛、说课比赛、教学比赛、文史知识竞赛,都是我校青年教师培训的传统内容。随着教育形式的发展,本学期学校组织青年教师学习《上海中小学生学业质量评价绿色指标》,让青年教师关注学生的综合发展,对学生学业进行科学合理评价。同时,我们也关注青年教师的实践能力,从新教师第一年必带教、新上高三第一年必带教等要求的落实,加强对青年教师基本功的培养。成立青年教师吉他社、心理社、读书社来丰实他们的业余生活,帮助他们健康成长。目前,在校青年教师成长迅速,在近年上海市中青年教师教学评选等活动中屡创佳绩。

名师工程:在立足教师整体优化的基础上,按照"面向未来,重点选拔,梯次培养,合理分布"的原则,努力培养和造就一批高水平的学科带头人和骨干教师;学校评聘了语文特级教师、教学特级教师担任校教学顾问,长期蹲点在教研组内听课、评课进行指导;采取"树典型、搭台子、铺路子、压担子"的方法,让每位教师都有获得成功的机会和显露身手的空间,鼓励引导教师立足本岗成才。

树典型:宣传我校涌现的区学科带头人和区骨干教师的敬业、爱生、勤奋、进取的先进事迹,发挥他们的示范、导向和辐射作用。我校已经连续近十年举行"光明教育基金颁奖大会",每年都会奖励一批优秀教师。

搭台子:学校鼓励和支持教师参加市区级的竞赛活动,每年选派教师与新加坡先驱初级学院教师开展浸濡交流,与美国的姐妹学校南肯高中互派教师开展英语口语教学和中国文化课授课。学校搭建这样的国际交流平台,对教师成长和专业发展都会起到积极的推进作用。

铺路子:选送骨干教师参加各种培训、进修和研究生班学习,学校制订政策,在教育培训问题上给予必要的支持。

压担子:对一些教学基本功扎实、业务能力较强的教师,尤其是优秀青年教师,适时加压,让他们挑起教育教学重担,安排他们到高三把关教学,在备课组长等岗位锻炼。发挥有教学科研能力的骨干教师作用,让他们参与有关课题的研究,挑起教学科研的重任。同时,向他们提出新的更高的要求,并且采取有效措施,激励这些教师不断完善自己、丰富自己、提高自己。

2. 规范教师培训制度

我校校本培训课程是指基于学校发展和教师自身专业成长的需要,由学校发起和规划,将本校作为教师继续教育的基地并立足于本校的教育教学实际的培训活动。该培训课程重点开展对教师教学理念的提升、教师专业化成长的促进和新的教学方法和教学手段的运用等。学校坚持以人为本,坚持实事求是,关注教师的专业成长,以解决教育教学问题为根本目的,从而促进学校的可持续发展。我校校本培训主要模式有:

沙龙式培训。聘请知名专家、学者就当前教育科学前沿理论及教育改革与发展面临的主要问题与对策进行辅导讲座;建立"青年教师读书班""班主任沙龙""教师读书沙龙"等骨干教师和青年教师培训机制;举行光明教育论坛,如"增强作业有效性""教学反思与提高""重视教育评价提高教学质量"等教育论坛。

"请进来"与"走出去"培训。我校聘请名师、专家来校上示范课,做讲座,选派骨干教师参加区"名师工作室"培训。

近年来学校每年都组织青年教师赴外省市知名学校学习交流,包括杭州学军中学、江苏海门中学和安徽巢湖四中等。

从 2009 年开始,我校坚持每年与新加坡先驱初级学院教师开展浸濡交流,目前已开展三轮,共有 20 人次参与本项目。通过两周深入对方学校的生活,感受不同的教育体制、评价方式、管理制度,让彼此的教育视野得以开拓,这必将给教师今后的发展带来深远影响。

从 2010 年开始,我校又与美国的姐妹学校南肯高中开展交流,互派教师开展英语口语教学和中国文化课授课。学校搭建这样的国际交流平台,对教师成长和专业发展都会起到积极的推进作用。

同伴互助式培训。学校将校本培训重心下移至教研组,围绕以提高教学质量为中心,结合教育教学工作以及本组和学科特点,将校本教研与校本培训相结合,充分发挥自我反思、同伴互助和专业引领的作用,不断促进教师专业成长。

教研组和备课组的培训重点是课堂教学模式、课堂教学方法,尤其是教学五个环节等方面。培训形式包括经验交流,充分发挥特级教师、学科带头人、骨干教师的作用,让其他教师能经常听这些教师的课,并进行交流研讨。

三、校本培训课程与特色

1. 以课程引领校本培训

我校校本培训要坚持以人为本,坚持实事求是,关注教师的专业成长,以解决教育教学问题为根本目的,从而促进学校的可持续发展。在校本培训课程的开发问题上遵循引领性、科学性、人文性、互补性、多样性和趣味性原则。

"十二五"校本培训课程有:

(1) 师德课程

结合我校的办学理念和区教育局的市级课题"办学生喜欢的学校",开设"温馨教室,和谐校园"课程。

课程内容:学习"温馨教室,和谐校园"的思想理论来源:"构建和谐社会"和以人为本的核心思想。指导教师开展结合学校教育教学实际研究和实践活动,研究师生关系、生生关系、师师关系的和谐,研究教和学的和谐,研究自身的和谐。

课程形式:专题讲座、专题研讨、教育教学实践、课题研究、成果展示、主题班会。

(2) 素养课程

①"教师人文素养课程"

课程内容：教师人文素养的三个基本构成：人文知识、人文精神和人文方法。

课程形式：专题讲座，专题研讨，观察、感悟和体验；共 10 学时，1 学分；全体教师必修。

②"教师身心健康课程"

课程内容：开设教师心理、体育课程，包括心理疏导、教育心理学、篮球、乒乓、羽毛球、集体操、太极拳等课程。

课程形式：辅导报告、活动课、竞赛等；2 学分；全体教师选修。

（3）实践体验课程：设置"新课程与教学方式转变课程"

课程目标：教学方式转变包括：教师角色的转变、教学策略的转变、教学方式的转变，通过"新课程与教学方式转变课程"学习，使教师更新教育观念，树立现代教育思想，掌握现代教育技术，优化教师知识结构，提高教师专业水平，更好地实现学校的办学理念和办学特色，促进学校的可持续发展和教师的专业化成长。

课程内容：

① 学习教育理论和教学专业；写读书心得笔记；听专家讲座、报告，与专家、同伴对话；外出参观学习等。

② 课堂教学模式、课堂教学方法研究：集体备课；课例研讨、案例分析、问题会诊、说课、听课、评课、经验交流、专题研讨等，在观念的碰撞和交流中达成共识，共同提高，在实践和摸索中找到解决问题的途径。

③ 教师论坛，反思对话。

④ 结对带教。

⑤ 课题研究。

⑥ 开展全校性的读书活动，学校指定一些师德修养和教育教学书籍，由教师自由选择后自学，一学年写一篇读书心得，并组织交流。

课程形式：自修学习、专家讲座、观察记录、诊断改进、专题讨论、课题研究、成果展示、教研组和备课组活动等。全体教师必修"光明之星"读书班和班主任沙龙。

2. 校本培训形成互动式培训的特色

一般学校进行面上的全员培训,通常的方法是请专家做报告,形式上是"你说我听""你教我学"。指定培训什么,教师就听什么,往往是培训者处于主导地位,教师作为被培训者只是被动地接受。而我校在开展教师培训的过程中,注重教师的主动参与,使教师成为培训的主体,创造了"多重感官参与"互动式培训,使教师通过参与活动、提出问题、发表观点、分享经验教训,在自我认知与团队探索的过程中取得最大的收获。

我校的互动式校本培训主要方法如下:

案例分析:

把实际工作中出现的问题作为案例,向受培训教师展示真实的背景,提供背景资料,大家依据背景材料来分析问题,提出解决问题的方法。

专题研讨:

由有效的组织对某预先制订的题目,采取一定的方式进行讨论,最后得出共同的结论。这是一种促进研习人员互相交流思想、启发思维、提高研习人员知识和能力的有效的培训方法。

小组竞赛:

根据一定的标准和规则,在学员之间开展竞赛,最后评选出表现优秀的团体,并予以奖励。

角色扮演:

提供某种情境,由教师自己担任各个角色并出场表演,其余教师观看表演,注意与培训目标有关的行为。

头脑风暴:

又称智力激励法、BS 法,美国创造学家 A. F. 奥斯本于 1939 年首次提出,是一种创造能力的集体训练法。它通过把一个组的全体成员都组织在一起,以会议的形式,让与会者自由地交换想法或点子,以此激发与会者提出大量新观念,创造性地解决问题。

如考务工作的培训既枯燥又琐碎,学校在组织"考务工作专题培训"中,采用了案例分析法和角色扮演法相结合的方法,培训前组织教师模拟考试场景,并拍成录像在培训现场播放,组织教师参与"给不规范的监考行为纠错"的知识抢答。在热烈的气氛中,老师们对我校考务工作的要求有了更深的认识。大家一致认为,规范学校的监考秩序,是我们每一个光明教职员工应尽的职责。

我们在许多全员性的校本培训中,如"认识自我,合作提高""发现校园中的安全隐患""做学生喜欢的老师""教师如何家访""共同关注教师文明礼仪""让学生喜欢我们"等,都采取了互动式培训,都取得了非常好的效果。

总之,我校愿意积极参与上海市见习教师规范化培训,我们认为成为见习教师规范化培训基地学校不仅能为上海市和黄浦区培养教师的专业化发展做出贡献,而且能够更好地促进我校教师素质和学校办学水平的提升。我们相信只要紧紧依靠光明的广大教师,认真扎实地工作,就一定能够出色完成上级领导交给的任务。

【作者简介】

徐明山,担任光明中学教师处科研主任,任教历史学科,教龄 35 年,高级教师,黄浦区骨干教师。

主持研究课题获上海市教科院学校教育科研成果三等奖、黄浦区教育科研成果一等奖,论文曾获黄浦区教育科研成果三等奖、黄浦区高级教师教育科学研究成果三等奖。

本文写于 2000 年 8 月,发表于上海教育报刊总社出版的《现代教育》2011 年第 10 期。

从课堂观察到教育文化志

——关于教学与科研的一些思考

吴露艳

一、问题的提出

近年来,随着我国政治经济形势的快速发展,我们的社会对教育事业提出了新的要求和挑战,而相应的教育理念和课程改革也不断地推陈出新,同时对教育工作者的要求也越来越高。为了增强课堂效率、提高教学方法和完善教育目标,科研已经成了现代教师职业的基本要求之一。

我所供职的单位以及上级教育部门也都非常重视培养教师的科研能力,尤其鼓励和推动我们年轻教师参与各种课题研究。通过这些科研经历,我获益良多,确实有助于我们更好地来认识自己的教学工作。但是,无论是我自己的体会,还是在跟同行们的交流中,我们发现科研与教学在实际工作中似乎总有一些说不清的"纠结关系"。也许,正如北京大学著名的教育专家陈向明教授所指出的:一线教师对教育研究的心态则是爱恨参半。一方面,他们希望自己能够参与研究,通过研究让自己的教育教学有所改进,让自己成为更具有反思意识的行动者,这种需要也由于教育行政部门提倡"教师成为研究者"而变得分外急迫;但由于缺乏足够的时间和精力以及专门的训练,他们无法有效地开展研究。另一方面,他们发现学者提供的研究结果对他们的实际工作鲜有直接的指导作用。

根据专家的研究,中小学教师从事教育科研确实拥有诸如"教学实践经验丰富""与学生接触密切、了解学生情况"和"对教学内容熟悉"等优势,但是也存在着"问题与研究的意识单薄""科研的外在成果不显著"和"对科研缺乏积极的情感体验"等薄弱点和局限性。进一步来说,中小学教育科研中出现了"教育科研工作认识不到位""教育科研价值取向存在偏差""教育科研工作'两头热'""教师缺乏必要的科研知识"和"教育科研选题盲目"等不足。那么,究竟如何才能提高一线教师的科研能力和热情?科研和教学如何才能相辅相成互相促进?作为教师,我们如何才能平衡"教学者"和"研究者"这两个角色之间的关系,从而实现更好的自我认知?这些问题就是本文的出发点。根据自己参与科研的亲身经验和社会科学方面的阅读思考,我认为"课堂观察"是一线教师从事科研最合适的切入点,但如果能够提高到教育文化志的认识,那将实现教学与科研的完美结合,从而促成两者的共同提高。下面,本文将展开详细的阐述。

二、从听评课到课堂观察

多年以来,听评课一直是我们常用的一种评估和提高教学质量的方法,本应是教师专业生活与专业成长的重要组成部分,是教师之间相互学习的重要途径。但长期以来,出于行政压力、功利诱惑等原因,听评课只被当作一种对教师的业务考核、一个要完成的任务。由于涉及奖惩、晋升等利益问题,听评课有时甚至成为个别教师的难堪或尴尬,不仅丧失了其本真的专业价值,更造成了听评课制度的"合作性缺失"现象。而且,传统的听评课往往是一张表格和千篇一律的内容,直接打分,目标过于单一且只针对知识的达成,很少关注情感的升华以及学生能力的培养;评价的对象也仅局限在教师身上,某种程度上过分地关注了形式而忽略了学生的需要,以上总总都凸显了听评课方法的局限性。

　　随着新课程改革的逐步推进和素质教育的不断深入,我国传统课堂中存在的很多问题迫切地需要得到重视和解决,而课堂教学和评估的手段也亟须提高。其中,课堂观察就成了近年来较受欢迎的新方法。课堂观察是一种在西方兴起的教育研究方法,已经有了几十年的发展历史,并且发展出一套系统的理论和方法。与传统听评课相比,课堂观察是专业的观察,是为了改善学生的学习,促进教师队伍的专业发展而服务的;是针对具体的授课内容,带着问题或兴趣走进课堂的;是有系统、有分工、有合作、有反馈、有改进的整体观察活动;是用事实证据说话的观察活动;是集合整体智慧和力量的观察活动。随着大家对课堂观察的了解和接受,现在它已经显现出了优势,将成为新形势下提升教师能力、提高学生综合素质的重要方法和手段。而且,课堂观察除了要获得一个关于课堂教学的整体印象,更需要对课堂进行解剖,记录和分析各种教学现象,综合评估教学效果并根据观察结果进行合理的推论,它既是一种教育科学研究方法,又是教师获得知识的重要来源,还是教师提高教学有效性的一个重要的实践途径,在教育理论研究和实践探索中都发挥着极其重要的作用。

　　借着本单位为我们安排的各种学习和提升的机会,我也接受了一些关于课堂观察的培训,并亲身参与了一些以此为主要研究方法的科研项目。例如,我曾经参加过一项关于课堂公平的跨校课题,经过专家的指导和相互的讨论准备,我们首先明确了与课堂公平相关的概念及其在课堂中可能出现的现象,并根据我们各自原有的经验提出了假设和指标体系;然后课题组成员共同进入教室,根据事先设计好的结构化表格对师生之间的互动进行观察;最后,我们汇总了大家的观察结果,并对原有的假设进行了修正和反思。研究结果发现,我们授课教师并不如自己原先设想的那样同等地关注课堂内的所有学生,而是不由自主地会给表现积极的学生更多互动和交流的机会;同时,学生对于教师是否关注自己的反应也比我们原想的更敏感,课堂公平指涉的不仅仅是学生回答问题的机会,还包括教师能否及时地与学生进行眼神交流等细微的地方,这些都会对课堂学习的积极性产生极大的影响。通过这些课堂观察的机会,我最大的感受是,作为旁观者或教育研究者，我们的注意力不再仅仅是教学的内容或教师的表现，而是把课堂看作一个整体，更注重教师与学生、学生与学生，甚至是教学环境与学生之间的互动关系，从而改变了自己对课堂的理解和认识。

三、从课堂观察到教育文化志

进一步探究课堂观察的方法论和学理基础，很多专家学者都提到了教育文化志（educational ethnography）的概念。文化志是一种重要的定性研究方法，源于文化人类学的传统，指的是早期的西方人类学家通过长期的田野调查（field research）来研究相对落后的异族族群或文化的方法，被称为"人种志"或"民族志"，至今也依然是民族研究中最常见的研究方法。但是，近年来随着普世论和文化相对论的发展，人们为了避免文化中心主义的倾向，逐渐地将其强调为"文化民俗志/文化志"。它作为一种研究方法被正式运用于社会科学的各领域始于十九世纪末，其研究内容也不再局限于异族人群的文化习俗和行为模式，还包括特定社会或社会群体的有意义行为，以及从这些当地族群的价值观念出发来理解不同的文化习俗和生活方式。文化志可以被理解为，研究者亲身进入研究现场进行田野工作并作田野笔记，对所观察到的行为和事件进行描述和解释，并根据所作的田野笔记和分析资料总结出研究结论，在撰写研究成果时还应阐明描述和解释所产生和运用的方法论体系。尽管学者们对此方法的译法依然议论纷纷，但不可否认的是，这个方法已经被大量地应用在了教育研究中，尤其是质性教育研究，这也就是本文所讨论的教育文化志。

毫无疑问，课堂观察是教育文化志中应该包含的研究方法之一，但教育文化志的意涵显然要高于课堂观察。文化志的主要目的是对研究对象的个人经验和生活方式作"诠释性理解"或"体验"，而这种理解或体验应在自然情境中进行。研究者需要对自己的"前设"和"偏见"进行反思，了解自己与研究对象达到"解释性理解"的机制和过程。除了从研究对象的角度出发,了解他们的思想、情感、态度和价值观,研究者还应了解自己是如何获得对研究对象意义的解释的,自己的参与或与研究对象的互动对理解对方的行为有什么作用或影响,自己对研究对象行为所作的解释是否确切等。此外,研究者还要拥有研究的理论框架,并依据自己的理论框架作出科学的解释和评价。这种解释和评价须建立在长期的、大量的参与观察的田野工作基础之上,并且更强调研究者对自身立场、经验和认知的自省。

所以说,教育文化志是一种更为先进的研究方法,它对研究者提出了更高的要求:它要求我们把研究现场延伸到课堂之外,长期地对研究对象(即学生)进行深入的观察和了解,缩短教师与学生之间的心理距离和隔阂,发现研究对象主观世界中真实的情况;更为重要的是,它要求研究者(即教师)进行从理论到方法的自我反省,这将有助于教师对自身角色的重新认知。教育是有意识的、以影响人的身心发展为直接目标的社会活动,采用文化志的方法和立场,能够使教育者更好地了解学生的身心,反思自己的实际影响力,真正地实现教育绩效的提升。

四、结论:教育文化志视角下的教学与科研

从传统的听评课发展到课堂观察,再到文化人类学意义上的教育文化志,我在本文中所讨论的不仅仅是教育研究方法上的发展过程,还是要回到开篇处的问题上来,即教师如何做好科研工作?"教学"与"科研"之间究竟是怎样的关系?经过上文的梳理,我们可以发现,若采用教育文化志的视角,这些问题都迎刃而解了:教学和科研之间并不存在矛盾关系,相反,科研可以有助于教学工作的开展。大部分教师在完成科研任务的时候,把科研和教学一样都看作是一种由教师对学生进行的单向活动,但是通过课堂观察的应用,我们已经开始意识到了传统教学和师生关系中不足的地方。如果能够进一步提升到教育文化志的高度,教学与科研将变成一个相互连贯促进的双向循环。我们不是为了科研而科研,而是通过科研来了解

学生并反省自己,从而更好地完成教育者的职责。

　　当然,无论是课堂观察还是中小学教师参与科研项目,都是近些年才刚开始推广的教育政策,对于教育理论研究或教育实践工作而言,教育文化志更是一个愈加遥远的目标。路漫漫兮,吾等将继续上下而求索。

【参考文献】

　　[1] 陈向明.范式探索:实践-反思的教育质性研究[J].北京大学教育评论,2010,8(4):40-54.

　　[2] 陈向明.质的研究方法与社会科学研究[M].北京:教育科学出版社,2000.

　　[3] 余芳艳.民族志意义上的课堂观察研究[D].浙江师范大学,2011.

　　[4] 叶澜.新编教育学教程[M].上海:华东师范大学出版社,2002.

　　[5] 褚远辉,辉进宇.中小学教师从事教育科研现状的调查与研究[J].大理学院学报,2008(9):81-85.

　　[6] 郝东华,郝敏璇.让教育科研工作融入教师的生活中[J].教育科学论坛,2008(11):40-42.

　　[7] 杨玉东."课堂观察"的回顾、反思与建构[J].上海教育科研,2011(11):17-20.

　　[8] 付黎黎.听评课:指向合作的课堂观察[J].教育科学研究,2010(2):37-40.

　　[9] 樊秀丽.教育民族志方法的探讨[J].教育学报,2008(3):80-84.

　　[10] 桑国元,于开莲.基于人种志视角的课堂观察理论与实践[J].中国教育学刊,2007(5):48-51.

　　[11] 庄孔韶.人类学通论[M].太原:山西教育出版社,2003.

　　[12] 申苏儿,勒孔特.民族志方法要义:观察,访谈与调查问卷[M].康敏,李荣荣,译.重庆:重庆大学出版社,2012.

【作者简介】

　　吴露艳,任教历史学科,教龄8年,一级教师,历史学硕士。

　　曾获得黄浦区教学比赛一等奖。

　　本文写于2015年12月。

"假"师资培训之平台，析专业发展之成效

——论参与体育师资培训的体会与思考

姜旭锋

目前，体育师资培训按内容可划分为：学校体育基础理论、实用知识与前沿动态、课堂教学实践和体育专项技能。

作为一名从教八年的高中体育教师，我认为师资培训能够提升教师的职业素养和专业能力，对教师职业生涯的发展具有重要意义。但一些师资培训在形式和内容上存在一定的不足，没有达到预期的培训效果。

为了不断提高师资培训质量，促使更多的体育教师在专业方面得以发展，我从被培训者的角色入手，谈谈自身的体会和一些对师资培训方面的建议与思考，同时也是对自我成长的一种促进。

一、四种体育师资培训后的体会

表1　师资培训后的体会

培训内容	培训形式	具体内容	培训后的收获	培训中的不足
学校体育基础理论	专题讲座、课堂作业、互动研讨、"高一层次（学历）学位"进修	教育学原理、体育专业理论知识、教学设计、教学反思和评课的撰写等	专业理论知识得到了强化	（1）专题讲座形式的理论知识培训，显得培训方式比较单一 （2）一些理论讲座专业性太强，脱离一线教学，应用性理论知识如备课环节中"学情与教材的分析""重难点的把握""练习密度和全课密度的概念""教学设计表格式"等内容较少
实用知识与前沿动态	专题讲座、教育论坛（科报会论文交流）、"高一层次（学历）学位"进修	国内外学校体育热点问题、体育学科二期课改新理念、体育科研、现代教育技术等	（1）理论层面，了解了体育前沿改革的动态和新课程理念 （2）科研层面，了解了新课改背景下的研究课题和科研方法 （3）现代教育技术层面，掌握了office工具软件，了解了体育统计与SPSS应用和"国家数据库上报软件"的操作方法	（1）"前沿动态"的热点问题为宏观、抽象的新课改理念性内容，与基层课堂教学实践相脱节，课程理念灌输达不到培训的最终目的 （2）现代教育技术培训的现场操作较少 （3）缺少对教师课题研究意识的培养，从"教学的实践者"到"教学的研究者"的观念较难转变

（续表）

培训内容	培训形式	具体内容	培训后的收获	培训中的不足
课堂教学实践	"现场观摩""案例式培训""上海教研在线"（网络交流）"省（市）、区级联动教学""同课异构教学"	课堂教学观摩，"网络优质课"学习，省（市）、区、校级层面的同课异构展示	（1）了解了一些新的课堂组织形式和教学方法（2）视频资源可反复共享，在互动平台能各抒己见、交流心得（3）"案例式培训"有助于将先进的教育思想观念执行于课堂教学（4）"市、区级联动"教学搭建了教学展示的舞台，锻炼了心理素质，提高了课堂调控能力（5）"同课异构"教学拓宽了教学思路，激发了教学热情，形成了独特的教学个性	（1）"课堂教学实践"培训以教学观摩为主，缺少实践操作，青年教师"队形调动""口令、哨音"和"示范面"等方面比较薄弱，"纸上谈兵""光看不练"的培训形式降低了培训的实效性（2）网络优质课的观摩存在一定的漏洞，一些教师会同时打开多个窗口"观课"，在最短的时间内完成听课指标，这使得网络培训成了"刷分器"，违背了职业道德
体育专项技能	体育传统项目学校师资培训、教学技能"人人达标"培训、区体育教师专项技能培训	体育专项技术、体育游戏的开发、新兴体育运动项目	（1）传统项目学校的培训体验了新兴运动项目和体育游戏，丰富了大课间活动内容，有助于形成趣味化的课堂教学模式（2）专项技术培训规范了教学示范，完善了专项技能	（1）一些专项技能培训侧重理论讲解，缺少直观、完整的示范，较难建立动觉表象（2）缺少对动作的重点和难点进行细致讲解，造成动作技术掌握不到位（3）忽视对评价标准进行分析，使得课堂教学中较难进行准确、有效的评价

二、师资培训促进体育教师专业发展的改进建议

要想在专业方面得以发展,体育教师不仅要具备高尚的职业道德,还要拥有课堂的教学能力和组织管理能力、精深扎实的专业知识、充沛的精力和强健的体魄、体育科学研究能力、现代教育技术的运用能力和营造积极心理氛围的能力等。因此,要想借助师资培训平台促进体育教师的专业发展,就必须在培训过程中注重体育教师以上几方面能力的培养,要达成这样的成效,建议对四种师资培训存在的不足加以完善。

1. "学校体育基础理论"培训方面

（1）拓宽理论知识培训的渠道

除了专题讲座形式的理论知识培训,培训专家可提供相关书籍、期刊、网络等媒介的学习渠道,进行学校体育学、运动训练学和运动心理学等方面内容的专题培训。

（2）注重应用性理论知识的培训

建议开展"课时计划的撰写""如何模拟上课""如何说课"等应用性理论知识培训,邀请具有丰富基层教学实践经验的体育专家进行现场备课、模拟上课、说课的培训,提高青年教师的课堂设计能力和实践反思能力,使其逐步掌握、积累课堂教学的实践经验。

2. "实用知识与前沿动态"培训方面

（1）培训的内容既要围绕课程建设又要立足课堂教学

青年型教师培训应提倡"务实",他们处理教材和灵活驾驭课堂的能力亟须提高,我认为培训的重点应围绕"教材重、难点的解读""教学方法的有

效运用""学习评价的整合""场地器材资源的挖掘""体育游戏的编制"等课堂教学内容。

专家型教师培训要突出"高度和精度"，他们应该接受更高深层次课改理念和课程创新能力的培训，我认为培训的重点应围绕"小学兴趣化、初中多样化、高中专项化"教学改革的方向和热点问题、校本课程资源的开发和教材拓展等，以此重构教育教学理论和具有个人教学风格的经验体系。

（2）提供教师更多上机操作的实践培训

在进行"体育统计与 SPSS 的运用""PLUS 白板的操作""体育场地器材制图板""多媒体课件"等现代教育技术的培训时，除了通过 PPT 形式呈现外，应增加上机操作的培训，使受训教师通过亲自操作来熟练掌握相应的现代教育技术。

（3）加强对体育教师课题研究意识的培养

体育科研能力是衡量体育教师业务能力的一项重要指标，它是提高体育教师素质，发展自我、成就自我的重要途径。因此培训要提高教师对体育科研重要性的认识，逐步树立"作为一个好的教育工作者既要教书育人，又要开展教育科研"的意识，使教师积极主动地以一线教学实践中的热点话题为切入点进行课题研究。

3. "课堂教学实践"培训方面

（1）采用"观摩＋实践参与"的培训模式

英国里丁大学(The University of Reading)的"观摩＋实践参与"培训模式，注重体育教师教学实践能力的培养。通过观摩后的"参与式"实践培训，受训教师能及时、有效地将优质课中的精华部分实践、消化。

我建议在教学观摩后进行"实践参与"和"展示交流"，并安排专家点评，这使得优质课中的"亮点"部分能够得到运用，不完善之处更会得到重视。

（2）网络培训要注重互动、交流

网络互动平台要防止个别教师通过"定量化"的网络观摩作业进行"刷学分"，诸如为了在规定的学时内完成网上观课的数量，同时打开多个界面进行操作。针对这种现象，培训专家要增加以互动交流为形式的反馈作业，如在观课后进行及时的"评课"和"课后反思"等。

4. "体育专项技能"培训方面

（1）专项内容要分类，技术分析要直观

培训内容进行专项分类，使得教师结合自身的专项实际，主动、积极地进行学习。同时，避免单一的理论技术分析，应结合 PLUS 白板等多媒体技术软件进行技术动作的分析，或是结合优秀运动员的比赛案例进行定格处理和正误对比，在提高教师学习兴趣的同时，提供直观的视觉表象。

（2）运用"学习＋比赛"模式，注重评价时的标准解读

首先安排专项技术的培训，根据年龄结构设置组别和随堂考核，根据评价的标准进行即时评价，以此明确技术动作完善的方向。也可安排市、区级的技能比赛，调动教师的参与热情，帮助教师形成了一个"会做、会教、会评"的教学优势，促进运动技能目标的实现。

三、对有效体育师资培训的进一步思考

1. 师资培训内容模块要与课堂教学实践建立联系

当下体育师资培训的内容模块较为丰富，涵盖了学校体育基础理论、实用知识与前沿动态、课堂教学实践与体育专项技能等，从数量上满足了教师的选择和需要，但细化到每一个模块的具体内容时，引起了我的一些思考。当下的体育师资培训，应避免单一地站在宏观课程改革的角度，进

行围绕课改理念传统的说教，所有的培训应源自课堂教学，最终又落实到课堂教学，这样的师资培训才会被广大一线教师欣然接受。

2. 师资培训要分层、分类、因人而异

在围绕一线体育教学进行理论知识与教学实践相结合的师资培训时，要因材施教、区别对待，避免"一刀切"。对于不同年龄层次的"见习教师""成长型教师""成熟型教师"和"专家型教师"要制订符合该群体专业发展需要的师资培训，培训前应将培训内容以模块的形式供教师选择，这样才能符合他们的教学能力和教学特点，从而保证培训的选择性和针对性。

3. 师资培训还须建立专家和教师间的"双向评价"机制

体育师资培训要建立"双向评价"机制，培训专家对受训教师的理论知识、专项技能和教学实践进行反馈性评价，受训教师应对每个培训周期的整体概况、改进建议及满意程度等进行发展性评价。通过"双向评价"，能够促进受训教师知识、技能的获得，重新定位培训专家的培训课程结构，促进教与学的共同发展。

4. 结合体育师资培训，教师还应及时消化、主动研究

一名优秀的体育教师，在师资培训后会进行巩固和消化。工作之余一定要多阅读教学理论书籍，充实自己的理论素养，对理论知识的主题培训进行消化；上课前应备好每堂课，课后及时反思，努力提高课堂有效性，对课堂教学实践的主题培训进行消化；平时注重对课堂的精彩部分和教学案例进行积累、记载和整理，对体育科学研究的主题培训进行消化。

四、结束语

　　体育师资培训为体育教师搭建了专业发展的平台,一线教师的师资培训应以"课堂教学实践"和"专项技能"为主,结合"实用知识、前沿动态"和"学校体育基础理论"的研究需要,促进青年教师的专业化发展。同时,也殷切期望相关培训部门能对培训本身进行一定的思考和科学的评价,采纳培训过程中的各种意见,满足受训教师的专业发展需要。

　　海阔凭鱼跃,天高任鸟飞。作为一名青年体育教师,我要采他山之玉,纳百家之长,在教学工作之余,选择适合自己阶段性需要的知识进行专业学习,努力将自己打造成为一名文武兼得的体育教师。

【参考文献】

　　[1] 王崇喜,耿培新.英国体育师资的培训及其启示[J].课程·教材·教法,2003(12):67-69.

　　[2] 周丽珍.体育师资培训策略调查分析[J].教学与管理,2010(1):36-37.

　　[3] 程梦珍.参加体育师资培训的收获与希望[J].体育师友,2012(2):65-66.

【作者简介】

　　姜旭锋,任教体育学科,教龄10年,一级教师,体育硕士。

　　曾获得黄浦区中学体育教学评比一等奖、全国中学体育教学观摩评比二等奖;黄浦区教育科研工作先进个人;全国中学生运动会科学论文报告会二等奖、上海市青年教师教学研究课题二等奖。

　　本文写于2013年11月,发表于《体育教学》2013年第5期。

【课题】见习教师培训基地的实践与研究

穆晓炯

一、研究的背景和分析

上海市教委在 2009 年就开始研究见习期教师规范化培训的事宜,并于 2011 年在部分区县进行试点,2012 年在上海市全面推开,也就是从 2012 年 7 月起,凡是入职的新教师都要参加为期一年的见习期培训。

市教委命名了一批"上海市教师专业发展学校暨见习教师规范化培训基地",对新教师进行集中培训。比如在黄浦区有 15 所高中,命名了 2 所高中为"培训基地"(光明中学和卢湾高级中学),这 15 所高中的新教师分成两部分,分别进入这两所基地学校进行为期一年的培训,指导带教就由这两所基地学校的教师担任。

这个做法是借鉴"上海市住院医师规范化培训"的思路。2010 年,上海市卫生局等六个委办局联合发文《上海市住院医师规范化培训实施办法(试行)》,规定凡医学院的毕业生先要进入市级三甲医院进行为期三年的住院医师培训,培训合格之后才能到各个医院任职。

这种方式取得了很好的成效,最大的收益就是建立了一个统一规范的公共平台。原本各个医院各自为政进行入职培训,有的医院带教实力比较强,有的就比较弱,这样就容易导致两个水平相当的毕业生进入了不同的医院得到不同的培训而成为不同水平的医生。有了统一规范的平台，就有可能把因各个医院的差异而造成的培训质量不均衡性降到最低。

所以，上海市教委也希望通过"见习教师规范化培训制度"，使得教育系统也能建立一个统一的规范的公共平台。

二、问题的提出和思考

1. 光明中学对新教师培训的经验

光明中学建校于 1886 年，在近 130 年的办学历史中，为国家培养了一大批优秀学生，也涌现了一大批优秀教师。据不完全统计，近 20 年来，先后有 2 位被选为黄浦区人大和政协的领导；有 1 位到黄浦区教育局担任中教科科长；先后有 6 位到其他学校担任校长，有 6 位到其他学校担任副校长；有 2 位到市、区教研室担任教研员。有 4 位被评为全国优秀教师，有 3 位被评为上海市特级教师，有数学、物理、化学、英语、法语、地理、体育、音乐等学科共 11 位教师获得上海市教师教学评比一等奖，有 6 位获得二等奖。

光明中学对于教师队伍的建设有着优良的传统。不仅对于每年进校的新教师都要进行常规的带教，配备"二对一"的指导教师，而且还承担了华东师范大学和上海师范大学的实习生基地的任务，至今也已经三十余年。每年为两所师范院校的四年级本科生提供一个半月的教育实习活动，并为实习生配备指导教师。

光明中学在与师范院校的长期合作中，也积累了不少带教指导的经验。2011 年，华东师范大学副校长陆靖（现任上海市教育委员会副主任）以及教务处处长、华师大就业指导中心领导等一行莅临光明中学，就免费师范生及研究生的教育实习工作与我校校长以及教师处领导进行座谈。陆靖副校长表达了此次行程的三个目的，即感谢、看望与交流。他重点阐述了 2007 年以来华师大对免费师范生的培养目标、发展方向及其部分课程的重新构建等。光明中学也介绍了对实习生的具体安排,评价了实习生的具体表现,并提出了一些实习生普遍存在的问题。带教老师也一一发言,均对实习生有着较高的评价:整体素质高、工作积极主动、勤奋刻苦、学科底蕴深厚。

但是通过教育实习之后,正式走上讲台的第一年见习期,还是需要进一步的带教和指导。这就要求我们对于"教育实习期"和"工作见习期"的不同阶段应该有更多的研究,以期实施更有效的培训。

2. 光明中学被确定为上海市教师专业发展学校暨见习教师规范化培训基地

近些年,光明中学在教师专业发展培训、青年教师培养和指导师范生实习中一直不断探索,努力创新,已经具有先进的理念、优良的师资、卓越的实绩,能对其他同类学校起示范、辐射、引领作用。因此,黄浦区教育局和黄浦区教育学院共同推荐我校参加上海市教师专业发展示范校暨见习教师规范化培训学校的创建。

2012 年 6 月,我校接受了上海市教师专业发展学校和见习教师培训基地学校评审。市教委专家组由顾志跃(原浦东教育发展研究院院长)、徐承博(原静安区教育局局长)、程华(原卢湾区第一中心小学校长)、傅坚敏(原乌鲁木齐南路幼儿园园长)四人组成。

首先听取校长的专题汇报,并针对"规划队伍建设、提升专业素养、引领培训教师、展示示范辐射"四个方面对学校进行全面考量。之后,专家组马不停蹄地召开两场教师座谈会(资深教师和青年教师)和两场学生座谈会,进一步深入了解光明中学教师群体对师资培训、青年教师培养的认同度以及学生对教师团队和学生培养方式的认同度。

下午,专家组查阅相关档案资料、闭门磋商后,向学校校级领导和中层干部反馈当日评审感想。归纳起来有以下五点:

第一,充分肯定我校的教师队伍建设有着良好的组织架构和制度保障。行政建制中设立独立的教师处进行教师全面管理,11个教研组的设立体现学校对学科专业发展的充分重视。

第二,全校教师队伍处于教师专业发展的稳定阶段。领导班子和骨干教师均集中在35~45岁,经验丰富,自身实力和辐射力较强。

第三,学校在校本研修中的经验和做法颇具特色。培训形式新颖活泼,符合教师心理特征,针对性地开展培训,让教师参与培训过程,有较好的教育价值。

第四,学校以"师德工程、青年工程、名师工程"为龙头,对教师队伍建设有了整体定位,能面对学校现实、关注学生特点、提出学校发展理念,不断谋求学校的可持续发展,因此,经过多年积累,成熟型教师和骨干教师队伍的比重在同类学校中居于高位。

第五,学校资源丰富,示范辐射广泛。一方面,学校有着广泛的国际国内交流活动。学校能经常向外开放,说明学校自身有底气、有实力;另一方面,学校已经成为华师大和上师大的实习基地,积累了师范生培训的系列课程,操作实施的经验也比较丰富,有较好的基础。

总体上,专家组认为我校已经具备申报"市教师专业发展学校和见习教师培训基地学校"各项条件。如果上级审批我校正式通过,我校将进入上海市教委重点培养的100所市级教师专业发展学校的首批行列。

2012年8月,上海市教委发文《上海市教育委员会关于公布上海市教师专业发展学校暨见习教师规范化培训基地的通知》(沪教委人〔2012〕37号),公布了上海市光明中学被评为"上海市教师专业发展学校暨见习教师规范化培训基地"。

从2012年9月开始进行第一届见习期教师的培训,至今已经实践了两年多。每年要为本区(我校虽然是市级培训基地,但目前只是完成黄浦区分配给我们的为本区新教师培训的任务)的新教师进行入职培训,每一届为期一年,每周有四个半天,每位学员配备两名带教老师,一名负责教学培训,一名负责班主任培训。

3. 光明中学如何对新教师有效地实施见习期规范化培训

光明中学虽然在新教师培训等工作中卓有成效,但只是对于本校的新教师开展带教,一般为期三年:第一年为"紧密型带教",每周都要师徒相互听课、评课指导;后两年为"松散型带教",按需要进行指导,不用统一形式。光明中学已经形成了一套行之有效的培训方式,现在作为"上海市见习教师规范化培训基地",要负责对本区域内各个学校的新教师进行带教指导,其难度就完全不同了,并且还伴随着不少新的问题。

第一,原本每个学校对各自的新教师进行带教指导,大都采用的是"一对一"的传统方式,也称为"师徒带教"。这种方式对于本校教师比较实用,不少学校还采用"师徒签订带教协议"或者举行"拜师仪式"等形式,不仅是教育教学上的带教,也在其他工作乃至生活上都可以作为师傅加以指导。在教学上的指导也不局限于每周规定的时间,同在一个学校甚至一个办公室,随时可以进行交流。

而作为培训基地,面对的是来自各所学校的新教师,不可能完全按照传统的带教方式。新教师每周有四个半天在基地学校参加培训,因此要重新制订带教计划,以确保培训的效果。

第二,原本每个学校按照自己的方式进行带教,形式和内容没有统一要求。现在市教委命名一批市级的培训基地,就是希望有一个统一的规范化平台,所以市教委制定了《上海市教师专业发展学校暨见习教师规范化培训基地标准》,虽然是一个比较宏观的文件,但具体培训计划就要遵循这个"标准",而不再是各自为政。

新教师每周有五个半天是参加培训的,其中四个半天在基地学校,一个半天在区县的教育学院进行集中培训。那么,基地学校的带教计划要与教育学院的培训相结合,内容、形式等尽可能不重复。

第三,难度最大的是本就稀缺的带教资源,即资深教师。原本一个学校每年也就招聘 5 个左右新教师,而且分布在不同学科,应该还是比较容易安排指导教师的。现在作为基地,每年需要接受 15 个左右的新教师,而且同一学科会有 2 ~ 3 个新教师,这就给带教资源提升了难度。

一般情况下,原本一门学科不会每年都招聘新教师,可能两到三年才招聘一个。现在对于一些主要学科,每年都有不止一个新教师需要培训。那么该学科的资深教师,原本只需要两三年才带教一个新教师,如果有几个资深教师的话,可以轮流带教,压力不会太大。现在每年都有几个新教师,那些资深教师就必须每年都要带教,无形之中增加了许多工作量。一方面,资深教师不一定每年都愿意接受额外的工作量;另一方面,即使每年愿意接受带教任务,确实也会造成一定的倦态感。

如何遴选出好的培训者,并且从机制上促进资深教师积极参与带教工作,就需要基地学校探索形式多样的带教模式,建立合作双赢的带教目标,完善评价与奖励的带教机制。

三、研究的目的和意义

从国家战略上看,对教师进行入职和职后培训将是一项长期、重要的工作。我们现在培训的新教师,将来就是我们国家基础教育的骨干力量;他们的理念、品行、能力代表着我们国家未来教育的层次。

从教育事业上看,随着全国"独生子女政策"的逐步放开和"异地高考政策"的逐步实行,上海的学生数量会在很长一段时间内是不断增长的,在这个过程中必然会有大量的新教师充实到教师队伍中来。

从培训任务上看,光明中学作为全市的高中见习教师培训基地,主要承担黄浦区的高中新教师培训,根据需要也要支援郊区的培训工作。这项培训工作在上海是首次实行,在全国也是起步领先,没有现成的经验、模式可以套用,必须通过实践和研究加以总结和提炼,使之形成一套较为完善的、理论与实践相结合的模式、体系和机制。

市教委寄望于各个基地学校都能成为专业汇聚高地或优秀学科教研

团队,这也对各个基地学校提出了很高的要求。光明中学作为一所有着百年历史的名校,既然承担了培训基地的任务,就有责任和义务做好这项工作,为新教师的成长打好基础,同时也为其他基地学校提供可分享的经验。

所以,做好见习期教师培训的实践性研究,其目的和意义都是重大的。

四、研究的内容和方法

1. 研究内容

本课题的研究内容主要包括理论研究、培训计划和培训方式的研究、培训案例的研究、实践反思的研究。

2. 研究方法

本课题主要采用文献分析、问卷调查、案例分析和经验总结的研究方法。

第一,文献分析法:通过对相关文献的搜集和分析,学习新教师入职培训的相关理论以及了解新教师入职培训的研究现状。

第二,访谈调研法:通过对在光明中学见习基地参加培训的新教师进行访谈调研以及对部分资深教师和管理人员的访谈,了解见习期培训工作的现状、成效、需求及建议。

第三,案例分析法:通过对参加光明中学见习基地培训的新教师的案例分析,总结新教师入职、成长的规律以及培训在其成长中的作用,进而探索如何根据新教师入职、成长的需求来更好地规划基地培训计划,更有效地促进新教师适应教育教学岗位和以后的专业发展。

第四,经验总结法:通过对光明中学见习基地培训实践的总结与反思,针对存在的问题和不足加以进一步完善,使之形成一定的模式、体系和机制,不仅可以在以后的培训工作中更好地实践和运用,还能在一定范围内进行示范和辐射。

五、研究的成果与反思

1. 光明中学见习基地的初步成果

第一年的见习基地培训结束后,得到了上级领导部门的好评。在区教育学院举行的"萌芽杯"见习教师教学能力比赛中,光明基地的 15 位见习教师有 4 位获一等奖,4 位获二等奖,占高中获奖人数的三分之二,取得了丰硕成果。

比赛获奖当然值得高兴,这也是指导教师和见习教师共同努力的结果,然而更让我们感到欣慰的是看到了这项工作的真正价值,它不仅仅完成了新教师的入职培训,让他们能充满自信地走上讲台,开始其初具规范的教学人生,更在于通过这样的培训基地建设,也考验了我校的师资队伍,从而提升了学校的实力。

2. 对于见习基地培训工作的反思

通过见习基地的培训工作,我们认识到对于新教师的培训不仅仅是为了入职岗位适应,更是为了教师队伍的建设和发展。我们应该着眼于更长远,应该思考得更全面。任何事物的发展都经历着由无到有、从有到优、逐步成熟、走向完善的过程,见习教师规范化培训基地的工作也同样如此。通过实践和努力,我们虽然取得了一些成果,但还不够完善,许多工作仍有待于进一步优化。

我们调研了 18 位正在培训的见习教师,提出意见的约占 43%。这些意见主要包括两个方面：一个是"调整培训时间，缓解工学矛盾"；另一个是"改进培训内容与形式，提高针对性与实效性"。为此，我们提出了三个优化策略。

优化策略一：缩短基地培训时间，全脱产进入见习基地。

是否可以将"为期一年，每周有五个半天参与培训"改为"为期半年，每周全部在基地学校参与培训"。这样，可以缩短培训的时间，由一年减为半年，而这个半年则相当于"全脱产"，不需要来回奔波于原学校与基地学校。而且调整后，对于培训的总量是不变的，但完成培训的周期缩短了。新教师上半年全部在基地培训，下半年回到自己学校投入工作，一年的见习期考核由见习基地和所在学校共同完成，这样也能更全面地对新教师进行评价。

优化策略二：对带教有更明确的要求，全面指导教学技能。

对听课、评课不仅要有总量的规定，还要有课型的要求，结合不同学科的特点，要有针对性的课型要求，除了常规的新授课、练习课、复习课等，还要有该学科特定的课型。比如物理、化学等学科就要有实验操作课；语文、外语等学科就要有听说、写作课；体育、艺术等学科就要有团队指导课、运动队、合唱队或乐队等。

由此及彼，对于命题指导，也要有单元测试、期末测试、综合测试或者诊断性测试、总结性测试、选拔性测试等不同的要求。总之，在教育教学的基本技能方面，应该要求指导教师更全面地带教，以加强针对性和实效性。

优化策略三：打通师范生见习、实习与新教师的见习培训。

教育见习、实习是师范生的综合实践课，是每个师范生在大学期间必修的课程。但从目前新教师入职后的教育教学实践的适应、胜任情况来看，现有的师范院校的见习、实习必须进一步规范，并加大力度。

在八九十年代的时候，师范生没有教育见习，只有为期一个月的实习。近年来，教育见习、实习时间有所增加，一般达到12周，时间最长的是北京师范大学，达到16周。但是师范生的见习、实习基地是否有规范的统一要求呢？光明中学是华东师范大学、上海师范大学的实习基地,我们每年都会接受 10~15 名师范生来实习,从目前了解的情况来看,并没有统一的要求,基本是以各个专业的学院各自为政。

因此,希望对于师范院校的教育见习、实习有比较统一的要求,也能像见习教师规范化培训基地那样,建设一批师范生见习、实习基地学校,使得职前教育与入职培训能够有机地结合起来;同时,再由区县的教育学院领衔,将入职培训与职后培训有机地结合起来,在培训课程和形式上形成一体化的格局。

【附录 1】

光明中学见习教师规范化培训基地指导教师遴选条件

	任职条件	学科带教	班主任带教
基本条件	师德考核	优秀	优秀
	教龄	5 年及以上	担任班主任 5 年及以上
	职称	中级职称及以上	
	带教经历	带教 2 人及以上	
教育教学	专业考核	教学(或班主任)工作在本校考核名列前 25%	
	公开课	有区级及以上的公开课,在区级及以上获奖的优先	校级展示并获奖
	指导学生	区级及以上获奖	所带的班级获得先进集体的优先
	拓展活动	指导学生社团或开设拓展课程的优先	
科研	论文	区级及以上刊物发表或获奖	
	课题研究	参与过区级及以上课题研究的优先	
其他		热心于带教见习教师的工作,并确有突出表现的,可以放宽以上 1~2 项条件	

【附录2】

光明中学见习基地教师规范化培训方案

（2012 年 9 月实施,2014 年 9 月修订）

一、培训目标

1. 帮助见习教师完成角色体验和经验积累,初步认识课堂教学的各个环节,明确教师职责与行为规范,培养良好的师德修养。

2. 组织见习教师参加基地教研组的教研及校本培训等活动,初步感受教研过程和氛围,体会团队合作精神和意义。

3. 以师徒结对的方式,通过同学科带教和班主任带教,加强见习教师的学科基础知识和育德能力,提升业务素养,使其能顺利转正。

二、培训内容

4. 每位见习教师参培时间为一年,每周安排四个半天,分为四个板块:（1）职业感悟与师德修养;（2）课堂经历与教学实践;（3）班级工作与育德体验;（4）教学研究与专业发展。

5. 集中讲座由"见习基地专家小组"负责聘请讲师,内容大致为（根据情况可能有所调整）:

第一讲: 怎样做一名合格的教师（教师职业规划）

第二讲: 怎样备课、写教案

第三讲: 怎样的课算是一堂好课

第四讲: 怎样布置作业、讲评作业

第五讲: 怎样完成命题及进行试卷评价

第六讲: 怎样听课、评课

第七讲: 怎样上公开课、展示课

第八讲: 怎样做一名合格班主任

第九讲: 怎样与家长沟通

第十讲: 怎样对学生进行评价

6. 根据四个板块内容,具体要求如下:

（1）职业感悟与师德修养

[1] 每位参加培训的见习教师,根据我校培训方案写一份培训计划书;

　　〔2〕每位见习教师需读一本与教师职业生涯相关的书籍,写一篇读书心得;

　　〔3〕听 1~2 次有关优秀教师的报告或报告录像、影像,写 1~2 篇心得;

　　〔4〕完成不少于 8 篇"见习教师职业生涯体验"随笔,要求一事一议一得。

　　(2)课堂经历与教学实践

　　〔1〕正确熟练掌握教学基本功,包括:撰写教案、正确板书、作业批改、PPT 制作、演示实验设计、教学反思、听课评课、教学设计等项目。每月进行一次教学基本功评比(或考核);

　　〔2〕认真准时进指导教师课堂听课,每周听课不少于 3 节;

　　〔3〕认真研读学科课程标准,并在培训班内做一次课程标准解读专题发言;

　　〔4〕选编一个章节的学生作业,并写出理由,撰写一篇期中或期末"学科质量分析报告"。

　　(3)班级工作和育德体验

　　〔1〕组织聆听"班主任工作规范"讲座,了解班主任工作的意义和内容;

　　〔2〕组织参加 1~2 次"优秀班主任工作交流会",近距离学习、了解班主任工作的要求、技巧,提高育德能力,写 5 位学生个案分析;

　　〔3〕每周观摩一次升旗、出操,每月观摩一次班会;

　　〔4〕每学期参与一次家访活动,感受家访过程,熟悉家访要素。

　　(4)教学研究与专业发展

　　〔1〕参加我校教研组的主题教研活动(每学期一次)及备课组"章节教学"研究活动(每月一次);

　　〔2〕参加我校"光明论坛"小论文的撰写及观摩"光明论坛"交流会(每学年一次);

　　〔3〕在导师的指导下,制订一份三年的个人专业发展计划。

　　三、培训形式

　　7.基于一个合格教师的基本要求,我校基地的培训以集中讲座与结对指导("二对一"带教)两种形式为主,以分组学习、活动体验等形式为辅。为每位见习教师配备育德、学科各一名富有教学经验的教师作为带教指导教师。

　　8.具体做法以"听""说""读""写""练""比"等培训方法开展培训活动。

　　(1)"听":主要是听报告、讲座、示范课、公开课、研讨课等活动;

　　(2)"说":主要是说课、上课、评课、专题论坛等;

（3）"读"：主要是读教育教学专著、教育教学相关法律法规文件、学科课程标准等；

（4）"写"：主要是写教案、写课后反思、写听课心得体会、写教育教学案例、写教学计划与总结、写学生评语等；

（5）"练"：主要是练书法（粉笔字、钢笔字）、练口头表达能力以及教育信息技术等；

（6）"比"：主要是开展教案、说课、课堂教学、命题能力、书法等评比活动。

四、考核方法

9. 见习教师的考评

（1）日常考评

［1］出勤（由指导教师做考勤记录，不得无故缺席，请假必须得到培训班班主任同意）；

［2］参加培训活动（根据各位见习教师参加各类培训活动的参与度，由指导教师和见习基地管理小组给予评定）；

［3］相关培训作业（对于作业的完成度和完成质量，由指导教师和管理小组给予评定）。

（2）定期考评

见习教师培训结束阶段由管理小组和专家小组进行考评。考评内容如下：

［1］课堂教学能力（任教学科以及班队课各一节）；

［2］备课能力（规定时间、内容完成教案）；

［3］命题能力（规定时间内完成单元练习卷或期末测试卷一份）；

［4］演说能力（根据某一教育或教学情境进行分析）；

［5］学生座谈、家长问卷等；

［6］见习期总结一份（2 000 字左右）。

（3）考核说明

根据本方案中所规定的要求，由书面材料（培训手册）、指导教师评价及我校"见习基地管理小组"评价相结合，得出该见习教师一年的培训成绩。成绩分优秀（30%）、良好和合格（共70%）。

10. 指导教师的考评

由管理小组和专家小组按照《指导教师职责》对指导教师进行检查、管理和评定。

五、相关安排

11. 每周二、四上午及周五全天,共四个半天。

12. 学员集中学习地点:7 楼阅览室。

13. 见习教师培训班由光明中学教师处主任负责管理。

【课题】凝心聚力汇人才　肝胆相照谋发展
——上海市光明中学党派队伍建设的思考与实践

穆晓炯　段丽珍　吴敏华

一、背景与意义

中国共产党领导的多党合作制度作为建设时期的统一战线形式,一直发挥着凝聚合力的独特优势和作用。中共中央总书记习近平在 2015 年 5 月 18 日召开的中央统战工作会议上指出:"坚持和完善中国共产党领导的多党合作和政治协商制度,更好体现这项制度的效能,着力点在发挥好民主党派和无党派人士的积极作用……要支持民主党派加强思想、组织、制度特别是领导班子建设,提高政治把握能力、参政议政能力、组织领导能力、合作共事能力、解决自身问题能力。"学校是民主党派和无党派人士较多的地方,关心并帮助做好民主党派队伍建设就成为学校统战工作的重要任务之一。

二、历史与现状

上海市光明中学一直重视和支持民主党派队伍建设,在中共光明中学支部的领导下,注意团结各民主党派成员,促进了学校的发展。自改革开放以来,我校的民主党派最多时达 6 个,拥有民盟和民进两个独立支部。九十年代时,全部的教研组长和半数的中层都是民主党派成员。进入二十一世纪后,光明中学的民主党派建设工作突出,民进上海市委和民盟上海市委都先后在光明中学举行市级先进基层支部的现场会。

光明中学党支部领导的多党合作的统一战线,在学校发展的关键时刻起到了重要作用。在第一批上海市实验性示范性高中评审的过程中,学校党支部和民主党派作为科研和教学的中坚力量,凝聚全校教职工的合力,参与整个创建和评审工作。最后,学校顺利通过评审,实现了学校由区重点向市重点的历史跨越。

目前,民进支部在职 7 人,退休 8 人,共有 15 人。民盟支部在职 8 人,退休 10 人,共有 18 人。另外,还有民革、农工等若干人。其中,民进支部有 1 人担任党派区委委员和区政协委员,有 1 人当选区人大代表。在学校里,民主党派成员有中层 1 人及数学、生物、史地、艺术 4 个教研组长,还有工会委员 1 人。

三、支持与保障

学校知识分子集中,学校民主党派成员数量也较多,在教学、科研、管理等方面发挥着重要的作用,而且也是推进学校教育改革与发展的重要依靠力量。统战工作是党的工作的重要组成部分,党派队伍是学校的重要组成部分,多年来,光明中学一直重视党派队伍建设。

学校在发挥民主党派作用的同时,也关心民主党派、帮助民主党派,促使他们健康发展。同时充分发挥各方面的积极因素,调动和利用一切有利资源,努力构建统战工作网络,形成统战工作合力。

1. 思想上相当重视

学校对党派工作十分重视,在每年党支部计划中都有统战工作的要求,在思想上确立了统战工作的意识,并用统战工作理论来指导工作的实践。党支部经常关心党派工作,听取党派同志的意见,为民主党派开展工作创造条件,形成合作共事的良好氛围。党支部主动关心、支持民主党派开展各项活动,对党派同志做到政治上尊重、信任,活动上给予支持,生活上给予关心。

2. 工作中体现方针

"长期共存,互相监督""肝胆相照,荣辱与共"的基本方针是我党在统战工作的实践中总结出来的。基本方针为我们开展统战工作指明了方向,我们在工作中必须体现这个方针。这个方针告诉我们,党派工作绝不是权宜之计,而是长期共存,要主动思考党派工作。我们特别强调要加强"领导和尊重",在工作中加强沟通和协商,共议学校教育发展大计,共谋教育发展大业,这样才能确保党派工作健康发展。

3. 活动时积极支持

学校党支部与各个民主党派在工作的目标上是一致的,都是为了贯彻党的教育方针,全面推进学校发展,因此在工作中要进一步加强沟通与合作。通过工作研讨和参与活动,在认识上达到统一,在情感上增进友谊,在工作上加强合作。学校支持民主党派搞好组织发展工作,发展党派成员时,给予支持帮助。

4. 制度上给予保证

任何事物要使其不断地完善,必须加强制度建设,只有这样,才能克服工作中的随意性,才能不断地总结经验。例如,学校的一些重要、重大工作有党派的代表参加,为民主党派开展民主监督创造良好的条件;各个党派的活动时间从制度上给予保证等。

四、问题与思考

光明中学的民主党派队伍建设虽然曾经取得过良好的成绩,对学校发展产生过积极的影响,但在新形势下也出现了新的问题。

一是随着老教师的不断退休和青年教师的大量入职,学校民主党派人数和比例都有所下降,一度出现过危机。以民进支部为例,2008年,在职会员人数下降到4人,幸好当年调入学校的一名教师是民进会员,才免于撤销独立支部的命运。

二是在当今国际化和信息化的社会环境中,光明中学的教师呈现出年轻化和高学历化的倾向,他们有着强烈的民主意识和政治追求,有在学校和社会上参政议政的强烈意愿,参加民主党派成为这些中青年教师的一个政治选择。

三是随着老龄化社会的悄然到来,学校的退休教师已超过在职教师,离退休工作越来越重要。退休教师中的民主党派教师占相当比例,他们一方面需要得到学校和组织的关怀,另一方面自身关心学校的发展和参政议政的热情不减。

四是在竞争激烈的信息时代,更多的团队合作才能有更多的发展机遇。学校里的民主党派教师希望与中共党员教师一起为光明中学的发展流汗出力,能更多地参与学校的各种事务,在政治上和业务上都能得到学校方方面面的认可。

面对这些新问题,我们在总结过去党派建设工作成功经验的基础上,研究新形势,探索新办法,创造新载体,营造良好氛围,为党派队伍建设提供更有效的支撑;同时进一步充分发挥各方面的积极因素,调动和利用一切有利资源,推进党派工作更有活力,实践同舟共济的和谐局面,促进学校的可持续发展。

五、实践与成果

基于对所面临问题的分析与思考,近年来,我们光明中学在党派队伍建设方面开展了一系列的探索和实践,取得了显著成果。

1. 积极为民主党派的支部活动搭建平台,支持党派支部在学校和社会的各种活动

首先,学校专门在校园网上的"党旗飘飘"栏目,开辟了民主党派网页,及时报道学校各民主党派活动信息和重大事件,如"'情系教育光明行'民进人美支部与光明支部结对联动组织生活""祝贺民盟支部获评区达标创优先进支部等多项荣誉"等系列和专题报道。目前,在校园网上发布的民主党派支部活动的报道就有二十多篇。这项工作在扩大民主党派影响的同时,也扩大了学校的社会影响。

其次,凡民主党派支部有重要活动时,学校除提供场地、人力和经费的支持外,校长或党支部书记还亲自出席会议,与党派成员座谈,倾听他们对学校各方面工作的意见和建议。

例如:2014年12月17日下午,民盟支部召开"学习十八届四中全会精神,话教育改革"座谈会。座谈会由民盟光明中学支部主任吴敏华老师主持,中共光明中学支部副书记邬雪洁同志全程参加这次座谈会。教育和高考改革的话题在盟员当中引起了共鸣,大家纷纷结合工作实际谈了自己

的看法,并一致认为目前教育中确实存在只重分数、不重素质,缺乏创新精神和科学素养的培养等不良现象,现在教育改革进入深水区,很多相关问题有待于我们去思考、去实践、去创新。

再次,全力支持民主党派支部的社会活动,提高党派的组织活力,展示光明中学良好的社会形象。

2014 年 5 月至 2015 年 5 月,在学校支持下,民进光明中学支部的"联动结对"活动取得圆满成功。基层支部"联动结对"活动是民进市委的一个创意,其目的在于以先进带后进,提升基层支部组织生活质量,加强基层支部的组织建设。民进光明中学支部作为黄浦区 2013 年优秀基层支部,荣幸地被民进上海市委选中,成为黄浦区唯一参加这一活动的先进支部。在这个得到民进市委和黄浦区委高度重视的活动中,民进光明中学支部成功地与人民美术出版社支部进行了三次"结对联动"的组织生活,成效显著,影响深远。三次活动都得到学校的大力支持,活动内容在光明中学校园网连续报道。

特别是在光明中学主办的第三次"情系教育光明行"主题支部活动中,学校提前安排好会场布置、会务接待、摄影摄像等各项工作,中共光明中学支部副书记邬雪洁还与联动的两个支部会员共同座谈。在座谈中,大家济济一堂,围绕教育问题展开了热烈的讨论,从当前教育整体的功利性倾向到学科教育中的具体问题,从美术教育的重要性到当前语文教学的困境,从发展国际化教育到光明中学英语教学等,大家见仁见智,深受启发。

这种跨区跨界的"结对联动"的党派支部组织生活效果良好,在拓展本校民主党派活动资源的同时,也扩大了光明中学的社会影响,有益于光明中学的发展。

2. 把优秀中青年教师纳入学校统战工作之内,肯定并引导他们的政治要求,帮助他们选择适合个人发展的党派

以曹晖、杨晓蕾两位优秀青年教师的政治发展为例。

民盟盟员、光明中学的网管曹晖是中途加盟教师职业的 IT 精英。她多才多艺,不仅是计算机工程师,还是著名京剧票友(著名京剧演员李维康的弟子)。在她的努力下,光明中学校园网名列全国中学优秀网站(上海只有五所高中进入这个行列)。她担任京剧选修课教学,并经常参与学校的国际交流活动,成为光明中学的一大特色;她长期指导的计算机社团 e 阳社,人才济济。对于这样一个具有广泛影响力的优秀人才,学校认为在民主党派更能发挥她的个人才能和影响。当她提出政治要求的时候,中共支部与民盟支部协商,使她顺利通过民盟考察并加入民盟。现在,她担任首届民盟区委新盟员支部主委,活跃在她喜爱和擅长的各个领域,个人得到发展的同时,全方位地向外界展示光明中学的良好形象。

民进会员、优秀艺术教师杨晓蕾是光明中学最年轻的教研组长。作为音乐专业的一名高中艺术老师,她业务精湛,曾多次在全国、市区歌唱比赛中获得佳绩。杨晓蕾的教学能力突出,在"2010 年上海市中青年教师教学评选活动"荣获一等奖;在"2013 年全国艺术课程优秀录像课评比"中,杨晓蕾执教的"桂林山水育歌仙,千秋传唱《刘三姐》"和"民族舞韵吐芬芳圆满和谐映华夏"两节课荣获一等奖,并被教育部评审专家认为是"优秀课中的优秀课"。由于她出色的教学成效,上海市教委体卫艺科处与 SMG 艺术人文频道共同策划制作的美育教育栏目《艺术课堂》特意邀请杨晓蕾参与执教,录制的"音乐剧《刘三姐》与山歌美"的教学节目在艺术人文频道中播出,获得良好的社会反响。

当她在 2014 年初提出政治要求时,学校党政领导和民进支部协商,一致认为她加入民进的个人政治发展前景更远,更有利于扩大学校的社会影响。党支部立即同意并支持她加入民主党派的政治选择,使她在 2014 年 11 月成为民进会员。

民主党派给了杨晓蕾更大的发展平台,也使她在更大范围内展示了光明中学教师的风采。2015 年 6 月,她被特邀成为首批民进上海市委志愿者服务总团的成员。

以上案例说明,加强学校的民主党派建设有助于青年优秀人才的培养与成长，同时也扩大了学校的社会影响，促进学校发展。

3. 鼓励和帮助本校民主党派成员从本职工作和本校发展出发，在区级层面和校级层面积极参政议政

人数不多的光明中学民进支部里，有一位区人大代表和一位区政协委员，他们积极参政议政履行职责。每次区人大和政协大会召开前，学校都会从学校角度与他们交流沟通，给他们提供问题事例，协助他们调研，支持他们参政议政。

例如：黄浦区第三届人大与政协大会召开时，学校向本校的人大代表和政协委员提供了学生和教师对学校周边电子大屏幕噪音污染的意见。段丽珍代表就此进行了实地考察和群众走访，在学校的帮助下提交了《关于有效控制户外电子大屏幕噪声污染并充分发挥其文化功能的书面意见》。为提请政府有关部门的高度重视，我校的政协委员穆晓炯校长和民进区委委员、政协委员徐明山老师也在政协提交了同样的提案。由于这个书面意见解决办法具体可行，加上人大、政协双管齐下，在不到两个星期的时间里，光明中学黄浦区这边的电子屏幕噪音污染问题就得到了控制。对属于原卢湾区的兰生大厦的电子屏幕噪音问题，段丽珍代表通过向市人大代表杨捷反映并提供了黄浦区的具体解决方案为参考，不久后该情况也得到控制。

在学校层面，学校坚持民主管理，为民主党派参政议政提供制度保障。

学校例行的教工代表大会，必定要邀请各民主党派支部主委列席，使民主党派在学校民主管理中发挥应有的作用。学校的重大改革举措出台前，也向民主党派支部征求意见，告知决策。在关系到教师切身利益的年终考核和绩效工资改革方案的形成过程中，学校充分征求各方意见，特别是民主党派支部的意见，以提前协调各方利益，减少矛盾的发生。在年终考核和绩效工资改革方案的执行过程中，特别聘请民主党派的代表全程监督，以确保公平、公正、公开，凝聚全体教职工，同心同德，合力向前。

4. 光明中学领导层长期重视民主党派队伍建设, 近年来, 又取得了丰硕的成果

首先, 学校的民主党派人数在退休高峰过后, 呈不断增加趋势。民进支部在职会员除去调走 1 人, 新入会 3 人, 目前在职会员 7 人。民盟支部在职盟员除去调走 1 人, 新增 3 人, 目前在职盟员 8 人。此外, 民革党员新增 2 人, 目前在职 4 人; 农工民主党员新增 1 人, 目前在职 1 人。总体而言, 目前我校在职民主党派成员共 20 人。

其次, 学校的民主党派支部成绩突出, 均被评为市、区先进支部。民进光明中学支部连续两年被评为民进黄浦区委"支部创优达标活动"先进支部, 2014 年度, 又被评为民进上海市委"支部创优达标活动"先进支部。民盟光明中学支部连续两年被评为民盟黄浦区委"支部创优达标活动"先进支部。

再次, 光明中学民主党派成员也表现突出, 多人多次受到上级表彰, 社会影响不断扩大。

民进光明中学支部的杜锦虎老师, 援疆两年, 奉献自己, 为当地的教育事业贡献了自己的智慧和力量, 在新疆和上海都获得了省市级表彰。2012年, 杜锦虎老师获得民进上海市委授予的"上海民进学习践行社会主义核心价值体系先进个人"称号。2015 年 9 月, 新会员杨晓蕾参加并荣获由市总工会、市教委工作党委和市教委举办的"首届上海基础教育青年教师爱岗敬业教学技能竞赛"综合学科类一等奖, 被授予"上海市教学能手"称号。人大代表段丽珍由于认真履职, 受到黄浦区人大领导的赞扬, 黄浦人大杂志刊登了对她个人的专访文章。

民盟光明中学支部的吴敏华获得 2012 年度区优秀盟员和区社情民意信息先进个人一等奖, 2012 年和 2013 年的民盟区委组织发展先进个人, 2014 年的区盟务工作积极分子。张静获得 2014 年上海市团市委五四青年奖。曹晖获得 2012 年度区社情民意信息先进个人二等奖和 2012 年度区盟

务工作积极分子,2013 年度区社情民意信息先进个人一等奖和区"同心赞"微信征文活动先进个人,并活跃在京剧舞台上。潘宏燕获得 2013 年区委"同心赞"微信征文活动先进个人。

六、反思与设想

回顾近年来学校在民主党派队伍建设方面的实践及一年来的总结、反思与再实践,我们感到成绩虽然突出,但还存在着不足与缺憾:在学校整体民主管理方面,尚未形成长期有效的多党合作的运作机制;未能充分发挥人数众多的民主党派退休教师的特殊作用等。

对此,我们下一步的设想是:

1. 深入开展学校党支部与民主党派支部的联合活动,以共同建设美好光明为目标,打通不同党派教师的政治联络。

2. 中共支部与民主党派基层领导共同培养和考察优秀中青年教师,建立优秀中青年教师人才库,把学校的优秀分子吸收到中共和民主党派的组织中,共同协商,为他们提供在学校和社会展示自我、建功立业的机会,物色并培养业务和政治骨干,使他们同心协力为光明中学的发展做出贡献。

3. 把党派队伍建设与学校的离退休工作结合起来,统一行动,发挥余热。邀请各民主党派支部与学校党支部和工会共同关心退休教师的身心健康,把学校的人文关怀与组织温暖结合起来,同时,还可以组织动员民主党派退休教师发挥余热,为学校的发展出谋划策。

这些设想有待我们在下一步研究中继续实践,并在实践中不断完善。

我们光明中学党派队伍建设的思考与实践说明,中国共产党领导的多党合作制度是学校民主管理的有效机制,只有不断加强和完善党派队伍建设,才能够凝心聚力汇人才,肝胆相照谋发展。

【参考文献】

［1］中央社会主义学院理论学习中心组.画出最大的同心圆——习近平中央统战工作会议重要讲话精神学习讲座［M］.北京：中共中央党校出版社,2015.

［2］杨徽财,王金豹.新形势下民主党派干部队伍建设的探讨［J］.广东省社会主义学院学报,2013(3)：36－40.